맛있는 방파제 1

한국의 名 방파제 낚시터
동해편

예조원 편집부 지음

예조원

알바트로스 VS [ALBATROSS VS]

Albatross vs

폭넓은 필드를 누비는 스텐다드 모델 등장!

DM 삼양 가이드

디자인 특허 번호
30-2013-0060137
30-2013-0060138

Albatross VS

MADE IN KOREA

SLIM & PARABOLIC

A-530

규 격	전장(m)	절수(本)	접은길이(cm)	무게(g)	선경(mm)	원경(mm)	추부하(호)	원 줄(호)	GUIDE (ea)	GRIP(mm)	판매가(원/₩)
0.8-53	5.3	5	116	210	0.8	24.6	1~3	1~3	12	296	250,000
1-53	5.3	5	116	218	0.8	24.6	1~3	1~3	12	296	260,000
1.75-53	5.3	5	117	250	0.9	25.0	2~5	2~5	12	326	270,000
2.25-53	5.3	5	118	272	1.3	25.5	2~6	2~6	12	341	280,000
3-53	5.3	5	122	304	1.5	25.5	2~8	3~8	11	381	300,000

Albatross VS 알바트로스 VS

※ 구매일로부터 1년 이내 1회 무상 A/S

CARBON 99%

※ 절번 GUIDE LINE 인쇄로 GUIDE 정렬시 편의 제공.

※ #3 , #4 줄붙음 방지 특수 인쇄 적용.

대한민국 대표 낚시브랜드 **Black Hole**

1. DM GUIDE 채용 (0.8 ~ 2.25호) / WM GUIDE 채용 (3호)
2. FUJI NS6/ASH 슬라이딩 일체형 릴시트 채용 (0.8 ~ 1호) / 국산스크류 릴시트 채용 (1.75 ~ 3호)
3. 각 절번 GUIDE LINE 인쇄로 GUIDE 정렬시 편의 제공. /
   #3 , #4 줄붙음 방지 특수 인쇄 적용. / #5B WXW 원단 적용.
4. GRIP 미끄럼 방지를 위한 특수 RUBBER PAINT 적용.

ALBATROSS VS 0.8-53

ALBATROSS VS 1-53

ALBATROSS VS 1.75-53

ALBATROSS VS 2.25-53

ALBATROSS VS 3-53

N·S 주)엔에스 인천광역시 남동구 염전로411번길 38 Web: http://www.nsrod.co.kr
TEL 032)868-5427   A/S 문의처 032)868-1004   FAX : 032)868-5423

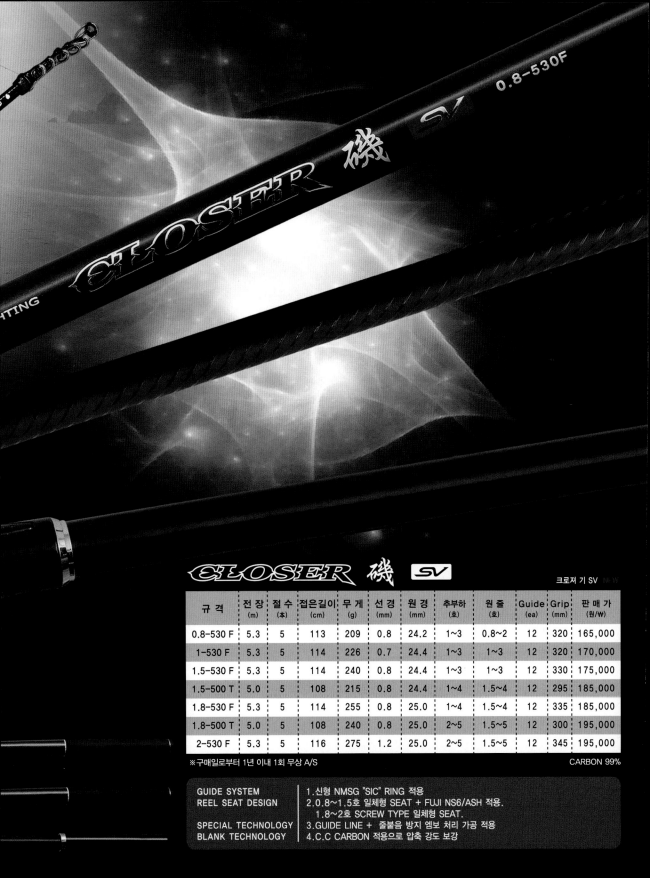

CLOSER 磯 SV

크로져 기 SV NEW

규 격	전 장 (m)	절 수 (本)	접은길이 (cm)	무 게 (g)	선 경 (mm)	원 경 (mm)	추부하 (호)	원 줄 (호)	Guide (ea)	Grip (mm)	판 매 가 (원/₩)
0.8-530 F	5.3	5	113	209	0.8	24.2	1~3	0.8~2	12	320	165,000
1-530 F	5.3	5	114	226	0.7	24.4	1~3	1~3	12	320	170,000
1.5-530 F	5.3	5	114	240	0.8	24.4	1~3	1~3	12	330	175,000
1.5-500 T	5.0	5	108	215	0.8	24.4	1~4	1.5~4	12	295	185,000
1.8-530 F	5.3	5	114	255	0.8	25.0	1~4	1.5~4	12	335	185,000
1.8-500 T	5.0	5	108	240	0.8	25.0	2~5	1.5~5	12	300	195,000
2-530 F	5.3	5	116	275	1.2	25.0	2~5	1.5~5	12	345	195,000

※구매일로부터 1년 이내 1회 무상 A/S

CARBON 99%

GUIDE SYSTEM	1.신형 NMSG "SIC" RING 적용
REEL SEAT DESIGN	2.0.8~1.5호 일체형 SEAT + FUJI NS6/ASH 적용. 1.8~2호 SCREW TYPE 일체형 SEAT.
SPECIAL TECHNOLOGY	3.GUIDE LINE + 줄붙음 방지 엠보 처리 가공 적용
BLANK TECHNOLOGY	4.C.C CARBON 적용으로 압축 강도 보강

N·S 주)엔에스 인천광역시 남동구 염전로411번길 38 Web: http://www.nsrod.co.kr
TEL 032)868-5427   A/S 문의처 032)868-1004   FAX : 032)868-5423

크로져 스틱 SV [CLOSER STICK SV]

CLOSER STICK SV

NEW

새롭게 돌아온 짜릿한 손맛!

방파제와 갯바위 모든 대상 어종을 상대한다.
솔리드 접합구조로 튜브라 소재의 탄력과 솔리드의 인장강도를 절묘하게 조합하여 초릿대의
견고한 휨 새로 신속하고 강력하게 대상어를 압도하여 뽑아 올릴 수 있는 힘을 자랑한다.
고탄성 카본과 중탄성 카본을 적절히 배합하여 압축강도 및 탄성을 부여하여 탁월한 손맛을 전달한다.
염기와 생활 기스에 강한 특수 도장공법적용.

HIGH TECHNICAL CARB

대한민국 대표 낚시브랜드 Black Hole

DESIGN CONCEPT

SPECIAL TECHNOLOGY

BLANK TECHNOLOGY

1. 유광BLACK과 METAL GRAY의,
   CLOSER SERIES와의 통일성 부여
2. #1 SOLID와 TUBULAR의 접합구조로, TUBULAR의
   탄성과 SOLID의 강도를 절묘하게 조합
3. 탄성 및 강도가 뛰어난 중탄성 CARBON을 BASE로
   고탄성 CARBON을 적용

크로져 스틱 SV [CLOSER STICK SV]

규 격	전 장 (m)	절 수 (本)	접은길이 (cm)	무 게 (g)	선 경 (mm)	원 경 (mm)	판 매 가 (원/₩)
430	4.30	4	118	83	0.7	17.9	120,000
530	5.30	5	118	128	0.7	18.9	130,000
630	6.30	6	118	190	0.7	20.9	140,000
720	7.20	7	118	254	0.7	23.0	150,000

※구매일로부터 1년 이내 1회 무상 A/S

CARBON 99%

N·S 주)엔에스 인천광역시 남동구 염전로411번길 38 Web: http://www.nsrod.co.kr
TEL 032)868-5427 A/S 문의처 032)868-1004 FAX : 032)868-5423

생활낚시를 주도하는 방파제낚시

근년 들어 '생활낚시'가 우리 낚시계의 화두입니다.

일상생활을 하듯 저마다 틈나는 대로 가까운 곳을 찾아 누구나 부담 없이 쉽게 즐기는 낚시-. 우리는 이를 '생활낚시'라 부릅니다.

장거리 이동에 따른 시간 절약은 물론 까다로운 장비·채비 준비에 대한 비용 부담도 줄여 가벼운 마음으로 일단 떠나고 보면 준비 이상의 손맛과 입맛이 채워지는 곳-. 방파제낚시야말로 '생활낚시'를 만끽할 수 있는 곳이자 바다낚시의 대중화를 주도하는 장르이기도 합니다.

이 책은 '짜릿하고 맛있는 방파제'를 캐치프레이즈로, 우리나라 동·서·남해에 소재한 유명 방파제 낚시터를 세 권의 책으로 집대성하는 기획물 가운데 그 두 번째 작업의 결과물입니다. 동·서·남해에 소재한 수많은 방파제 중에서도 특히 동해안에 소재한 방파제들은 남북을 잇는 해안도로 주변에 다닥다닥 위치해 접근성이 좋을 뿐만 아니라 이웃 방파제를 연계한 선택의 범위도 한결 넓습니다.

특정 낚시터의 범위와 경계도 없을 정도입니다. 동해안의 대부분 방파제들은 갯바위를 끼고 있거나 백사장을 품고 있어 방파제를 중심으로 갯바위낚시와 백사장 던질낚시를 겸할 수 있습니다. 이런 점에서 동해안 굽이굽이 1천 7백리 해안선 모두가 낚시터라 할 수 있습니다.

게다가 새로운 낚시터가 많이 추가되었습니다. 오랫동안 출입금지구역으로 지정돼 있던 곳들 대부분이 해제된 때문입니다. 그 '출입금지구역'들이란 다름 아닌 군 경비초소가 있던 곳이고, 그 위치가 대부분 해안선 콧부리 지점인 만큼 낚시 포인트로선 명당 중의 명당이 아닐 수 없습니다.

이 같은 개방 무드는 남북 관계 개선의 영향도 있지만 해안 관광 붐, 특히 도보 여행 열풍에 기인하는 바가 큰 것으로 나타납니다. 오랫동안 그림의 떡으로 여겨

지던 그 금단 지대의 가파른 길목에는 여행객을 위한 나무데크가 설치었는가 하면, 일부 절벽 구간에는 출렁다리까지 가설돼 진입 자체가 한결 수월해졌습니다. 이런 점에서 최근 관광과 낚시가 가장 활기를 띠고 있는 곳이 동해라 할 수 있습니다.

이 책은 동해안 방파제 낚시터를 소개함에 있어 이웃 갯바위와 백사장 포인트는 물론 인근 관광명소들까지 폭넓게 소개하고자 노력했습니다. 그러나 지면 관계상 취재한 대상들을 미처 다 수록하지 못한 안타까운 측면도 많습니다.

같은 낚시터일지라도 가급적 많은 경험자들의 의견을 구해 다각적인 분석을 시도하였고, 독자들의 다양한 기호에 맞춰 다양한 장르의 정보를 고루 제공하기 위해 노력했습니다. 사진 한 컷, 지도 한 장에 이르기까지 가급적 최신 정보를 담기 위해 최선을 다했지만 그 한계를 인정하지 않을 수 없겠습니다.

방파제는 계속 태어나고 또 자라고 성형을 거듭합니다. 취재 도중에도 새로운 방파제가 준공되는가 하면, 어느 부분이 잘려나가기도 하고 또 증축되고 있는 현장을 목격했습니다. 해를 거듭할수록 어종도 증가하고, 몇몇 어종의 남방한계선도 북쪽으로 계속 북상 중입니다.

잘못 전달되었거나 부족한 부분에 대해선 이 책의 증쇄를 거듭하는 동안 계속 보완해 나갈 것을 약속드립니다. 독자 여러분의 관심어린 지적을 바라마지 않습니다.

끝으로 이 책이 나오기까지 취재 현장에서 많은 수고를 해주신 조홍식 박사와 취재에 협조해 주신 많은 분들께 이 지면을 빌어 거듭 감사의 말씀 전합니다.

2014년 5월 1일
예조원 편집부

Part 4 강원도 동해시 · 삼척시

Part 5 경상북도 울진군

Part 6 경상북도 영덕군

Part 7 경상북도 포항시 북구

Part 8 경상북도 포항시 남구

Part 9 경상북도 경주시

일러두기

이렇게 만들었습니다

01 방파제 이름 표기-
행정명칭을 앞세우고 속명은 괄호 속에 병기하였습니다.

방파제 이름은 정식명칭(행정명칭)과 낚시인들이 흔히 부르는 속명(俗名)을 함께 알아두는 것이 좋습니다. 현지에 가서 어느 한 가지 이름만으론 존재 확인이 불가능한 경우가 많기 때문입니다. 포항시 남구 장기면에 소재한 계원2리방파제(소봉대방파제)의 경우 '소봉대방파제'가 낚시인들이 흔히 부르는 이름으로, 현지민들이 아니고선 이곳이 계원2리인지 계원1리인지 구분할 수 있는 이들이 많지 않습니다. 이와 반대로 경주시 감포읍 척사방파제(오류2리방파제)의 경우는 행정명칭인 '척사방파제'가 널리 통용되는 이름으로, 단골 낚시인들이나 현지민들만이 이곳이 오류2리에 속한다는 사실을 알 뿐입니다.

계원2리방파제
(소봉대방파제)

- 소재지 : 포항시 남구 장기면 계원리 311-24
- 길이 : 80m
- 위치 참조 : 〈최신 전국낚시지도〉 239p E2

02 국가어항 및 항만에만 항(港)자를 붙이고
지방어항 및 어촌정주어항 · 소규모어항은 항(港)자를 생략하였습니다.

우리나라 항구와 포구는 여러 단계로 구분됩니다. 어선이 출입하고 정박하는 어항(漁港)을 옛날엔 제1종, 제2종, 제3종어항 등으로 단순 분류했지만 지금은 그 단계가 세분화되었습니다. 먼저 법정항으로 항만(무역항 및 연안항)이 있고 그 다음으로 국가어항 → 지방어항 → 어촌정주어항 순으로 이어집니다. 이밖에 비법정항으로서의 소규모어항이 있습니다. 이 가운데 법정항에 부여되는 명칭들이 지방자치단체마다 구구각색입니다. 항만과 국가어항 · 지방어항에만 '항'자를 붙이거나 어촌정주어항에까지 '항'자를 붙인 곳이 있는가 하면, 심지어 비법정항인 소규모어항에까지 '항'자를 표기한 간판들이 많습니다(강릉 도직항 · 울진 나곡항 · 영덕 오보항 등). 이에 본서는 속초항 · 대포항 · 수산항 등의 항만 및 국가어항에만 '항'자를 붙이고, 나머지 지방어항 이하 규모에는 '항'자를 붙이지 않았습니다.

03 방파제 주소 · 길이와 함께 소개한 '위치 참조'는
예조원 발행 〈최신 전국낚시지도〉에 표시된 방파제 위치를 뜻합니다.

* 위치 참조 : 〈최신 전국낚시지도〉 239p E2 ☞ ☞ 포항시 남구 장기면 계원리에 소재한 계원2리방파제(소봉대방파제)의 위치가 예조원에서 발매하고 있는 〈최신 전국낚시지도〉 239페이지, E2라인에 표시돼 있다는 뜻으로, 이는 해당 방파제의 위치를 주변 지형지물 및 도로망과 폭넓게 연계 관찰할 수 있는 좋은 자료가 될 것입니다.

04 '동해(東海)'는 어디서부터 어디까지일까요?

해양수산부와 국립해양조사원 그리고 기상청이 규정한 경계가 각각 다르지만, 동해와 남해의 경계는 울산광역시와 부산광역시 경계로 보는 것이 통설입니다. 따라서 본서 〈한국의 名방파제 낚시터-동해편〉은 강원도 고성군부터 울산광역시까지를 포함해야 하는데, 경상북도 경주시까지로 국한시킨 점 일러둡니다. 동해안의 방파제 숫자가 워낙 많아 울산광역시 방파제들은 편의상 〈남해편〉에 수록한 점 참고 바랍니다.

Part 1
강원도 고성군

하늘에서 내려다본 아야진항(강원도 고성군 토성면 아야진리).

대진항방파제

- **소재지** : 고성군 현내면 대진리 5-3 외
- **길이** : 큰방파제 370m, 작은방파제 214m
- **위치 참조** : 〈최신 전국낚시지도〉 042p C4

찾아가는 길

서울·양양고속도로를 이용해 동홍천IC로 나온다. 44번 국도를 타고 인제·원통을 지나 한계교차로 및 용대교차로에서 각각 고성(간성) 방향으로 진행하면 된다.
강릉 방면 남쪽에서 북상할 경우는 동해고속도로를 타고 속초IC교차로로 나와 속초→송지호→고성(간성)→거진→화진포 순으로 동해대로(7번국도)를 타고 북상하면 된다.

■ 낚시 여건

두 개의 대형 방파제가 축조돼 있는 대진항은 우리나라 최북단에 위치하는 국가어항이다. 바다낚시터로선 북방 한계선인 셈이다. 큰방파제(북방파제)와 작은방파제(남방파제) 모두 좋은 낚시터 여건을 형성하고, 남방파제 입구 외항 쪽에는 해상낚시공원도 조성돼 있다. 길이 152m, 폭 5~6m 규모의 Y자 해상 잔교(피싱 피어)는 강원도에선 최초로 조성된 해상낚시공원으로 가족끼리 안전하게 낚시를 즐길 있고 밤낚시도 허용된다.

금강산이 보이는 통일전망대로 가는 길목에 위치하는 지리적인 여건으로 오가는 관광객도 많아 가족 단위의 생활낚시를 즐기기에 적합한 장소이다. 항구 너머엔 고운 모래와 깨끗한 수질을 자랑하는 해변(대진1리해수욕장)이 있어 바캉스를 겸하기에도 좋다.

■ 어종과 시즌

감성돔·학공치·우럭·가자미·임연수어·황어 등등이 낚이고 동해북부 지역의 방파제답게 겨울이면 도루묵·임연수어·청어도 선을 보인다. 감성돔 씨알은

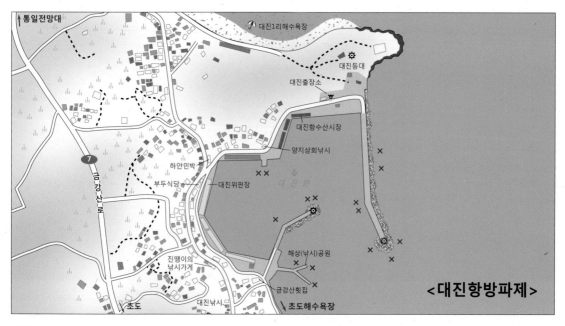

<대진항방파제>

30cm 전후가 주종으로 대물보다는 중치급 마릿수를 기대할 수 있다. 낚시 방법도 찌낚시 · 던질낚시 · 대낚시 등 다양하게 즐길 수 있다. 5월이 감성돔 시즌으로 여름철에는 입질이 끊어졌다가 가을에 다시 살아난다.

학공치는 수온이 오르는 여름부터 늦가을에 걸쳐 수온에 따라 나타났다 사라지기를 반복한다. 우럭 종류(개볼락)도 많이 서식해 루어낚시를 좋아하는 이들의 구미를 당기게 한다. 늦가을부터 겨울 초반(11월~12월)에 떼 지어 나타나는 도루묵은 주로 통발을 이용하는데, 통발 하나 던져놓고 20~30분을 기다리면 20~50마리의 도루묵이 들어 행락객들의 환호성을 자아낸다.

■ 포인트 및 참고 사항

큰방파제 외항 방향은 모두 감성돔 포인트이다. 가장 좋은 자리는 방파제 끝자락이다. 작은방파제도 역시 끝자락이 가장 좋은 자리인데, 이곳에서는 채비를 내항쪽으로 멀리 원투해야 입질을 기대할 수 있다. 큰방파제와 작은방파제 모두 중간지점에서부터 방향이 외항 쪽으로 꺾어지는데, 이 자리에서 내항을 바라보는 쪽도 좋은 포인트로 꼽힌다. 보다 안전한 낚시 구간은 남쪽 작은방파에서 가지를 뻗은 해상 잔교 낚시터이다. 그늘막 쉼터가 조성돼 있는 Y자 분기점 주변이 좋고 데크가 끝나는 2층 전망대 주변도 빼놓을 수 없다.

대진항은 전체적으로 물이 맑고 주변 환경도 비교적 잘 정리되어 있다. 가족을 동반한 경우에는 안전한 내항에서 낚시를 즐겨도 되는데, 계류되어 있는 선박 사이사이에서 의외의 조과를 거두기도 한다. 잡어 중심이지만 손바닥 사이즈의 감성돔도 나오고 우럭도 곧잘 낚인다.

인근 낚시점(033)

*양지상회낚시 682-0928
 현내면 대진리 83-1
*진땡이의낚시가게 682-0029
 현내면 대진리 135
*대진낚시 681-1755
 현내면 대진리 142-6

↓ 북쪽 대진등대 쪽에서 내려다 본 대진항 전경. 두 개의 방파제와 함께 남쪽 해상낚시공원에선 가족과 함께 안전하게 낚시를 즐길 수 있다.

초도방파제

- **소재지** : 고성군 현내면 초도리 1-1 외
- **길이** : 큰방파제 2000여m, 작은방파제 500여m
- **위치 참조** : 〈최신 전국낚시지도〉 042p C4

찾아가는 길

서울·양양고속도로를 이용해 동홍천IC로 나온다. 44번 국도를 타고 인제·원통을 지나 한계교차로 및 용대교차로에서 각각 고성(간성) 방향으로 진행하면 된다.

강릉 방면 남쪽에서 북상할 경우는 동해고속도로를 타고 속초IC교차로로 나와 속초→송지호→고성(간성)→거진→화진포 순으로 진행해 동해대로(7번국도) 초도교차로에서 오른쪽으로 빠지면 된다.

▪ 낚시 개황

동해안의 최북단 감성돔 낚시터로 알려져 있는 장소가 고성군이다. 그 중 초도방파제는 최북단에 위치하고 있는 낚시터라고 해도 과언이 아니다. 큰방파제 길이가 200m로 대단위 규모는 아니지만 지역 주민의 생활낚시터로서 속초 일대의 꾼들에게는 봄과 가을의 감성돔 사냥터로 각광받는 장소이다. 특별한 포인트가 따로 있는 것이 아니고 방파제의 테트라포드 전역에서 고른 조황을 보인다.

임연수어가 봄철을 알리는 신호탄으로 하여 감성돔도 입질을 개시한다. 임연수어는 날씨가 좋은 날, 감성돔은 파도가 치는 날에 좋은 조황을 보인다. 여름이 가고 가을이 되면 다시 한 번 감성돔 입질이 이어진다. 그 외에도 한겨울을 제외하면 학공치·가자미·숭어·황어가 출조객들을 반긴다.

▪ 참고 사항

큰방파제 바로 앞 해상에 위치하고 있는 금구도(金龜島)는 마치 마을을 등지고 바다로 나가는 거북이의 형상을 하고 있다. 소나무가 많은 금구도에는 물고기 화석과 말 발자국, 기원을 알기 어려운 성터가 남아 있지만 군작전 지역이라 외부인은

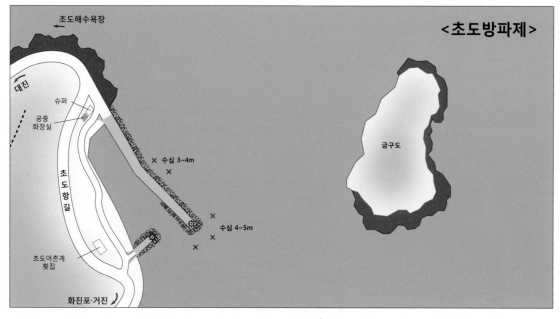

들어갈 수가 없는 상륙 금지 장소이다. 다만 봄철의 축제 기간 동안만은 개방이 되어 낚시대회가 치러지기도 한다.

초도항 북쪽은 초도해수욕장과 인접해 있고 남쪽으로는 화진포호와 가까워 휴가철에는 관광객으로 붐비기도 한다. 초도방파제에는 해녀와 어부들의 애환을 담은 모습이 벽화로 아름답게 그려져 미항의 모습을 자랑하고 있다.

인근 낚시점(033)

★반도낚시 682-2666
거진읍 거진리 335-6
★거진낚시마트 681-5370
거진읍 거진리 155-55
★해맞이낚시 681-5853
거진읍 거진리 40-3

← 입구에서 바라본 초도 큰방파제(위 사진)와 '성게 주산지'를 알리는 조형물(아래 사진). 고성군 일대에서 잡히는 성게 종류는 거의가 보라성게이다.

↓ 내항 뒤쪽의 해안 경비 초소에서 바라본 초도방파제 전경. 큰방파제 너머로 보이는 금구도는 봄철 축제 기간에 한해 개방되기도 한다.

거진항방파제

- **소재지** : 고성군 거진읍 거진리 22-75 외
- **길이** : 큰방파제 728m, 작은방파제 315m
- **위치 참조** : 〈최신 전국낚시지도〉 043p D5

찾아가는 길

서울·양양고속도로를 이용해 동홍천IC로 나온다. 44번 국도를 타고 인제·원통을 지나 한계교차로 및 용대교차로에서 각각 고성(간성) 방향으로 진입 후, 7번국도(동해대로) 자산교차로에서 오른쪽으로 빠지면 된다.
강릉 방면 남쪽에서 북상할 경우는 동해고속도로를 타고 속초IC교차로로 나와 동해대로(7번 국도) 거진 방향으로 진행하면 된다.

■ 낚시 여건

동해의 북단 거진읍에 위치한 거진항은 길이 700m와 300m가 넘는 두 개의 대형 방파제를 거느리고 있을 뿐만 아니라 인근 남북 방향에도 좋은 낚시 여건을 형성하고 있다. 큰방파제에서 해안도로를 따라 북쪽으로 이어지는 갯바위는 물론, 작은방파제 외에도 항구 바로 남쪽에 위치하는 거진해수욕장에 설치된 4곳의 T자형 방사제(防沙堤)도 좋은 포인트를 만들고 있다. 대규모 인원이 다양한 방법으로 다양한 어종을 상대할 수 있다. 규모로 보나 어종으로 보나 거진항방파제는 우리나라 동해 최북단의 대형 낚시터라고 보아도 손색이 없는 장소이다.

■ 어종과 시즌

주요 어종은 감성돔으로 4월 말부터 5월 말까지가 피크 시즌이다. 봄 시즌 초기에는 원투낚시가 대세를 이루지만 차츰 찌낚시에도 반응을 보이기 시작한다. 감성돔은 여름철에 입질이 소강상태를 보이다가 가을에 다시 입질이 살아난다. 이밖에도 이른 봄철에 도루묵과 임연수어가 나타나고 여름철 수온이 오르기 시작하면 쥐노래미와 학공치 등의 입질이 이어진다. 사시사철 원투낚시에는 황어와 가자미가 잘

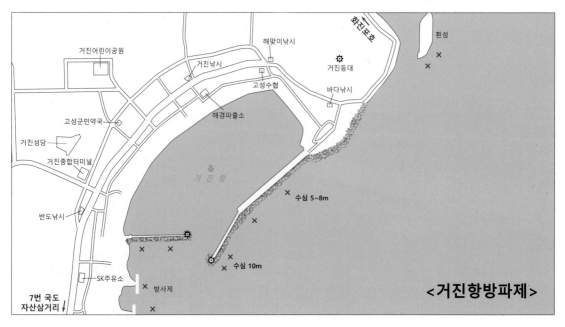

<거진항방파제>

낚인다.

■ 포인트 및 참고 사항

감성돔을 노릴 경우 큰방파제에서는 주로 찌낚시를, 작은방파제에서는 원투낚시를 한다. 큰방파제 초입은 수심이 5~8m 정도이며 3분의 1 지점을 지나면 평균수심 10m 정도를 고르게 유지한다. 테트라포드 전역이 포인트 역할을 하지만 특히 돌이 무너져 있는 자리가 일급 포인트로 이곳을 중심으로 많은 낚시인들이 모인다. 봄철 감성돔낚시의 특성을 보면 일반적으로 4월 말부터 작은방파제에서 던질 낚시에 먼저 선을 보이기 시작하고 약 보름 후부터는 큰방파제에서 찌낚시가 활기를 띠기 시작한다.

해수욕장에 만들어져 있는 T자형 방사제는 대형 황어가 출몰하는 원투낚시 포인트이다. 인접한 자산천의 하구로 인해 기수역이 형성되어 황어가 많이 회유하고 있다. 방파제뿐만이 아니라 거진등대가 위치한 인근의 갯바위도 원투낚시가 잘 되는 장소로 오래 전부터 쥐노래미가 잘 잡히는 생활낚시터이다. 철책이 설치된 이후 낚시가 금지되고 있으나 현지인들의 경우 철책 밖에서 원투낚시를 시도한다.

거진항은 북한과 인접한 장소이자 군 작전지역이지만 일반적으로 야간낚시는 허용되고 있다. 다만 군 작전 시기에는 야간 출입이 통제되기도 하므로 밤낚시 출조를 계획할 경우는 이 점을 염두에 두어야 한다.

거진항 남쪽으로 길게 이어지는 거진해수욕장 남쪽은 자산천이 유입되는 하구 지역이다. 이곳 자산천은 은어의 소상이 많은 하천으로 씨알 굵은 은어가 잘 낚이는 낚시터로도 알려져 있다.

인근 낚시점(033)

＊바다낚시 681-5348
　거진읍 거진리 24-47
＊해맞이낚시 681-5853
　거진읍 거진리 40-3
＊거진낚시마트 681-5370
　거진읍 거진리 155-55
＊반도낚시 682-2666
　거진읍 거진리 335-6

↓ 거진등대를 오르는 가파른 언덕길에서 뒤돌아보면 거진항이 한눈에 들어온다. 멀리 보이는 T자형 방사제(防沙堤)도 훌륭한 포인트이다.

반암방파제

- **소재지** : 고성군 거진읍 반암리 1-2외
- **길이** : 큰방파제 330여m, 작은방파제 110여m
- **위치 참조** : 〈최신 전국낚시지도〉 043p D6

찾아가는 길

서울 · 양양고속도로를 이용해 동홍천IC로 나온다. 44번 국도를 타고 인제 · 원통을 지나 한계교차로 및 용대교차로에서 각각 고성(간성) 방향으로 진입 후, 7번국도(동해대로) 반암교차로에서 오른쪽으로 빠지면 된다.
강릉 방면 남쪽에서 북상할 경우는 동해고속도로를 타고 속초IC교차로로 나와 동해대로(7번국도) 거진 방향으로 진행하면 된다.

인근 낚시점(033)

＊공현진낚시마트 632-6692
죽왕면 공현진리 55-6

↓ 외지엔 거의 알려지지 않은 반암방파제. 의외의 조과를 안겨주기도 하지만 포인트는 한정적이다.

■ 낚시 개황

거진항과 가진항의 중간 지역에 위치하는 반암항은 현지인들 외에는 잘 알려지지 않은 소형 항구이다. 기역(ㄱ)자로 구부러져 있는 방파제는 아담한 느낌의 전형적인 시골의 항구 모습이다.

반암항은 소규모임에도 불구하고 속초 인근의 낚시인들에게는 봄과 가을의 감성돔낚시 명소로 손꼽힐 정도로, 반암항에서 감성돔을 노리는 낚시인은 감성돔 전문 낚시인임에 틀림없다.

감성돔 외에도 계절에 따라 임연수어 · 학공치 · 고등어 등 생활낚시 어종이 고루 선보이는 곳으로 지역 주민들에게 사랑을 받고 있다. 주요 포인트는 방파제가 꺾이는 부분을 중심으로 형성되는데, 전방에 위치하는 간출암으로 포인트 지점 확인이 가능하다.

■ 참고 사항

대규모 항구인 거진항과 인접한 곳으로 군사작전지역에 속한 관계로 현지인 외에는 잘 알려져 있지 않은 것이 사실이다. 작은 언덕에 야트막하게 위치한 반암항은 도로에서도 특별하게 눈에 띄는 장소가 아니라서 일반 낚시인들에게는 잘 알려져 있지 않지만, 의외로 전문적인 감성돔 포인트로 인정받고 있다. 다만 포인트 범위가 한정적이라서 동시에 많은 낚시인이 함께 자리하기는 곤란하다.

내항 쪽은 수심이 얕아 낚시에 적합하지 않다. 더욱이 모래 퇴적이 진행되곤 하여 준설작업이 수시로 벌어지기도 하므로 주의를 요한다. 반암해수욕장에 붙어 있는 반암마을은 가리비 양식으로 유명한 곳이다.

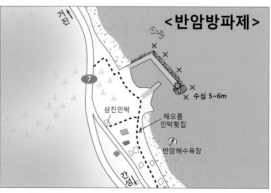

동해안 방파제 어종별 낚시 캘린더(1)
– 강원도 고성군~속초시~양양군 지역

구분	1월	2월	3월	4월	5월	6월	7월	8월	9월	10월	11월	12월	비고
가자미, 도다리		░	░	░	░	░	░	░	░	░	░		2~5월엔 강도다리, 5월부터는 참가자미
감성돔	░	░							░	░	░		
고등어								░	░				
광어 (넙치)					░	░	░	░	░				
노래미, 쥐노래미				░	░					░	░		
도루묵	░	░									░	░	매년 일정치 않고 기간도 1개월가량
망상어								░	░				
무늬오징어									░	░			
바다빙어	░												해거리 심하고 속초지역 기수역에서만 낚임
방어									░	░			
보리멸							░	░	░				
볼락			░	░	░								
붕장어						░	░	░	░				
삼치									░	░	░		시즌 종반으로 갈수록 씨알이 굵어짐
숭어	░	░	░	░		░	░	░	░	░	░	░	여름~가을 찌낚시, 겨울~봄 훌치기 성행
양태							░	░					낱마리
우럭 (조피볼락, 개볼락 등)						░	░	░	░	░			
임연수어	░	░	░	░							░	░	매년 시기, 기간 일정치 않고 해거리도 심함
전어								░	░	░			
전갱이									░	░			
청어	░	░	░										
학공치									░	░	░		수온 변화에 따른 방파제 조황 기복 심함
황어	░	░	░	░	░							░	

* 연한 색깔은 일반 시즌, 짙은 색깔은 본격 시즌을 뜻함.

가진방파제

- **소재지** : 고성군 죽왕면 가진리 46-2 외
- **길이** : 큰방파제 300여m, 작은방파제 1500여m
- **위치 참조** : 〈최신 전국낚시지도〉 043p E1

찾아가는 길

서울·양양고속도로 끝 지점인 양양JC에서 동해고속도로를 갈아타고 북상하다가 속초IC교차로로 나온다. 속초시내 방향 약 4.4km 지점의 교동지하차도 사거리에서 좌회전 후, 동해대로(7번국도) 고성(간성) 방면의 공현진교차로(공현진항 북쪽)에서 오른쪽으로 진입하면 된다. 강릉 방면 남쪽에서 북상할 경우도 동해고속도로를 타고 속초IC교차로로 나오면 된다.

■ 낚시 여건

동해북부 지역의 항구 중 낚시가 잘 되기로 알려진 가진항은 인근 공현진항의 유명세에 가려 외지인들에겐 그 이름이 다소 생소할 수도 있다. 번잡한 유명 항구와 달리 조용한 분위기를 풍기는 가진항은 그 규모가 그러하듯 방파제도 아담한 크기였으나 근년에 확장 공사가 완료되면서 길이와 규모가 더욱 확대되었다. 특히 작은방파제의 규모가 길어지고 기역(ㄱ)자 형태의 모습을 갖추면서 꺾이는 부분을 중심으로 일급 루어낚시 포인트가 형성되는 효과를 얻게 되었다. 큰방파제의 경우, 예전에는 작은 테트라포드로 축조되어 발판이 편했지만 새로이 대형 테트라포드가 쌓이면서 발판이 좋지 않아 위험 구간으로 여겨지고 있다.

■ 어종과 시즌

동해북부 지역의 방파제들과 마찬가지로 이곳 역시 최고 인기 어종은 감성돔이다. 봄철이 제철로, 4월 중순 이후부터 3~4주간 입질이 이어진다. 이후 오랜 기간 소강상태를 보이다가 가을철에 짧게나마 다시 한 번 감성돔이 찾아온다.

매년 일정치는 않지만 3~4월경에 임연수어가 붙었다 하면 한바탕 북새통을 이룬

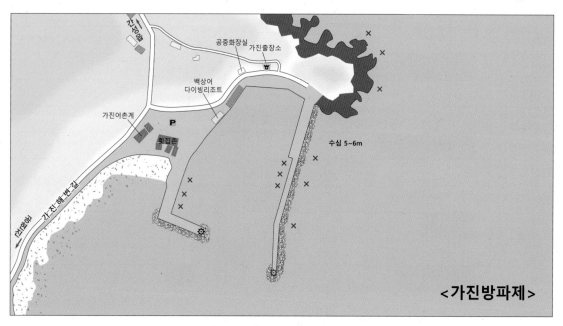

<가진방파제>

다. 여름철이 되면 쥐노래미와 학공치·우럭 등이 낚이는 가운데 고등어가 회유하여 들어오는 경우도 있다. 감성돔 및 기타 어종은 찌낚시를 주로 하지만 우럭의 경우는 주로 웜을 이용한 루어낚시를 한다.

■ 포인트 및 참고 사항

두 개의 방파제 가운데 낚시가 잘 되는 곳은 역시 큰방파제이다. 주로 감성돔을 노리는데, 수심이 방파제 초입이라도 5m 이상을 형성하므로 찌낚시를 하기에 적합한 여건이다. 다만 대형 테트라포드가 얼기설기 높게 설치되어 있어 안전에 주의를 기울여야 한다. 큰방파제 초입부터 북쪽으로 이어지는 갯바위 지역도 관심을 둘 만한 곳이다. 수심이 깊지는 않지만 봄철과 가을철에 감성돔이 곧잘 낚이는데, 큰방파제 쪽의 조과가 워낙 뛰어나 실제로 이 갯바위 구간에서 감성돔을 노리는 낚시인은 많지 않은 편이다.

방파제 내항 쪽은 생활낚시터이자 찬거리 준비 장소이다. 학공치·고등어 등의 회유어나 잡어를 노리는 곳인데, 물이 맑아 바닥이 훤히 들여다보이는 경우도 많아 대낮에는 입질이 뜸한 편이다. 이 외에도 방파제 기초석 틈새나 테트라포드 사이를 노리는 이른바 '구멍치기'로 우럭과 노래미를 뽑아 올리는 재미도 쏠쏠하다. 큰방파제와 작은방파제 모두 내항 쪽 언저리 바닥은 암반과 돌로 구성되어 있는 관계로 우럭과 노래미 자원이 많아 훌륭한 루어낚시 포인트를 형성한다.

가진항은 동해북부 지역에 위치한 항구 중에서는 드물게도 야간 출입 통제가 심하지 않은 편이다. 큰방파제는 야간에 출입이 통제되긴 하지만 내항 쪽으로는 밤낚시가 허용되고 있다.

인근 낚시점(033)

*창명낚시마트 632-0330
죽왕면 공현진리 134-1
*공현진낚시마트 632-6692
죽왕면 공현진리 55-6

↓ 큰방파제와 이어진 갯바위에 오르면 어항 전체가 한눈에 들어온다. 국도변에서 멀리 떨어져 있어 분위기가 비교적 한적하고 내항 쪽에서도 우럭 루어 낚시가 잘 된다.

공현진항방파제

- **소재지** : 고성군 죽왕면 공현진리 431-22 외
- **길이** : 동방파제 535m, 남방파제 315m
- **위치 참조** : 〈최신 전국낚시지도〉043p E2

찾아가는 길

서울·양양고속도로 끝 지점인 양양JC에서 동해고속도로를 갈아타고 북상하다가 속초IC교차로로 나온다. 속초시내 방향 약 4.4km 지점의 교동지하차도 사거리에서 좌회전 후, 동해대로(7번국도) 고성(간성) 방면으로 계속 북진하다가 송지호를 지나면 곧 오른쪽(공현진길·공현진활어회센터 방면)으로 빠져야 한다. 강릉 방면 남쪽에서 북상할 경우도 동해고속도로를 타고 속초IC교차로로 나오면 된다.

■ 낚시 여건

동해북부 지역에 위치한 방파제로서는 대규모에 속하며 낚시터로서도 인기가 높은 장소이다. 인근(북쪽) 공현진해수욕장 및 각종 위락시설과 연계되어 있어 깔끔한 공용화장실과 넓은 주차장 등 편의시설이 갖추어진 명품 방파제이다.

길이가 500m가 넘는 동쪽 방파제(큰방파제)는 암초지대 위에 만들어진 관계로 방파제 전역이 포인트라 해도 손색이 없다. 지형적인 혜택으로 어자원이 풍부하고 공간도 넓어 한창 시즌에도 자리다툼 없이 낚시를 즐길 수 있다.

■ 어종과 시즌

동해북부 지역의 방파제 대개가 그러하듯 봄철은 감성돔과 임연수어가 대표 어종이다. 파도가 없는 날에는 임연수어, 파도가 적당히 치는 날에는 감성돔을 노린다. 대형급 감성돔이 종종 배출되는 곳으로, 조황 소식이 모락모락 퍼지면 감성돔 전문 꾼들의 발길이 바빠진다.

여름철이 되면 테트라포드 사이사이에서 우럭이 낚이고 학공치도 입질을 시작한다. 가을로 접어들면 다시 감성돔이 나타나기 시작하는데 이때부터는 동해북부 여

느 장소와 마찬가지로 학공치와 감성돔이 주어종이 된다. 그 밖에도 가자미·황어·쥐노래미 등이 찌낚시와 던질낚시 손님으로 사시사철 입질을 멈추지 않는다. 전문 꾼들의 기대치와는 별개로 인근 주민들의 생활낚시에는 연중무휴, 낚시의 공백 기간이 없다 해도 과언이 아니다.

인근 낚시점(033)

*공현진낚시마트 632-6692
 죽왕면 공현진리 55-6
*창명낚시마트 632-0330
 죽왕면 공현진리 134-1

■ 포인트 및 참고 사항

낚시는 거의 큰방파제에서 이루어진다. 초입으로부터 3분의 1 지점 정도에서부터 방파제 끝자락까지 전역이 모두 포인트라 할 수 있다. 거의 중간 지점과 방파제가 꺾이는 지점을 전후하여 외해 쪽으로 바닥 암초대가 줄지어 발달된 모습을 눈으로 확인할 수 있는데, 사실 이 암초대 주변은 수심이 얕아 조과를 기대할 수 없다. 오히려 테트라포드 구역 주변의 수심이 깊은 관계로 낚시 발판 바로 밑이 포인트라 생각하면 된다. 그러므로 암초지대에 현혹돼 채비를 멀리 던지기보다는 테트라포드에서 멀리 떨어지지 않도록 채비를 붙여 운용하는 것이 좋은 조과를 얻는 비결이라 할 수 있다. 다시 한 번 강조하자면 공현진방파제에서는 낚시 발판 바로 앞쪽의 수심이 가장 깊다고 기억해 두는 것이 좋다.

큰방파제의 외해는 바닥이 거칠어 던질낚시보다는 찌낚시가 적합하다. 방파제 초입의 수심은 5~7m 정도, 끝자락 부근은 9~12m 정도이다. 내항 쪽은 바닥이 모래로 형성되어 있어 가족동반 낚시나 잡어를 노리는 생활낚시 포인트로 보면 된다. 공현진방파제는 동해북부 지역에서는 드물게 야간낚시 통제가 이루어지 않아 밤낚시를 즐기기에도 좋은 장소이다.

↓ 하늘에서 내려다본 공현진항. 넓은 주차창과 화장실 등 편의시설이 잘 갖추어져 있다. 사진 오른쪽(북쪽) 방향은 공현진1리해수욕장, 왼쪽 남쪽 방향은 공현진2리해수욕장이다.

오호방파제

- **소재지** : 고성군 죽왕면 오호리 29-32 외
- **길이** : 동방파제 240여m, 서방파제 220여m
- **위치 참조** : 〈최신 전국낚시지도〉 043p E2

찾아가는 길

서울·양양고속도로 끝 지점인 양양JC에서 동해고속도로를 갈아타고 북상하다가 속초IC교차로로 나온다. 속초시내 방향 약 4.4km 지점의 교동지하차도 사거리에서 좌회전 후, 동해대로(7번국도)를 타고 고성(간성) 방면 14.7km 지점의 오호교 차로에서 오른쪽으로 진입하면 된다. 강릉 방면 남쪽에서 북상할 경우도 동해고속도로를 타고 속초IC교차로로 나오면 된다.

■ 낚시 여건

동해북부 지역의 휴양지로 유명한 송지호해수욕장의 남쪽 끄트머리에 위치한 오호항은 자연 그대로의 모습이 잘 보존된 송지호 주변과 잘 어울리는 자그마한 항구이다. 그러나 작은 규모와는 달리 낚시 여건만큼은 의외성을 보여주는 장소로서 사철 다양한 어종이 단골 꾼들의 발길을 불러 모은다.

동쪽의 큰방파제와 건너편 작은방파제는 물론이고 큰방파제 초입에서 북쪽으로 이어지는 갯바위도 좋은 포인트로, 방파제와 갯바위 지역을 합쳐 계절 따라 다양한 어종이 낚이는 만능 낚시터라 할 수 있다. 게다가 다양한 장르의 낚시를 즐길 수 있다는 점도 특징이다. 큰방파제와 갯바위에서는 찌낚시, 내항 쪽에서는 우럭 루어낚시, 작은방파제 주변은 모래밭이 발달하여 던질낚시가 잘 된다.

■ 어종과 시즌

주요 어종은 역시 감성돔이지만 그에 못지않게 인기 높은 다양한 어종이 낚인다. 봄철에는 감성돔과 임연수어가 잘 낚이고, 여름철이 되면 학공치와 고등어 등 회유어의 입질이 이어진다. 우럭 자원도 많아 여름철부터 잘 낚이는데, 인근 주민들

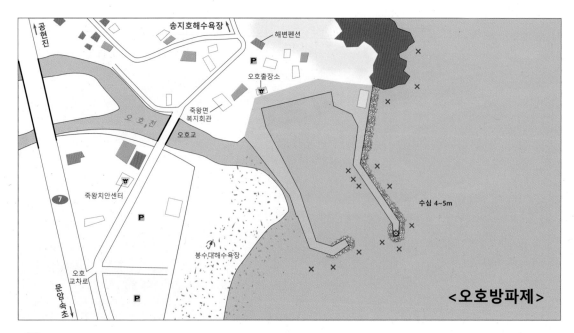

<오호방파제>

은 구멍치기로 낚아내지만 웜 채비를 활용한 루어낚시의 인기가 높아지면서 루어
낚시를 하는 이들도 자주 보인다. 가을철이 되면 고등어가 근접하기 시작하고, 이
를 먹이로 삼는 삼치 떼가 곧 몰려들어 '삼치 파시'를 맞기도 한다. 삼치는 주로 루
어낚시로 낚는다. 그 밖에도 원투낚시로 가자미가 사시사철 낚인다.

■ 포인트 및 참고 사항

오호항의 주요 포인트는 큰방파제와 방파제 초입에서부터 이어지는 갯바위 구간
이다. 갯바위 주변은 과거 전복 양식장이 있어 출입을 막기도 했지만 양식장이 폐
쇄된 이후부터는 낚시인의 출입에 대해 특별한 제재가 없다. 큰방파제는 중간에
꺾어지는 지점에서부터 끝자락까지가 수심이 깊어 좋은 찌낚시 포인트를 형성한
다. 갯바위는 전역이 고른 조과를 보여주는데 감성돔 · 임연수어 · 학공치 · 고등어
등이 철따라 낚인다.

가을철 삼치가 접근할 때는 주로 큰방파제의 맨 끝부분에서 루어낚시를 한다. 조
류 소통이 좋아 여느 곳에 비교할 수 없는 일급 포인트가 된다. 우럭 루어낚시를
즐기려면 먼저 테트라포드 틈새와 내항 쪽 석축 및 돌 틈새가 최우선이다. 그러나
큰방파제에선 내항 쪽을 집중 공략하는 편이 좋다. 발판도 안전하고 낚시하기에
편리하기 때문이다. 서쪽의 작은방파제에서 낚시 할 경우는 내항과 외항 쪽 양방
향의 기초석 틈새를 포인트로 생각하면 된다. 작은방파제의 외해 쪽은 해저가 모
래밭 지형으로 가자미 던질낚시의 최적지로 꼽는다.

오호항은 야간 출입이 자유로운 곳으로 방파제에서만 낚시를 한다면 밤낚시도 가
능하다. 그러나 갯바위는 야간에 출입을 통제하므로 주의해야 한다.

인근 낚시점(033)

＊마도로스낚시 636-8288
　고성군 죽왕면 오호리 29-3
＊낚시이야기 635-7556
　속초시 장사동 577-21

↓ 오호방파제에서는 루어낚시
가 잘 된다. 우럭은 물론이고
가을철에는 삼치 루어낚시도 활
발하다. 사진 왼쪽으로 보이는
큰방파제 끝 지점의 외해 쪽이
명당이다.

문암1리방파제
(백도방파제)

- **소재지** : 고성군 죽왕면 문암진리 10-78 외
- **길이** : 큰방파제 200m, 작은방파제 90여m
- **위치 참조** : 〈최신 전국낚시지도〉 043p E3

찾아가는 길

서울·양양고속도로 끝 지점인 양양JC에서 동해고속도로를 갈 아타고 북상하다가 속초IC교차 로로 나온다. 속초시내 방향 약 4.4km 지점의 교동지하차도 사거리에서 좌회전 후, 동해대 로(7번국도)를 타고 고성(간성) 방면 약 12km 지점의 백도교 차로에서 오른쪽으로 진입하면 된다. 강릉 방면 남쪽에서 북상 할 경우도 동해고속도로를 타고 속초IC교차로로 나오면 된다.

인근 낚시점(033)

★낚시이야기 635-7556
속초시 장사동 577-21

↓ 큰방파제 끝자락에서 뒤돌아 본 백도항 전경. 아담하고도 고 즈넉한 분위기를 자아내는 곳이 다.

■ 낚시 개황

여름철 휴양지로 유명한 백도해수욕장의 북쪽 끝단에 위치하고 있는 백도항은 아 담한 크기의 어항으로 북쪽으로는 야산에서 뻗어난 갯바위 지역을 끼고 있다. 외 항은 물론 내항 쪽도 물빛이 아주 맑아 어느 항구보다 아늑한 분위기를 자아낸다. 북쪽 갯바위 지대는 원래 감성돔 포인트로 알려져 있지만 군사작전 지역으로 묶여 출입이 통제되고 있어 낚시인들에게는 그림의 떡이다. 또한 큰방파제의 외해 쪽 역시 한때 감성돔과 쪽대구(소형 대구)·임연수어 등이 호황을 보이기도 했으나 과거의 명성이 무색하게 근년에는 그다지 신통한 조과를 보여주지 못하고 있다. 그러나 큰방파제의 끝자락에서 원투낚시에 가자미·황어 등이 사시사철 낚이고, 내항 쪽에서는 조피볼락(우럭)이 잘 낚여 현지인들은 물론 외지의 루어 낚시인들 이 자주 찾는 장소가 되고 있다.

■ 참고 사항

이곳 백도방파제 주변엔 한때 우럭(조피볼락)을 방류한 적이 있어 루어낚시에 굵 은 우럭이 잘 낚여 인기를 모으고 있다. 내항을 제외하고는 야간에 출입을 통제하 고 있다.

백도방파제는 과거엔 조과가 좋은 일급 포인트로서 인기가 높았지만 그 인기가 사 그라진 원인은 2002년 8월 한반도에 상륙한 태풍 '루사'로 피해를 입은 이후의 보 강공사로 볼 수 있다. 수중 지형의 변화가 생긴 데다가 높은 파도에 유실된 방파제 를 보강하기 위해 그간의 테트라포드보다 훨씬 큰 대형 테트라포드를 올려 쌓는 바람에 발판이 위험해져버렸다.

〈문암1리(백도)방파제〉

문암2리방파제

- **소재지** : 고성군 죽왕면 문암진리 134-38 외
- **길이** : 큰방파제 700여m, 작은방파제 30여m
- **위치 참조** : 〈최신 전국낚시지도〉 043p E3

■ 낚시 개황

문암2리항은 북쪽의 백도항과 연결되는 백도해수욕장의 남쪽 끝단에 위치하는 낮은 바위산 너머에 있는 항구이다. 백도항에서 남쪽으로 바라보면 병풍처럼 서 있는 갯바위가 바로 그곳으로 그 뒤편이 문암2리항이다.

문암2리항은 아주 작은 항구로 방파제에서의 낚시는 크게 기대할 수 없는 여건이다. 방파제보다는 오히려 갯바위 쪽이 포인트가 되므로 이곳에서의 낚시는 갯바위 낚시가 우선이라고 생각하는 것이 옳다. 누가 봐도 방파제 입구의 갯바위 지대가 눈길을 끄는 포인트임을 확인할 수 있다.

스쿠버다이빙 숍이 위치한 장소에서 갯바위로 올라서면 왼쪽으로 문암천이 흘러들어 기수역을 이루고 있는데 그 주변이 감성돔 일급 포인트이다. 그 외에도 봄에는 임연수어와 도루묵이 잘 낚이고 가을에는 학공치·고등어 등이 잘 낚인다. 수심이 얕은 내항에서는 이른바 '구멍치기'를 통해 우럭이나 개볼락 등을 낚기도 하지만 큰 조황은 기대할 수 없다.

■ 참고 사항

문암2리항은 야간 통제가 실시되고는 있으나 항구로의 진입에는 큰 불편이 없다. 다만 갯바위만큼은 야간 출입이 통제된다.

스쿠버다이빙 숍 바로 옆으로 공용화장실 등 관광객을 위한 시설이 잘 갖추어져 있다. 피서철인 여름에는 스쿠버다이빙을 즐기는 관광객이 많아 낚시하는 데 불편을 겪는 경우가 많다.

찾아가는 길

서울·양양고속도로 끝 지점인 양양JC에서 동해고속도로를 갈아타고 북상하다가 속초IC교차로로 나온다. 속초시내 방향 약 4.4km 지점의 교동지하차도사거리에서 좌회전 후, 동해대로(7번국도)를 타고 고성(간성) 방면 11.3km 지점의 운암교에서 오른쪽으로 진입하면 된다. 강릉 방면 남쪽에서 북상할 경우도 동해고속도로를 타고 속초IC교차로로 나오면 된다.

인근 낚시점(033)

*낚시이야기 635-7556
속초시 장사동 577-21

↓ 항구 뒤편 갯바위 위에서 바라본 문암2리방파제 전경. 방파제보다는 갯바위 일대가 훨씬 돋보이는 포인트이다.

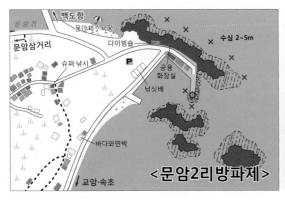

↑↑ 문암2리 큰방파제 뒤쪽 갯바위 위에서 바라본 작은방파제 모습. 모래 유입을 차단하는 방사제(防砂堤)로, 낚시는 거의 이뤄지지 않는 곳이다.

↑ 문암2리 큰방파제 뒤쪽으로 길게 돌출된 갯바위 지대. 북쪽 문암1리(백도) 큰방파제에서 바라본 모습이다.

↓ 문암2리에서의 낚시는 이곳 갯바위 지대가 핵심 포인트이다. 사진 오른쪽에 문암2리 큰방파제가 위치한다.

교암방파제

- **소재지** : 고성군 토성면 교암리 151-10
- **길이** : 140여m(2013년 현재 공사 중)
- **위치 참조** : 〈최신 전국낚시지도〉 043p E3

■ 낚시 개황

교암해수욕장 남쪽 끝에 위치하고 있는 교암방파제는 고성8경 중 하나인 '천학정'을 바라보고 있는 형상이다. 다른 방파제들과는 달리 특이하게도 외항 쪽은 오히려 수심이 얕아 포인트로 거의 주목을 받지 못한다. 낚시를 한다면 오히려 내항 쪽에서 입질이 잦다.

주 어종은 망상어·황어·숭어 등이다. 방파제 끝부분에서 찌낚시에 망상어, 원투낚시에 씨알 굵은 황어의 입질도 잦다. 전체적으로 볼 때 낚시 장소가 협소해 인지 현지 주민들의 생활낚시 모습은 찾아보기 힘들다. 그렇지만 외항과 내항 주변이 전부 돌바닥으로 이루어져 있는 관계로 우럭 루어낚시를 위해 찾는 경우가 많다. 항구 규모가 소형이다 보니 이동 중에 잠시 들러보는 수준으로 여기는 것이 좋다. 가을철에는 무늬오징어의 입질도 기대할 수 있다.

■ 참고 사항

방파제 끝부분 앞쪽에 수중여가 있으나 2013년 현재 방파제 확장 공사가 진행 중으로 포인트의 변화가 있을 것으로 예상된다. 내항 남쪽에서 연결되는 갯바위 구간(천학정이 위치한 산 아래쪽)도 좋은 포인트로 알려져 있지만 출입이 통제되는 곳임을 염두에 두어야 한다.

교암항은 여름 휴가철이 되면 관광객을 위한 체험 다이빙이 열리는 등 스쿠버다이빙 포인트로 인기가 높은 곳이다. 스쿠버다이빙 체험이 열리는 날에는 조용한 분위기의 낚시는 기대하기 어렵다.

찾아가는 길

서울·양양고속도로 끝 지점인 양양JC에서 동해고속도로를 갈아타고 북상하다가 속초IC교차로로 나온다. 속초시내 방향 약 4.4km 지점의 교동지하차도 사거리에서 좌회전 후, 동해대로(7번국도)를 타고 고성(간성) 방면 10km 지점의 교암4거리에 오른쪽으로 빠지면 된다. 강릉 방면 남쪽에서 북상할 경우도 동해고속도로를 타고 속초IC교차로로 나오면 된다.

인근 낚시점(033)

*낚시이야기 635-7556
  속초시 장사동 577-21
*그린낚시 635-0044
  속초시 영랑동 146-1

↓ 낚시보다는 다이빙 포인트로 널리 알려진 곳이지만, 우럭 루어낚시와 무늬오징어 에깅이 빛을 발하는 곳이기도 하다.

아야진항방파제

- **소재지**: 고성군 토성면 아야진리 1-5 외
- **길이**: 북방파제 520여m, 남방파제 200여m
- **위치 참조**: 〈최신 전국낚시지도〉 043p E4

찾아가는 길

서울·양양고속도로 끝 지점인 양양JC에서 동해고속도로를 갈아타고 북상하다가 속초IC교차로로 나온다. 속초시내 방향 약 4.4km 지점의 교동지하차도 사거리에서 좌회전 후, 동해대로(7번국도)를 타고 고성(간성) 방면 7.6km 지점의 청간사거리에서 아야진항 이정표를 보고 오른쪽으로 진입하면 된다. 강릉 방면 남쪽에서 북상할 경우도 동해고속도로를 타고 속초IC 교차로로 나오면 된다.

■ 낚시 여건

속초시내에서 얼마 떨어지지 않은 거리에 위치한 아야진항은 가자미·대구·오징어 등 배낚시 출항지로 널리 유명할 뿐만 아니라 현대적 시설이 어우러진 방파제 낚시터는 물론, 인근 갯바위 구간 또한 일급 낚시터이다.

북쪽에 위치한 큰방파제 초입에는 외해를 바라보고 왼쪽으로 길게 '기차바위'라 불리는 간출여와 얕은 갯바위가 발달해 있다. 또한 큰방파제는 초입에서부터 3분의 2 지점까지가 여밭으로 이루어져 있어 감성돔 포인트로 인기가 높은 곳이다. 특히 외해에서 밀려드는 파도가 기차바위에 부딪쳐 돌아나가는 형상으로 조류 소통이 복잡하면서도 원활하다. 그런데 큰방파제 끝자락은 초입부와는 양상이 완전히 달라 바닥이 모래밭으로 이루어져 있다.

남쪽에 위치한 작은방파제는 큰방파제와 기차바위 일대의 명성에 가려 찾는 이들이 적은 편이지만 내항 쪽에서 우럭 루어낚시를 하면 의외로 그 재미가 쏠쏠하다. 내항 지역을 현지에선 2개 구역으로 나누어 부르기도 하는데 북쪽을 작은마을, 남쪽을 큰마을이라 부른다. 이곳 내항 전역에서 우럭이 곧잘 낚인다.

아야진항은 전체적으로 보아 공원 분위기가 물씬 풍긴다. 휴식공간이 거의 없는

<아야진항방파제>

다른 어항과는 달리 항구 중심부에 공원·정자·운동시설 등의 친수공간을 조성해 지역 주민은 물론 외지의 관광객과 낚시인들에게도 좋은 인상을 선사한다.

■ 어종과 시즌

주요 어종은 역시 감성돔이다. 봄철과 가을철에 걸쳐 입질이 이어진다. 뿐만 아니다. 동해안의 여느 방파제 못지않게 계절에 따라 다양한 어종이 나타난다. 먼저 사시사철 노릴 수 있는 가자미와 황어를 손꼽을 수 있고, 여름부터 가을 시즌에 걸쳐 학공치·고등어·전어 등이 손맛과 입맛을 돋우는가 하면, 겨울부터 이른 봄에 걸쳐서는 도루묵과 임연수어가 입질을 이어간다.

그 밖에도 한겨울을 제외하면 우럭이 호황을 보이는데, 구멍치기나 루어낚시를 즐기는 낚시인의 발길이 끊이지 않는 장소가 아야진항이다.

■ 포인트 및 참고 사항

아야진방파제 최고의 포인트는 역시 큰방파제이다. 특히 초입 부분의 조류가 휘돌아드는 장소가 일급지이다. 바닥에 여가 잘 발달한 3분의 2 지점까지의 외항 쪽으로는 항상 낚시인들이 포진하는 곳이다. 또한 방파제가 꺾이는 지점도 주목해야 할 포인트이다. 큰방파제 끝자락은 모래밭 지형으로 가자미나 황어를 노리는 원투낚시에 적합하다.

큰방파제 초입 왼쪽의 기차바위 주변은 봄철에 감성돔과 임연수어가 잘 낚인다. 그 밖에 작은방파제와 내항 지역은 루어낚시 포인트로 좋은 여건이다. 두 개의 방파제 모두 야간에는 출입이 금지되지만 내항에서의 낚시는 허용된다.

인근 낚시점(033)

*용광낚시 633-0596
 토성면 아야진리 39-1
*아성낚시 632-2378
 토성면 아야진리 47

↓ 하늘에서 내려다본 아야진항. 관광객을 위한 편의시설이 잘 구비돼 있는 곳으로, 주요 낚시 포인트는 큰방파제 외해 쪽과 기차바위 일대가 손꼽힌다.

기차바위

천진방파제

- **소재지** : 고성군 토성면 천진리 111-6 · **길이** : 방파제 1000여m
- **위치 참조** : 〈최신 전국낚시지도〉 043p F4

아야진항에서 남쪽으로 청간정을 지나면 나타나는 작은방파제이다. 천진해수욕장의 북쪽 끄트머리에 해당하는 위치이다. 스쿠버다이빙을 즐기는 사람들의 다이빙 포인트로 잘 알려진 장소이지만, 현지 낚시인들이 시즌에 맞춰 아름아름 즐기는 낚시 포인트이기도 하다. 방파제 길이가 100여m라고는 하나 모래밭 지역을 제외하면 그 규모가 워낙 작아 몇 사람이 오르면 낚시할 자리가 부족할 정도이다.

따라서 방파제 끝자락에서 외항 방향으로 낚시가 이뤄지는데 봄·가을의 감성돔과 학공치가 주어종이다. 방파제 초입부 왼쪽에 그럴듯한 갯바위가 있지만 발판이 험해 진입하기가 곤란하다. 이곳보다는 북쪽의 청간천 합수머리 부근 백사장에서 던질낚시를 하면 우럭·가자미·황어를 기대할 수 있다.

찾아가는 길
서울·양양고속도로 끝 지점인 양양JC에서 동해고속도로를 갈아타고 북상하다가 속초IC교차로로 나온다. 속초시내 방향 약 4.4km 지점의 교동지하차도사거리에서 좌회전 후, 동해대로(7번국도)를 타고 고성(간성) 방면 5km 지점의 봉포삼거리에서 오른쪽으로 500m만 진입하면 된다. 강릉 방면 남쪽에서 북상할 경우도 동해고속도로를 타고 속초IC교차로로 나오면 된다.

인근 낚시점(033)
＊낚시이야기 635-7556 속초시 장사동 577-21

↑ 천진방파제 옆 천진해수욕장에서 바라본 죽도(위 사진) 및 남쪽 봉포항에서 바라본 죽도(아래 사진). 출입금지구역으로 갯바위낚시는 불가능하지만 선상 찌낚시 조황이 뛰어난 곳이다. 봄철 감성돔과 가을 시즌의 고등어·학공치가 주인공이다.

봉포방파제

- **소재지** : 고성군 토성면 봉포리 1-6 외
- **길이** : 큰방파제 360여m, 작은방파제 180여m
- **위치 참조** : 〈최신 전국낚시지도〉 043p F4

■ 낚시 개황

속초시 외곽에 자리하고 있는 봉포항은 조용하고 아담한 분위기다. 큰방파제 외에도 항구 남쪽에 위치한 봉포해수욕장 사이에 작은방파제 3개가 더 늘어서 있는데 이들 중에서는 가장 남쪽 방파제의 규모가 크다. 그리고 큰방파제 동쪽 해상에는 죽도라는 바위섬이 위치하고 있다.

주로 낚시가 이루어지는 장소는 큰방파제 초입의 '봉포활어회센터' 뒤쪽이다. 암초가 발달해 있는 곳으로 그 앞쪽이 봄·가을 감성돔 포인트로 손꼽힌다. 봄에는 임연수어, 가을철에는 학공치도 잘 낚인다. 큰방파제의 테트라포드 구간 전역도 감성돔 포인트가 되며, 숭어가 접근하는 시기에는 대형 원투대로 무장한 훌치기 꾼들이 수면을 응시하는 모습도 흔히 목격된다. 그 밖에 큰방파제 끝자락은 원투 낚시 포인트로 황어·가자미가 낚인다. 방파제 아닌 내항 쪽에서도 전어·황어·도루묵 등 잡어낚시가 가능하다.

내항 쪽에 있는 2개의 작은방파제는 특별한 조과를 기대할 수 없고, 가장 남쪽에 위치한 작은방파제 끝부분에서는 감성돔과 학공치 등을 노릴 수 있다. 그러나 장소가 협소해 다수가 동시에 낚시하기에는 어려움이 따른다.

■ 참고 사항

야간 출입 통제가 없는 항구이므로 밤낚시를 위해 항구로 진입하는 데 큰 불편이 없다. 다만 가장 남쪽에 위치한 방파제는 야간에 출입이 금지된다.

남쪽에 위치한 광포호와 더불어 켄싱턴리조트, 하일라비치 등 유수의 휴양시설이 인접해 있어 바캉스 시즌에 휴가와 낚시를 더불어 즐기기에 좋은 곳이다.

찾아가는 길

서울·양양고속도로 끝 지점인 양양JC에서 동해고속도로를 갈아타고 북상하다가 속초IC교차로로 나온다. 속초시내 방향 약 4.4km 지점의 교동지하차도 사거리에서 좌회전 후, 동해대로(7번국도)를 타고 고성 방면 5km 지점의 봉포삼거리에서 오른쪽으로 600m만 진입하면 된다. 강릉 방면 남쪽에서 북상할 경우도 동해고속도로를 타고 속초IC교차로로 나오면 된다.

인근 낚시점(033)

*그린낚시 635-0044
속초시 영랑동 146-1

↓ 처음처럼콘도텔(어부횟집) 쪽에서 바라본 봉포항 전경. 활어회센터 뒤편의 암초지대와 큰방파제 끝부분이 주요 공략 지점이다.

\<봉포방파제\>

Part 2
강원도 속초시·양양군

하늘에서 내려다본 남애항(강원도 양양군 현남면 남애리)

장사방파제

- **소재지** : 속초시 장사동 548-4 외
- **길이** : 큰방파제 4300여m, 작은방파제 100여m
- **위치 참조** : 〈최신 전국낚시지도〉 043p F5

찾아가는 길

서울양양고속도로가 끝나는 양양JC에서 속초 방면 동해고속도로를 타고 북상하다가 속초톨게이트 통과 후 속초 시내를 거쳐 장사항·고성 방면으로 진행하면 된다.

강릉 방면의 남쪽에서 북상할 경우는 동해고속도로를 타고 계속 북상하여 속초톨게이트를 통과하면 된다.

▪ 낚시 여건

강원도 동해안의 1급 낚시터이자 관광지로 널리 알려진 장사항은 규모 자체는 작은 편에 속한다. 그러나 항구 남쪽으로 잇따라 조성된 테트라포드 호안(護岸)과 소형 방파제 그리고 대형 T자 방사제 등, 크고 작은 5개의 방파제 및 방사제가 거대 낚시터 군락을 형성한다.

범위와 규모가 넓은 만큼 암초지대와 백사장, 제방, 기수역 등 다양한 포인트를 형성하고 있어 찌낚시·원투낚시·대낚시 등 낚시 방법도 골고루 즐길 수 있다. 더욱이 속초시내에 위치하여 외지 낚시인들이 찾기 쉽다는 점도 장사항의 인기를 부추기는 요인이다.

▪ 어종과 시즌

주요 어종은 감성돔·학공치·숭어·고등어·가자미·광어·우럭·붕장어·도루묵 등 동해북부 지역에서 낚이는 어종 전부를 만날 수 있다고 해도 과언이 아니다. 봄에는 감성돔·임연수어·도루묵이 제철이고, 수온이 오른 여름에는 학공치와 고등어·숭어·우럭의 입질이 시작된다. 가을에는 다시 감성돔 입질이 시작되

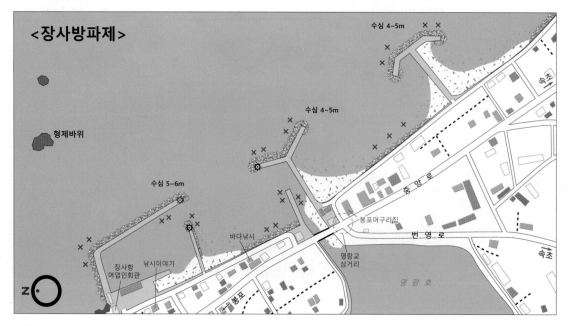

<장사방파제>

수심 4~5m

형제바위

수심 4~5m

수심 5~6m

장사항 어업인회관

낚시이야기

바다낚시

봉포머구리집

영랑교 삼거리

중앙로

번영로

속초

속초

봉포

영랑호

N

는데, 장소에 따라 살감성돔이 대량으로 낚이기도 한다. 한겨울의 악천후를 제외하고는 백사장에서 원투낚시를 하면 가자미와 황어가 단골손님임을 잊지 않는다.

■ 포인트 및 참고 사항

장사항의 최고 포인트는 큰방파제의 꺾이는 부분이다. 특히 이곳의 외항 방향이 가을철 원투낚시의 1급 포인트로 꼽힌다. 대상어는 물론 감성돔인데, 찌낚시보다는 원투낚시를 좋아하는 낚시인들이 즐겨 포진하는 곳이다. 꺾이는 부분을 지나 방파제 끝자락에선 외해 방향을 보고 찌낚시를 주로 하는데, 시즌별로 접근하는 어군에 따라 감성돔·학공치·숭어 포인트가 된다. 큰방파제 내항 쪽에선 석축 사이를 노려 우럭 루어낚시를 하면 그 재미가 쏠쏠하고, 원투낚시를 하면 가자미가 잘 낚인다. 야간에는 붕장어가 올라오기도 한다. 작은방파제는 규모가 작아 크게 주목 받지 못하지만 잡어낚시는 충분히 잘 되는 장소이다.

장사항 남쪽으로는 영랑호에서 민물이 바다로 흘러든다. 이곳 하구(河口)에 방사제와 나란히 작은방파제 하나가 있다. 이곳 방파제에서 외해 쪽으로는 원투낚시가 가능하고, 반대쪽 영랑호에서 흘러드는 민물이 섞이는 곳에서는 가을철 살감성돔 낚시가 성황을 이룬다.

하구 남쪽에 축조돼 있는 T자형 방사제는 2개소 모두 장사항방파제와 버금가는 좋은 포인트이다. 외해와 접하는 테트라포드 앞이 주요 포인트로 시즌에 따라 감성돔과 고등어가 잘 낚인다. 테트라포드 사이사이에서는 우럭도 잘 낚인다.

이밖에 테트라포드 제방 구간에서도 가자미·황어를 겨냥한 원투낚시가 이루어지는데, 가자미를 노리는 원투낚시에 광어가 입질을 하는 경우도 많다.

인근 낚시점(033)

*낚시이야기 635-7556
 속초시 장사동 577-2
*장사항바다낚시 636-9479
 속초시 장사동 577-36
*그린낚시 635-0044
 속초시 영랑동 146-1

↓ 속초등대에 올라 북쪽을 바라보면 장사항과 인근 방파제 및 방사제들이 한눈에 들어온다. 영랑호의 담수가 유입되는 곳으로, 계절 따라 다양한 어종이 들락거린다.

← 영랑호

속초항방파제
(동명항방파제)

• **소재지** : 속초시 동명동 1-143 외
• **길이** : 큰방파제 910여m, 여객선부두 300여m
• **위치 참조** : 〈최신 전국낚시지도〉 043p F6

찾아가는 길

서울양양고속도로가 끝나는 양양JC에서 속초 방면 동해고속도로를 타고 북상하다가 속초톨게이트 통과 후 속초 시내로 진입해 동명동사거리에서 우회전하면 곧 속초항이다.
강릉 방면의 남쪽에서 북상할 경우는 동해고속도로를 타고 계속 북상하여 속초톨게이트를 통과하면 된다.

■ 낚시 여건

강원도의 대표적인 해상 관문이자 크루즈 여객선이 기항하는 국내 다섯 번째 크루즈 항만이다. 관광객도 많고 낚시인들도 많이 찾는 동해북부 바다낚시의 황금어장이기도 하다. 남북으로 길게 뻗은 방파제의 길이가 거의 1km에 달하여 이동 범위가 넓다는 점, 시즌에 따라 다양한 어종을 낚을 수 있다는 점 등으로 인해 전문 낚시인들은 물론 인근 주민들까지 발길이 끊이지 않는 곳이다. 생활낚시터로서는 물론 고급 어종을 노리는 본격 바다낚시터로도 손색이 없다.

■ 어종과 시즌

사계절을 기준으로 어종을 살펴보면 초봄부터 임연수어와 도루묵 등이 낚이면서 한해의 낚시가 시작된다. 이어서 감성돔이 낚이고 여름철이 되면 고등어 · 우럭 · 광어 · 붕장어 등이 가세한다. 가을철에는 여름부터 낚이던 어종의 입질이 계속되고, 한동안 입질이 뜸하던 감성돔의 입질도 되살아난다. 또한 학공치가 마릿수 조황을 보이는 가운데 삼치 떼가 방파제 가까이로 접근하는가 하면, 무늬오징어도 가세하면서 동명항 방파제낚시의 절정을 이룬다.

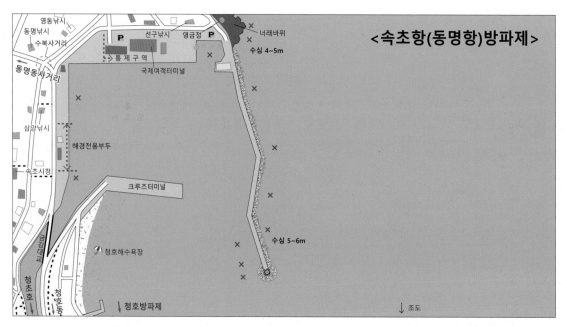

<속초항(동명항)방파제>

■ 포인트 및 참고 사항

큰방파제는 초입부 영금정 아래의 갯바위부터가 일급 포인트로 꼽힌다. 특히 현지에서 너래바위(감자바위)라 불리는 곳이 찌낚시 핵심 포인트로, 감성돔과 고등어 · 임연수어가 주대상어이다. 또한 주변 갯바위 일대는 가을철 무늬오징어 에깅 포인트로도 각광 받는다.

갯바위를 벗어난 방파제 구간은 외해 쪽 전역이 찌낚시 포인트가 되지만 전문 꾼들의 기대에는 조금 못 미치는 생활낚시터 수준이다. 그러나 방파제 끝자락 못 미쳐의 내항 방향 200m 정도 구간은 감성돔 · 고등어 등 찌낚시가 잘 되는 것은 물론, 가을철 삼치가 접안하는 시기에는 삼치 루어낚시 1급 포인트가 되기도 한다. 무늬오징어 에깅도 잘 되는 포인트이다.

큰방파제가 시작되는 지점 오른쪽, 즉 어선들이 계류되어 있는 동명항 안쪽 일대는 전역이 우럭 루어낚시 포인트로 인기가 높다. 동명항 내항을 벗어난 바깥쪽 속초항의 경우, 면세점이 위치하는 북쪽 지역 3분의 2 구간은 통제구역으로 낚시를 할 수가 없다. 낚시가 가능한 장소는 여객선이 닿는 서쪽 지역으로, 군항으로 사용되는 일부 장소를 제외하고는 원투낚시 포인트로서 붕장어와 가자미가 낚인다.

남쪽에 위치한 작은방파제의 경우 내항 쪽 물양장 구간은 출입금지 구역으로 낚시를 할 수 없지만, 방파제 끝자락과 청호동방파제를 바라보는 남쪽 방향은 출입이 자유로운 곳으로, 감성돔은 기대할 수 없지만 임연수어 · 청어 · 고등어 등이 봄부터 가을에 걸쳐 활발한 입질을 보인다.

야간에 큰방파제는 출입이 금지되지만 내항 지역만큼은 출입이 가능하다.

인근 낚시점(033)

*선구낚시 633-6790
동명동 1-243
*영동낚시 633-2878
동명동 348
*삼양낚시 632-6312
동명동 466-4

↓ 속초등대에서 내려다본 속초항 큰방파제. 유명 관광지인 영금정 주변 갯바위는 물론 방파제 외해 쪽은 사시사철 다양한 어종을 만날 수 있는 어종 백화점이다.

청호동방파제
(속초항신수로방파제)

- **소재지** : 속초시 청호동 550-12 외
- **길이** : 큰방파제 460여m, 작은방파제 1100m
- **위치 참조** : 〈최신 전국낚시지도〉 043p F6

찾아가는 길

서울양양고속도로가 끝나는 양양JC에서 속초 방면 동해고속도로를 타고 북상하다가 북양양IC로 나와 톨게이트 통과 후 속초·간성(고성) 방면 7번국도(동해대로)를 타고 속초시내로 진입한다. 속초항 못 미친 지점, 즉 설악대교 직전에서 우회전하면 된다.
강릉 방면의 남쪽에서 북상할 경우는 동해고속도로를 타고 계속 북상하여 북양양IC로 나오면 된다..

인근 낚시점(033)

*아바이낚시 637-5596
 속초시 청호동 1076
*조양낚시 631-5254
 속초시 청호동 1350-7

↓ 속초등대에서 바라본 청호동방파제. 앞쪽은 속초항 여객선부두이고 뒤쪽이 청호동방파제이다.

■ 낚시 개황

속초항(동명항) 남쪽에 위치하는 청호동방파제의 행정명칭은 '속초항신수로방파제'인데, 주변 확장 공사를 마친 후 깨끗하고 규모 있는 번듯한 방파제로 거듭났다. 또한 큰방파제 초입에서 내항 방향으로 70여m의 '가지 방파제(翼堤)'도 말끔히 단장되었다. 속초시민들의 생활낚시터로 초봄부터 도루묵·임연수어·청어, 가을에는 고등어·학공치 등 다양한 어종이 수시로 입질을 한다. 여름철에는 루어낚시에 광어·우럭·노래미 조과가 풍성하다.
던질낚시를 하면 가자미·황어가 간단하게 낚이기도 한다. 청호해수욕장의 백사장에서도 본격적인 원투낚시를 즐길 수 있는데 대상어는 역시 가자미와 황어이다.

■ 참고 사항

청호동방파제는 속초항(동명항)의 일부이지만, 속초 현지에서는 방파제마다 동명을 붙여 부르고 있어서 구분하기가 쉽다. 설악대교와 금강대교가 개통되면서 속초시내 어디에서도 접근이 수월해져 이곳 청호동방파제를 찾는 이가 더 많아졌다.
봄철의 도루묵, 가을철의 고등어와 같이 인기어종은 물론이고, 어떤 어종이건 '붙었다' 하는 소문이 나면 휴일과 평일을 가리지 않고 수많은 낚시인들이 몰려 방파제 주변이 복잡해진다. 초입에 넓은 공터가 있어서 주차하기엔 불편함이 없지만 주변에 화장실과 같은 편의시설이 없는 것이 단점이다.
남쪽으로 1km 정도 떨어진 지점(속초해수욕장이 시작되는 곳)에 길이 90여m의 조양동방파제(속초시 조양동 1450-101)가 있다. 낚시를 못하지는 않지만 방파제 위에는 울타리와 벤치, 조형물이 설치되어 있는 등 공원의 모습을 하고 있다.

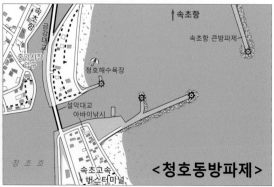

<속초동방파제>

외옹치방파제

- **소재지** : 속초시 대포동 728-8 외
- **길이** : 큰방파제 80m, 작은방파제 40여m
- **위치 참조** : 〈최신 전국낚시지도〉 043p F6

■ 낚시 개황

속초의 대표적 관광지 중의 하나인 대포항의 북쪽으로 이어진 해안길을 따라가면 작은 포구 규모의 외옹치항에 이른다. 길이 80여m의 방파제가 있고 내항 쪽에 40여m 길이의 테트라포드 무더기가 쌓여 있다.

인근 대포항의 시끌벅적한 분위기와는 달리 유동인구가 적고 조용하여 한가롭게 낚시를 즐길 수 있는 장점이 있다. 주로 큰방파제의 테트라포드 구간에서 던질낚시를 하는데 노래미·황어 등 각종 잡어가 심심치 않게 낚인다. 감성돔 시즌 때 적당히 파도가 치는 날이면 감성돔 입질도 기대할 수 있다.

테트라포드 사이를 노리는 '구멍치기'를 하면 우럭도 잘 낚인다. 내항 쪽 석축 주변도 우럭 루어낚시 포인트가 된다. 매년은 아니지만 여름철 야간에 살오징어가 방파제 가까이로 붙어 소형 에기에 잘 걸려들기도 한다.

■ 참고 사항

외옹치항은 방파제와 더불어 왼쪽(동북쪽)으로 길게 이어지는 갯바위 구간도 좋은 포인트로 꼽힌다. 던질낚시에 노래미가 잘 낚이는 곳이긴 하지만 현지 어촌계의 전복양식장으로 출입이 통제되는 곳이므로 무리하지 않는 게 좋다. 테트라포드로만 구성된 작은방파제도 던질낚시 포인트이지만 대포항으로 이어지는 도로변을 따라 난간이 설치돼 있어 진입이 수월하지는 않다.

외옹치항은 야간에도 낚시가 가능하다는 점, 그리고 대규모로 확장된 대포항과 더불어 외옹치방파제에도 변화가 생길 것이라는 점 참고 바란다.

찾아가는 길

서울양양고속도로가 끝나는 양양JC에서 속초 방면 동해고속도로를 타고 북상하다가 북양양IC로 나와 톨게이트 통과 후 속초·간성(고성) 방면 7번국도(동해대로)를 타고 속초시내 방향으로 북상한다. 대포항을 지난 농공단지앞사거리에서 우회전하면 약 800m 거리다.

강릉 방면의 남쪽에서 북상할 경우는 동해고속도로를 타고 계속 북상하여 북양양IC로 나오면 된다.

인근 낚시점(033)

*낚시왕 636-1333
 속초시 청호동 1352-9
*뉴설악낚시 633-0560
 속초시 대포동 266-9

↓ 서쪽 도로변에서 바라본 외옹치방파제. 왼쪽 건물은 롯데리조트이다.

\<외옹치방파제\>

대포항방파제

- **소재지** : 속초시 대포동 952 외
- **길이** : 큰방파제 780m, 작은방파제 310m
- **위치 참조** : 〈최신 전국낚시지도〉 043p F6

찾아가는 길

서울양양고속도로가 끝나는 양양JC에서 속초 방면 동해고속도로를 타고 북상하다가 북양양IC로 나온다. 톨게이트 통과 후 양양 방면의 물치해변에서 7번 국도(동해대로)를 타고 북쪽 속초 방면의 설악해맞이공원을 지나면 곧 대포항이다.
강릉 방면의 남쪽에서 북상할 경우는 동해고속도로를 타고 계속 북상하여 북양양IC로 나오면 된다.

인근 낚시점(033)

*뉴설악낚시 633-0560
　대포동 266-9
*낚시왕 636-1333
　청호동 1352-9

↓ 북쪽 산 위에서 내려다본 대포항. 대규모로 확장된 항구와 방파제는 속초권의 새로운 대형 낚시터를 탄생 시켰다.

■ 낚시 개황

대포항방파제는 낚시터로서보다는 속초의 관문으로서 또한 활어횟집이 몰려있는 관광명소로 일반인에게 널리 알려진 곳이다. 그러나 어업생산 기반시설 기능 확충 및 설악 관광특구와 연계한 휴양·레저·관광·문화·복지기능의 종합어항으로 개발이 진행되면서 10톤급 선박이 110여 척이나 수용되는 대규모 항구로 변모하였다. 더욱이 속초시 생활체육 활성화 사업의 일환으로 큰방파제의 끝자락에서 내항 쪽으로 난간과 계단이 구비된 생활낚시터 구역이 조성되었다. 주로 낚이는 어종은 봄철에는 감성돔·도루묵·임연수어가 주류를 이루고, 수온이 오르는 여름철 이후에는 학공치·고등어·전어·숭어 등이 나타난다.

■ 참고 사항

과거의 복잡한 이미지를 벗고 새롭게 단장한 대포항은 방파제 자체는 이미 완벽하지만 수변 휴식공간과 편의시설 공사는 계속 중이다. 방파제 주변 수심은 3~4m로 안정적이다. 6m의 파도에도 견딜 수 있도록 높게 설계된 방파제는 높은 파도에도 내항 방향에선 안전하게 낚시를 즐길 수 있는 반면, 외항 쪽은 발판이 높아 평상시에도 위험을 내포하고 있으므로 테트라포드에 오를 경우에는 안전사고에 유의해야 한다.

과거 관광객으로 넘쳐나며 유명세를 타던 대포항 활어 난전은 볼 수 없어졌지만, 가족끼리 연인끼리의 출조에 적합한 생활낚시 환경이 갖추어져 있으므로 전문 낚시인뿐만 아니라 휴가철 가족동반 낚시에도 안성맞춤한, 속초의 새로운 명소가 되었다.

물치방파제

- **소재지** : 양양군 강현면 물치리 7-9 외
- **길이** : 큰방파제 300여m, 작은방파제 200여m
- **위치 참조** : 〈최신 전국낚시지도〉 054p D1

▪ 낚시 개황

물치항은 인근의 대포항과 더불어 일반 관광객에게 널리 알려진 장소이다. 설악산 국립공원이 인접해 있고 7번 국도 대로변에 위치해 관광객들을 포함한 유동인구가 많은 곳이지만 방파제의 분위기는 의외로 조용해 낚시하기에 큰 불편이 없다. 큰방파제 전역에선 학공치 · 도루묵 · 황어 · 가자미 · 숭어 · 우럭 · 쥐노래미 등이 철 따라 릴레이를 하는 등, 각종 잡어가 잘 낚이는 생활낚시 포인트로 손색이 없다.

방파제를 벗어난 활어센터 앞 넓은 주차장을 따라 테트라포드가 설치된 제방에서도 낚시를 한다. 제방은 큰방파제와 이어져 있는데, 방파제보다는 이곳 제방 구간이 봄철과 가을철의 감성돔 원투낚시 포인트로 각광받는다. 감성돔은 바다가 잔잔한 날보다는 역시 동해의 특성 그대로 파도가 적당히 이는 날에 조과가 좋다.

▪ 참고 사항

작은방파제 주변과 큰방파제의 내항 쪽은 수심 얕은 모래밭 지형으로 낚시에 그리 적합하지 못한 여건이다. 큰방파제의 외항 쪽과 주차장 옆의 제방 부근은 수심 3~4m 정도에 바닥이 크고 작은 자갈로 구성돼 있어 주목할 만한 포인트 여건이다. 봄철과 가을철에 제방에서 감성돔 원투낚시를 하는 경우에는 건어물 판매소를 전후한 위치가 현지 꾼들이 가장 선호하는 자리다. 감성돔을 노릴 때는 파도의 높이가 조과를 좌우하므로 파도 상황을 체크하고 낚시에 임하는 것이 바람직하다.

그 밖에 테트라포드 사이사이로 소위 '구멍치기'를 하면 개볼락이나 우럭을 낚을 수 있는데 씨알은 만족할 만한 수준이 못 된다.

찾아가는 길

서울양양고속도로가 끝나는 양양JC에서 속초 방면 동해고속도로를 타고 북상하다가 북양양IC로 나온다. 톨게이트 통과 후 대조평교차로에서 오른쪽 양양 방면의 물치천로를 따라 진행하면 7번국도(동해대로)를 만나는 지점에 물치항이 위치한다.
강릉 방면의 남쪽에서 북상할 경우는 동해고속도로를 타고 계속 북상하여 북양양IC로 나오면 된다.

인근 낚시점(033)

*항구낚시 671-4404
 강현면 물치리 27-1
*낙산낚시 673-4560
 양양읍 조산리 434-8

↓ 활어회센터 옥상에서 바라본 물치방파제. 방파제 자체보다는 방파제 초입에서 북쪽으로 이어지는 제방에서 던질낚시가 이뤄진다.

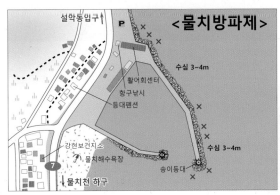

후진방파제(설악해수욕장방파제)

- **소재지** : 양양군 강현면 용호리 4-6 외
- **길이** : 큰방파제 3000여m, 작은방파제 1500여m
- **위치 참조** : 〈최신 전국낚시지도〉 054p D2

후진방파제는 설악해수욕장 북단에 연결되어 있는 입지적 조건으로 인해 설악해수욕장방파제라고도 부른다. 후진항 자체가 조성된 지 얼마 되지 않은 데다가 주변이 공사 중인 관계로 찾는 사람이 별로 없는 한적한 장소이다.

남쪽에 위치한 작은방파제는 주변이 모래밭이라 낚시가 잘 되지 않고 주로 큰방파제에서 낚시가 이뤄진다. 방파제가 남쪽으로 크게 꺾이는 지점부터 끝자락 구간까지는 학공치가 잘 붙고 던질낚시에는 가자미와 황어가 낚인다. 또한 테트라포드 사이로 구멍치기를 하면 자잘한 우럭도 곧잘 낚인다.

방파제 북쪽의 암초지대에서 던질낚시를 하면 우럭 · 노래미 등이 낚이고, 봄 · 가을에는 감성돔도 선을 보인다.

찾아가는 길
서울양양고속도로가 동해고속도로와 만나는 분기점에서 양양IC로 나와 양양 · 낙산사 방면으로 진행하다가 낙산사거리에 이르러 1.8km만 더 직진하면 오른쪽으로 설악해수욕장과 후진항이 보인다.
강릉 방면의 남쪽에서 진행할 경우는 동해고속도로 하조대IC로 나와 동해대로(7번국도)를 따라 북상하면 된다.

인근 낚시점(033)
＊항구낚시 671-4404 양양군 강현면 물치리 27-1
＊낙산낚시 673-4560 양양군 양양읍 조산리 434-8

낙산방파제(전진방파제)

- **소재지** : 양양군 강현면 전진리 3-12 외
- **길이** : 큰방파제 190여m, 작은방파제 1300여m
- **위치 참조** : 〈최신 전국낚시지도〉 055p D2

옛날 전진항이라고 불리던 낙산항은 강원도 양양군 최대의 관광단지인 낙산관광단지 내에 있는 어촌정주어항이다. 항구 바로 위에 낙산비치호텔과 낙산사 · 의상대 · 홍련암 등이 위치하고 있어 가족 동반 나들이 코스로 삼을만하다.

큰방파제와 작은방파제 그리고 낙산사 경내에 해당하는 북쪽 갯바위 지대에서 낚시가 가능하다.

인기 어종인 감성돔은 크게 기대할 순 없고 학공치를 비롯한 잡어 손맛을 보는 곳으로 생각하면 된다. 큰방파제의 테트라포드는 얼기설기 설치되어 있지만 이동에 그리 불편함은 없다. 작은방파제는 소형 테트라포드가 설치되어 있는 관계로 발판이 아주 편한 이점이 있다.

찾아가는 길
서울양양고속도로가 동해고속도로와 만나는 분기점에서 양양IC로 나와 양양 · 낙산사 방면으로 진행하다가 낙산사거리에서 오른쪽 '낙산사' 표지판을 보고 진입하면 곧 낙산항이 나온다.
강릉 방면의 남쪽에서 진행할 경우는 동해고속도로 하조대IC로 나와 동해대로(7번국도)를 따라 북상하면 된다.

인근 낚시점(033)
＊뉴설악낚시슈퍼 633-0560 속초시 대포동 266-9
＊낙산낚시 673-4560 양양군 양양읍 조산리 434-8

오산방파제(쏠비치방파제)

- **소재지** : 양양군 손양면 오산리 1-2 외
- **길이** : 큰방파제 250여m, 작은방파제 120여m
- **위치 참조** : 〈최신 전국낚시지도〉 055p D3

오산방파제는 '대명리조트 쏠비치' 해변에 위치해 현지 낚시인들은 흔히 쏠비치방파제라 부른다. 동명천 하구에 형성된 작은 포구를 포근히 감싸는 모양의 큰 방파제가 반달처럼 멋진 곡선을 이루고, 그 남쪽에 모래의 이동을 저지하는 방사제(防砂堤)가 빗장처럼 걸려 있는 형국이다.

그러나 포인트는 큰방파제가 시작되는 오산봉 주변 갯바위이고, 그 다음이 큰방파제의 외해 방향이다. 봄철엔 감성돔을 기대할 수 있는데, 가능한 한 채비를 멀리 던져야 한다. 내항 쪽은 민물의 영향을 받는 기수역으로 주로 잡어 낚시터이고 가을에 잠시 살감성돔들이 가세한다.

오산항 일대는 일몰 후에는 갯바위는 물론 방파제 출입도 군의 통제를 받는다.

찾아가는 길
서울양양고속도로가 동해고속도로와 만나는 분기점에서 양양IC로 나와 낙산사·양양 방면으로 약 7km 이동하면 조산삼거리. 낙산도립공원 방면으로 우회전 후, 곧장 다시 한 번 우회전하여 강릉 방면으로 3.7km 남하하면 왼쪽으로 '오산해변' 표지판이 보인다. 좌회전해 500m만 진입하면 된다. 강릉 방면의 남쪽에서 진행할 경우는 동해고속도로 하조대IC로 나와 여운포리 쪽에서 곧장 북상해야 한다.

인근 낚시점(033)
*동해마트낚시 671-0504 양양읍 남문리 3-6
*낙산낚시 673-4560 양양읍 조산리 434-8

↑ 낙산사 경내에 위치한 의상대(義湘臺). 관동팔경(關東八景)의 하나로 동해를 굽어보는 조망이 일품인 데다 일출이 장엄하기로도 유명한 곳이다. 낙산항에서 도보 15분여 거리다.

수산항방파제

- **소재지** : 양양군 손양면 수산리 89-2 외
- **길이** : 큰방 585m, 작은방 240m, 익제 180m
- **위치 참조** : 〈최신 전국낚시지도〉 055p E3

찾아가는 길

서울양양고속도로가 동해고속
도로와 만나는 분기점에서 양양
IC로 나와 낙산사 · 양양 방면으
로 약 7km 이동하면 조산삼거
리. 낙산도립공원 방면으로 우
회전 후, 곧장 다시 한 번 우회
전하여 강릉 방면으로 5.3km
남하하면 수산항 이정표가 보인
다. 강릉 방면의 남쪽에서 진행
할 경우는 동해고속도로 하조대
IC로 나와 여운포리 쪽에서 곧
장 북상해야 한다.

■ 낚시 여건

양양군에서는 물론 강원도 내에서 가장 큰 요트마리나 시설을 갖추고 있는 수산항
엔 두 개의 방파제가 있다. 그 중에서 북쪽에 위치한 큰방파제 길이는 무려 700m
가 넘는다(익제 포함).

방파제 주변의 수심이 깊고 수중여가 잘 발달되어 있는 관계로 큰방파제나 작은
방파제 전역 모두가 포인트라고 해도 과언이 아니다. 더욱이 큰방파제는 일자형이
아니라 Y자형을 취하고 있어 더욱 좋은 포인트 여건을 형성하는 것은 물론 많은
낚시인구를 수용할 수 있는 장점을 가지고 있다.

방파제뿐만이 아니라 큰방파제 초입부와 연결된 북쪽 갯바위와 작은방파제 초입
에 연결된 남쪽 갯바위 일원도 감성돔이 잘 낚이는 곳으로 주목 받는다.

■ 어종과 시즌

수산항의 낚시는 봄철에 도루묵과 임연수어가 낚이면서 시즌이 열린다. 곧이어 감
성돔 입질도 이어진다. 수온이 오름에 따라 가자미 · 쥐노래미 등이 잘 낚이는데,
여름철이 지나고 가을철로 이어지면 학공치와 고등어 등 현지인들에게 인기있는

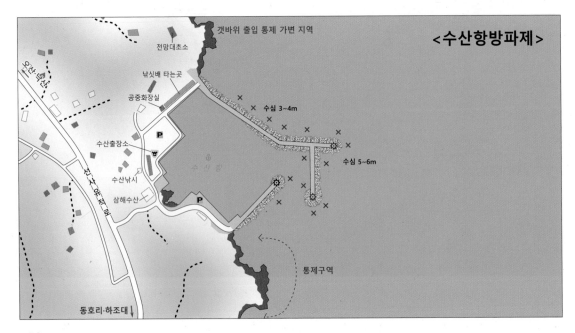

어종들이 방파제 가까이로 접근한다. 물론 여름철부터는 개볼락과 우럭 · 전어 등 잡어낚시도 잘 된다. 감성돔은 가을철에 다시 입질이 활발해지고 한겨울에도 파도가 적당한 날이면 원투낚시에 잘 낚인다.

황어와 가자미는 수산항방파제에서 사철 내내 입질이 끊이지 않는 어종이다.

■ 포인트 및 참고 사항

수산항은 영동지역 바다낚시대회 장소로 유명세를 누릴 만큼 큰방파제와 작은방파제 전역이 포인트로 각광 받는다. 특히 큰방파제의 Y자 갈림 지점은 찌낚시 특급 포인트로 누구나 탐을 내는 자리이다.

또한 가지처럼 뻗어 나온 익제(翼堤) 끝자락 안쪽도 찌낚시 포인트로 인기가 높은데, 몸통 부분에 해당하는 방파제 끝자락은 찌낚시보다는 원투낚시가 잘 되는 곳으로 꼽힌다.

남쪽에 위치한 작은방파제의 경우는 외해 쪽이 찌낚시 포인트로 인기가 높다. 내항 쪽은 각종 잡어와 함께 원투낚시에 가자미가 잘 낚인다. 기초석 부근에는 우럭이나 개볼락이 루어낚시에 잘 낚인다.

항구와 연결된 북쪽 갯바위와 남쪽 갯바위 일대는 원래 군사통제구역으로 출입이 제한되는 장소이다. 그러나 남쪽 갯바위는 주간에는 낚시인의 출입을 무조건 통제하지는 않는다. 북쪽 갯바위의 경우는 진입 시에 미리 확인을 요한다. 야간에는 내항에서만 낚시가 가능하다.

인근 낚시점(033)

＊수산낚시슈퍼 671-1319
　손양면 수산리 48-5
＊낚시할인매장 673-4560
　양양읍 조산리 434-8
＊낙산대어낚시
　010-8872-8224
　강현면 주청리 7-53

↓ 하늘에서 내려다본 수산항. 빨강등대가 있는 큰방파제가 Y자형으로 갈라져 포인트 여건이 더욱 돋보인다. 사진 오른쪽 뒤편으로 타원형의 오산방파제가 보인다.

오산방파제

동호방파제

- 소재지 : 양양군 손양면 동호리 526-7 인근 · 길이 : 100m
- 위치 참조 : 〈최신 전국낚시지도〉 055p E4

수산항 남쪽 약 2km 지점에 위치한 작은방파제이다. 위치적으로는 양양국제공항의 뒤편에 해당하고, 방파제 남쪽은 기나긴 하조대해수욕장이다.

동호방파제의 길이는 구조물 자체로 보면 100m에 달하지만 절반 이상이 모래를 막고 있어 바다 쪽으로는 뻗어 있는 길이는 30~40m에 불과하다.

주변에 특별한 시설물도 없고 오가는 사람들마저 별로 없어 한적하게 낚시를 즐길 수 있을만지만 방파제 앞으로는 수심이 워낙 얕아 이렇다 할 조과를 기대하기 어렵다. 다만 북쪽으로 이어진 갯바위에서 잡어낚시 정도가 가능하다. 그러나 이곳 갯바위 위에는 군 초소가 있어서 대낮이 아니면 낚시인의 출입을 통제하기도 하므로 주의를 요한다.

찾아가는 길
서울양양고속도로가 동해고속도로와 만나는 분기점에서 양양IC로 나와 낙산사 · 양양 방면으로 약 7km 이동하면 조산삼거리. 낙산도립공원 방면으로 우회전 후, 곧장 다시 한 번 우회전하여 강릉 방면으로 7.3km 남하하면 된다. 강릉 방면의 남쪽에서 진행할 경우는 동해고속도로 하조대IC로 나와 여운포리 쪽에서 곧장 북상해야 한다.

인근 낚시점(033)
*동해마트낚시 671-0504 양양읍 남문리 3-6

기사문방파제

- 소재지 : 양양군 현북면 기사문리 89-33 외
- 길이 : 큰방파제 2900여m, 작은방파제 1500여m
- 위치 참조 : 〈최신 전국낚시지도〉 055p F5

동해대로(7번 국도) 38선휴게소에서 빤히 바라다 보이는 곳이 바로 기사문방파제이다. 사실은 두 개의 항구가 남북으로 나란히 있는데 북쪽을 '안기사문', 여기에 소개하는 남쪽을 '밖기사문'이라고도 부른다. 안기사문은 해군의 군사시설 항구로 출입이 통제되는 지역이다.

봄철에 감성돔과 임연수어 등을 기대할 수 있으나 잡어터로서의 성격이 강해 감성돔을 크게 기대하고 기사문방파제로 출조하는 경우는 거의 없다. 잘 낚이는 어종은 황어로 사시사철 입질이 이어진다.

주요 포인트는 큰방파제 끝자락과 방파제 초입에서 북쪽으로 이어지는 갯바위 지대이다. 그러나 조금 깊이 들어가면 군사지역에 해당하므로 주의를 요한다.

찾아가는 길
서울양양고속도로가 끝나는 양양JC에서 동해고속도로를 타고 강릉 방면으로 남하하다가 하조대IC로 나온다. 곧 동해대로(7번국도)를 만나는 하조대IC교차로 기점, 강릉 방면 5km 지점의 기사문리에서 오른쪽으로 빠져 왼쪽 지도를 통과하면 된다. 강릉 방면에서 진행할 경우는 동해고속도로 남양양IC로 나와 양양 · 속초 방면의 동해대로를 타고 북상하면 된다.

인근 낚시점(033)
*동해마트낚시 671-0504 양양읍 남문리 3-6

조선의 개국공신인 하륜(河崙)과 조준(趙浚)이 은둔하며 혁명을 도모한 곳으로 전해지는 하조대(河趙臺)는 형형색색의 기암괴석과 분재 같은 해송이 어우러져 절경을 이룬다. 기사문 방파제 북쪽에 위치한다.

동산방파제

- 소재지 : 양양군 현남면 동산리 137-4 외
- 길이 : 큰방파제 330여m, 작은방파제 200여m
- 위치 참조 : 〈최신 전국낚시지도〉 055p F6

찾아가는 길

서울양양고속도로가 끝나는 양양JC에서 동해고속도로를 타고 강릉 방면으로 남하하다가 하조대IC로 나온다. 곧 동해대로(7번국도) 강릉 방면으로 9.5km 남하한 지점의 동산교차로에서 오른쪽으로 빠져 왼쪽 지하도를 통과하면 동산항이다.
강릉 방면의 남쪽에서 북상할 경우는 동해고속도로 남양양IC로 나와 양양·속초 방면의 동해대로를 타고 북상하면 된다.

■ 낚시 여건

위(북쪽)로는 동산해수욕장을 이고, 아래(남쪽)로는 죽도해수욕장을 거느리고 있는 동산항은 천연 요새와 같다. 야산 아래의 만곡(彎曲) 지형에 오롯이 자리한 데다가 두 개의 방파제가 타원형을 그리며 항구를 감싸고 있기 때문이다. 따라서 웬만큼 강풍이 불거나 파도가 높은 날씨일지라도 이곳 동산항은 의외로 잠잠하여 낚시에 큰 영향을 받지 않는다.

방파제 바로 앞 수심은 그리 깊은 편이 아니지만 캐스팅 거리 내에 수중암초가 발달해 있어 좋은 포인트 여건을 형성한다.

큰방파제와 연결되는 북쪽 갯바위 지대 및 내항에 위치한 돌섬과 이어진 구조물 주변도 포인트 역할을 한다.

■ 어종과 시즌

동산항의 주 어종은 감성돔과 임연수어이다. 특히 봄철에 임연수어가 들어왔다 하면 어떤 방파제보다 마릿수 조황이 뛰어나고 씨알도 굵게 낚인다. 한여름철이 되면 씨알은 잘아도 뱅에돔이 낚이기 시작한다. 가을로 접어들면 학공치가 잘 낚여

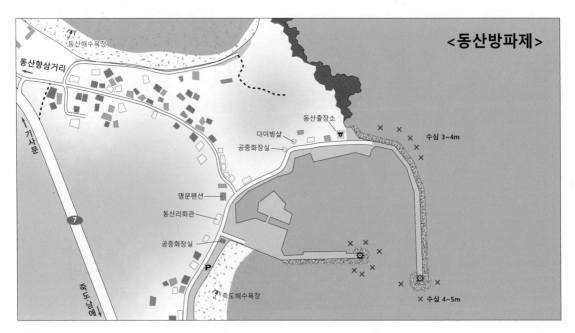

<동산방파제>

동산해수욕장
동산항삼거리
기사문
동산출장소
수심 3~4m
다이빙샵
공중화장실
명문펜션
동산리회관
공중화장실
P
죽도해수욕장
죽도·남애
수심 4~5m

드나드는 낚시인이 발걸음이 바빠진다.

감성돔은 가을~겨울~봄에 걸쳐 꾸준히 입질을 하는데, 중소형이 대부분이지만 대물도 배출되므로 기대할 만하다. 황어와 가자미는 사시사철 입질을 하고, 우럭과 쥐노래미도 선을 보인다.

■ 포인트 및 참고 사항

동산방파제 최고의 포인트는 큰방파제 초입의 첫 번째 꺾어지는 지점 외항 방향이다. 감성돔과 임연수어의 특급 포인트로 자리다툼이 항상 심한데 유독 이 자리에서만 입질이 들어오는 경우가 많다.

그 다음으로는 큰방파제 끝자락과 작은방파제 끝자락(외항 쪽과 내항 쪽 모두)이 유망 포인트이다. 파도가 적당한 날에는 감성돔을 노릴 수 있고 수온이 높은 여름철 이후에는 뻥에돔이 잘 낚인다.

작은방파제의 내항 쪽은 계단식으로 축조돼 있어 낚시하기가 편하고 잡어낚시를 즐기기에 적합하다. 바닥 지형이 복잡한 관계로 우럭 루어낚시를 즐기는 낚시인들이 많다.

또한 작은방파제 앞에는 암반 매립 구조물이 있다. 그 구조물 사이가 마치 수로처럼 만들어져 있는데 여기에서도 우럭 또는 쥐노래미 입질을 심심찮게 받을 수 있다.

큰방파제 초입부터 북쪽으로 이어지는 갯바위 구간도 명당자리로 통하여 주말이면 낚시인으로 갯바위가 만원이 되어 설 자리가 없는 경우도 많다.

인근 낚시점(033)

*낚시프라자 661-6626
주문진읍 교항리 116-4
*주문진낚시 662-8750
주문진읍 교항리 119-11

↓ 동산항 큰방파제는 초입 지점의 외해 쪽부터 북쪽으로 이어지는 갯바위 구간이 최고 포인트이다. 그 다음이 방파제 끝자락 주변이다.

인구방파제
(죽도방파제)

- **소재지** : 양양군 현남면 인구리 1-105 외
- **길이** : 큰방파제 200여m, 작은방파제 100여m
- **위치 참조** : 〈최신 전국낚시지도〉 055p F6

찾아가는 길

서울양양고속도로가 끝나는 양양JC에서 동해고속도로를 타고 강릉 방면으로 남하하다가 하조대IC로 나온다. 곧 동해대로(7번국도)를 만나는 하조대IC교차로 기점, 강릉 방면 10.2km 지점의 시변리삼거리에서 좌회전하면 곧 인구항이다.

강릉 방면에서 진행할 경우는 동해고속도로 남양양IC로 나와 양양·속초 방면의 동해대로를 타고 북상하면 된다.

인근 낚시점(033)

＊죽도낚시 671-2010
　양양군 현남면 인구리 7-3
＊낚시프라자 661-6626
　주문진읍 교항리 116-4

↓ 죽도의 산책 코스에서 내려다본 인구방파제 전경. 아담한 규모의 방파제와 함께 인근 갯바위 구간도 인기 포인트이다.

■ 낚시 개황

인구항에 붙어 있는 죽도(竹島)로 인해 죽도방파제라고도 부른다. 인구항은 호젓한 분위기의 중형 어항으로 인접한 동산항에 비하면 규모도 작고 개발의 손길도 그리 많이 닿지 않았다. 주요 어종은 감성돔과 임연수어로 대표적인 포인트는 큰방파제 초입부 부근이다. 따로 돌출되게 쌓여 있는 테트라포드를 중심으로 해서 수중여가 복잡하게 발달하여 좋은 포인트 여건을 이룬다. 인구항에서는 큰방파제 끝자락보다는 초입부가 일급 포인트라는 점을 잊지 말아야 한다. 내항 쪽으로는 황어·전어 등 각종 잡어낚시가 잘 된다.

이 외에도 죽도암이 위치한 주변 갯바위에서도 감성돔과 임연수어·우럭·쥐노래미가 잘 낚인다. 큰방파제 초입에 설치된 난간 구조물을 따라 들어가면 갯바위로 쉽게 접근할 수 있다.

■ 참고 사항

인구항은 규모는 그리 크지 않지만 감성돔 시즌에는 의외로 많은 낚시인들로 붐비고, 숭어가 근접하는 시즌이면 훌치기꾼들로 몸살을 앓기도 한다. 큰방파제 초입에는 일반 관광객을 위해 죽도암 관광과 더불어 바다풍경을 즐기기 편리하도록 죽도를 돌아가는 철제 난간이 설치되어 있어서 갯바위로의 접근이 용이하다. 그러나 갯바위 주변은 전복과 홍합 양식을 하고 있어 수영이나 물놀이는 금지된다. 낚시 자체를 금지하진 않으나 이 지역에서 갯바위낚시를 할 경우는 현지 어민들과의 마찰이 생기지 않도록 불필요한 행동을 삼가야 한다.

광진방파제

- **소재지** : 양양군 현남면 광진리 244-8 인근
- **길이** : 1000여m
- **위치 참조** : 〈최신 전국낚시지도〉 055p F6

■ 낚시 개황

인구항(죽도항) 바로 남쪽에 위치하는 광진방파제는 선박의 계류장으로 축조된 것이 아니라 인구해수욕장의 모래 유실을 막기 위한 방사제(防砂堤)이다. 따라서 이곳 방사제에서의 낚시는 조과를 기대하기 어렵고, 남쪽으로 이어지는 갯바위 구간이 곧 낚시터이다. 봄철에 씨알 준수한 감성돔이 간간이 배출되는데, 양양이나 주문진의 낚시인들이 발 빠르게 달려와 손맛을 보곤 하는 장소이다.

방파제 끝자락 전방의 암초 주변과 방파제 남쪽 갯바위 지역에서는 우럭과 노래미도 많아 던질낚시를 하거나 루어낚시로 잔재미를 볼 수 있다.

■ 참고 사항

광진방파제와 주변 갯바위는 그다지 잘 알려지지 않은 포인트로, 오히려 멋모르는 관광객들이 잠시 낚싯대를 드리울 뿐, 이곳을 단골로 자주 다니는 전문 꾼들은 없는 편이다.

이곳을 잘 아는 현지 낚시인은 방파제 남쪽 갯바위 지역 중에서도 특히 휴휴암 포인트를 귀띔해 준다. 광진방파제에서 동해대로 옆 광진1길을 따라 700여m 내려가면 휴휴암이라는 사찰이 있는데, 해수관음상이 있는 아래쪽으로 발판 좋은 넓적한 갯바위가 펼쳐져 있다. 시즌 중에 튼실한 씨알의 감성돔이 치솟을 뿐만 아니라 우럭·황어 입질도 잦은 포인트이다. 승용차로 진입해 조금만 걸어 내려가면 되는데, 불공을 드리는 사람들이 없다면 낚시하는 데 어려움은 없다.

찾아가는 길

서울양양고속도로가 끝나는 양양JC에서 동해고속도로를 타고 강릉 방면으로 남하하다가 하조대IC로 나온다. 곧 동해대로(7번국도)를 만나는 하조대IC교차로 기점, 강릉 방면 10.2km 지점의 시변리삼거리에서 좌회전하면 인구항 입구. 이곳에서 오른쪽으로 800여m 남하하면 된다. 강릉 방면에서 진행할 경우는 동해고속도로 남양양IC로 나와 양양·속초 방면의 동해대로를 타고 북상하면 된다.

인근 낚시점(033)

* 낚시프라자 661-6626
  주문진읍 교항리 116-4

↓ 광진 해변에서 바라본 광진방파제. 왼쪽 너머로 보이는 것은 죽도와 죽도방파제이다.

남애항방파제

• **소재지** : 양양군 현남면 남애리 2-4 외
• **길이** : 큰방파제 315m, 작은방파제 96m
• **위치 참조** : 〈최신 전국낚시지도〉 069p E1

찾아가는 길

서울양양고속도로가 끝나는 양양JC에서 동해고속도로를 타고 강릉 방면으로 남하하다가 하조대IC로 나온다. 곧 동해대로(7번국도)를 만나는 하조대IC교차로 기점, 강릉 방면 14.1km 지점의 남애항삼거리에서 좌회전하면 된다.
강릉 방면에서 진행할 경우는 동해고속도로 남양양IC로 나와 양양·속초 방면의 동해대로를 타고 북상하면 된다.

▪ 낚시 개황

양양의 남애항은 동해시 추암해변과 함께 동해안 일출의 최고 명소로 꼽히는 대표적인 관광지이다. 하지만 남애항방파제만큼은 낚시터로서 관광지의 명성에는 미치지 못한다. 다만 주변 관광을 겸한 가족동반 출조지로는 안성맞춤인 곳이다.
주차장 앞 횟집이 줄지어 있는 그 뒤편 갯바위와 돌섬 주변이 가장 인기있는 포인트로, 감성돔·임연수어·학공치·고등어·우럭·쥐노래미·황어 등이 낚인다.
큰방파제 외항 쪽도 낚시인들이 자주 찾는데, 내항 쪽은 수심이 얕고 바닥이 모래밭이라 좋지 않은 여건이다.
또한 남애항 남쪽 남애1리해수욕장이 시작되는 갯바위 지대엔 방사제(防砂堤) 하나가 있다. 바닥에 암초가 많아 각종 잡어 입질이 활발한 곳이다.

▪ 참고 사항

동해안의 항구들 중에서 물색이 특히 맑기로 유명한 남애항은 파도가 어느 정도 이는 날이라야 낚시가 잘 된다는 참고 바란다.
버섯 모양의 등대가 이채로운 남애항은 동해안 3대 미항 중 하나로, 그림 같은 해

<남애항방파제>

남애초등학교
남애3리해수욕장
남애2리어촌계 활어회센터
수심 3~4m
남애항삼거리
남애횟집
P
유람선선착장
동해대로
대포횟집
7
영광교회
공중화장실
수심 3~4m
고래사냥
남애1리
미룡삼거리
원포·휴문진

변과 이를 붉게 물들이는 해돋이가 장관이다. 또한 영화 〈고래사냥〉의 촬영지로 중년 이상의 관광객들에게 추억의 장소로도 알려져 있다.

또한 큰방파제가 시작되는 지점, 즉 주차장 외항 쪽 모서리에 소나무가 솟아있는 작은 동산이 있는데, 과거에는 섬이었던 곳으로 조선시대의 봉수대 자리이다. 이같은 여건으로 주말의 남애항은 관광객으로 붐비는 탓에 조용한 분위기에서의 낚시를 기대하기 어렵다.

인근 낚시점(033)

*낚시프라자 661-6626
주문진읍 교항리 116-4
*주문진낚시 662-8750
주문진읍 교항리 119-11

← 내항 쪽 건물 옥상에서 내려다본 남애항 전경(위 사진) 및 입구에서 바라본 남애항 큰방파제(아래 사진). 테트라포드 위로 진입하기 위해선 끝자락 쪽으로 나아가야 한다.

↓ 하늘에서 내려다본 남애항. 물이 맑은 데다 물결 또한 잔잔한 곳으로, 적당히 파도치는 날씨라야 낚시가 잘 된다.

Part 3
강원도 강릉시

하늘에서 내려다본 강릉항(강원도 강릉시 견소동).

소돌방파제(우암진방파제)

- **소재지** : 강릉시 주문진읍 주문리 791-23 외
- **길이** : 큰방파제 2400여m, 작은방파제 1300여m
- **위치 참조** : 〈최신 전국낚시지도〉 069p F2

주문진항 바로 위쪽(북쪽)에 위치한 곳으로 방파제가 위치한 작은 항구를 소돌항 또는 우암진항이라 부른다. 이곳 우암진항에서 남쪽 300m여 지점에 위치한 작은 접안시설은 오리진 포구 선착장이다. 우암진항 바로 뒤쪽에는 '아들바위공원'이 있어서 관광객이 많이 찾아 항구가 의외로 붐비기도 한다.

방파제 자체보다는 큰방파제에서 북쪽으로 이어지는 갯바위 지대(아들바위공원 주변)가 더 인기있는 포인트로 봄철에 감성돔을 기대할 수 있는 곳이다.

방파제에서는 감성돔보다는 학공치 등 잡어가 잘 낚인다. 남쪽 오리진 포구는 상대적으로 조용한 분위기에서 낚시를 즐길 수 있는데 역시 잡어 낚시터의 성격이 강하다.

찾아가는 길

서울양양고속도로 끝 지점인 양양나들목에서 강릉 방면 동해고속도로를 타고 남하하다가 남양양IC로 나온다. 약 1.5km 지점의 지경사거리에 주문진·강릉 방면으로 우회전 후 주문삼거리에서 해수욕장 옆 해안로를 따라 약 1km 진행하면 된다. 강원도 남쪽 방면에서 북상할 경우는 동해고속도로 북강릉IC로 나와 동해대로(7번국도)를 타고 주문진항을 지나면 된다.

인근 낚시점(033)

*낚시프라자 661-6626 주문진읍 교항리 116-4

↑ 소돌(우암진)방파제 남쪽에 위치한 오리진선착장 전경. 낚시터로선 가치가 없는 곳이다.

동해안 방파제 어종별 낚시 캘린더(2)
– 강원도 강릉시~동해시~삼척시 지역

구분	1월	2월	3월	4월	5월	6월	7월	8월	9월	10월	11월	12월	비고
가자미, 도다리		■	■	■	■	■	■	■	■	■	■		2~5월엔 강도다리, 5월부터는 참가자미
감성돔			■						■	■			
고등어								■	■				
광어(넙치)						■	■	■					
노래미,쥐노래미				■					■	■			
농어							■	■	■				삼척 지역 이남에서만 낚임
도루묵	■	■									■	■	매년 일정치 않고 기간도 1개월가량
망상어				■	■				■	■			
무늬오징어									■	■	■		
방어										■	■		
벵에돔								■	■	■			
보리멸					■	■	■	■	■				
볼락			■	■	■								
붕장어					■	■	■	■					
삼치									■	■			
숭어	■	■	■							■	■	■	여름~가을 찌낚시, 겨울~봄 훌치기 성행
양태						■	■	■					
우럭(조피볼락, 개볼락 등)	■	■	■	■	■	■	■	■	■	■	■	■	
임연수어		■	■										매년 시기, 기간 일정치 않고 해거리도 심함
전어							■	■	■	■			
전갱이							■	■	■	■			
청어	■	■											
학공치	■	■							■	■			수온 변화에 따른 방파제 조황 기복 심함
황어	■	■	■	■									

* 연한 색깔은 일반 시즌, 짙은 색깔은 본격 시즌을 뜻함.

주문진항방파제

- **소재지** : 강릉시 주문진읍 주문리 265-18 외
- **길이** : 큰방파제 830여m, 작은방파제 240여m
- **위치 참조** : 〈최신 전국낚시지도〉 069p F2

찾아가는 길

서울양양고속도로 끝 지점인 양양나들목에서 강릉 방면 동해고속도로를 타고 남하하다가 남양양IC로 나온다. 약 1.5km 지점의 지경사거리에 주문진·강릉 방면으로 우회전 후 주문진항 이정표 따라 계속 남진하면 된다.
강원도 남쪽 방면에서 북상할 경우는 동해고속도로 북강릉IC로 나와 동해대로(7번국도)를 타고 북진하면 된다.

■ 낚시 여건

오징어 산지로 유명한 주문진항은 주말이면 외지로부터 찾아드는 관광객들로 사시사철 성시를 이루는 곳으로, 일반인들에게는 동해안 관광지 중의 하나로 널리 알려진 장소이다. 물론 낚시에 있어서도 영동지방을 대표하는 명소로 꼽힌다. 항구 규모에 어울리게 다양한 어종이 계절 따라 줄지어 찾아들기 때문이다.

길이가 1km에 달하는 큰방파제는 외해 쪽으로 암초대를 형성하고 있어서 방파제 전역이 포인트 역할을 한다. 어종이 다양한 관계로 다양한 기법을 구사할 수 있을 뿐만 아니라 동시에 많은 낚시인을 수용할 수 있다는 점도 이곳의 자랑거리다.

옛날 석유저장시설이 항구 깊숙한 곳에서 지금의 위치로 옮겨지고부터 내항의 수질 또한 좋아졌다. 그 효과로 내항에서도 낚시가 잘 되는 편이다.

■ 어종과 시즌

주문진항의 주요 어종은 감성돔·고등어·학공치·망상어·황어 등으로 봄철과 가을철에 감성돔의 입질이 잦다. 수온이 오르는 여름철 이후 가을철까지는 고등어와 학공치·가자미가 호조를 보이며, 벵에돔과 돌돔 새끼들과 함께 전어와 우럭도

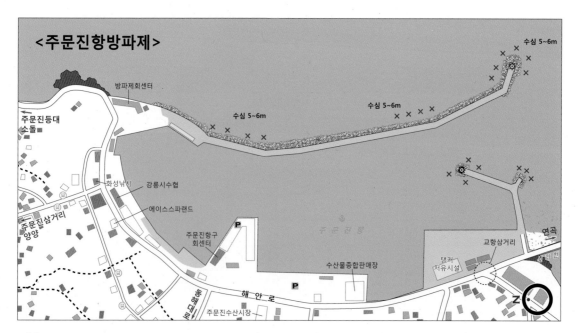

같은 시기에 잘 낚인다. 무늬오징어도 여름부터 가을에 걸쳐 외항 쪽에서 에깅에 곧잘 낚여 올라온다. 12월부터 1월 사이의 약 한 달 동안은 도루묵이 산란을 위해 방파제에 접근하여 도루묵 파시가 형성되기도 한다.

■ 포인트 및 참고 사항

큰방파제는 외곽 수심이 평균 5~6m 정도로 고르게 나타나지만 위치에 따라 낚이는 어종이 조금씩 달라 이곳을 즐겨 찾는 단골 꾼들의 선호도 또한 달리 나타난다. 외해로 꺾여나간 형태의 방파제 끝자락은 신축된 장소로 감성돔과 고등어 · 망상어가 잘 나오는 포인트이고, 방파제 중간 지점은 학공치가 붙었을 때 선호되는 포인트이며, 초입부터 3분의 1 정도 지점까지는 감성돔 입질이 좋은 곳이다. 도루묵 철에는 이 장소에서 도루묵 사냥이 성행한다. 무늬오징어가 한창인 시기에는 외해 쪽으로 어디서든지 에깅이 가능하다.

큰방파제 초입에서 북쪽으로 이어진 갯바위에서는 우럭과 쥐노래미 등 생활낚시를 즐기는 사람들이 많다.

작은방파제도 전어 · 황어 등 각종 잡어가 잘 낚이는 장소이다. 내항 석축 지대 전역에선 전어와 우럭을 낚을 수 있다. 또한 벵에돔과 돌돔 새끼들도 곧잘 입질을 하는데, 내항의 수질이 좋아지고 물고기가 의지할만한 돌을 투하한 이후부터 호조를 보이고 있다.

강릉 주변의 대부분 항구들은 야간 통제가 이뤄지지만 주문진항은 특별한 경우를 제외하곤 통제가 없다.

인근 낚시점(033)

＊화성낚시프라자 661-2956
　주문진읍 주문리 270-75
＊낚시프라자 661-6626
　주문진읍 교항리 116-4
＊주문진낚시 662-8750
　주문진읍 교항리 119-11

↓ 수협 건물 옥상에서 내려다 본 주문진항방파제. 영동지방의 대표적인 낚시터라는 이름에 걸맞게 사시사철 다양한 어종이 낚인다. 외항은 물론 내항 쪽에서도 낚시가 고루 이뤄진다.

신리방파제

- **소재지** : 강릉시 주문진읍 교항리 81-145
- **길이** : 2400여m
- **위치 참조** : 〈최신 전국낚시지도〉 069p F3

주문진항 남쪽으로 유입되는 신리천 남쪽에 축조된 긴 일자형 방파제가 신리방파제이다. 하얀 등대가 설치되어 있어서 '주문진 흰등대방파제'라고도 부른다. 그러나 이곳의 정식 명칭은 주문진항 돌제(突堤) 또는 도류제(道流堤)로, 신리천의 모래나 토사가 쌓여 유로(流路)가 교란되는 것을 방지하기 위해 쌓은 둑이다.

이곳뿐만 아니라 남쪽으로 짧은 길이의 돌제(突堤)가 네 개 더 있는데, 일대가 모두 모래바닥으로 이루어져 낚시가 그다지 잘 안 되는 곳이지만 현지에서는 찾는 사람이 많은 생활낚시터이다. 방파제 끝자락에서 외해를 향해 던질낚시를 하면 가자미 · 황어 등이 심심치 않게 올라온다. 가을철에는 신리천 방향으로 살감성돔낚시가 이뤄지기도 한다.

찾아가는 길
서울양양고속도로 끝 지점인 양양나들목에서 강릉 방면 동해고속도로를 타고 남하하다가 남양양IC로 나온다. 약 1.5km 지점의 지경사거리에 주문진 · 강릉 방면으로 우회전 후 주문진항을 지나 신리천을 건너면 된다.

인근 낚시점(033)
*주문진낚시 662-8750 주문진읍 교항리 119-11
*낚시프라자 661-6626 주문진읍 교항리 116-4

↓ 하늘에서 내려다본 주문진항방파제와 신리방파제. 그 사이로 신리천하구가 보인다.

영진방파제

- **소재지** : 강릉시 연곡면 영진리 2-5 외
- **길이** : 큰방파제 250여m, 작은방파제 900여m
- **위치 참조** : 〈최신 전국낚시지도〉 069p F3

■ 낚시 개황

주문진항에서 남쪽으로 '해안로'를 따라 이동하다보면 만나는 곳이 영진항이다. 소금강과 진고개에서부터 흘러내리는 연곡천 하구 바로 위쪽에 위치하는 영진항은 아담하고 한적한 시골 항구의 모습을 보여준다. 주요 어종은 역시 감성돔. 그 외에 연곡천 하구의 기수역 영향을 받아 황어와 숭어가 많이 출현한다.

감성돔은 파도가 적당한 날에 방파제 끝자락에서 호조를 보이고, 황어는 방파제의 외항과 내항 쪽 어디에서나 잘 낚인다. 숭어 떼가 나타나면 테트라포드 위에 훌치기꾼들이 늘어서는 모습도 심심치 않게 목격된다. 그밖에도 테트라포드 구멍치기에 우럭이 잡히고, 내항 쪽 모래밭에선 가자미와 광어가 입질한다. 가을철에는 오징어 에깅을 위해 찾는 사람도 종종 눈에 띈다.

■ 참고 사항

겨울철 눈 먼 숭어 떼가 들어오면 훌치기낚시가 성행하는 곳으로, 숭어 훌치기가 한창일 때는 다른 낚시를 하기가 어렵다. 황어 산란기 때도 마찬가지다. 봄철 산란기를 맞은 황어가 연곡천을 소상하기 시작하면 방파제가 아닌 연곡천 하구 주변으로 훌치기 꾼들이 몰려 일대 소란이 벌어진다.

영진항은 태풍과 강풍이 몰아치면 월파가 빈번하게 발생하고 또한 항구 입구의 토사 퇴적이 심해 어선들이 진·출입에 불편을 겪는다. 비바람이 조금만 불어도 선박들이 주문진항으로 피신하는 사례가 빈번한데, 이런 입지조건을 해소하기 위해 방파제 증축 공사가 예정되어 있기도 하다. 영진항 서쪽 야산에는 선사시대의 고분군이 발견되어 문화재로 지정되어 있다.

찾아가는 길

서울양양고속도로 끝 지점인 양양나들목에서 강릉 방면 동해고속도로를 타고 남하하다가 북강릉IC로 나온다. 7번 국도를 타고 북상하여 연곡천을 건넌 후 우회전하여 해안 쪽으로 약 1km 진행하면 된다.

인근 낚시점(033)

* 영진수퍼,낚시 661-1981
  연곡면 영진리 72-18
* 화성낚시프라자 661-2956
  주문진읍 주문리 270-75
* 주문진낚시 662-8750
  주문진읍 교항리 119-11

↓ 큰방파제 초입에서 바라본 영진방파제 전경. 사진 오른쪽, 작은방파제 옆으로 흘러드는 연곡천으로 인해 기수역 어종인 숭어와 황어가 잘 낚인다.

사천진항방파제

- **소재지** : 강릉시 사천면 사천진리 2-93 외
- **길이** : 큰방 4200여m, 작은방 2000여m, 방사제 1700여m
- **위치 참조** : 〈최신 전국낚시지도〉 070p B4

찾아가는 길

서울양양고속도로 끝 지점인 양양나들목에서 강릉 방면 동해고속도로를 타고 남하하다가 북강릉IC로 나온다. 7번 국도를 타고 북상하여 연곡교차로에서 우회전, 삼거리에서 다시 우회전 후 해안로를 따라 약 4km를 남하하면 사천진항에 도착.

인근 낚시점(033)

*대한낚시마트 643-7136
죽헌동 343-4

■ 낚시 개황

강릉시 사천면 사천진리에 위치하는 사천진항은 역사가 깊은 항구로서 사기막저수지에서 흘러내리는 사천천이 유입되는 하구 지역이기도 하다. 또한 연곡·사천진·하평해수욕장과 사천·순포·사근진해수욕장 등 남북으로 줄지어 이어지는 기나긴 해수욕장들의 중심에 위치한다.

큰방파제는 외항 방향과 내항 방향 모두 잡어의 입질을 끊이지 않는 생활낚시터의 성격이 강하다. 외항 쪽에서 가끔 감성돔이 낚이기도 하지만 큰 조과를 기대하기보다는 잡어낚시 도중의 손님고기로 생각하는 편이 좋다. 내항 쪽으로는 밑밥을 조금씩 꾸준히 투여하면 전어·전갱이·황어 등은 쉽게 집어가 가능하다.

항구 남쪽의 사천천 아래쪽에 있는 170여m 길이의 방사제(防砂堤)는 도로변에서 곧장 진입이 가능해 찾는 이들이 많은 편이며, 사천진항 북쪽에 위치한 백사장 끝에는 다리로 연결된 돌출 갯바위가 있는데, 던질낚시에 다양한 어종이 걸려드는 곳이다.

■ 참고 사항

사천진항은 전체적으로 수심이 매우 얕고 수질도 시원치 않아 낚시터로서의 가치는 하락 추세이다. 주변이 온통 모래밭이어서 파도에 의한 모래 유입으로 항구의 수심이 점차 얕아지는 때문이다. 이에 항구로 유입되는 토사를 막기 위한 대규모 방사제 공사가 예정돼 있고 요트장(작은 방파제) 건설 공사도 계속되고 있다. 공사 기간 동안은 가끔 낚시인의 출입이 통제되기도 하는 점 참고 바란다.

↓ 하늘에서 내려다본 사천진항. 방파제 주변이 모래밭이라 낚시터로서 큰 매력이 없지만 내항 쪽에선 각종 잡어 입질이 꾸준한 편이다.

<사천진항방파제>

사근진방파제

- **소재지** : 강릉시 안현동 227-23 외
- **길이** : T자방파제 1000여m, 작은방파제 40여m
- **위치 참조** : 〈최신 전국낚시지도〉 070p B4

경포해수욕장 북단의 민박촌 앞(사근진해변) 드넓은 백사장에 생뚱맞게 돌출된 갯바위가 있고, 그 위쪽으로 해안선과 나란한 T자형 방파제가 있다. 그리고 갯바위 남쪽에도 모래에 파묻히다시피 하여 겨우 15여m 바다로 돌출된 작은방파제가 있다. 인근 낚시인들이 사근진방파제라 부르는 곳이다.

낚시터는 T자방파제로부터 중간 갯바위와 남쪽 작은방파제에 이르기까지의 약 300m 구간이다. 가장 좋은 장소는 T자방파제로, 테트라포드 위에서 던질낚시를 하면 가자미 · 황어 등이 낚이고, 테트라포드 사이나 암초 주변으로 구멍치기를 하면 작은 우럭도 낚인다. 밑밥을 뿌리면 잡어들이 몰려 심심찮게 손맛을 전하며 간혹 감성돔과 벵에돔이 입질할 때도 있다.

찾아가는 길
영동고속도로 강릉JC→동해고속로 북강릉IC→동해대로(7번 국도) 강릉 방면 1km 지점에서 오른쪽 사천해변 방면으로 빠져 중앙동로를 따라 사천항 입구에 이르면 사근진 방면으로 우회전 후 3.3km 직진하면 된다.

인근 낚시점(033)
*삼일낚시 648-7448 강릉시 교2동 156-49

강문방파제

- **소재지** : 강릉시 강문동 248-4 · **길이** : 60여m
- **위치 참조** : 〈최신 전국낚시지도〉 070p B5

강문방파제는 경포대해수욕장과 강문해수욕장 경계에 위치한 곳으로, 경포호의 물이 흘러내리는 경포천 하구이기도 하다. 강문교 북쪽에 축조된 방파제와 강문교 남쪽 하구 언저리에 축조된 제방이 있는데, 낚시는 남쪽 제방 일대에서 이루어진다.

유명 관광지인 데다가 경포천을 가로지르는 강문교 외에도 경포대해수욕장과 강문해수욕장을 연결하는 아치형의 전망다리가 설치되어 휴기철이 아니더라도 관광객을 비롯한 유동인구가 많다. 던질낚시에 황어 · 숭어 · 가자미 · 우럭 등 다양한 어종이 낚이고, 봄철에는 경포천으로 소상하는 황어를 훌치기로 노리는 이들이 많다. 가을에는 살감성돔과 전어를 노리는 꾼들이 이곳 제방으로 모여든다. 경포호에 해당하는 강문교 상류 쪽은 낚시금지구간이다.

찾아가는 길
영동고속도로 강릉JC→동해고속도로 강릉IC→강릉 시내 방면 진입→경포 방면 1호회전교차로에서 경포(연곡) 방면으로 북상하다가 강문해수욕장 북단의 강문교를 건너면 곧 현장이다.

인근 낚시점(033)
*포인트낚시할인마트 651-8945 강릉시 포남동 1219-6
*삼일낚시 648-7448 강릉시 교2동 156-49

강릉항방파제 (안목항방파제)

- **소재지** : 강릉시 견소동 286-2 외
- **길이** : 큰방 739m, 작은방 335m, 방사제 250m
- **위치 참조** : 〈최신 전국낚시지도〉 070p C5

찾아가는 길

수도권에서 출발하는 경우에는 영동고속도로 강릉 분기점에서 동해고속도로 삼척 방면으로 남하하다가 강릉IC에서 나온다. 동남쪽 1.8km 지점에서 35번 국도(경강로)를 타고 9.8km 진행하면 강릉시내를 통과해 강릉항에 닿는다.

■ 낚시 개황

옛날엔 안목항으로 불리다가 2008년도부터 강릉항으로 정식명칭이 바뀌었다. 그러나 아직도 강릉 현지에서는 안목항으로 부르는 이들이 많다. 강릉항방파제는 강릉 남대천 하구를 끼고 있어서 기수역의 특성을 잘 보여준다. 봄철에는 감성돔, 여름철부터 가을에 걸쳐 학공치와 고등어가 큰방파제(북방파제)의 외해 쪽에서 잘 낚인다. 작은방파제(남방파제)는 끝 지점이 좋은 포인트이다. 황어는 외항과 내항 어디에서도 잘 낚이고, 방파제뿐만 아니라 인근 백사장에서 던질낚시를 하면 황어와 가자미 입질도 이어진다.

봄철 황어가 소상할 때는 남대천 하구인 남항진 주변에 훌치기꾼들이 늘어서기도 한다. 또한 남항진 주변(작은방파제 초입 외곽과 건너편 제방)에선 가을철에 살감성돔낚시가 성행한다.

■ 참고 사항

큰방파제에선 봄철부터 감성돔 입질이 이어지지만, 대형 테트라포드로 인해 발판이 위험하므로 사고 방지를 위해 충분한 주의를 요한다.

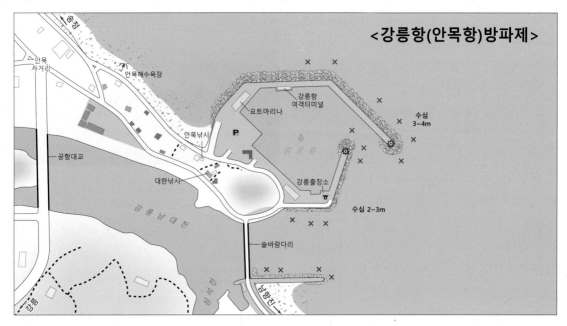

강릉항은 유명 관광지에 위치한 관계로 현대식 편의시설은 물론 요트 계류장 등이 완비되어 있다. 주간에는 물론 해가 진 야간에도 네온사인과 지나다니는 차량들로 불야성을 이룬다. 따라서 낚시만을 위해 찾기에는 어울리지 않는 장소이기도 하다. 낚시만이 목적이 아니라면 해수욕장 해안길을 따라 늘어선 카페를 찾아 전문 바리스타의 진한 커피 향으로 여행의 피로를 푸는 것도 좋을 듯하다.

인근 낚시점(033)

＊대한낚시마트 652-7138
 강릉시 견소동 19
＊안목낚시 653-5868
 강릉시 견소동 147
＊송정낚시 653-7843
 강릉시 포남동 1282-2
＊명소낚시마트 653-2738
 강릉시 포남동 1282-3

← 요트마리나 건물 커피숍에서 바라본 강릉항. 울릉도행 여객선과 요트 계류장이 보인다 (위 사진). 남대천 하구의 인도교 위에서 바라본 강릉항 작은 방파제(아래 사진). 가을철 살 감성돔이 잘 낚이는 곳이다.

↓ 하늘에서 내려다 본 강릉항. 강릉 남대천이 유입되는 곳으로 항구 전역에서 철따라 다양한 어종이 낚인다.

염전방파제
(군선천하구방파제)

- **소재지** : 강릉시 강동면 안인리 1-3 외
- **길이** : 큰방파제 280여m, 작은방파제 1500여m
- **위치 참조** : 〈최신 전국낚시지도〉 070p C6

찾아가는 길

수도권에서는 영동고속도로와 동해고속도로를 이용해 강릉으로 진입한다. 강릉시청 앞 홍제 교차로에서 오른쪽 정동진 방면의 동해대로(7번국도)를 타고 8km 남하한 지점에 이르러 등 명낙가사 방면의 왼쪽 모전교 차로로 빠져 우회전 후 2.2km 이동하면 군선천 군선교 앞에 이른다. 다리를 건너지 말고 좌 회전하여 염전길로 1.5km 직 진하면 목적지이다.

경북 지역에서 북상할 경우는 동해고속도로 옥계IC를 나와 강 릉 방면의 동해대로(7번국도)를 타고 13km여 북상한 지점에서 임곡리(안인리) 방면으로 좌회 전 후 바로 우회전하여 3.5km 진행하면 방파제 앞이다.

■ 낚시 여건

강릉의 염전방파제는 군선천 하구에 위치한 방파제로 부근 일대를 통틀어 영동화 력방파제, 군선천 하구, 군선강 어구, 군선강 갯목 등으로 불린다.

바닷물과 민물이 섞이는 기수역인 데다가 가까이에 발전소의 배수구가 열려 있어 서 주변보다 수온이 높아 수많은 어종이 모여들어 근처를 떠나지 않는다. 덕분에 다양한 어종이 사시사철 낚시를 가능하게 하고, 교통도 편리하여 강릉 낚시인들의 사랑방 역할을 해내고 있는 낚시명소이다. 소문난 만큼 휴일에는 혼잡하다.

■ 어종과 시즌

염전방파제 일대에서 낚이는 어종은 실로 다양하다. 감성돔을 시작으로 뱅에돔 · 숭어 · 학공치 · 고등어 · 황어 · 붕장어 · 광어 · 가자미 · 농어 · 전어 · 노래미 · 우 럭 · 개볼락 · 졸복 등등 웬만한 바다어종은 다 선보인다. 낚이는 어종이 다양한 만 큼 낚시방법도 다양하게 이뤄져 릴찌낚시 · 맥낚시 · 던질낚시 · 루어낚시 · 훌치 기 등 장르를 가리지 않고 모든 낚시가 시도된다.

인기가 가장 높은 감성돔의 씨알은 살감성돔 수준이 대부분이지만 가끔 30cm급

<염전방파제>

이 선을 보여 기대를 갖고 출조하는 전문 꾼들도 많다.

감성돔은 가을에서 봄, 벵에돔은 여름철 이후인데 이곳에서만큼은 굳이 어종별 시즌을 도식적으로 따질 필요가 없다. 기수역 주변의 낚시터인 데다 화력발전소에서 배출되는 온배수의 영향으로 한겨울에도 루어를 던지면 광어와 농어가 낚이는 등, 대부분의 어종들이 계절을 가리지 않고 손맛을 선사하기 때문이다. 배수구 주변에서 5~6월부터는 각종 잡어들이 쉴 틈 없이 입질을 해대는 경우도 많다.

■ 포인트 및 참고 사항

염전방파제 일대의 주요 포인트는 큰방파제가 그 첫째이고, 다음으로 군선천의 화력발전소 배수구 건너편과 양식장 퇴수로가 연결된 지천의 합수 지점이다. 특히 바람이 강하거나 파도가 높은 날이면 군선천 쪽 발전소 배수구 건너편이 명당자리로 꼽혀 많은 낚시인이 집중된다. 1급 포인트는 고기가 잘 낚이는 만큼이나 낚시인도 많아 복잡한 것은 각오해야 한다. 살감성돔을 노리는 낚시인과 잡어를 노리는 낚시인은 물론 광어와 농어를 노리는 루어낚시인, 심지어 숭어나 황어를 노리는 훌치기 꾼들도 하구 주변으로 몰린다.

큰방파제는 중간부터 끝자락까지의 상부도 테트라포드로 덮여 있어서 이동에 주의를 요한다. 방파제 초입에 군 초소가 설치되어 있는데, 바다 쪽으로의 출입을 시간 따라 통제를 한다. 개방시간은 하절기 오전 6시~일몰, 동절기 오전 7시~일몰이다. 군선천에 해당하는 발전소 배수구 건너편은 출입통제시간이 없다.

큰방파제 건너편에 위치하는 안인진리 쪽의 작은방파제와 그 너머의 갯바위는 출입금지구역이므로 진입을 삼가야 한다.

인근 낚시점(033)

*연안낚시 647-3086
 강릉시 노암동 222-2
*원다낚시 641-1982
 강릉시 노암동 10-2
*베드로낚시 070-8833-3472
 강릉시 강동면 안인리 818

↓ 군선천을 가로지르는 다리 위에서 바다를 바라보면 멀리 염전방파제가 시야에 들어온다. 화력발전소 배수구에서부터 이 일대 모두가 강릉 낚시인들의 사랑방 역할을 한다.

안인방파제

- **소재지** : 강릉시 강동면 안인진리 315-1 외
- **길이** : 큰방파제 330여m, 작은방파제 100여m
- **위치 참조** : 〈최신 전국낚시지도〉 070p C6

찾아가는 길

영동고속도로 강릉JC에서 동해영동고속도로 끝 지점인 강릉 나들목에서 강릉 방면 동해고속도로를 타고 남하하면 곧 나타나는 강릉IC로 나온다. 강릉시청 직전 홍제교차로에서 우회전하여 동해대로(7번국도)를 타고 동해 방면으로 남동진하다가 모전교차로로 빠져 모전삼거리→안인삼거리 순으로 진행하면 된다. 강원도 남쪽 동해 방면에서 북상할 경우는 동해고속도로를 타고 북상하다가 옥계IC로 나와 7번국도 동해대로를 타고 북진하면 된다.

인근 낚시점(033)

*원다낚시 641-1982
  강릉시 노암동 10-2
*성덕낚시등산 647-7133
  강릉시 청량동 536-2
*강릉영동낚시 643-7505
  강릉시 입암동 414-26
*루어매니아 644-1795
  강릉시 병산동 341-1

↓ 안인어촌펜션 건물 위에서 내려다본 안인항. 아담한 분위기에 낚시도 곧잘 되는 곳이다.

■ 낚시 개황

강릉시 동남쪽, 군선강 하구 아래쪽에 위치한 안인항은 관광지로 유명한 강릉항이나 정동진항에 비해 아담하고 한적한 느낌을 주는 항구다. 군선강의 민물 영향으로 기수역의 특성도 보인다. 주변이 전부 모래밭으로 감성돔을 기대할 수는 없지만 수온이 높아지는 여름철부터 가을철에 걸쳐 뱅에돔과 고등어·학공치·전어가 잘 낚이는 곳이다.

포인트는 큰방파제의 끝자락과 외해 쪽으로 꺾어지는 지점 주변이다. 수심은 5~6m 정도로 꽤 깊다. 그밖에 가자미와 황어는 사시사철 던질낚시에 입질이 이어진다. 봄철에 숭어가 대군을 이뤄 접안하므로 숭어가 붙었다는 소식이 들리면 훌치기낚시가 성행하기도 한다.

■ 참고 사항

큰방파제의 외해 쪽은 전부 모래바닥이어서 낚시는 주로 끝자락에서 이루어진다. 따라서 많은 인원이 함께 할 수 없는 단점이 있다. 내항 쪽에서 낚시를 할 경우는 방파제보다는 호안 지역에 정박해 어선들 사이사이가 좋다.

안인항은 주변 시설이 쾌적해 낚시뿐만 아니라 휴가철 가족동반 나들이 코스로도 안성맞춤이다. 강릉항이나 정동진항의 혼잡이 싫어 이곳 안인항을 찾는 이들이 많다. 또한 안인항에서는 여름철 '참가자미 축제'를 개최하는 등 관광객 유치에 노력하고 있다. 인근에는 '안보체험등산로'라는 등산로가 개설돼 있다. 1996년 북한 잠수함 침투사건 이후 만들어진 등산로인데, 시간대별로 다양한 동해안의 절경을 감상할 수 있는 코스가 마련되어 있다.

심곡방파제

• **소재지** : 강릉시 강동면 심곡리 157-23 외
• **길이** : 큰방파제 160m, 작은방파제 35m
• **위치 참조** : 〈최신 전국낚시지도〉 088p C2

■ 낚시 개황

심곡항은 이름 그대로 골짜기에 자리하고 있는 작은 항구로 한적한 분위기가 인근의 정동진항이나 금진항과는 사뭇 다른 곳이다. 방파제는 물론 항구 주변 갯바위와 해안도로변의 테트라포드 앞이 모두 좋은 포인트 구실을 하는데, 규모와는 달리 다양한 어종을 만날 수 있는 낚시터로 이름이 높다.

4월 임연수어가 등장하면서 시즌이 시작되고 잇따라 감성돔 입질이 가세한다. 파도가 치는 날이면 감성돔을 기대해 출조하는 낚시인을 자주 목격할 수 있다. 감성돔은 가을에도 다시 한 번 제철을 맞는다. 그 외에도 학공치 · 전갱이 등이 잘 낚이고 무늬오징어 에깅도 기대할 수 있다. 그밖에 던질낚시를 하면 가자미가 잘 낚인다. 주변 수심은 그리 깊지 않아 포인트는 큰방파제 끝자락의 외해 쪽에 한정된다.

■ 참고 사항

산맥이 뻗어내린 가운데에 마을이 형성되고 그 끄트머리에 항구가 생성된 곳으로, 6.25사변 때에 이곳 심곡마을 주민들은 전쟁이 일어난 줄도 모르고 지냈다 할 정도로 깊은 골짜기인 데다, 다른 마을과도 멀리 떨어져 있다. 이처럼 조용하고 아늑한 분위기는 낚시인들의 이상향이기도 하지만 방파제 이외의 인근 갯바위 주변과 해안도로(헌화로) 주변 제방(테트라포드)은 현지 어촌계에서 해삼과 전복 양식을 하는 장소로 낚시인들과의 마찰이 생기기도 한다.

가족을 동반하여 방파제에서만 낚시를 즐기기 아쉽다면 낚싯배를 이용해 항구 앞 바다에서 가자미낚시를 해보는 것도 좋다. 바깥 바다에서 심곡항을 바라보는 풍경은 마치 북유럽의 해안절벽을 보는듯한 절경을 연출한다.

찾아가는 길

영동고속도로 끝 지점인 강릉나들목에서 삼척 · 동해 방면 동해고속도로를 타고 남하하다가 옥계IC로 나온다. 옥계항 입구를 지나 헌화로를 타고 심곡항 방향으로 북상하면 곧 금진항이 보인다. 강원도 남쪽 경북 지역에서 북상할 경우는 7번국도 동해대로를 타고 계속 북진하거나 동해고속도로를 이용해 옥계IC로 나오면 된다.

인근 낚시점(033)

*심곡항편의점낚시 644-7095
　강릉시 강동면 심곡리 87
*베드로낚시 070-8833-3472
　강릉시 강동면 안인리 818
*삼일낚시 648-7448
　강릉시 교2동 156-49

↓ 전망대에서 내려다본 심곡방파제. 절벽 사이에 형성된 작은 포구가 천연요새와 같은 분위기를 풍긴다. 방파제는 소규모지만 다양한 어종이 잘 낚인다.

금진항방파제

• **소재지** : 강릉시 옥계면 금진리 124-3 외
• **길이** : 큰방파제 640m, 작은방파제 210m
• **위치 참조** : 〈최신 전국낚시지도〉 088p C3

찾아가는 길

동해고속도로 옥계IC → 옥계 TG를 나와 좌측 동해대로(7번국도)를 타고 강릉 방향으로 6300여m 북상한 지점의 낙풍사 거리에서 우회전한다. 동해고속도로 밑을 통과해 금진항 이정표를 보고 계속 진행하면 금진해수욕장을 지나 금진항에 이른다.

인근 낚시점(033)

*남천낚시 648-1734
강릉시 교동 159-116

↓ 하늘에서 내려다본 금진항방파제. 어종이 다양해 낚시인의 발길이 잦은 곳이지만 강릉권에선 유일하게 야간통제가 이뤄지는 곳이기도 하다.

■ 낚시 개황

국가어항으로 지정된 항구답게 대규모 방파제가 축조돼 있는 곳으로 오래 전부터 낚시인들의 발길이 잦은 낚시터이다. 주요 어종은 감성돔·학공치·고등어·황어·전어·우럭·쥐노래미·무늬오징어 등이다. 감성돔은 봄철과 가을철에 각각 선을 보이는데 대형급은 거의 낚이지 않고 25~30cm 정도의 살감성돔 수준을 막 넘긴 씨알에 그친다. 추석을 전후하여 한 달 간 고등어가 잘 낚이고 학공치 입질도 잦다. 무늬오징어도 가을이 깊어질수록 큰 사이즈가 에깅에 잘 낚인다.

주요 포인트는 큰방파제 중간 지점에 해당하는 꺾어지는 부위와 끝자락 주변이다. 작은방파제 역시 끝 지점이 포인트이다. 내항 호안(護岸) 지역의 경우는 전어나 황어를 겨냥하는 생활낚시 포인트로 손색이 없다. 그밖에 항구 주변 해안도로(헌화로) 일대도 낚시가 잘 되는 곳이다. 방파제 앞 수심은 3~4m 정도를 유지한다.

■ 참고 사항

금진항은 이 일대에서 유일하게 야간통제를 하는 항구로 일몰시간이 되면 군에서 야간출입 통제를 실시하여 방파제로 진입할 수 없다. 밤낚시를 하고 싶다면 해안도로 주변에서 포인트를 찾는 것이 좋다.

금진항 앞바다는 북부의 한류와 남부의 난류가 뒤섞이는 장소로 다양한 어군이 형성되는 황금어장으로 꼽는다. 이에 금진항에는 간단한 가자미낚시에서부터 본격적인 대구 지깅까지 할 수 있는 전문 낚싯배들이 많다.

인근의 정동진항과 심곡항을 오가는 유람선도 출항하므로 휴가철 관광을 위해서도 찾아볼만한 장소이다.

도직방파제

- **소재지** : 강릉시 옥계면 주수리 563-3 외
- **길이** : 큰방파제 90여m, 작은방파제 20여m
- **위치 참조** : 〈최신 전국낚시지도〉 088p D3

옥계항의 한라시멘트 시설에서 이어지는 소규모 방파제이다. 소재지는 주수리이지만 경계 지점인 데다 남쪽의 도직해수욕장으로 인해 도직방파제라 부른다. 방파제 앞으로 암초대가 형성되어 있어서 겨울철에는 감성돔, 여름철에는 뱅에돔이 기대되는 장소이다. 망상어 · 황어 등 잡어도 잘 낚이는 장소로 알려져 있다. 다만 방파제 규모가 작고 포인트가 협소해 동시에 여러 명이 낚시하기에는 무리가 따른다. 가끔 현장 인부들에 의해 방파제 출입이 수월하지 않은 경우도 있다. 북쪽의 옥계항은 산업시설 항으로 출입금지 구역인데도 손 타지 않은 포인트라고 해서 가끔 테트라포드를 타고 한라시멘트 쪽으로 진입을 시도하는 낚시인도 있다. 위험한 것은 물론이고 출입금지구역으로 절대 출입을 삼가야 한다.

찾아가는 길

수도권에서는 영동고속도로 강릉JC에서 동해 · 삼척 방면의 동해고속도로를 타고 남하하다가 옥계IC로 나온다. 톨게이트 통과 후 왼쪽 동해대로(7번국도)를 타고 동해 · 삼척 방면으로 2.2km 이동한 지점에서 왼쪽을 보면 철조망 사이로 작은 진입로가 보인다. 조심스레 진입해야 한다.

인근 낚시점(033)

*옥계레포츠 534-1529 옥계면 현내리 1232-10
*베드로낚시 070-8833-3472 강동면 안인리 818

하늘에서 내려다본 장호항(강원도 삼척시 근덕면 장호리).

Part 4
강원도 동해시·삼척시

· 동해시 대진방파제 · 동해시 어달방파제 · 동해시 묵호항방파제 · 동해시 천곡방파제(한섬방파제) · 동해시 동해항방파제 · 삼척시 후진방파제 · 삼척시 광진방파제 · 삼척시 삼척항방파제(정라진방파제) · 삼척시 덕산항방파제(남아강방파제) · 삼척시 대진방파제(동막방파제) · 삼척시 궁촌항방파제 · 삼척시 초곡방파제 · 삼척시 장호항방파제 · 삼척시 갈남방파제 · 삼척시 신남방파제 · 삼척시 임원항방파제 · 삼척시 노곡방파제 · 삼척시 월천방파제(고포방파제)

대진방파제

- **소재지** : 동해시 대진동 204 외
- **길이** : 큰방파제 4300여m, 작은방파제 2100여m
- **위치 참조** : 〈최신 전국낚시지도〉 089p D4

찾아가는 길

영동고속도로 강릉JC에서 동해고속도로에 올라 동해시 방면으로 남하하다가 망상IC로 나온다. 톨게이트를 통과하면 곧 동해대로(7번국도)가 나타나는데, 망상해변 방면으로 좌회전 후 350여m 지점의 노봉삼거리에서 오른쪽으로 빠져 '일출로'를 따라 1.1km만 남하하면 대진항 주차장에 닿는다.

인근 낚시점(033)

＊현대낚시 522-1010
동해시 나안동 135-4
＊동해낚시 533-9461
동해시 발한동 327-9
＊서울낚시 531-4476
동해시 묵호진동 2-269

↓ 깔끔하고 아기자기한 시설물이 눈길을 끄는 대진항은 낚시와 관광을 동시에 즐길 수 있는 곳이다. 숭어 철에는 테트라포드 위에 훌치기 꾼들이 상주하기도 한다.

▪ 낚시 개황

여름철 피서지로 유명한 망상해수욕장 남쪽에 위치하는데, 대진항과 망상해수욕장 사이에는 또 노봉해수욕장과 대진해수욕장이 연결된다. 깔끔하고 현대적 시설을 갖춘 대진항은 관광과 낚시를 동시에 즐길 수 있는 장소이다.

예로부터 숭어 훌치기낚시가 잘 되는 곳으로 이름나 지금까지도 겨울~초봄 시즌의 큰방파제 위에는 숭어 떼를 찾는 꾼들이 자주 목격되곤 한다. 감성돔과 벵에돔이 낚이기는 하지만 큰방파제에서는 워낙 훌치기낚시가 성행하여 찌낚시를 즐기려면 차라리 작은방파제를 찾아 외해 쪽을 노리는 것이 좋다. 작은방파제 주변은 수중여가 매우 복잡하게 깔려 던질낚시를 하면 채비 손실이 크지만 쥐노래미나 가자미가 잘 낚인다. 루어낚시를 하면 우럭·개볼락·쥐노래미 등의 입질도 잦다.

군이 방파제만을 고집할 필요도 없다. 이곳 대진항에서 남쪽 어달항까지 이어지는 해변도로 아래는 갯바위 지형이 길게 이어져 찌낚시와 루어낚시 포인트를 형성한다. 진입이 아주 자유스럽진 않아도 도로변 담벼락을 내려갈 수 있는 계단이 군데군데 설치돼 있어 원하는 구간을 선택할 수 있다.

▪ 참고 사항

큰방파제 끝자락에서 작은방파제를 마주보는 내항 방향, 그리고 작은방파제 끝자락에서 큰방파제를 마주보는 곳에선 봄철이면 문어가 곧잘 출현한다.

큰방파제 입구의 넓은 주차장과 함께 대진항 주변엔 현대식 편의시설이 잘 갖춰져 있어 주말이나 휴가철엔 관광객이 많이 찾는 곳이다. 가족동반 낚시나 휴가를 겸해 하루 손맛을 보고 싶다면 후회하지 않을 장소가 대진항이다.

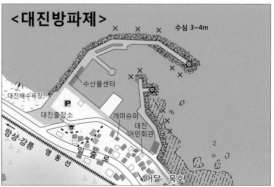

〈대진방파제〉

어달방파제

- **소재지** : 동해시 어달동 190 외
- **길이** : 큰방파제 340여m, 작은방파제 150여m
- **위치 참조** : 〈최신 전국낚시지도〉 089p D5

■ 낚시 개황

국가 관리 무역항인 묵호항 북쪽에 인접한 곳으로, 대형 묵호항방파제의 인기에 미치진 못해도 아기자기한 손맛을 보기에는 오히려 더 적합한 낚시터다. 봄철에는 감성돔이 섭섭잖게 여름이 되면 벵에돔도 나타나지만 감성돔이나 벵에돔과 같은 고급어종보다는 학공치·망상어·쥐노래미·우럭 등, 이른바 생활낚시 어종을 다 수확 할 수 있는 곳으로 인기가 높다.

찌낚시와 던질낚시는 큰방파제 외해 쪽 전역이 포인트라 할 수 있는데, 테트라포드 사이사이를 노리는 구멍치기로 우럭을 노려도 좋다. 작은방파제는 끝자락에서 전방으로 던질낚시를 하거나 기초석 주변을 겨냥한 우럭 루어낚시 재미도 쏠쏠하다. 그밖에 큰방파제 초입에서부터 북쪽으로 이어지는 해변로(일출길) 아래의 갯바위 지형에서 던질낚시와 루어낚시를 하면 우럭과 쥐노래미가 잘 낚인다.

큰방파제 초입에는 월파(越波)를 대비한 대형 테트라포드가 쌓여 있지만 전반적으로 소형 테트라포드 위주로 설치되어 있어 발판이 편한 장점이 있다. 내항 쪽으로도 발판이 편하여 낚시 하기가 수월하다. 수심은 외해 쪽 기준으로 4~5m 정도.

■ 참고 사항

어달항 작은방파제 입구에는 '낚시의 명소 어달'이라는 아치형 간판이 세워져 있다. 현지 어촌계에서 낚시객 유치를 위해 정성을 기울이는 징표이기도 한데, 어달항에 계류되어 있는 소형 선박을 잠시 대절하면 가자미낚시를 한껏 즐길 수 있다. 항구 부속시설로 주차장, 휴식공간, 화장실 등 편의시설도 잘 갖추어져 있어서 가족동반으로 찾아도 큰 불편이 없다.

찾아가는 길

영동고속도로 강릉분기점에서 동해고속도로를 갈아타고 내려가다가 망상IC로 나온다. 톨게이트 통과 후 동해대로(7번 국도) 왼쪽 망상해변 방면으로 3500여m 진행하면 노봉삼거리(노봉교차로). 여기서 대진·어달 방면의 오른쪽으로 빠져 약 1km 진행하면 대진항이고, 계속 2.4km 더 나아가면 어달항에 이른다. 남쪽 기점일 경우는 묵호항에서 해안도로(일출로)를 따라 1.3km 북상하면 된다.

인근 낚시점(033)

*동해낚시 533-9461
동해시 발한동 327-9
*서울낚시 531-4476
동해시 묵호진동 2-269
*현대낚시 522-1010
동해시 나안동 135-4

↓ 남쪽 해변에서 바라본 어달방파제. 주민들이 낚시객 유치를 위해 많은 노력을 기울이는 곳으로 각종 편의시설도 나무랄 데 없다.

묵호항방파제

- **소재지** : 동해시 묵호진동 15-154 외
- **길이** : 큰방파제 1,480여m, 작은방파제 380여m
- **위치 참조** : 〈최신 전국낚시지도〉089p D5

찾아가는 길

영동고속도로 끝 지점인 강릉나들목에서 동해·삼척 방면의 동해고속도로를 바꿔 타고 남하하다가 망상IC로 나와 묵호항 이정표 따라 진행하면 된다.
남쪽 경북 지역에서는 동해대로(7번국도) 및 동해고속도를 타고 북상하다가 동해IC로 나와 묵호항 이정표대로 진행하면 된다.

■ 낚시 여건

묵호항은 국가가 관리하는 무역항으로 큰방파제의 길이가 무려 1.5km에 달한다. 무역항의 특징으로 밀수 방지를 위해 방파제에 철조망이 설치되어 있는 등 기본적으로는 출입을 통제하고 있다. 그러나 철망이 뚫어진 곳을 통해 낚시인의 통행이 빈번한데 이를 크게 단속하고 있지는 않다.

동해안 육지 방파제 중에선 두 번째 규모를 자랑할 뿐만 아니라 외항 및 내항 방향에서 고루 낚시를 즐길 수 있어 포인트도 드넓고 어종 또한 다양하게 낚인다. 이로써 사철 다양한 낚시가 이루어지는데, 감성돔을 노리는 전문 꾼들에서부터 가족동반으로 잠시 낚시를 즐기는 관광객과 반찬거리를 장만하려는 인근 주민들의 기호도까지 고루 만족시켜 주는 일급낚시터이자 생활낚시터라 할만하다.

■ 어종과 시즌

묵호항에서 낚이는 어종은 감성돔·학공치·고등어·망상어·청어·임연수어·가자미·우럭·전어 등 동해에서 낚이는 어종은 대부분 낚인다고 봐도 된다.
봄철에는 방파제에서 임연수어와 감성돔이 낚이며 참가자미도 내항 쪽에서 입질

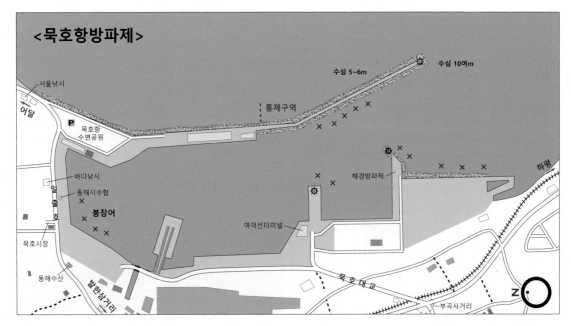

<묵호항방파제>

을 시작한다. 수온이 차츰 상승하고 여름철이 다가오면 다양한 어종이 입질을 시작하는데 가을철까지 학공치의 씨알이 굵어지고 고등어도 잘 낚인다. 여름철 침묵하던 감성돔 입질도 가을이면 다시 살아난다.

■ 포인트 및 참고 사항

낚시터의 규모가 큰 만큼 포인트는 몇 구역으로 나눌 수 있다. 먼저 큰방파제의 경우는 중간 지점부터가 출입금지 구역이지만 낚시인들은 별 제한 없이 들어가 낚시를 한다. 외해 쪽과 내항 쪽 모두 찌낚시와 던질낚시 포인트이다. 수심은 외해 쪽이 5~6m 수준, 방파제 끝자락은 10m 정도를 이룬다.

큰방파제 건너편의 여객선터미널 주변에도 항상 현지 꾼들이 자리를 지킨다. 고등어·전어 등이 찌낚시에 잘 나온다. 끝 지점은 봄철의 도다리 포인트로 현지 꾼들이 던질낚시를 즐기는 곳이다.

해경방파제와 매립지 제방 주변 또한 일급 포인트이다. 방파제 끝자락은 잡어 포인트이지만 매립지 제방은 전역이 감성돔이 잘 낚이는 포인트이다. 그밖에 큰방파제 초입의 수변공원 앞이나 내항 쪽 활어센타 주변에선 붕장어가 잘 낚이지만 수질이 썩 좋지 않아 전문 낚시인들은 그다지 찾지 않는다.

묵호항은 규모가 커 포인트 이동은 자동차를 이용할 수밖에 없다. 큰방파제에서 낚시를 할 경우는 중간까지 자동차가 진입할 수 있다. 여객선터미널 앞으로 간다면 터미널 주차장에 주차를 하면 된다. 매립지 제방으로 들어가려면 해경기지 뒤편에 주차하고 방파제를 통해 포인트로 진입해야 한다. 매립지의 남쪽은 주차공간도 없고 출입금지구역이다.

인근 낚시점(033)

*바다낚시 532-1394
동해시 묵호진동 15-172
*서울낚시 531-4476
동해시 묵호진동 2-269
*동호낚시 533-8770
동해시 발한동 79-19
*현대낚시 522-1010
동해시 나안동 135-4

↓ 남쪽 도로변 전망대에서 바라본 묵호항 전경. 묵호항방파제는 항만(무역항) 시설로 출입금지 구역이지만 낚시 활동을 특별히 단속하지는 않는다.

천곡방파제
(한섬방파제)

- **소재지** : 동해시 천곡동 10-3
- **길이** : 1900여m
- **위치 참조** : 〈최신 전국낚시지도〉 089p E6

찾아가는 길

영영동고속도로 끝 지점인 강릉 나들목에서 동해·삼척 방면의 동해고속도로를 바꿔 타고 남하하다가 망상IC로 나와 묵호항을 지난다. 해안로를 타고 계속 남하하다가 천곡항 이정표를 보고 왼쪽 한섬해안길로 오르면 된다.
남쪽 경북 지역에서는 동해대로 (7번국도) 및 동해고속도를 타고 북상하다가 동해IC로 나와 동해시 종합운동장 앞에서 우회전, 한섬해수욕장 북쪽에 이르러 오른쪽 철길 밑을 통과해 한섬해안길(산길)을 타야 한다.

■ 낚시 여건

한섬방파제는 천곡항이라고도 불리는 절벽 아래에 위치한 소규모 방파제이다. 동해시 한복판에 위치하여 현지에서는 마치 안방 낚시터와 같은 곳이다. 게다가 규모에 걸맞지 않게 종종 떼고기 조황을 전하는 폭발력을 지니고 있는 데다, 주변 경치마저 빼어나 도심 속 절경을 더한 낚시터라고 불러도 손색이 없다.

방파제 주변이 온통 절벽 지형으로 수심은 5~6m 정도. 돌밭에 암초가 발달해 있어 인근 갯바위와 더불어 감성돔 찌낚시 일급 포인트임을 한눈에 알 수 있다. 감성돔이 잘 낚이는 시즌에는 마치 전쟁터를 방불케 하듯 수많은 낚시인들로 붐벼 조금만 늦어도 끼어들 자리가 없을 정도이다.

■ 어종과 시즌

한섬방파제의 주요 어종은 두말할 것도 없이 단연 감성돔이다. 포인트 범위가 좁은 것이 흠이지만 씨알과 마릿수 측면에서 다른 장소를 압도한다. 이른 봄부터 파도가 일어 물색이 적당히 흐려지면 낚시인들이 늘어서 있는 것을 어렵지 않게 목격할 수 있다.

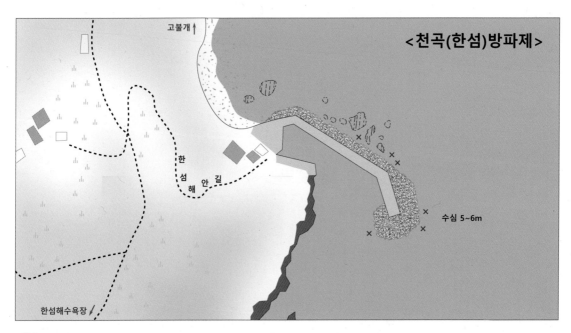

고불개

〈천곡(한섬)방파제〉

한섬해안길

수심 5~6m

한섬해수욕장

봄철부터 망상어·임연수어와 함께 감성돔이 잘 낚이고, 여름 들어 수온이 오르면 학공치·고등어 입질도 가세하여 늦가을까지 시즌을 이어간다. 이때는 농어도 잘 낚이므로 큼직한 미노우를 던져 보는 것도 좋다. 암초 주변으로 개볼락과 쥐노래미도 잘 낚인다. 그밖에 늦겨울에서 초봄 사이에 산란기를 맞는 도루묵이 대군을 이뤄 넓지 않은 내항을 가득 채우는 경우도 있다.

■ 포인트 및 참고 사항

방파제 전체가 암초지대 위에 축조돼 있어서 전체가 다 포인트라고 불러도 과언이 아니다. 워낙 좁은 방파제라서 따로 일급 포인트라고 부를 수는 없지만 방파제의 꺾어지는 부분이 그 중에서 명당자리로 통한다. 감성돔 철에는 미리 미끼통이나 아이스박스를 가져다 두고 자리를 선점하는 모습도 볼 수 있을 만큼 자리다툼이 심하다. 방파제 중간의 여 앞과 방파제 끝자락도 인기가 높은 자리이다.

방파제뿐만 아니라 절벽을 따라 이어지는 갯바위 포인트도 즐비하다. 방파제 북쪽의 고불개와 초소 아래, 그리고 방파제 끝자락에서 남쪽으로 마주보이는 왕자바위도 인기 높은 감성돔 포인트이다.

진출입로가 좁은 산길이라는 점, 방파제 바로 앞까지 진입하기 위해서는 가파른 경사로를 오르내려야 한다는 점, 현장 주차공간도 비좁다는 점 등을 염두에 두어야 한다. 그나마 다행인 것은 방파제 바로 앞쪽에 가건물이 몇 채 있어서 낚시인들을 위해 간단한 요깃거리와 미끼를 판매하고 있다.

한섬방파제는 원래 주야간 모두 민간인 통제구역이지만 야간통제만 실시하고 있어서 낚시하는 데 큰 지장은 없다.

↓ 규모는 작지만 조과는 풍성한 곳이 바로 천곡방파제이다. 연중 몇 차례씩 폭발적인 조과를 쏟아내 현지 낚시인들의 발길이 끊이질 않는다.

동해항방파제

- **소재지** : 동해시 송정동 1682-6 외
- **길이** : 큰방파제 1,500여m, 작은방파제 6300여m
- **위치 참조** : 〈최신 전국낚시지도〉 105p E1

찾아가는 길

큰방파제 북쪽 포인트로 가려면 동해고속도로 동해IC를 나와 동해시종합운동장 앞의 '운동장사거리'에서 동굴로·천곡동굴 방면으로 우회전하여 약 1.7km 직진하면 해안로를 만난다. 남쪽 방향으로 우회전하여 650여m 지점에서 유턴, 감추사 앞 공터에 주차를 한 후 산길을 걸어 들어가야 한다.

전천 하구와 구호방조제 포인트로 가려면 동해고속도로 동해IC로 나와 삼척 방면의 7번국도(동해대로)로 2.4km여 남하한 효가사거리에서 동해항 방향으로 좌회전한다. 이후 효자로 고가도로를 이용해 북평교를 건너자마자 왼쪽 '갯목길'로 좌회전하여 끝까지 진입하면 된다.

■ 낚시 여건

대단위 항만 시설을 갖춘 동해항은 무역항이자 군사시설이 있는 관계로 일반인의 출입이 엄격하게 통제되어 방파제는 물론 원칙적으로 내항 지역에서의 낚시도 불가능하다. 동해항 일대에서 낚시가 가능한 장소는 동해항을 벗어난 북쪽과 남쪽 지역 일부로 제한된다. 북방파제(큰방파제) 북쪽의 호안(護岸) 지역 일부 구간과 남방파제 남쪽의 호안(護岸) 지역이다(지도 참조). 따라서 낚시터로의 진입도 이런 점을 감안해야 한다.

■ 어종과 시즌

동해항 인근에서 기대되는 어종은 감성돔과 벵에돔을 필두로 학공치·고등어·망상어·우럭·쥐노래미·숭어·황어 등으로 다양하다. 봄과 가을에 감성돔 입질이 좋고, 벵에돔은 수온이 오르는 여름철 이후가 시즌이 된다. 가을부터는 씨알 좋은 학공치와 고등어도 잘 낚인다. 우럭은 테트라포드 주변이 포인트로 루어낚시를 해도 좋다.

숭어와 황어는 남부두 아래쪽, 즉 전천 하구 주변에서 이루어지는데 주로 홀치기

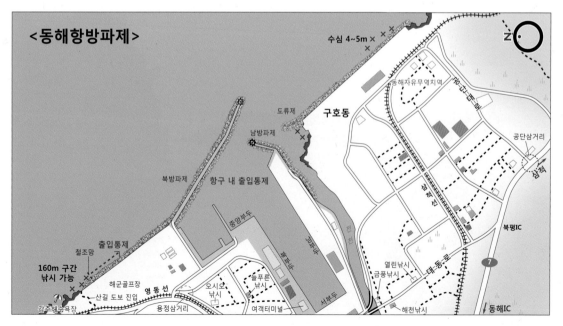

낚시가 성행한다. 특히 봄철 황어가 소상을 준비하는 시기에는 이들을 노리는 현지 낚시인들이 몰려들어 자리가 붐비기도 한다.

■ 포인트 및 참고 사항

동해항 주변의 낚시 포인트는 크게 2개 지역으로 나뉜다. 첫째는 동해항 큰방파제 (북방파제) 초입에서 북쪽으로 뻗어나간 호안 구역이다. 감추와 한섬으로 이어지는 해안선으로 해군 골프장이 있는 곳이다. 그러나 이곳에서의 낚시는 호안 전역에서 가능한 것이 아니고 북쪽 끝에서 철조망이 쳐진 지점까지, 불과 160m 정도의 짧은 구간이다. 포인트 수심이 4~5m 정도로 고루 형성되는 이곳으로의 진입은 해안로의 감추사 입구 주차장이나 도로변 휴식공간에 자동차를 주차하고 철길을 건너 야산과 골프장 사이로 나 있는 오솔길을 걸어 들어가야 한다.

둘째, 동해항 남부두 아래의 전천 하구에서 화력발전소 앞 구호동 방조제(호안) 인근이다. 방조제 입구 물양장이 감성돔과 벵에돔·학공치가 잘 낚이는 일급 포인트이며 또한 방조제의 테트라포드 지역도 좋은 포인트이다. 그 중에서도 제방의 중간 지점을 조금 지나 발전소의 퇴수구 부근이 명당자리로 알려져 있다. 수심은 4~5m정도이다. 이곳 포인트로의 진입은 먼저 물양장 주변에 주차를 한 후 테트라포드 위를 걸어 들어가야 한다. 배수구 앞까지는 30분정도 소요된다. 방조제 입구가 개방되어 있어도 자동차를 몰고 방조제 위로 진입하지 않는 것이 바람직하다.

전천 하구 물양장 포인트의 경우 야간에는 군에서 출입을 통제하고 있다. 여기에서 이어지는 항구 남쪽 제방인 구호방조제도 실제로는 통제구역이긴 하지만 낚시인들의 출입을 크게 제한하고 있지 않다.

↓ 남쪽 촛대바위공원에서 바라본 동해항 남쪽 호안(護岸) 및 남방파제(흰 등대 있는 곳). 그 뒤쪽에서 오른쪽으로 길게 뻗어난 것이 길이 1,500여m의 큰 방파제(북방파제)이다.

후진방파제

- **소재지** : 삼척시 교동 347-1 외
- **길이** : 큰방파제 210m, 작은방파제 60여m
- **위치 참조** : 〈최신 전국낚시지도〉 105p E2

찾아가는 길

동해고속도로 동해IC를 나와 7번국도(동해대로) 삼척 방면으로 진행하다가 갈천삼거리에서 좌회전하여 새천년도로로 진입한다. 1.1km 지점의 삼척해변역 앞에서 우회전하여 해변로(새천년도로)를 따라 삼척항 방면으로 내려가면 후진항을 지나게 된다. 삼척해변역 앞에서 1.1km 거리다.

인근 낚시점(033)

*현대낚시 522-1010
동해시 나안동 135-4
*낚시가 좋아 522-2277
동해시 구미동 607-6

↓ 삼척에서 북쪽으로 새천년도로를 달리다 보면 나타나는 후진방파제. 주변이 발달된 갯바위와 함께 일급 낚시 포인트를 형성한다.

■ 낚시 개황

후진항은 새천년도로의 아름다운 풍광 속에 자리 잡은 작은 항구이다. 길이가 200여m로 그다지 큰 편은 아니지만 방파제가 암초 위에 축조된 형상인 데다, 항구 주변이 모두 돌밭이어서 낚시터로서의 여건은 좋은 편이다.

현지 사정을 잘 모르는 외지 낚시인은 그냥 지나치기 쉬운 장소이지만 이 지역 낚시인들에게는 겨울철에서 봄철에 걸쳐 던질낚시에 감성돔이 잘 낚이는 곳으로 인식되어 있다. 방파제를 둘러싼 테트라포드 전역이 감성돔 포인트로 대부분 원투낚시를 시도한다. 또한 숭어가 접안하는 시기에는 훌치기낚시도 성행한다. 학공치·전어·황어·전갱이 등 잡어낚시는 언제나 가능하다. 여름부터 가을에 걸쳐 무늬오징어도 잘 낚여 에깅을 즐기기에도 손색이 없다.

수심은 방파제 끝자락의 경우 3~4m 정도이다.

■ 참고 사항

후진방파제에서의 감성돔낚시는 찌낚시보다는 던질낚시가 성행한다. 찌낚시를 위해서는 인근 갯바위가 더 좋은 여건을 갖추고 있어서 굳이 방파제 위에선 찌낚시를 하지 않는 것으로 보인다.

후진항은 원래 인근 군부대에서 야간 통제를 실시하는 장소이지만 초저녁에 순찰을 돈 이후에는 특별히 통제를 하지 않고 있다.

삼척항과 삼척해수욕장을 잇는 새천년도로는 드라이브 코스로 각광받는다. 이곳 후진에서 낚시를 즐긴 후 해안도로(새천년도로)를 따라 내려가다 비치조각공원을 둘러보고 삼척항에서 마무리를 하면 좋은 여정이 될 것이다.

〈후진방파제〉

수심 3~4m

작은후진 해수욕장

돌담마트, 낚시

공중화장실

작은바다쉼터

새천년도로

광진, 삼척항↓

광진방파제

- **소재지** : 삼척시 교동 50-2 · **길이** : 700여m
- **위치 참조** : 〈최신 전국낚시지도〉105p F2

광진방파제는 삼척 새천년도로의 중앙, 비치조각공원 아래에 위치하고 있다. 북쪽엔 후진항이 있고 남쪽엔 삼척항(정라진항)이 있다.

광진방파제 주변으로 이어지는 새천년도로변의 갯바위는 감성돔과 학공치 포인트로 널리 알려진 장소이다. 그러나 인기가 높은 갯바위 지역은 의외로 바닥이 거칠어 진입할 때나 이동에 주의를 요한다.

갯바위 지역을 제외한 방파제 자체는 낚시 포인트로서의 가치가 적은 편인데, 겨울철 파도가 적당한 날에는 감성돔 입질이 들어오기도 한다. 다만 시즌 중이라도 조황의 기복이 있다는 점 참고해야 한다. 감성돔 시즌을 제외하곤 단순한 잡어 낚시터에 지나지 않는다. 방파제 앞 수심은 2~3m 정도.

찾아가는 길

동해고속도로 동해IC를 나와 동해대로(7번국도) 삼척 방면으로 진행하다가 갈천삼거리에서 좌회전하여 1.1km 지점의 삼척해변역 앞에서 우회전한다. 삼척항 방면의 새천년도로를 따라 2.8km 남하하면 광진항 풋말이 나온다.

인근 낚시점(033)

* 현대낚시 522-1010 동해시 나안동 135-4
* 대진낚시마트 573-2336 삼척시 정하동 131

↑ 남쪽 새천년도로변 커버 지점 밑 갯바위에서 바라본 광진방파제(위 사진).
광진방파제 위쪽(북쪽) 350여m 지점에 위치한 비치조각공원 밑 갯바위(아래 사진). 초겨울 학공치 시즌이 되면 평일에도 꾼들의 모습이 끊이질 않는다

삼척항방파제
(정라진방파제)

- **소재지** : 삼척시 정하동 41−274 외
- **길이** : 큰방파제 1,070여m, 작은방파제 3600여m
- **위치 참조** : 〈최신 전국낚시지도〉 105p F2

찾아가는 길

영동고속도로 끝 지점인 강릉나들목에서 동해 · 삼척 방면의 동해고속도로를 바꿔 타고 남하하다가 삼척IC로 나온다. 톨게이트 전방 등봉교차로에서 좌회전해 삼척항 이정표대로 진행하면 된다. 남쪽 경북 지역에서는 동해대로(7번국도)를 타고 삼척으로 곧장 북상하면 된다.

■ 낚시 여건

삼척 시내에 자리하고 있는 삼척항은 속칭 정라진항이라고 불리는 대형 항구로 일찍이 낚시터로도 명성이 자자한 곳이다. 큰방파제의 길이가 1km가 넘고 작은방파제(방사제)의 길이도 600여m(호안 구역 포함)에 달하는 것은 물론 내항 구역도 넓고 깊숙하다. 어류 가공공장이 많아 항구로 유입되는 부산물이 많은 관계로 연중 다양한 어종들이 항구를 들락거린다. 또한 인접한 오십천 하구의 기수역까지 시즌별로 다양한 어종을 노릴 수 있는 광범위한 낚시터이다.

큰방파제가 주된 낚시터이지만 작은방파제는 가을에 살감성돔을 노리는 낚시인들로 붐비기도 한다. 내항은 수질도 좋아 어디나 생활낚시 공간을 제공하고 있다.

■ 어종과 시즌

삼척항방파제의 주요 어종은 감성돔 · 학공치 · 삼치 · 농어 · 고등어 등이며 잡어로 취급되는 전어 · 망상어 · 황어 · 우럭 · 광어 · 붕장어 등도 곧잘 낚인다.

봄에는 감성돔과 망상어가 주로 낚이고 여름철부터는 학공치와 고등어가 회유해 들어온다. 다만 수온 변화에 따라 출몰하는 시기나 기간이 들쭉날쭉하므로 현지

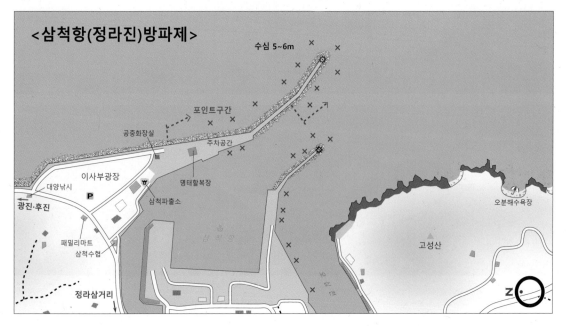

<삼척항(정라진)방파제>

수심 5~6m

포인트구간

공중화장실

주차공간

이사부광장

대양낚시

P

광진·후진

명태할복장

삼척파출소

패밀리마트
삼척수협

오분해수욕장

고성산

정라삼거리

정보를 필히 확인하고 낚시를 떠나야 실패가 없다. 가을철에는 오십천 하구의 기수역을 중심으로 살감성돔낚시가 파시를 이루며 농어와 삼치도 작은 먹잇감들을 따라 출몰한다. 한겨울만 아니라면 내항에서는 살감성돔·전어·망상어·황어 등이 언제 찾아가도 번갈아 입질을 한다.

■ 포인트 및 참고 사항

큰방파제의 경우 외해 쪽 테트라포드 전역이 감성돔 포인트이다. 포인트 범위는 매우 길어서 방파제 끝자락을 돌아 내항 방향으로 이어지는데, 작은방파제를 마주 보는 부근까지 낚시가 잘 된다. 같은 장소에서 수온과 계절에 따라 학공치와 고등어 등도 번갈아 입질을 한다. 낚시 방법은 찌낚시나 던질낚시 모두 좋고, 삼치나 농어를 노린다면 루어낚시를 시도해 보아도 좋다. 큰방파제 앞 수심은 5~6m 정도. 자동차가 큰방파제 중간 지점까지 진입할 수 있으므로 적당한 위치에 주차 후 방파제로 올라가면 된다.

작은방파제의 경우는 큰방파제를 바라보는 방향과 방파제 끝자락이 좋은 포인트로 학공치와 망상어 등이 잘 낚이는 장소이다. 반대편 쪽은 오십천 하구로 바닷물과 민물이 섞이는 지역이다. 가을철 살감성돔낚시가 시작되면 현지 낚시인들은 물론 원정 낚시인들까지 가세하여 발 디딜 틈 없이 붐비기도 한다. 또한 농어·황어·숭어 등 민물을 좋아하는 어종들의 출현도 빈번한 곳이다.

작은방파제로의 진입은 인근 시멘트 공장 공터에 주차하고 오십천 둑을 따라 걸어 들어가면 된다. 내항 쪽은 명태 할복장이 있는 큰방파제의 안쪽을 낚시인들이 자주 찾아가는데 찌낚시나 던질낚시 모두 잘 되는 곳이다.

인근 낚시점(033)

*대양낚시 573-3422
삼척시 정하동 41-243
*대진낚시 573-2336
삼척시 정하동 131
*은파낚시 574-2370
삼척시 정상동 254-6
*영동낚시 574-5891
삼척시 정상동 226-6

↓ 고성산 남쪽 해변 언덕 위에서 바라본 삼척항 북방파제(빨간 등대)와 남방파제(하얀 등대). 낚시인들에게는 정라진방파제로 즐겨 불리는 곳으로, 방파제 외·내항 지역 가릴 것 없이 다양한 어종을 만날 수 있다.

덕산항방파제
(남아강방파제)

- **소재지** : 삼척시 근덕면 덕산리 4-7 외
- **길이** : 큰방파제 350m, 작은방파제 110m
- **위치 참조** : 〈최신 전국낚시지도〉 125p E1

찾아가는 길

영동고속도로 끝 지점인 강릉나들목에서 동해·삼척 방면의 동해고속도로를 바꿔 타고 남하하다가 근덕IC로 나온다. 잠시 7번국도(동해대로)에 올라 남쪽 약 1km 지점의 근덕교차로로 나와 마읍천 덕봉대교를 건너 강원요트조종면허시험장 방면의 덕산해안로를 따라 계속 진행하면 된다.
남쪽 경북 지역에서도 동해대로를 타고 북상하다가 근덕교차로로 나오면 된다.

■ 낚시 개황

주민들이 남애포, 남아강(나마깐)이라고도 부르는 덕산항은 '남쪽 절벽에 있는 포구'라는 뜻의 지명이다. 실제로 덕산항은 동쪽으로 뻗어 나온 해안 절벽의 남쪽 기슭에 위치하고 있다. 항구의 북쪽과 서쪽으로 해안 절벽이 병풍처럼 둘러쳐져 있어 천연요새와 같은 아늑한 분위기에서 낚시를 즐길 수 있는 장소이다. 방파제뿐만 아니라 인근 갯바위와 함께 삼척권을 대표하는 유명 낚시터로 알려져 있다. 다만 방파제에서는 주요 어종이라 할 수 있는 감성돔의 입질은 기대하기 힘들고 대신에 뱅에돔이 사철 낚인다. 봄철 망상어와 함께 가을~겨울철 학공치의 입질도 활발한 곳이다. 감성돔을 낚고자 한다면 항구 북동쪽으로 이어지는 절벽 아래쪽 갯바위(끝바위·새바위·큰절바위 주변)가 좋다. 대물 감성돔이 종종 배출되는 장소이다.

그밖에도 숭어 훌치기낚시도 성행하고 내항에서는 우럭과 붕장어도 잘 낚인다. 방파제 앞 수심은 5~6m 정도이고 북쪽 갯바위 부근은 10m권으로 꽤 깊다.

■ 참고 사항

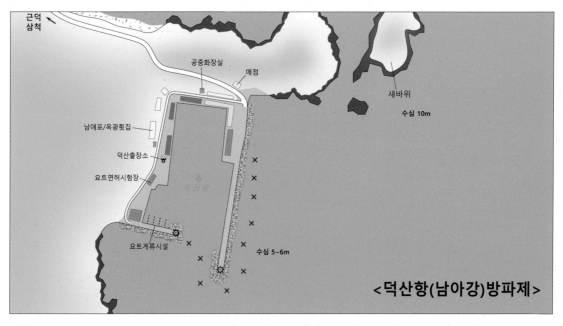

〈덕산항(남아강)방파제〉

항구 북동쪽 갯바위로 진입할 경우, 큰절바위 부근은 큰방파제 쪽에서 걸어 들어갈 수 있는데, 끝바위 쪽은 항구 입구에서 능선을 따라 돌아 들어가야 한다. 감성돔낚시의 경우 어느 정도 파도가 이는 날씨가 좋은 것은 상식이지만 지형이 험한 이곳에서는 파도가 높으면 실족의 위험도 따른다는 점 꼭 명심해야 한다.

작은방파제 쪽에는 요트조종면허시험장이 있다. 이곳에서 남쪽으로 이어지는 갯바위는 밋밋한 지형으로 발판이 편하고 의외로 좋은 조과를 얻을 수 있는 장소이지만 파도에 취약한 곳이라는 점도 참고해야 한다.

인근 낚시점(033)

*덕산낚시 572-3337
삼척시 근덕면 교가리 398
*강태공낚시 572-2658
삼척시 근덕면 교가리 643-3
*현대낚시 522-1010
동해시 나안동 135-4

← 남쪽 산자락 위에서 바라본 덕산항 큰방파제와 새바위 전경. 끝바위와 새절바위 포인트는 방파제에서 도보 진입이 가능하지만 사진 오른쪽으로 보이는 새바위는 보트를 이용해야 한다.

↓ 하늘에서 내려다본 덕산항방파제. 네모반듯한 덕산항과 주변 갯바위 모두는 아늑한 분위기에서 오붓하게 낚시를 즐길 수 있다.

대진방파제 (동막방파제)

- **소재지** : 삼척시 근덕면 동막리 104-7
- **길이** : 3200여m
- **위치 참조** : 〈최신 전국낚시지도〉 125p E1

찾아가는 길

영동고속도로 끝 지점인 강릉 나들목에서 동해·삼척 방면의 동해고속도로를 바꿔 타고 남 하하다가 근덕IC로 나온다. 톨 게이트 통과 후 다시 울진 방향 의 7번국도(동해대로)에 올라 약 6.5km 지점의 동막교차로 로 나와 동막1리 방향으로 좌회 전해 1.8km 정도 진행하면 된 다.
남쪽 경북 지역에서도 동해대로 를 타고 북상하다가 동막교차로 로 나오면 된다.

■ 낚시 여건

근덕면 동막리에 위치한 대진방파제는 현지에서는 '동막리방파제'라고도 불린다. 대로변에서 멀리 떨어져 보이지 않고 산길을 꼬불꼬불 돌아 들어가야 하지만 삼척 현지 낚시인들에게는 잘 알려진 낚시터이다. 태풍 피해를 받아 3등분으로 파손된 방파제를 재건축하면서 방파제낚시터로서의 가치가 더 높아진 곳이기도 하다.
후미져 눈에 잘 띄지 않는 작은 항구의 방파제이지만 물이 맑고 갯바위와 암초지 대가 발달해 있어 낚시인이라면 누가 봐도 마음이 끌리는 낚시터 여건이다. 진입 로(대진길)에서 항구로 내려서면 좌측으로 거룻배나 계류되었음직한 아주 작은 크기의 선창이 남아 있는데 과거의 대진항 흔적이다.

■ 어종과 시즌

대진방파제의 주요 어종은 감성돔과 학공치를 비롯한 숭어·전어·황어·우럭· 개볼락·쥐노래미·광어 등이 손꼽히며, 가을이 되면 무늬오징어도 들어온다. 봄이 되면 씨알 좋은 감성돔이 낚이면서 시즌이 시작되는데, 숭어도 무리를 지어 방파제 주변에 나타난다. 학공치는 여름부터 낚이기 시작하지만 가을이 되어야 낚

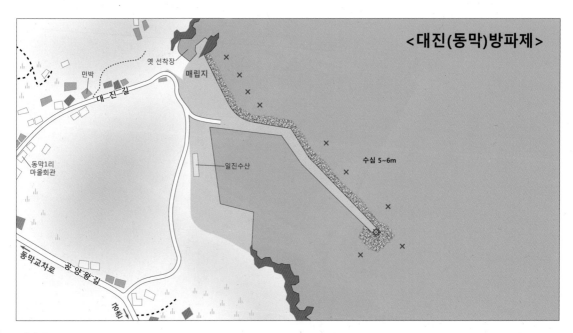

을 만한 씨알로 자란다. 그러나 가을 시즌이라 하더라도 항상 낚이는 것이 아니고 수온과 날씨에 따라 접안하지 않기도 하므로 학공치낚시를 위해서는 사전정보를 입수하고 출조하는 것이 좋다. 수온이 높아지는 여름철부터 초겨울까지 방파제 외해 쪽이나 주변 갯바위, 내항 어디에서도 잡어낚시는 잘 된다.

인근 낚시점(033)

*현대낚시 522-1010
동해시 나안동 135-4
*대진낚시 573-2336
삼척시 정하동 131

■ 포인트 및 참고 사항

방파제에서의 낚시는 초입부 방파제가 꺾이는 지점부터 끝자락까지 외해를 바라보는 방향에서 전체적으로 감성돔과 학공치 조과가 고르다. 수심은 방파제 앞 기준으로 5~6m 정도를 형성한다. 방파제가 시작되는 부분을 매립하여 물양장을 구축하였는데, 바로 이 물양장 앞이 암초지대인 데다 수심도 좋아 방파제 못지않은 일급 포인트 여건을 형성한다.

방파제 초입의 좌측으로 보이는 낡은 선창 옆 갯바위는 경사가 심하지만 진입하기는 어렵지 않다. 또한 선창 안쪽에서도 전어·황어·전갱이 등 잡어낚시가 잘 되므로 가족동반 낚시에도 적합한 장소이다.

대진항에서 루어낚시를 할 경우는 호안 지역 석축 부근과 좌측(북쪽) 갯바위 지대를 찾으면 된다. 우럭·개볼락·볼락·광어·쥐노래미가 곧잘 낚이는데, 가을철에는 방파제 외해 쪽으로 무늬오징어 에깅도 잘 된다.

대진항은 입구 쪽뿐만 아니라 남쪽 산자락 밑에도 물양장이 축조됨으로써 낚시 포인트가 더욱 확산되었다. 다만 방파제 출입은 야간통제가 없지만 갯바위로는 야간 진입이 불가하다는 점 참고 바란다. 대진방파제는 너울파도에 약하다고 알려져 있으므로 충분히 유의해야 한다.

↓ 후미진 곳에 위치해 외지인들의 왕래는 드물지만 삼척 낚시인들에겐 매우 친숙한 대진방파제. 넓은 물양장이 신축된 이후로 낚시를 할 수 있는 공간이 더욱 확대되었다.

궁촌항방파제

- 소재지 : 삼척시 근덕면 궁촌리 213-15 외
- 길이 : 큰방파제 370m, 작은방파제 250m
- 위치 참조 : 〈최신 전국낚시지도〉 125p E2

찾아가는 길

영동고속도로 끝 지점인 강릉나들목에서 동해·삼척 방면의 동해고속도로를 바꿔 타고 남하하다가 근덕IC로 나온다. 톨게이트 통과 후 다시 울진 방향의 7번국도(동해대로)에 올라 약 6.5km 지점의 동막교차로로 나와 6000m 지점의 사거리에서 좌회전해 궁촌항 이정표 따라 진행하면 된다.
남쪽 경북 지역에서는 동해대로를 타고 북상하다가 삼척 궁촌교차로로 나와 삼척로→공양왕릉길로 진행하면 된다.

■ 낚시 여건

궁촌항은 2012년 3월에 완공된 최신 관광항으로 일반 어항과는 다른 모습을 하고 있다. 방파제도 주변의 아름다운 풍광과 어울리게 축조한 것인지 둥그런 곡선 형태를 취하고 있다. 더욱이 방파제 자체가 생활낚시터 시설로 만들어져 있어서 난간 설치는 물론 방파제 위로 오르내리기 편리한 계단과 쉴 수 있는 벤치도 설치되어 있다. 특히 내항 쪽은 방파제가 안으로 파여 있는 구조로, 비가 와도 지나다닐 수 있도록 지붕 역할을 하고 있다. 낚시는 대형 테트라포드가 설치된 관계로 발판이 좋지 않은 외항 쪽보다는 내항 쪽이 편리한 여건이다. 항구 내의 물이 맑은 데다 항구 남쪽으로 흘러드는 추천(현지에선 궁촌천이라 부름)의 영향으로 다양한 어종이 내항에 상주하여 사시사철 입질을 이어나간다.

■ 어종과 시즌

궁촌항의 어종은 실로 다양하다. 낚시인들이 가장 주목하는 감성돔과 벵에돔을 비롯하여 돌돔 새끼와 독가시치·황어·졸복·숭어 등이 항상 낚인다.
감성돔은 기수역의 특성상 살감성돔 위주로 특히 가을에 잘 낚인다. 벵에돔과 독

가시치, 돌돔 새끼는 여름철부터 입질을 이어간다. 우럭·개볼락·전어 등도 같은 시기에 낚인다. 그밖에도 항구 남쪽, 작은방파제 너머로 흘러드는 추천(궁촌천)은 봄부터 은어낚시로 유명한 장소이다.

내항의 물이 맑아 물고기들이 떼를 지어 회유하는 모습이 잘 들여다보이므로 눈으로 확인하면서 낚는 즐거움도 누릴 수 있다.

인근 낚시점(033)

*현대낚시 522-1010
 동해시 나안동 135-4
*대진낚시 573-2336
 삼척시 정하동 131

■ 포인트 및 참고 사항

큰방파제의 외해 쪽은 수심이 5~6m로 고르지만 궁촌항의 낚시는 외항 쪽보다는 내항 쪽을 더 쳐주고 있다. 외항 쪽은 방파제가 만들어진 지 아직 얼마 되지 않은 이유도 있겠으나 수많은 갈매기 떼가 테트라포드를 점령하다시피 하고, 이에 따른 갈매기 분뇨로 인해 낚시에 어려움이 따른다. 또한 큰방파제 앞 외항 지역은 어촌계의 수산물 어업권이 지정되어 있어 오해를 살 수 도 있기 때문이다.

이에 반해 내항 쪽이 포인트로 유력한 이유는 우선 낚시하기 편리한 시설은 물론, 초입부 방파제 아래에 설치된 대형 파이프도 훌륭한 역할을 한다. 내·외항의 물길이 항상 열려 있어 들락거리는 파도로 인해 내항의 수질이 정화됨으로써 물고기들이 상주할 수 있는 좋은 여건을 형성하는 것이다.

내항 방향 포인트는 큰방파제 전 구간과 작은방파제의 경우 중간 지점부터 끝자락까지의 구간이 우선이며, 그 다음으로는 물양장 앞 전역이다.

궁촌항은 친수공간으로서 주변 인프라가 속속 갖춰지고 있는데, 낚시 활동에 편리한 기존 시설과 함께 관광객을 위한 휴양지이자 아베크를 위한 데이트 코스로도 더욱 인기가 높아질 전망이다.

↓ 하늘에서 내려다본 궁촌항. 현대식 시설을 지향한 관광항으로 주변 풍경과 어울리게 방파제도 타원형으로 축조되었다. 외해 쪽보다는 주로 내항 쪽에서 낚시를 한다.

초곡방파제

- **소재지** : 삼척시 근덕면 초곡리 20-37 외
- **길이** : 큰방파제 2400m, 작은방파제 70여m
- **위치 참조** : 〈최신 전국낚시지도〉 125p E3

찾아가는 길

영동고속도로 끝 지점인 강릉나들목에서 동해·삼척 방면의 동해고속도로를 바꿔 타고 남하하다가 근덕IC로 나온다. 7번국도(동해대로)에 올라 약 10km 지점의 궁촌교차로로 나와 200여m 지점의 삼거리에서 좌회전해 3km를 남하한다. 황영조기념공원을 끼고 우회전한 뒤 1km정도 진행하면 초곡항에 도착한다.

■ 낚시 개황

초곡항은 동해안에서는 특이하게도 북쪽을 바라보는 북향 항구인 점이 특징이다. 아담하고 조용한 분위기의 시골 포구가 마라톤 영웅 황영조 선수 덕분에 현대식 시설이 갖추어진 항구로 거듭남과 동시에 인기있는 관광지가 되었다.

봄철에는 임연수어와 청어, 여름부터 뱅에돔이 낚이지만 그다지 뛰어난 조황은 기대할 수는 없고 전체적으로 잡어 낚시터로서의 인상이 강한 곳이다. 숭어가 접안하면 훌치기낚시가 성행하고 겨울철과 봄철에는 볼락 루어낚시, 가을철에는 무늬오징어 에깅이 잘 된다. 큰방파제 앞 수심은 4~5m를 유지한다. 방파제보다는 오히려 항구 우측의 갯바위가 좋은 포인트 여건을 형성하는데, 산길에 주차하고 가파른 길을 내려가 뚫린 철조망 통과도 감수해야 하는 등 진입이 수월하지는 않다.

■ 참고 사항

초곡방파제는 길이를 늘이는 증축 공사가 끝난 후부터 항구 입구를 중심으로 주변 수심이 오히려 얕아진 것으로 알려져 있다. 큰방파제를 연장하고부터 작은방파제 앞에 모래가 쌓이기 시작해 주변 수심이 얕아진 것이다. 이 때문에 근년 들어 전문

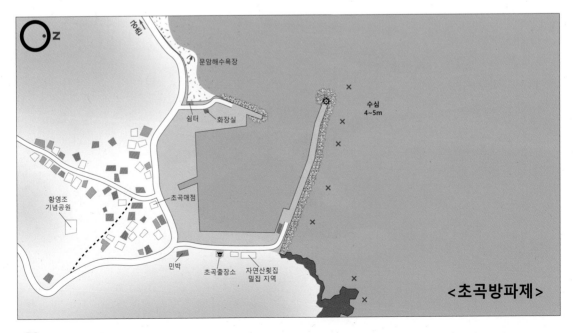

궁촌

N

문암해수욕장

쉼터   화장실

수심 4~5m

황영조 기념공원

초곡매점

민박   초곡출장소   자연산횟집 밀집 지역

〈초곡방파제〉

낚시인은 잘 찾지 않는 잡어터로 전락하였다. 그러나 관광을 겸한다면 들러볼 만한 요소가 있는데, 삼척 인근에서 확실하게 자연산 회를 맛볼 수 있는 항구로 알려져 있기 때문이다. 큰 규모는 아니지만 초곡항에 적을 둔 어선들이 직접 경영하는 횟집이 항구 안쪽에 늘어서 있어서 손님들로 항상 붐빈다. 또한 드넓은 문암 · 초곡해수욕장이 이어져 있고, 궁촌항에서 출발하는 삼척해양레일바이크의 종착지이기도 한 데다, 황영조기념공원이 인근에 있어 휴가철 가족동반 관광에 적합하다.

인근 낚시점(033)

*강태공낚시 572-2658
 삼척시 근덕면 교가리 643-3
*세종낚시마트 572-7474
 삼척시 사직동 289

← 초곡 작은방파제 끝에서 건너다본 큰방파제(위 사진). 방파제 너머 메주덩이처럼 생긴 갯바위 일대도 포인트이다. '몬주익의 영웅' 마라토너 황영조를 기리는 황영조 기념공원(아래 사진). 이곳에서 초곡방파제가 내려다보인다.

↓ 황영조 기념공원에서 내려다본 초곡방파제. 북쪽 궁촌항에서 출발하는 삼척해양레일바이크의 종착역이기도 해 관광을 겸한 출조 코스로 삼을 만하다.

장호항방파제

- **소재지** : 삼척시 근덕면 장호리 3-1 외
- **길이** : 큰방파제 300m, 작은방파제 160m
- **위치 참조** : 〈최신 전국낚시지도〉 125p F3

찾아가는 길

영동고속도로 끝 지점인 강릉나들목에서 동해·삼척 방면의 동해고속도로를 바꿔 타고 남하하다가 근덕IC로 나온다. 톨게이트 통과 후 다시 울진 방향의 7번국도(동해대로)에 올라 남하하다가 용화교차로로 나온 후 장호·갈남 방면으로 진행하면 된다.
남쪽 경북 지역에서는 동해대로를 타고 북상하다가 삼척 신남교차로로 나와 갈남·장호 방면으로 진행하면 된다.

낚시 여건

빼어난 풍경으로 동양의 나폴리라고도 불리는 장호항은 방파제 주변에 크고 작은 암초대가 잘 발달해 있고 맑은 수질에 연중 수온이 안정되어 다양한 어종이 서식할 수 있는 좋은 여건을 고루 갖추고 있다. 항구 인근의 절벽 지형은 갯바위 낚시터로도 명성을 높이고 있으며 더욱이 대구 지깅의 출항지로도 잘 알려져 한겨울에도 장호항을 찾는 낚시인의 발걸음은 끊어지지 않는다. 주변의 해수욕장과 어업체험 코스, 소문난 맛집 등 관광 인프라가 모두 갖추어져 있어 낚시인들에게는 물론 일반 관광객에게도 친숙한 항구이다.

어종과 시즌

장호항의 대표 어종은 겨울철 선상 지깅으로 낚아 올리는 대구가 첫손에 꼽히겠지만 방파제낚시에서도 고급 어종이 잘 낚인다. 감성돔과 벵에돔을 비롯한 임연수어·가자미·망상어·학공치·고등어·농어·황어·우럭·볼락 등이 철따라 낚이는데, 그 중에서도 특히 대형 벵에돔이 잘 낚여 장호항방파제의 최고 인기어종은 벵에돔이라고 해도 과언이 아니다.

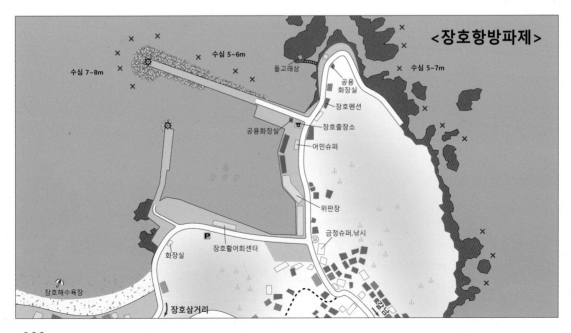

계절별 어종을 보면 봄철에 임연수어가 한 달 정도 낚이다 사라지면, 이어서 망상어·가자미낚시가 시작되어 가을까지 이어진다. 여름부터는 벵에돔이 제철을 맞아 가을이 되면 씨알 좋은 벵에돔이 단골 꾼들을 불러 모은다. 가을에는 또 감성돔과 학공치가 입질을 이어가고 볼락은 겨울부터 봄철까지 잘 낚인다.

벵에돔·감성돔·학공치·망상어 등은 찌낚시 위주, 가자미·농어·황어 등은 던질낚시, 볼락과 우럭은 루어낚시가 대세이다.

■ 포인트 및 참고 사항

길이 300여m에 달하는 장호항 큰방파제는 외항 쪽 테트라포드 구간이 복잡하게 형성된 수중암초 지대와 어우러져 전역이 포인트 역할을 한다. 수심은 5~6m선으로 고르게 나오는데 방파제 끝자락에 이르면 조금 더 깊어져 7~8m를 형성한다. 얼기설기 설치된 테트라포드는 그 크기가 엄청나 안전사고의 위험을 내포하고 있으므로 이동 시 충분히 조심해야 한다. 테트라포드로 진입하려면 방파제 중간에서 바로 내려갈 수는 없고 방파제 끝까지 가서 돌아 내려와야 한다.

찌낚시 외에 가자미나 농어를 겨냥한 던질낚시를 할 경우에는 방파제 끝자락에서 정면으로 원투하는 것이 가장 좋다. 가자미만을 낚고자 하면 내항 쪽으로 내려가 공략을 해도 된다. 볼락 루어낚시의 경우 야간에 어선통제소 부근과 항구 내에 가로등이 켜진 장소를 중심으로 부지런히 이동을 하면서 캐스팅하면 풍성한 조과를 누릴 수 있다. 그밖에 항구 우측으로 이어진 갯바위 앞도 크고 작은 암초대가 산재해 좋은 포인트 여건을 이룬다. 발판도 의외로 편평하여 진입하기도 까다롭지 않다. 주로 감성돔을 노리는 낚시인들이 갯바위를 선호한다.

인근 낚시점(033)

＊현대낚시 522-1010
동해시 나안동 135-4
＊낚시가좋아 522-2277
동해시 구미동 607-6
＊대진낚시 573-2336
삼척시 정하동 131

↓ 하늘에서 내려다본 장호항. 수려한 풍광을 자랑하는 곳으로 방파제와 갯바위 그리고 백사장이 어우러진 황금 낚시터이자 배낚시 출항지로도 유명하다.

갈남방파제

- **소재지** : 삼척시 원덕읍 갈남리 99-20 외
- **길이** : 큰방파제 2200여m, 작은방파제 100여m
- **위치 참조** : 〈최신 전국낚시지도〉 125p F3

찾아가는 길

영동고속도로 끝 지점인 강릉나들목에서 동해·삼척 방면의 동해고속도로를 바꿔 타고 남하하다가 근덕IC로 나온다. 톨게이트 통과 후 다시 울진 방향의 7번국도(동해대로)에 올라 남하하다가 용화교차로로 나온 후 장호·갈남 방면으로 진행하면 된다.
남쪽 경북 지역에서는 동해대로를 타고 북상하다가 삼척 신남 교차로로 나와 갈남·장호 방면으로 진행하면 된다.

■ 낚시 여건

절벽과 작은 돌섬, 암초지대가 어우러져 멋진 풍광을 자아내는 갈남항은 조용하고 아담한 곳이지만 낚시에 있어서만큼은 결코 한갓진 장소가 아니다. 찾아가는 낚시인들이 아주 많지는 않지만 감성돔과 벵에돔이 잘 낚이는 곳으로 삼척 지역 낚시인들에게는 일급 낚시터로 손꼽힌다.

방파제의 규모도 얼마 크지 않지만 주변이 모두 암초지대인 데다 수질이 깨끗하고 내항 수심도 깊어 동해에서 낚이는 어종은 이곳에서 모두 만날 수 있을 정도이다. 주변 갯바위와 항구 앞의 돌섬 지역도 모두가 낚시터로 찌낚시·던질낚시·루어낚시 등 모든 장르의 낚시를 고루 즐길 수 있는 매력도 있다.

■ 어종과 시즌

주요 어종은 일단 감성돔과 벵에돔이다. 감성돔은 주로 봄철과 가을에, 벵에돔은 수온이 높아진 여름부터 가을에 걸쳐 집중적으로 낚인다. 그 외에도 학공치·망상어·고등어·노래미·우럭·볼락 등 갖가지 대상어가 계절에 맞춰 등장한다.

복잡한 암초대가 발달한 지형이라 여밭에 의지해 사는 어종은 사시사철 낚이는데

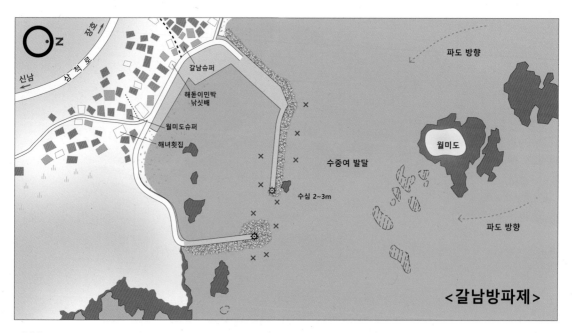

〈갈남방파제〉

우럭과 노래미가 그 대표적이다. 방파제 테트라포드 사이를 노려 구멍치기를 하거나, 내항 또는 주변 갯바위에서 루어낚시를 하면 순식간에 마릿수 재미를 볼 수 있다. 볼락은 겨울부터 봄철에 걸쳐 해초 주변에서 루어낚시에 잘 낚인다.

■ 포인트 및 참고 사항

갈남항에서 단골 꾼들이 가장 선호하는 포인트는 큰방파제의 꺾어지는 지점부터 끝자락까지이며 방향은 외항 쪽이다. 바로 앞부터 멀리까지 모두 크고 작은 암초가 깔린 돌밭 지형인데, 수심은 내항 쪽보다 외항 쪽이 좀 얕아서 2~3m 정도이다. 과거 방파제가 짧았던 시절에는 방파제 끝자락 전방으로 여가 하나 있어서 그 주변이 일급 포인트였지만, 방파제가 증축된 지금에는 여가 방파제와 연결되어 포인트 범위가 더 넓어지는 효과가 생겼다.

작은방파제의 경우는 끝자락을 감싸듯 설치된 테트라포드 주변이 모두 좋은 포인트이다. 역시 작은방파제 옆으로도 여가 솟아 있는데 그 주변도 명당으로 꼽힌다. 갈남항 바로 앞 해상에는 '달이 비추는 모습이 아름답다'는 월미도(月美島)가 위치하고 있는데, 소형 보트로 진입해 갯바위낚시를 하는 재미가 일품이다. 소나무와 갈매기가 어우러져 갈남항의 풍경을 더욱 멋지게 만들어 주는 월미도는 갈남항으로 높은 파도가 밀려드는 것을 차단해 주고 있어 웬만한 주의보 상황에서도 갈남항에서는 낚시가 가능할 때가 많다. 그러나 갈남항방파제에는 너울에 주의하라는 경고판이 부착되어 있듯, 항구 자체가 너울성 파도에 그리 강한 편이 아니라서 월미도에 상륙하거나 방파제 테트라포드에 올라 낚시를 할 때는 언제 들이닥칠지 모르는 너울에 항상 주의를 요한다.

인근 낚시점(033)

*현대낚시 522-1010
동해시 나안동 135-4
*낚시가좋아 522-2277
동해시 구미동 607-6
*대진낚시 573-2336
삼척시 정하동 131

↓ 북쪽 입구 도로변 쉼터에서 내려다본 갈남방파제. 아담한 분위기에 감성돔·벵에돔이 잘 낚이는 데다. 방파제는 물론 주변 갯바위에서도 장르 불문하고 낚시가 잘 된다.

신남방파제

- **소재지** : 삼척시 원덕읍 갈남리 303-1 외
- **길이** : 큰방파제 230여m, 작은방파제 120여m
- **위치 참조** : 〈최신 전국낚시지도〉 125p F4

찾아가는 길

영동고속도로 끝 지점인 강릉나들목에서 동해·삼척 방면의 동해고속도로를 바꿔 타고 남하하다가 근덕IC로 나온다. 톨게이트 통과 후 다시 울진 방향의 7번국도(동해대로)에 올라 남하하다가 신남교차로로 나온 후 신남항 이정표 따라 진행하면 된다.

남쪽 경북 지역에서도 동해대로를 타고 북상하다가 삼척 신남교차로로 나오면 된다

■ 낚시 여건

북쪽의 장호와 남쪽의 임원 사이에 끼여 두 항구의 유명세에 가려져 있던 신남항은 그 옛날 모습이 아니다. 항구 뒤쪽에 위치한 해신당(남근조각공원)과 어촌민속전시관 등을 연계한 관광지로 탈바꿈한 신남항은 주말이면 관광버스가 줄을 이을 정도다. 그러나 낚시 공간은 인파와는 별개다. 관광객들이 항구 주변을 들러보긴 해도 방파제는 의외로 한산해 호젓하게 낚시를 즐기기에 아무런 문제가 없다.

감성돔과 벵에돔이 잘 낚여 오랫동안 인기를 누린 큰방파제의 경우, 태풍의 피해를 겪은 이후 대형 테트라포드를 피복함으로써 낚시인이 올라서기 어려워진 것이 옥의 티라고 할 수 있다.

■ 어종과 시즌

주요 어종은 역시 감성돔과 벵에돔이다. 겨울부터 봄철에 걸쳐 감성돔 입질이 좋고 여름부터는 벵에돔도 잘 낚인다. 여름철 이후로는 학공치·고등어·전어 등 각종 잡어들이 고루 선보인다. 가을철에는 특히 학공치의 씨알이 굵어지고 고등어도 체구를 키워 입질을 사납게 한다.

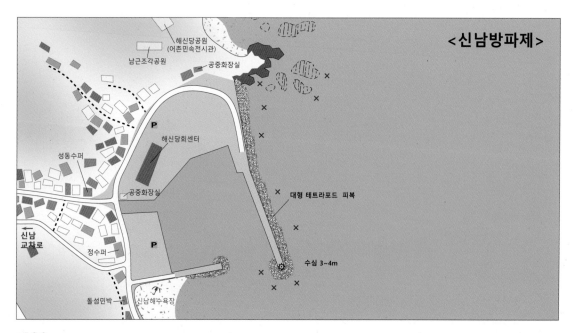

그 밖의 어종으로 가자미·황어·우럭·노래미·볼락·개볼락도 덩달아 입질을 한다. 가자미와 황어는 한겨울을 제외하곤 외항 쪽 던질낚시에 계속해서 낚인다. 우럭과 개볼락 등은 여름철부터 루어낚시로 상대하는 것이 좋다.

■ 포인트 및 참고 사항

신남항은 전통적으로 큰방파제에서 좋은 조황을 보였다. 초입부터 방파제 끝부분까지 고른 조과를 보이는데, 주변 수심은 인근 갯바위와 함께 전반적으로 3~4m를 이룬다. 그런데 태풍 피해를 감안해 큰방파제 외항 쪽에 설치된 기존의 테트라포드 위에 더욱 테트라포드를 높게 올려 쌓은 결과, 낚시인이 올라서서 낚시하기가 어려워져 버렸다. 방파제의 초입과 중간 지점, 그리고 끝자락에서 약간이나마 발판을 마련할 수 있을 정도이다. 찌낚시와 던질낚시 모두 다 좋은데, 초입부에서는 갯바위 쪽으로, 중간 지점과 끝자락에서는 외해 쪽으로 채비를 투입하는 것이 좋다. 학공치나 고등어 같은 잡어는 방파제 끝자락의 내항 쪽에서도 얼마든지 입질을 받을 수 있으므로 관광을 겸해 신남항을 찾는다면 굳이 위험한 외해 쪽에서 낚시를 할 필요가 없다.

낚시하기 불편해진 큰방파제를 제외하고도 북쪽으로 이어지는 갯바위 주변 또한 일급 포인트이다. 깊숙한 홈통이 형성돼 있어서 항상 조과가 보장되는 장소이다. 감성돔 찌낚시는 물론 루어낚시를 하면 우럭과 노래미, 개볼락이 마릿수로 낚이는 곳이다. 다만 갯바위 초입까지만 진입이 허용되고 조금 더 들어가면 공원 관리소에서 제지를 한다. 물론 더 북쪽으로는 군사작전지역으로 군 초소에서 진입을 통제하고 있으므로 이 점 유의해야 한다.

인근 낚시점(033)

*강태공낚시 572-2658
삼척시 근덕면 교가리 643-3
*낚시좋아 522-2277
동해시 구미동 607-6
*현대낚시 522-1010
동해시 나안동 135-4

↓ 해신당공원에서 바라본 신남항. 주요 포인트는 큰방파제인데, 대형 테트라포드가 높게 설치돼 있어 진입 시 주의를 요한다.

임원항방파제

- **소재지** : 삼척시 원덕읍 임원리 124-10 외
- **길이** : 큰방파제 600여m, 작은방파제 2100여m
- **위치 참조** : 〈최신 전국낚시지도〉 124p B2

찾아가는 길

영동고속도로 끝 지점인 강릉나들목에서 동해·삼척 방면의 동해고속도로를 바꿔 타고 남하하다가 근덕IC로 나온다. 톨게이트 통과 후 다시 울진 방향의 7번국도(동해대로)에 올라 남하하다가 임원교차로로 나오면 곧 임원항이다.
남쪽 경북 지역에서도 동해대로를 타고 북상하다가 삼척 임원교차로로 나오면 된다.

■ 낚시 여건

1970년대부터 강원도 지역의 대표적인 감성돔 낚시터로 손꼽혀 온 임원방파제는 그야말로 명불허전(名不虛傳), 아직도 그 이름값을 다한다. 벵에돔낚시도 잘 될 뿐만 아니라 동해안 어종이 모두 선보이는 곳으로, 길이 600여m에 달하는 방파제 전역에서 고르게 입질을 한다. 촘촘히 박힌 테트라포드는 발판도 그리 거친 편이 아니라서 올라서기 쉽고 많은 인원이 동시에 낚시하기에도 좋은 환경이다. 방파제와 더불어 인근 갯바위도 유명세를 타고 있다.

방파제낚시뿐만이 아니다. 인기 상종가의 대구 지깅과 최근 불붙은 황열기 배낚시의 출항지로서 임원항은 낚시인의 발길이 하루도 끊이지 않는 유명 낚시터이다.

■ 어종과 시즌

임원항에서는 사시사철 낚시를 즐길 수 있다는 것이 가장 큰 장점이다. 계절에 따라 고급어종이 줄을 이어 입질을 한다. 가장 인기있는 대표적인 어종은 감성돔과 벵에돔 그리고 학공치. 감성돔과 벵에돔은 제철이면 30~40cm급으로 씨알이 굵게 낚이고, 학공치도 가을이 되면 향광등 사이즈가 나온다. 감성돔은 가을부터 시작

<지도 레이블>
바다낚시
노상 회센터
감생이낚시
대영낚시
노상 회센터
서울낚시
수협
수협냉동
노상 회센터
임원교차로
임원삼거리
수심 5~6m
주차가능
임원천
비화·노곡
<임원항방파제>

되어 겨울을 거쳐 봄철에 피크를 맞는다. 벵에돔은 수온이 오르는 초여름부터 가을에 걸쳐 굵은 씨알을 선보인다. 찌낚시에는 그밖에도 시즌과 수온에 따라 낚이는 어종이 변화를 보이는데, 봄철엔 임연수어, 가을철 이후엔 학공치와 고등어, 여름부터는 전갱이와 전어가 선보이는가 하면, 망상어와 황어는 사철 낚인다.
던질낚시에는 가자미 · 성대 · 우럭 · 노래미 등이 잘 낚이고 밤낚시를 하면 붕장어의 입질도 흔하다.

인근 낚시점(033)

*바다낚시 573-1600
 원덕읍 임원리 125-11
*감생이낚시 573-1947
 원덕읍 임원리 131-1
*대영낚시 572-7072
 원덕읍 임원리 129
*서울낚시 573-5630
 원덕읍 임원리 134-1

■ 포인트 및 참고 사항

큰방파제에선 외항 방향의 테트리포드 부근이 단연 돋보인다. 수심이 5~6m 전후로 방파제 초입부터 끝자락까지 우열 없이 찌낚시나 던질낚시에 모두 고른 입질을 보인다. 군이 일급 포인트를 고른다면 중간 지점의 수심이 깊은 장소와 방파제 끝자락이 명당이다. 작은방파제는 찌낚시보다 던질낚시를 많이 하는 곳으로, 방파제 끝자락에서 좌우 방향으로 원투를 하면 가자미와 황어 등 잡어가 잘 낚인다.
내항 호안 지역에서 낚시를 한다면 큰방파제 입구 내항 쪽에서 밤낚시로 붕장어를 기대해 볼만하다. 방파제 외에도 인근에는 유명 갯바위 낚시터가 존재한다. 특히 큰방파제 초입에서 북쪽 갯바위를 타고 진입하는 구간의 '대왕바위'와 '도미굴'은 감성돔과 벵에돔의 일급 포인트로 꼽힌다. 도보 진입 30~40분 소요의 수고를 감수해야 하는데 4~5월이 최고 시즌이다. 게다가 이들 갯바위 포인트는 임원항과는 달리 야간통제를 실시하고 있고 주간에도 군에서 출입을 통제하고 있어서 낚시인이 설만한 장소에는 제한이 크다. 워낙 좋은 낚시터라 현지 낚시인들이 통제 완화를 위해 해당 군부대와 논의를 하고 있는 실정이다.

↓ 동해대로 임원휴게소 공터에서 내려다본 임원항. 강원도를 대표하는 감성돔 · 벵에돔 낚시터로서의 옛 명성은 아직도 진행형이다.

노곡방파제

- 소재지 : 삼척시 원덕읍 노곡리 83-13
- 길이 : 200여m
- 위치 참조 : 〈최신 전국낚시지도〉 124p B3

찾아가는 길

영동고속도로 끝 지점인 강릉나들목에서 동해·삼척 방면의 동해고속도로를 바꿔 타고 남하하다가 근덕IC로 나온다. 톨게이트 통과 후 다시 울진 방향의 7번국도(동해대로)에 올라 남하하다가 노곡교차로로 나와 굴다리 밑으로 좌회전, 1.1km 북쪽 지점의 노곡삼거리에서 우회전하면 된다.
남쪽 경북 지역에서도 동해대로를 타고 북상하다가 삼척 노곡교차로로 나와 노곡삼거리에서 우회전하면 된다.

■ 낚시 여건

마을 앞으로는 백사장이 펼쳐져 있고 물양장과 방파제가 있는 남북으로는 갯바위가 연결된 자그마한 포구이지만, 낚시터로서는 삼척 지방에 꽤 알려져 있는 장소로 조용한 분위기를 선호하는 낚시인들이 자주 찾는 장소이다. 분위기도 좋지만 방파제의 테트라포드 크기가 적당하고 조밀하게 축조돼 있는 관계로 발판이 좋아 편하게 낚시할 수 있다는 장점도 있다.

이곳 노곡방파제는 외항 쪽 조과는 물론이고 내항 쪽의 잡어낚시 재미도 쏠쏠한 편이다. 한마디로 규모는 작지만 만족은 큰 방파제 낚시터이다. 아울러 포구 좌우의 갯바위 지역에서도 감성돔과 벵에돔이 빼어난 조과를 보인다.

■ 어종과 시즌

주요 어종은 낚시인들이 아무리 먼 장소라도 일부러 찾아가 낚는 감성돔과 벵에돔이다. 특히 겨울부터 봄까지 이어지는 감성돔 입질이 만만찮다. 수온이 올라가면 벵에돔도 잘 낚여 마릿수 재미를 보인다. 가을로 접어들면 굵은 벵에돔의 조과가 뛰어나므로 벵에돔낚시를 좋아하는 낚시인들의 발길도 꾸준한데, 강원도 낚시인

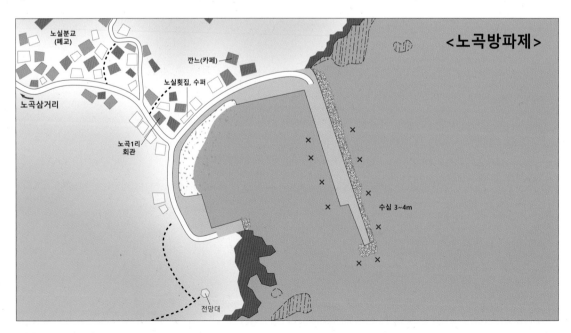

들뿐만 아니라 울진이나 포항 지역의 경상도 낚시인들도 가세한다.

학공치 조황은 가을부터가 제철인데 무리지어 몰려다니므로 낚인다는 소식을 듣고 찾아가도 한발 늦는 경우도 있으니 현지 사정을 꼭 확인하도록 한다. 그밖에도 망상어·황어·전갱이·우럭·노래미·볼락 등 각종 어류가 다양하게 낚인다.

■ 포인트 및 참고 사항

노곡항의 포인트는 방파제와 주변 갯바위로 양분된다. 방파제의 경우도 전방에 간출여가 보이는 초입 지점과 끝자락 주변의 두 구역으로 나뉜다. 방파제 초입부는 전방에 보이는 간출여를 중심으로 바닥이 모두 돌밭으로 이루어져 봄철까지 씨알 좋은 감성돔이 기대되는 장소이다. 벵에돔은 잘지만 마릿수 조황을 보인다. 방파제 중간 지점부터 끝자락까지의 수심은 3~4m로 그리 깊지 않지만 바닥이 복잡해 초입부와 마찬가지로 감성돔과 벵에돔이 잘 낚이는 포인트이다. 내항 쪽으로는 어디에서든지 잡어낚시가 잘 된다. 방파제 내항 방향과 외항 방향 모두 구멍치기나 루어낚시로 우럭과 노래미를 뽑아올릴 수 있다.

방파제의 조과가 기대치에 못 미치는 경우, 자리가 편한 방파제만 고집하기보다는 다소 불편하더라도 갯바위 지역이 두각을 나타내기도 하므로 다양한 포인트를 탐색하는 것이 바람직하다. 그러나 방파제 초입에서 북쪽 갯바위 일대는 군 초소에서 출입을 통제, 불응하면 벌금을 징수하기도 하므로 주의해야 한다. 반대편인 오른쪽(남쪽) 갯바위 지역은 제방 주변에 주차를 하고서 걸어 들어갈 수 있는데, 이 또한 너무 깊숙이 진입하면 군 초소로부터 제지를 당할 수 있다는 점 참고 바란다.

인근 낚시점(033)

*서울낚시 573-5630
 원덕읍 임원리 134-1
*바다낚시 573-1600
 원덕읍 임원리 125-11
*삼거리낚시 572-6694
 원덕읍 월천리 613-11

↓ 전망대에서 내려다본 노곡방파제. 조용한 분위기를 좋아하는 낚시인들에게 맞춤한 곳으로 봄철 감성돔 씨알이 좋고 여름철부터는 벵에돔이 마릿수 조황을 보인다.

월천방파제
(고포방파제)

- **소재지** : 삼척시 원덕읍 월천리 산103-6 인근
- **길이** : 북방파제 1100여m, 남방파제 900여m
- **위치 참조** : 〈최신 전국낚시지도〉 124p B4

찾아가는 길

영동고속도로 끝 지점인 강릉 나들목에서 동해·삼척 방면의 동해고속도로를 바꿔 타고 남 하하다가 근덕IC로 나온다. 톨 게이트 통과 후 다시 울진 방향 의 7번국도(동해대로)에 올라 30km가량 남하하다가 호산교 차로로 나와 월천교를 건너 월 천해변 방향으로 약 2km 진행 하면 된다.

■ 낚시 여건

강원도의 최남단에 위치한 유명 방파제 낚시터이다. 주변에 민가라고는 한 채도 없는 외진 곳으로, 도로변에 '월천항'이란 표지판이 서 있지만 선박이 정박해 있는 경우도 거의 없다. 남북으로 250여m 간격을 두고 두 개의 방파제가 축조돼 있을 뿐 아무런 접안 시설도 없다. 그런데도 도로변에 작은 주차공간까지 마련돼 있어 어찌 보면 낚시터로 조성된 방파제로 오해할 수 있을 정도다.

도로변에 위치해 접근이 매우 편리한 이곳은 초보자의 찌낚시 연습장으로 불릴 만 큼 다양한 어종이 잘 낚이기로 유명하다. 하지만 이곳은 군사작전지역에 속해 출 입통제가 철저하다. 도로변 해안 방향에 모두 철책이 쳐져 있고 방파제로의 진입 은 출입구가 개방되어 있는 경우에 한해서 낚시가 가능하다고 판단하면 된다.

■ 어종과 시즌

월천방파제는 다양한 어종이 등장하는데, 낚시인이면 모두가 좋아하는 감성돔과 뱅에돔을 위시하여 학공치·고등어·황어·삼치·우럭·개볼락 등 찌낚시와 던 질낚시, 루어낚시 어종이 모두 잘 낚인다. 특히 학공치가 접근하는 시기에는 씨알

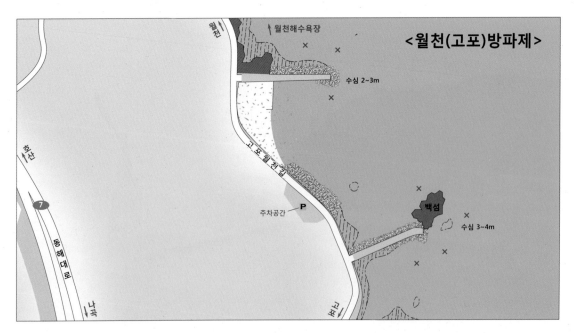

좋은 학공치를 마릿수로 낚아 올릴 수 있어서 인기가 높다.

감성돔은 겨울철이 가장 기대되는 시즌이고 뱅에돔은 여름철이 주요 시즌이다. 학공치와 고등어는 수온 변화에 따라 가을부터 방파제 근처를 회유해 들어온다. 삼치는 주로 멸치와 같은 먹이가 나타나는 시기에 이를 따라 들어온다. 이밖에도 사시사철 황어의 입질은 쉬지 않고 이어진다.

방파제 주변 여밭으로 루어를 던지면 우럭과 개볼락 등이 심심치 않게 낚여 올라오므로 찌낚시뿐만 아니라 간단한 루어 장비도 챙겨가는 것이 좋다.

■ 포인트 및 참고 사항

포인트는 두 곳 방파제 전체라고 보면 된다. 각각 100여m로 길이가 비슷한 남쪽과 북쪽 방파제 어느 쪽을 공략해도 좋은데, 낚시 당일의 바람 방향을 참고 하여 좌측(북쪽)이냐 우측(남쪽)이냐를 정하면 된다. 두 방파제 중 남쪽 방파제는 끝자락에 작은 여(백섬)가 연결되어 있는데 이곳 주변이 월천방파제의 최고 명당으로 꼽힌다. 방파제 주변은 모두 돌밭으로 수중여가 발달해 있어 누가 봐도 감성돔과 뱅에돔의 좋은 포인트임을 한눈에 알아볼 수 있을 정도이다. 이러한 장점이 있는 반면, 소형 방파제이다 보니 많은 인원이 동시에 낚시를 즐기기에는 한계가 있다. '고기가 붙었다' '좀 나온다' 하는 소문만 돌면 몰려드는 낚시인들로 인해 매우 복잡한 장소로 탈바꿈한다는 사실도 염두에 두어야 한다.

월천방파제의 북쪽과 남쪽 인근 갯바위에도 일급 포인트가 산재한다. 그러나 도로변에 늘어선 철책으로 인해 출입하기가 그리 쉽지가 않다. 방파제를 포함한 인근 지역의 경우, 밤낚시는 당연히 불가한 장소이고 주간에도 가끔 통제를 한다.

인근 낚시점(033)

*삼거리낚시 572-6694,5
원덕읍 월천리 613-11
*호산낚시 572-5866
원덕읍 호산리 180-10
*성경낚시 573-6605
원덕읍 호산리 183-23
*반도낚시 573-5293
원덕읍 호산리 263-10

↓ 250여m 간격을 두고 나란히 뻗어 있는 월천 북방파제(위 사진)와 남방파제(아래 사진). 인근 낚시인들 사이에 '찌낚시 연습장'으로 불릴 정도로 안정된 조과를 보이는 곳이다. 굳이 명당자리를 꼽자면 남쪽 방파제 끝에 연결된 여 주변이다.

하늘에서 내려다본 오산항(경상북도 울진군 원남면 오산리)

Part 5
경상북도 울진군

나곡방파제
(나실·나곡3리·나곡비치방파제)

- **소재지** : 울진군 북면 나곡리 880-1
- **길이** : 100여m
- **위치 참조** : 〈최신 전국낚시지도〉 124p C5

찾아가는 길

동해고속도로 근덕IC를 나와 오른쪽 동해대로(7번국도)를 타고 계속 울진 방면으로 진행하다가 나곡해수욕장 방면의 나곡교 차로로 나온다. '울진북로' 북면 방향의 우측으로 진행하여 630여m 지점의 나곡교를 건너자마자 좌회전하면 곧 또 하나의 다리(나실교가 나온다. 왼쪽 나실교를 건너면 곧 나곡해수욕장과 나곡비치타운이다. 조금 더 진입하면 철책 출입문이 나타나는데 이를 통과하면 나곡방파제 앞이다.

울진 쪽에서 북상하는 경우는 덕구교차로를 나와 '덕구온천로' 부구리 방면으로 좌회전 후 부구삼거리에서 '울진북로' 삼척 방면으로 3km여 이동하면 된다.

■ 낚시 여건

경상북도 동해안 북쪽 기슭에 해당하는 울진군 중에서도 최북단에 위치한 방파제이다. 남쪽 입구에 위치한 나곡해수욕장과 나곡비치타운리조트가 랜드마크 역할을 함으로써 현지 낚시인들이 흔히 '나곡비치방파제'라 부르는 곳이다.

전반적으로 방파제의 규모는 100여m 길이에 불과하지만 남쪽과 북쪽 갯바위 지대를 포함하면 낚시터 범위가 협소하지만은 않다. 여름철 벵에돔낚시가 위세를 떨치는 곳으로, 일단 벵에돔이 붙었다 하면 대형급 씨알이 곧잘 속출하기도 한다. 울진권에서 휴가철에 피서 겸 낚시를 즐긴다면 꼭 추천할 만한 장소 중의 하나다.

■ 어종과 시즌

나곡방파제의 주어종은 감성돔과 벵에돔이다. 둘 가운데 씨알에서나 마릿수 모두 감성돔보다 벵에돔이 우세를 보이는데, 한창 시즌에는 40cm급들이 속속 출현하여 전문 꾼들의 기대를 충족시킨다. 이곳 벵에돔 역시 여름부터 가을로 수온이 높아지는 시기에 맞춰 입질이 입질이 집중된다. 감성돔은 겨울부터 봄에 걸쳐 낚이지만 씨알이 잔 게 흠이라면 흠이다.

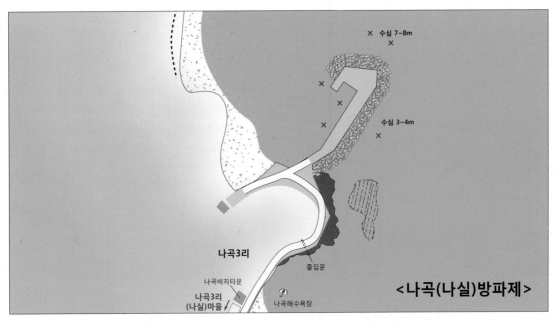

수심 7~8m

수심 3~4m

나곡3리

출입문

나곡비치타운

나곡3리
(나실)마을

나곡해수욕장

<나곡(나실)방파제>

그밖에도 가을로 접어들면 학공치가 잘 낚이고 무늬오징어 에깅도 의외의 조과를 보여준다. 농어도 낚이는데 찌낚시보다는 루어낚시에 대형급이 낚인다.

■ 포인트 및 참고 사항

나곡방파제의 일급 포인트는 방파제 끝 지점으로 수심이 깊어 대략 7~8m로 나타난다. 방파제 중간 지점에서 외항 방향도 좋은 포인트로 수심은 3~4m 정도이다. 방파제 자체가 작아 동시에 낚시할 수 있는 인원은 최대 5명 정도로 그보다 많으면 곤란해진다. 이미 누군가 낚시를 하고 있다면 아예 방파제로 들어서지 말고 주변 갯바위를 공략하는 것이 좋다. 방파제 초입의 갯바위 지역도 일급 포인트이고, 북쪽 모래밭 건너 해안선을 따라 30분쯤 들어가면 갯바위가 넓게 펼쳐진다. 울진지역 낚시인들이 '봉화산 아래' 포인트라 부르는 곳으로, 이곳 역시 나곡방파제 주변에서 빼놓을 수 없는 명당이다. 하지만 군인들의 통제가 심한 곳으로 외지 낚시인들에겐 그리 권할 만한 장소가 못 된다.

나곡방파제는 수심이 좋고 주변 해저 지형도 복잡하여 평균적으로 안정된 조과를 안겨준다는 점, 그리고 방파제 자체가 높게 축조돼 있어 파도가 높은 날에도 내항 쪽으로 피신해 낚시를 즐길 수 있다는 점 등이 장점이다. 그러나 장점 못지않게 한 가지 단점도 크게 작용한다. 방파제 진입로 중간에 출입문이 설치되어 있는데 항상 개방하고 있지 않다는 것이다. 출입 관리는 군부대에서 하기도 하고 현지 어부들이 하기도 하는데, 가끔 어부들이 쓰레기 처리 문제를 들어 낚시인들의 출입을 막는 경우도 있다. 또한 갯바위는 물론이거니와 방파제도 야간통제 지역임을 염두에 두어야 한다.

인근 낚시점(054)

*고래낚시 782-5866
 북면 부구리 150-1
*죽변낚시프라자 782-8284
 죽변면 죽변리 426-7
*울진반도낚시 782-2197
 울진읍 온양리 404-3

↓ 나곡해수욕장 북단에 위치한 나곡방파제. 규모도 작고 볼품없어 보이지만 인근 갯바위를 합쳐 벵에돔낚시가 맹위를 떨치는 곳이다. 가족과 함께 찾아 놀며 낚시하기에 좋다.

석호방파제
(나곡1리방파제)

- **소재지** : 울진군 북면 나곡리 50-21 외
- **길이** : 큰방파제 2000여m, 작은방파제 70여m
- **위치 참조** : 〈최신 전국낚시지도〉 124p C5

찾아가는 길

영동고속도로 강릉나들목에서 동해·삼척 방면의 동해고속도로를 바꿔 타고 남하해 근덕IC로 나온다. 톨게이트 통과 후 울진 방향의 7번국도(동해대로)에 올라 남하하다가 울진 후정교차로로 나온다. 덕천 방면으로 좌회전해 죽변항 입구 죽변중·고등학교 쪽으로 좌회전하면 6,7백m 거리다.

남쪽 영덕·포항 방면에서는 동해대로 죽변교차로로 나와 죽변항을 경유하면 된다.

■ 낚시 여건

석호방파제는 울진권 낚시터 중에서 최고로 손꼽히는 특급 낚시터로, 현지 낚시 가이드들이 이구동성 추천하는 곳이다. 방파제 자체의 폭발력은 물론이고 주변에 길게 형성돼 있는 갯바위 또한 낚시터 범위를 넓힌다. 감성돔과 벵에돔 시즌이 되면 방파제 전체가 낚시인들로 붐벼 그 인기를 한눈에 실감케 한다.

석호방파제가 주변 다른 낚시터에 비해 굵은 씨알과 마릿수 재미를 동시에 안겨주는 가장 큰 요인은 방파제 남쪽에 위치해 있는 원자력발전소 온배수의 영향이라는 게 현지 낚시인들의 분석이다.

■ 어종과 시즌

석호방파제의 최고 인기 대상어는 뭐니 뭐니 해도 벵에돔과 감성돔이다. 특히 대물 벵에돔의 출현이 잦아 시즌이 되면 이를 노리는 전문 꾼들이 잊지 않고 몰려든다. 감성돔도 벵에돔 못지않은 인기를 누리는데 봄철에는 당연히 감성돔이 우세를 보인다. 벵에돔은 수온이 높아지는 여름철 이후부터 가을 들어 제철을 맞는다.

방파제 전역에서 학공치와 고등어의 입질도 잦고 다수확이 가능하다. 여름부터 입

질을 이어간다. 다른 방파제들의 경우 가을이 깊어 인근 해수온이 낮아지면 벵에돔 입질이 뜸해지면서 망상어·황어·노래미 등 잡어 입질로 전환되지만 이곳 석호방파제는 의외로 수온이 높게 유지되므로 시즌이 긴 것도 장점이다.

■ 포인트 및 참고 사항

큰방파제 초입의 꺾어지는 지점에서부터 끝자락까지의 외항 쪽이 모두 포인트라고 봐도 좋다. 다만 수심만큼은 차이를 보이는데, 초입부 일원은 4~5m를 이루다가 끝자락에 이르면 7~8m로 깊어진다.

큰방파제 중간 지점에서 외항 방향을 바라보면 약 250m 거리의 해상에 작은 돌섬이 있는데, 이곳 또한 현지 꾼들이 적극 추천하는 명 포인트이다. 진입은 보트를 이용해 건너간다.

석호방파제에서 북쪽을 바라보면 철골 구조물이 보이는데, 울진군이 공들여 조성한 '나곡바다낚시공원'이다. 해상 잔교 유료낚시터로, 수중 암초대가 발달한 곳에 위치해 감성돔·벵에돔을 비롯한 다양한 어종이 철따라 잘 낚인다. 그밖에도 방파제의 북쪽과 남쪽으로 유명 갯바위 포인트들이 즐비하다. 북쪽에는 '땅섬'과 '백로바위'로 불리는 갯바위 포인트가 있고, 남쪽에는 '보물섬 갯바위'라 불리는 명포인트가 있다. 북쪽은 산길을 따라 진입할 수 있고, 남쪽은 해안도로를 따라가다 '보물섬'이라는 이름의 카페 앞에 주차를 하고 갯바위로 걸어 들어갈 수 있다.

갯바위 주변은 군에서 야간통제를 실시하고 있지만 석호방파제에서는 밤낚시가 가능하다. 방파제 인근 석호마을은 어촌체험마을로 지정되어 있어서 휴가철에는 관광객을 위한 프로그램도 진행한다.

인근 낚시점(054)

*고래낚시 782-5866
북면 부구리 150-1
*죽변낚시프라자 782-8284
죽변면 죽변리 426-7
*울진반도낚시 782-2197
울진읍 온양리 404-3

↓ 울진권 특급 낚시터로 손꼽히는 석호방파제. 규모와는 달리 감성돔·벵에돔 씨알이 굵게 낚이고 철따라 선보이는 어종도 생각보다 다양한 편이다.

봉수방파제
(죽변3리방파제)

- 소재지 : 울진군 죽변면 죽변리 124-1
- 길이 : 60여m
- 위치 참조 : 〈최신 전국낚시지도〉 124p C6

찾아가는 길

영동고속도로 강릉나들목에서 동해·삼척 방면의 동해고속도로를 바꿔 타고 남해해 근덕IC로 나온다. 톨게이트 통과 후 울진 방향의 7번국도(동해대로)에 올라 남하하다가 울진 후정교차로로 나온다. 덕천 방면으로 좌회전해 죽변항 입구 죽변중·고등학교 쪽으로 좌회전하면 6,7백m 거리다.
남쪽 영덕·포항 방면에서는 동해대로 죽변교차로로 나와 죽변항을 경유하면 된다.

■ 낚시 여건

뚝배기보다 장맛! 울진권에서 둘째가라면 서러워할 방파제 낚시터가 바로 봉수방파제이다. 길이 60여m에 불과한 소규모 방파제로 아주 초라한 모습이지만 주변 갯바위와 더불어 감성돔과 학공치가 아주 잘 낚이는 일급 낚시터이다.

북쪽으로 원자력발전소가 있어 이곳에서 유출되는 온배수의 영향이 크게 작용한다. 게다가 조류가 북쪽으로보다는 남쪽으로 많이 흘러들어 더욱 훌륭한 낚시터 여건을 형성해 준다. 이렇듯 인근 갯바위 포인트를 합쳐 유명 낚시터로 각광받는 봉수방파제는 원전 온배수의 영향으로 사실상 연중 낚시가 가능하다는 점이 또 다른 인기 요인으로 작용한다.

■ 어종과 시즌

전천후로 다양한 어종을 선보이는 봉수방파제는 특히 감성돔이 잘 낚이는 장소로 유명하다. 울진권의 여느 방파제들과는 달리 벵에돔보다 감성돔낚시가 더 유리한 여건으로, 다른 방파제에선 감성돔이 아직 붙지 않았거나 이미 빠져버린 상태에서도 이곳에서만큼은 입질이 지속될 때가 많다. 다른 곳들과 마찬가지로 벵에돔은

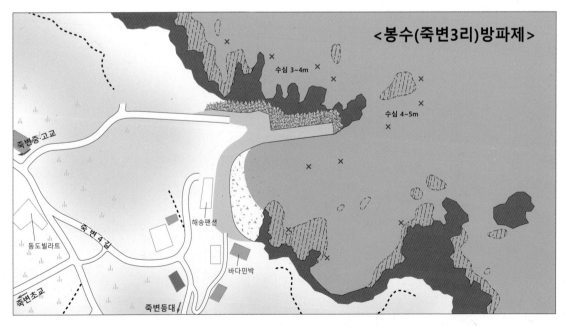

<봉수(죽변3리)방파제>

수심 3~4m

수심 4~5m

죽변중·고교

동도빌라트

죽변4길

해송팬션

바다민박

죽변초교

죽변등대

여름철부터 입질을 하기 시작하고, 학공치가 잘 낚이기로도 유명하다. 가을부터 낚이는 학공치는 겨울철이면 굵은 씨알과 마릿수 재미를 동시에 만끽할 수 있다. 망상어 · 황어 · 노래미 등 잡어는 사시사철 꾸준하게 낚이는데, 루어 꾼들 사이에는 농어 낚시터로도 인기가 높다. 방파제는 물론 주변 갯바위에서 농어가 잘 낚이는데, 가을에는 무늬오징어도 잘 낚여 루어 꾼들의 입맛을 돋운다.

▪ 포인트 및 참고 사항

방파제 외항 쪽 전역이 포인트이다. 소형 방파제이므로 주변 갯바위의 연장선상에서 포인트를 이해하는 것이 좋다. 방파제 바로 앞부터 복잡한 수중 지형을 형성하고 있고 북쪽으로 갯바위 포인트가 이어진다. 방파제 중간 지점까지는 3~4m, 끝자락은 4~5m로 전체적으로 수심이 고른 편이다.

감성돔과 뱅에돔은 방파제 외항 방향과 갯바위 지역이 주요 포인트이다. 학공치 · 망상어 등은 방파제 끝자락에서부터 내항 쪽이 명당자리이다. 농어 루어낚시를 한다면 방파제보다는 북쪽 갯바위 지역이 단연 유리하다.

봉수방파제는 규모가 작아 여러 명이 동시에 낚시하기가 힘들지만 감성돔이든 학공치든 붙었다 하는 소문만 나면 수십 명의 낚시인이 몰려들어 설 자리가 없을 정도로 복잡해지는 것을 감안해야 한다. 일반적으로 테트라포드에 서서 외해를 바라보고 낚시를 하게 되지만 주의보 상황에는 내항 방향으로 자리를 잡으면 된다. 봉수방파제는 이처럼 파도가 높은 주의보 상황에서도 낚시가 가능한 몇 안 되는 장소 중의 하나다. 방파제에서 밤낚시가 가능한 점도 좋은 조건인데, 북쪽으로 이어지는 갯바위 지역만큼은 야간통제가 이뤄진다는 점 참고 바란다.

인근 낚시점(054)

＊죽변낚시프라자 782-8284
　죽변면 죽변리 426-7
＊바다낚시 782-4748
　죽변면 죽변리 417-2
＊울진반도낚시 782-2197
　울진읍 온양리 404-3

↓ 길이 60여m에 불과한 볼품없는 방파제이지만 인근 갯바위 포인트와 함께 감성돔 · 학공치 낚시가 맹위를 떨치는 봉수방파제. 농어 루어낚시터로도 유명한 곳이다.

죽변항방파제

- **소재지**: 울진군 죽변면 죽변리 10-112 외
- **길이**: 큰방 550m, 익제 670m, 작은방 260m
- **위치 참조**: 〈최신 전국낚시지도〉 124p C6

찾아가는 길

수도권의 경우 영동고속도로와 동해고속도로를 이용해 근덕IC를 나와 울진 방면의 동해대로(7번국도)를 타고 남하한다. 덕구교차로를 지나 후정교차로에서 죽변항 방면으로 빠져나온 후 이정표를 따라 '울진북로' 울진 방향 우측 도로로 진입하여 3km 정도 진행하면 된다.
울진 쪽에서 북상할 경우는 동해대로 죽변교차로를 빠져나와 해안도로를 타고 죽변항으로 들어가면 된다.

■ 낚시 여건

우리 모두의 입맛을 돋우는 대게의 산지로, 또 TV 인기 드라마 촬영지로 일반에 널리 알려져 있는 죽변항은 낚시에 있어서도 오랫동안 명성을 이어오고 있다. 큰 방파제가 그냥 일직선으로 뻗어나가지 않고 중간에 Y자로 가지처럼 뻗어난 또 다른 '날개방파제(翼堤·익제)'가 조류를 복잡하게 만들어 다양한 어종이 방파제 주변에 머물게 한다. 우리나라 방파제 가운데 간혹 눈에 띄는 이 같은 '날개방파제'는 낚시에 좋은 영향을 미치는 구조물임에 틀림없다.

대형 방파제의 특성이기도 하지만 죽변항방파제야말로 광범위한 포인트에서 다양한 어종이 낚이고, 낚시인들이 웬만큼 몰려도 그다지 불편이 따르지 않는다는 것이 장점이다. 주말을 맞아 가족동반 나들이로 식도락과 관광을 겸할 수 있는 죽변항은 최고의 선택이 될 수 있다.

■ 어종과 시즌

벵에돔이 대표적인 어종이다. 한겨울만 제외한다면 벵에돔은 꾸준하게 입질을 이어간다. 보통은 30cm 미만의 중소형이 마릿수로 낚이지만 간혹 대형급 씨알도 출

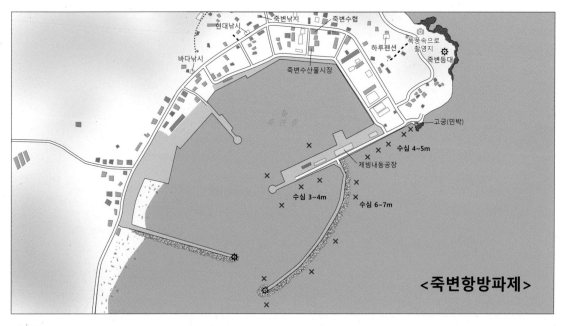

<죽변항방파제>

현해 깜짝 화제를 불러일으키기도 한다.

바다낚시인들에게 인기 1순위 어종인 감성돔은 애석하게도 죽변항에서는 기대하기 어렵다. 감성돔만을 노린다면 죽변항은 포인트에서 제외이다. 그 대신 망상어·고등어·황어·노래미 등은 사시사철 잘 낚이므로 언제 가도 빈 바구니 조황은 면할 수 있다. 또한 가자미와 보리멸이 던질낚시에 잘 낚이는데, 가자미는 계절에 구분이 없고 보리멸은 여름부터가 제철이다. 여름철 밤에는 붕장어도 던질낚시에 잘 낚인다. 가을철에는 무늬오징어를 기대할 수 있다.

■ 포인트 및 참고 사항

죽변항방파제의 벵에돔 포인트는 큰방파제의 외항 방향 전역이 해당되는데, 그 중에서 특히 명당으로 손꼽히는 지점은 없다. 그 이유는 수심 때문이다. 통상 큰방파제 초입에서 중간 지점(날개방파제가 시작되는 곳)까지는 4~5m 수심을 이루고, 날개방파제 앞쪽은 6~7m로 약간 깊은 편이며, 직선으로 뻗은 큰방파제 끝자락까지는 3~4m 수심을 형성한다. 그러나 방파제 주변 해저가 모두 모래로 이루어져 있어서 큰 파도가 치거나 태풍이라도 지나가면 수심 변화가 극심하여 크게는 2m 이상의 변화를 보이기도 한다. 포인트 선정 시 이 점을 염두에 두어야 한다.

방파제 주변 해저에 암초나 장애물이 없는 것이 감성돔이 안 낚이는 원인 중 하나로 지적된다. 망상어나 고등어 등 잡어는 큰방파제와 작은방파제 주변 어디서든지 잘 낚인다. 큰방파제 내항 방향은 가자미와 붕장어 던질낚시 포인트로 꼽힌다. 그밖에 큰방파제 초입에 형성된 갯바위 홈통 주변은 무늬오징어 에깅 포인트로 각광받는 곳이다.

인근 낚시점(054)

*죽변낚시프라자 782-8284
죽변면 죽변리 426-7
*현대낚시 781-0443
죽변면 죽변리 393
*바다낚시 782-4748
죽변면 죽변리 417-2
*울진반도낚시 782-2197
울진읍 온양리 404-3

↓ 하늘에서 내려다본 죽변항. 벵에돔낚시가 잘 되는 죽변항방파제는 파도에 의한 수심 변화가 심한 관계로 포인트 선정에 주의를 기울여야 한다.

골장방파제

- **소재지** : 울진군 죽변면 봉평리 263-3 외
- **길이** : 큰방 270여m, 작은방 2000여m,
  북방 110여m, 방사제 1800m
- **위치 참조** : 〈최신 전국낚시지도〉 145p E1

찾아가는 길

수도권의 경우 영동고속도로→동해고속도로를 이용해 근덕IC로 나온다. 톨게이트 통과 후 울진 방향의 7번국도(동해대로)를 타고 남하하다가 죽변교차로로 나온다. 전방 봉평해수욕장에서 우회전하면 1.3km 거리다.

포항·영덕 방면에서는 동해대로(7번국도)를 이용해 울진 북부교차로에서 빠지면 직진 2.4km 거리다.

■ 낚시 여건

죽변항 남쪽 약 2.8km 지점에 위치하는 골장방파제는 서로 마주보는 두 개의 방파제와 반대편 북쪽 방파제 및 방사제가 서로 이웃하는 데다 도로변 석축 지대까지 합쳐져 매우 광범위한 낚시터 여건을 형성한다. 게다가 접근성도 좋고 만곡(彎曲) 지형에 방파제가 축조돼 있어 아늑한 분위기에서 낚시를 즐길 수 있다는 점도 장점이다.

바다낚시 인기 어종인 감성돔과 벵에돔은 물론 기타 잡어도 잘 낚여 전문꾼들이나 초보자 모두에게 어울리는 낚시터라 할 수 있다. 또한 폭풍주의보 이상의 경보 상황에서도 파도의 포말이 적게 일어 감성돔낚시가 가능한, 울진권에서는 몇 안 되는 일급 낚시터이다.

■ 어종과 시즌

골장방파제 주변은 울진권의 대표적인 감성돔 낚시터로 꼽히지만 군이 감성돔만 놓고 따지자면 B급 정도의 지명도를 가지고 있다. 주로 겨울철을 중심으로 봄철까지 감성돔이 낚이는데, 봉평해수욕장 남쪽에 위치한 T자 방사제에서는 겨울에만

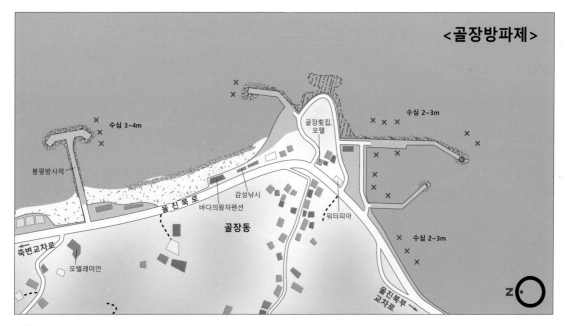

<골장방파제>

수심 3~4m

수심 2~3m

골장횟집,
모텔

봉평방사제

울진북로

감성낚시

바다의왕자펜션

워터피아

골장동

수심 2~3m

죽변교차로

모텔래미안

울진북부
교차로

입질을 받을 수 있다.

큰방파제 쪽에선 여름철부터 중소형 벵에돔이 잘 낚이고 농어도 기대할 수 있다. 찌낚시에는 그밖에도 망상어·학공치·황어 등이 수시로 입질을 한다. 외항 쪽을 바라보고 던질낚시를 하면 가자미를 기대할 수 있다. 반대로 내항 쪽에선 볼락 루어낚시가 잘 되고 씨알 좋은 우럭이나 개볼락도 잘 낚인다. 가을에는 특히 무늬오징어가 활황을 보인다.

■ 포인트 및 참고 사항

골장방파제 주변의 감성돔 포인트는 큰방파제 초입, 북쪽 방파제 끝자락, 봉평 T자 방사제의 우측 끝 지점이 명당자리이다. 수심은 모두 3~4m를 형성한다. 대체적으로 보아 골장방파제 포인트들은 시즌 기복은 심한 편이지만 고기가 한 번 붙었다 하면 소위 말하는 대박 조황을 기대할 수 있다.

감성돔낚시에는 파도가 어느 정도 일어야 낚시가 잘 되는 것은 동해안의 특성이지만 정도가 지나쳐 주의보 상황이면 낚시가 곤란해진다. 그러나 골장방파제 지역은 주의보가 발효되어 파도가 높은 날이라도 방파제 앞쪽 멀리에서 파도가 부서질 뿐, 너울이 방파제까지 잘 들어오지 않아 낚시하는 데 무리가 따르지 않는다. 이는 방파제 먼 곳의 수심이 얕아 미리 너울이나 파도가 부서져 포말이 발생하기 때문이다. 주의보 수준을 넘어 경보 상황에서는 사실 방파제에서의 낚시는 위험하므로 도로변의 석축이 주요 포인트가 된다. 수심은 2~3m에 불과하지만 암초가 많고 바닥의 기복이 심해 채비 손실은 각오해야 한다.

벵에돔을 노릴 때는 주로 큰방파제 끝자락 주변에서 외항 쪽으로 채비를 흘린다.

인근 낚시점(054)

*감성낚시 782-1426
죽변면 봉평리 259-3
*봉평해변마트낚시 783-6999
죽변면 봉평리 93
*울진반도낚시 782-2197
울진읍 온양리 404-3

↓ 남쪽에 위치하는 양장방파제에서 바라본 골장방파제 전경. 산봉우리 뒤쪽으로 신축 방파제가 있고 그 위로는 봉평방사제가 있다. 폭풍경보 상황에서도 낚시를 할 수 있는 전천후 낚시터라 할만하다.

양정방파제
(온양방파제)

- **소재지** : 울진군 울진읍 온양리 301-3 외
- **길이** : 북방파제 100여m, 남방파제 900여m
- **위치 참조** : 〈최신 전국낚시지도〉 145p E2

찾아가는 길

수도권 출발의 경우 영동고속
도로가 끝나는 강릉JC에서 동
해고속도로를 타고 남하하다가
근덕IC를 나온 후, 울진 방면의
동해대로(7번국도)를 따라 울진
까지 진행한다. 울진북부교차
로를 빠져 나오면 바로 앞이 양
정방파제이다.
포항·영덕 방면에서 북상할 경
우도 동해대로(7번국도) 울진북
부교차로에서 빠지면 된다.

■ 낚시 여건

양정방파제는 울진읍내에 위치하는 소형 방파제로 온양리에 위치하는 관계로 온
양방파제라 부르기도 한다.

규모가 작은 포구에 축조된 방파제이다 보니 지방 낚시인들이나 간간이 찾는 그저
그런 낚시터라고 지나치기 쉽지만, 시즌이 되면 감성돔 입질이 폭발적으로 나타나
는 저력을 보이는 장소이기도 하다. 생활낚시터로서의 존재감보다는 오히려 전문
꾼들이 즐겨 찾는 낚시터로 보는 것이 타당하다.

■ 어종과 시즌

양정방파제의 어종은 첫째도 둘째도 감성돔이다. 시즌에 따른 기복이 좀 심하긴
해도 겨울철과 봄철에 걸쳐 감성돔이 수시로 낚여 올라온다. 그 밖의 시기에는 외
항 쪽에서 망상어 찌낚시를 하거나 황어 또는 가자미를 노려 던질낚시를 하고, 내
항 쪽에선 루어낚시나 구멍치기로 볼락 등 록피시를 간간이 낚을 수 있다.

군이 잡어로 마릿수를 채우려 한다면 방파제만 고집하기보다는 남쪽 방향의 해변
에 형성돼 있는 갯바위 지대를 찾는 것도 한 가지 방법이다. 수중이 모두 암초밭으

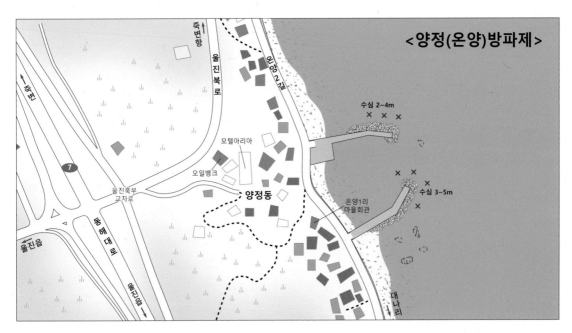

로 채비 걸림이 심한 편이긴 해도 다양한 어종을 만날 수 있는 장소이다.

양정방파제는 가을철에 특히 무늬오징어가 잘 낚이는데, 에깅을 좋아하는 낚시인이라면 꼭 한 번 들러볼만한 곳이다.

인근 낚시점(054)

*감성낚시 782-1426
죽변면 봉평리 259-3
*울진반도낚시 782-2197
울진읍 온양리 404-3

■ 포인트 및 참고 사항

100m 조금 못 되는 비슷한 크기의 방파제가 서로 마주보는 형상으로, 두 곳 모두 규모가 작아 한꺼번에 많은 낚시인들이 몰리면 불편이 따를 수밖에 없다. 게다가 물이 맑고 시즌 격차가 커서 비시즌에 이곳 방파제를 찾은 사람이라면 '이런 곳에 웬 감성돔?' 하고 의문을 가질 수도 있다. 그러나 겉보기와는 전혀 다르다.

이곳의 감성돔 포인트는 두 곳 방파제의 끝자락이다. 왼쪽(북쪽) 방파제 주변 수심은 2~4m, 오른쪽(남쪽) 방파제 주변 수심은 3~5m를 형성한다. 채비 투입 방향은 우측 방파제의 경우는 끝자락에서 어떤 쪽을 향해도 좋지만, 좌측 방파제의 경우는 끝자락에서 북쪽 방향을 보고 채비를 투입해야 한다. 그러나 찌낚시를 하지 않고 던질낚시를 할 경우는 양쪽 방파제 모두 외항 방향으로 채비를 투척하면 된다. 가자미와 우럭 입질을 기대할 수 있다.

방파제에서의 낚시가 시원찮으면 남쪽 갯바위 지대를 탐색해 볼만하다. 해안도로 중간에 만들어진 계단을 이용해 진입할 수도 있지만 진입구가 닫혀 있는 경우가 허다하므로 그냥 해변을 따라 걸어 들어가는 것이 좋다. 진입과 철수에 따르는 수고에 비해 조과가 빈약할 수도 있으나 루어낚시를 통한 우럭·개볼락 등의 입질은 심심찮은 곳이다.

↓ 감성돔 시즌에 저력을 보여주는 양정방파제 전경. 가을철 에깅 포인트로도 손꼽히는 장소이다.

죽진방파제 (대나리방파제)

- **소재지** : 울진군 울진읍 연지리 1-12 인근
- **길이** : 200여m
- **위치 참조** : 〈최신 전국낚시지도〉 145p E2

찾아가는 길

수도권의 경우 영동고속도로→동해고속도로를 이용해 근덕IC로 나온다. 톨게이트 통과 후 울진 방향의 7번국도(동해대로)를 타고 남하하다가 울진북부교차로로 나온다. 죽변 방면으로 좌회전 후 430여m 지점에서 온양2길 방향으로 우회전해 1.5km만 남하하면 된다.
포항·영덕 방면에서도 동해대로를 이용해 울진북부교차로로 나오면 된다..

■ 낚시 여건

명칭은 대나리방파제이지만 연지리 1-12번지가 소재지이다. 옛 동리 이름이 대나리이기 때문인데, 그래서 방파제가 소재한 이곳 포구를 현지에선 대나리항이라 부르고 인근 도로명 또한 '대나리항길'이라 명명하고 있다.

방파제가 두 번이나 구부러진 모습으로 낚시하기에 편리한 형태를 취하고 있는 데다가 방파제 인근 남북으로 이어지는 갯바위 지역도 일급 포인트를 형성해 낚시터 범위가 넓은 것이 특징이다. 더욱이 방파제에 설치되어 있는 테트라포드 크기가 소형이라 발판도 편해 현지 낚시인들이 자주 찾는 장소이다. 접근성도 편리해 평일 '짬낚시'를 즐기기에 더 없이 좋은 조건을 갖추고 있다. 전반적으로 낚시 조건도 좋고 루어낚시를 좋아하는 이들에게도 매력적인 포인트이다.

■ 어종과 시즌

주요 어종은 감성돔·벵에돔·볼락·우럭과 함께 무늬오징어가 구미를 당기게 한다. 감성돔과 벵에돔의 경우 마릿수는 좋지만 결정적으로 씨알이 잘다는 것이 흠이다. 더욱이 물이 맑아 주간보다는 야간이라야 활발한 입질을 기대할 수 있다. 겨

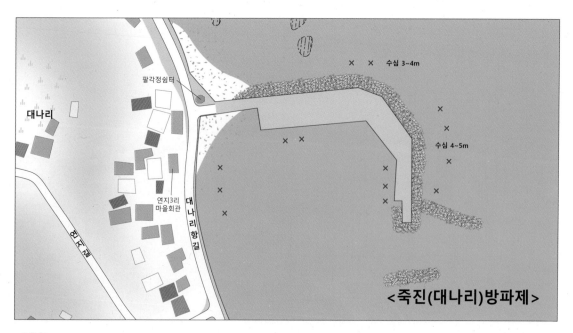

대나리

수심 3~4m

팔각정쉼터

수심 4~5m

연지3리 마을회관

대나리항길

연지3길

＜죽진(대나리)방파제＞

울부터 봄에 걸쳐 감성돔, 여름부터 가을 사이에는 벵에돔이 잘 낚이지만 대물을 노리는 전문 끈들의 발길은 뜸한 편이다.

그러나 어종에 상관없이 편하게 즐기려는 낚시인들과 특히 루어낚시를 좋아하는 이들에게는 적극 대나리방파제를 추천할 만하다. 볼락과 우럭 씨알이 준수하고, 가을에 선보이는 무늬오징어의 씨알이 굵은 데다가 마릿수 재미도 좋아 에깅 낚시 터로는 일급 포인트이다.

■ 포인트 및 참고 사항

대나리방파제의 특징은 기역자로 구부러진 방파제 모양에서 찾을 수 있다. 방파제가 구부러지는 지점에서 북쪽 방향의 외해 쪽이 명당으로 꼽히는데, 남서풍을 피해 쾌적한 낚시를 할 수 있는 포인트이다. 전방 수심은 3~4m 정도. 그 다음으로 선호되는 포인트는 구부러진 지점으로부터 방파제 끝자락 구간인데, 낚싯대를 드리우는 방향은 외해를 바라보는 동쪽이 우선이다. 수심은 4~5m를 형성한다.

대나리방파제는 구멍치기와 루어낚시 여건도 매우 좋은데, 초입부 내항 쪽의 석축 부근과 해안가 도로변의 석축 부근이 볼락과 우럭이 잘 낚이는 곳이다.

그밖에도 해안선을 따라 남북으로 이어지는 갯바위 지역 어디에서나 낚시가 가능하다. 찌낚시를 하기에도 좋고, 루어낚시를 할 경우는 해안선을 따라 이동해 가며 포인트를 탐색해 보는 것이 좋다. 우럭·개볼락이 심심찮게 낚이기 때문이다.

대나리방파제에선 방파제의 구조적 특성으로 인해 바람이 심하거나 파도가 높은 날 '피신 낚시'가 가능하다는 것이 장점이다. 주의보 상황에서는 내항 쪽에서 감성돔을 노리기도 한다.

인근 낚시점(054)

*울진반도낚시 782-2197
  울진읍 온양리 404-3
*현대낚시 781-0443
  울진군 죽변면 죽변리 393
*감성낚시 782-1426
  죽변면 봉평리 259-3

↓ 물이 맑은 대나리방파제는 주간보다는 밤낚시 조과가 좋다. 감성돔·벵에돔은 잔챙이 마릿수 재미가 좋고, 볼락과 우럭의 씨알이 준수해 루어낚시터로의 가치가 높다.

현내방파제

- **소재지** : 울진군 울진읍 연지리 80-8 외
- **길이** : 큰방파제 1300여m, 작은방파제 400여m
- **위치 참조** : 〈최신 전국낚시지도〉 145p E2

찾아가는 길

수도권의 경우 영동고속도로→
동해고속도로→7번국도(동해대
로)를 이용해 울진 연호교차로
로 나오거나, 중앙고속도로를
이용해 풍기IC→영주→봉화 경
유 36번 국도를 타고 울진 수산
교차로에서 잠시 7번국도에 올
라 북상하다가 연호교차로로 나
오면 된다.
영덕·포항 방면에서도 동해대
로를 이용해 연호교차로로 나오
면 된다.

■ 낚시 여건

현내방파제는 울진읍내에서 자동차로 5분이면 다다르는 근거리에 위치하는 곳으
로, 울진권의 대표적인 방파제 낚시터이다. 접근이 용이하다는 점과 더불어 감성돔
같은 주요 어종은 물론 다양한 낚시 대상어들이 사시사철 잘 낚여 현지 낚시인들
에게는 물론 원정 낚시인들 사이에서도 유명세를 타고 있다.
현내방파제 주변에는 횟집도 많아 전문적인 낚시만이 아니더라도 가족동반 나들
이 삼아 휴식을 즐기기에도 적합한 장소이다.

■ 어종과 시즌

주요 어종은 감성돔과 벵에돔·볼락·우럭·무늬오징어가 꼽힌다. 벵에돔은 씨알
이 잘고 기대할 만큼의 마릿수 조황을 안겨주지 못하지만 감성돔의 경우는 특급
낚시터 중의 하나로 추천할만하다. 가장 큰 특징이라면 감성돔이 가을에 가장 일
찍 출현한다는 점이다. 다른 방파제와는 달리 가을에 감성돔 조과가 뛰어나고 겨
울에 들어서면 소강상태를 보이는 것이 특이한 점이다.
내항에서는 또한 루어낚시가 잘 되는데 볼락이 잘 낚이는 것은 물론, 특히 우럭이

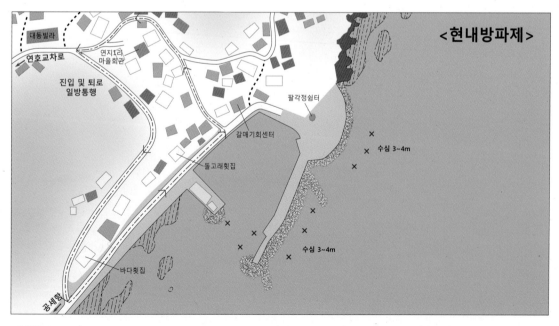

방파제 주변에 몰려 폭발적인 조과를 안겨줄 때가 많다. 그밖에도 가을부터 초겨울에 걸쳐 무늬오징어가 잘 낚이는 곳으로도 유명하다.

인근 낚시점(054)

*울진반도낚시 782-2197
울진읍 온양리 404-3
*24시슈퍼낚시 782-9944
근남면 노음리 324-33

■ 포인트 및 참고 사항

현내방파제의 감성돔 포인트는 큰방파제 초입의 갯바위와 방파제 끝자락이다. 갯바위 앞이나 방파제 전역의 수심은 고르게 3~4m를 유지한다. 작은방파제 쪽도 끝자락이 감성돔 포인트이다. 감성돔은 가을철, 그것도 낮낚시보다는 밤낚시가 더 잘 되는 특성을 보이므로 감성돔을 목표로 한다면 이를 고려해 출조 계획을 세우는 것이 좋다. 방파제는 평범해 보이지만 방파제 외항 쪽 테트라포드는 발판이 좋지 않고 위험한 곳이 많으므로 신중을 기해야 한다.

루어낚시를 한다면 방파제의 테트라포드 사이사이를 노리거나 내항 주변을 탐색하는 것이 좋다. 또한 항구 주변에서 입질이 없는 경우에는 주변 갯바위로 이동해 보는 것이 좋다. 멀리까지 이어지는 갯바위 포인트들은 주변이 모두 암초지대로 우럭 또는 개볼락이 마릿수로 낚이는 등 의외의 조과를 안겨 주기도 한다. 하지만 험한 갯바위를 한참 걸어야 하는 등 어느 정도의 고생은 각오해야 한다.

무늬오징어는 큰방파제의 외항 쪽이 특급 포인트로 에깅을 즐기는 낚시인들이 꼭 한 번씩 체크하는 장소이다.

현내방파제는 울진읍내에 위치하는 관계로 간편하게 접근할 수 있고 생활낚시를 즐길 수 있는 장점도 많지만, 포인트 자체는 미끄러운 갯바위와 가파른 테트라포드로 이루어져 있으므로 갯바위신발과 구명동의 착용을 게을리 해서는 안 된다.

↓ 가을 감성돔 낚시터로 잘 알려진 현내방파제는 볼락과 우럭 루어낚시 조과가 뛰어난 곳이기도 하다. 외해 쪽은 무늬오징어의 특급 포인트이다.

공세방파제
(공석방파제)

- **소재지** : 울진군 울진읍 읍남리 65-4
- **길이** : 1700여m
- **위치 참조** : 〈최신 전국낚시지도〉 145p E2

찾아가는 길

북쪽 현내방파제와 동일하다. 7번국도(동해대로) 연호교차로로 나와 현내항 입구에서 오른쪽 공세항길을 따라 650여m만 남하하면 된다.
영덕·포항 방면에서도 동해대로를 이용해 연호교차로로 나오면 된다.

■ 낚시 여건

울진군 울진읍 읍남리에 위치한 공세방파제는 옛 지명인 공석방파제로도 불린다. 홀쭉한 모양의 포구를 형성한 공세방파제는 대로변에 인접해 찾기가 쉽고 공터에 주차 후 포인트로의 진입도 수월한 편이다. 더욱이 주요 바다낚시 어종은 물론 생활낚시 대상어가 계절을 가리지 않고 잘 낚여 현지인들이 틈만 나면 부담 없이 찾는 동네 낚시터로 인기가 높다.

방파제 주변 및 인근 갯바위 앞 일대의 수심이 얕아 전문 꾼들이 본격적으로 찾는 낚시터라기보다는 생활낚시터로서의 비중이 높은 장소이다.

■ 어종과 시즌

공세방파제에는 감성돔·벵에돔을 비롯한 학공치·고등어·황어·망상어 등이 주어종으로 꼽히며, 가을이 되면 삼치 무리에 이어 무늬오징어도 가세한다.

북쪽에 위치한 현내방파제와 비슷하게 가을 첫 시즌에 감성돔이 선보이는 곳이지만 씨알이 좀 잘다는 게 흠이다. 마찬가지로 겨울철에는 감성돔 입질이 소강상태를 보인다. 벵에돔 씨알도 잘아서 감성돔이나 벵에돔 위주의 낚시보다는 기타 잡

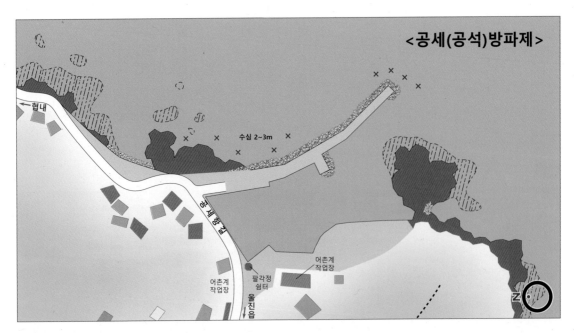

어를 함께 노리기에 적합한 곳으로, 울진 지역의 생활낚시 명소 중 한 곳으로 평가하는 것이 타당하다. 다만 가을철이 되면 삼치가 무리를 지어 자주 접근함으로써 공세방파제는 삼치낚시의 일급 포인트로 평가할 만하다.

그밖에도 계절에 따라 학공치·고등어·망상어 등 잡어가 잘 낚인다. 또한 사시사철 원투낚시에 노래미가 곧잘 입질을 하고, 늦가을에는 무늬오징어가 근접해 입맛을 돋운다. 따라서 가을 나들이 때는 루어낚시 준비도 잊지 말아야 한다.

■ 포인트 및 참고 사항

감성돔 포인트는 방파제 초입 부분이 최우선이다. 테트라포드 바로 앞부터 20여m 전방 구간 주변은 수중여가 발달한 지형으로 감성돔 찌낚시 포인트이고, 다음으로는 방파제 중간 지점과 끝자락 주변이 공략 대상지이다. 이곳에서는 채비를 멀리 흘리지 말고 테트라포드에 바짝 붙여서 입질을 기다리는 것이 효과적이다.

벵에돔은 대부분 방파제 끝자락에서 입질을 하지만 씨알이 잘아 이곳 공세방파제에서 벵에돔을 전문으로 노린다는 것은 별로 권할만하지 못하다.

다른 곳도 마찬가지지만 이곳 방파제 끝자락 역시 조류 소통이 원활해 가을이 되면 삼치 루어낚시 포인트로 급부상을 한다. 삼치 떼가 붙으면 방파제 끝자락에서 외해를 향해 루어를 캐스팅하는 꾼들로 자리다툼이 벌어지기도 한다.

내항 쪽에도 갯바위가 형성돼 있는데 이곳 주변도 감성돔과 함께 각종 잡어가 잘 낚여 낚시인들이 항상 자리하고 있는 모습이 눈에 띈다. 원투낚시를 할 경우는 방파제 중간 지점이나 해안도로 앞 갯바위에서 외해를 향해 캐스팅 한다. 채비 손실은 각오해야 하지만 노래미 또는 우럭이 그 보답을 해준다.

인근 낚시점(054)

*울진반도낚시 782-2197
울진읍 온양리 404-3
*24시슈퍼낚시 782-9944
근남면 노음리 324-33

↓ 어촌계 작업장 건물 옥상에서 바라본 공세(공석)방파제. 사시사철 다양한 어종이 낚이는 생활 낚시터이자, 가을에는 삼치가 접근해 루어낚시가 활기를 띤다.

동정방파제
(진복방파제)

- **소재지** : 울진군 근남면 진복리 205-10 외
- **길이** : 큰방파제 3000여m, 작은방파제 1000여m
- **위치 참조** : 〈최신 전국낚시지도〉 145p E4

찾아가는 길

수도권의 경우 영동고속도로와 동해고속도로를 이용하다가 근덕IC를 빠져나온 후 울진 방면의 동해대로(7번국도)를 따라 울진까지 남하하되, 울진북부교차로와 연호교차로 지점을 지나 울진남부교차로로 나온다. 오른쪽 4000여m 지점의 삼거리에서 왼쪽 울진북로를 따라 1.2km 남하하면 왕피천 수산교를 건너게 되는데, 다리 건너자마자 산포 방면으로 좌회전하여 망양정로(917번지방도)를 따라 계속 6.8km여 진행하면 진복방파제에 닿는다. 그러나 수도권에서 보다 빠른 길은 영동고속도로 → 중앙고속도로 풍기IC로 나와 영주시를 지나 36번국도를 타고 울진읍내 입구의 수산교차로에서 우회전해 왕피천 수산교를 건너면 된다.

■ 낚시 여건

울진군 근남면 진복2리(동정마을)에 위치한 진복방파제는 현지에선 동정방파제라고도 불린다. 길이 270여m의 울진권에서는 중형급 방파제에 속하는데, 독특하게 큰방파제가 중간 부분에서 외해 쪽으로 날개(익제 · 翼堤)를 하나 더 뻗치고 있어 그냥 일자로 뻗은 일반 방파제에 비해 더 좋은 낚시 여건을 제공한다.

진복방파제는 주변이 모래밭 지형이긴 하지만 북쪽으로 이어지는 갯바위 포인트와 더불어 감성돔 낚시터로서의 가치가 돋보이는 곳이다. 특히 주의보 상황이 잦은 겨울 감성돔낚시에서 특별한 장소로 여겨지고 있다.

■ 어종과 시즌

감성돔이 주요 어종이다. 특히 겨울철에 가장 돋보인다. 겨울에는 밤낮으로 감성돔이 호조를 보이는가 하면 50cm급 대물 출연도 잦다. 그러나 폭풍 주의보 상황의 겨울 감성돔낚시는 무엇보다 안전에 유의해야 한다. 뱅에돔은 여름부터 선을 보이기 시작하는데 그저 잔 씨알로 손맛을 채우는 정도이다. 그밖에 겨울과 봄에는 볼락이 잘 낚이고 여름철부터 던질낚시를 하면 보리멸이 낚인다. 방파제 주변에서는

<동정(진복)방파제>

망양해수욕장

진복2리
복지회관

간이
화장실

어촌계
공동어로
작업장

동정마을

동정정(쉼터)

익제(翼堤)

망양정로

두리수산

917

오산항

2~7m (수심 기복 극심)

시즌에 따라 망상어 · 학공치 · 노래미 · 황어 · 가자미 등 잡어 입질이 이어진다.

인근 낚시점(054)

*덕신낚시 782-0975
원남면 덕신리 21-1

■ 포인트 및 참고 사항

진복방파제의 최고 인기 포인트는 큰방파제 초입의 갯바위 일대와 큰방파제에서 외해로 뻗은 익제(翼堤) 구간이다. 감성돔은 물론 학공치 · 망상어 · 농어 · 황어 등 찌낚시의 명당자리이다. 갯바위 지역은 수심도 깊고 물색이 흐린 날 또는 야간 찌낚시에 감성돔이 자주 나오는 일급 포인트이다. 외해로 돌출된 익제 구간은 겨울 시즌에 바람을 등지고 낚시를 할 수 있는 장점이 있어 현지에서는 아주 특별한 포인트로 여겨지고 있다.

큰방파제 주변은 모래밭으로 감성돔낚시에는 적합지 않지만 물색이 흐린 날에는 뱅에돔 · 망상어 · 황어 등 찌낚시가 잘 된다. 다만 수심이 2~7m로 변화가 극심한 특징을 보인다. 파도에 의해 모래가 쌓이거나 씻겨나가기 때문인데, 출조 전 수심 확인이 필수 조건이다.

작은방파제와 그 옆 갯바위는 주의보를 넘어 경보 발령 시에도 낚시가 가능할 정도로 아늑한 분위기다. 다른 곳에서 낚시가 힘들 때 피신 낚시를 하는 곳이기도 하다. 그밖에 큰방파제 북쪽 도로변의 경부수산 앞 백사장은 감성돔 원투낚시 포인트로 알려져 있다. 양식장의 배수로가 설치되어 있는 관계로 황어 · 숭어 · 농어 등의 입질도 기대할 수 있다.

진복방파제는 시즌 내내 꾸준한 조황을 보이는 장소는 아니다. 파도의 고저, 풍향, 물색 등을 고려하여 맞춤한 조건이 형성되면 포인트로서의 가치가 급상승하므로 성공적인 낚시를 위해서는 낚시 당일의 판단이 가장 중요한 요소이다.

↓ 어촌계 공동어로작업장 건물 옥상에서 바라본 동정방파제. 외해로 뻗어 나온 익제(翼堤) 구간이 최고 포인트이다. 주의보 상황에서도 낚시를 즐길 수 있는 곳이기도 하다.

오산항방파제

- **소재지** : 울진군 원남면 오산리 226-13 외
- **길이** : 큰방파제 670m, 작은방파제 465m
- **위치 참조** : 〈최신 전국낚시지도〉 145p E5

찾아가는 길

수도권의 경우 중앙고속도로를 이용해 풍기IC→영주→봉화 경유 36번 국도를 타고 울진 수산교차로까지 진행한다. 수산교차로에서 평해·포항 방면으로 우회전해 노음교차로에서 7번 국도(동해대로)를 타고 남하하다가 덕신교차로에서 오산리 방면으로 좌회전하면 약 1km 지점이다.

영덕·포항 방면에서도 동해대로를 이용해 덕신교차로에서 우회전하면 된다.

■ 낚시 여건

남쪽과 북쪽에서 뻗어난 두 개의 대형 방파제가 머리를 맞대고 있는 오산항은 대형 선박이 정박할 수 있는 중대형 항구이다. 죽변항과 후포항의 중간 지점에 위치해 풍랑 등 위급한 상황이 발생하면 어선의 대피소 역할도 담당하는 항구이다.

북쪽에 위치한 큰방파제는 그 길이가 670m에 달할 뿐만 아니라 그 형태가 이리 구불 저리 구불, 마치 ㄹ자로 구부러진 특이한 형상을 취하고 있다. 이와 같은 오산항방파제는 일견 좋은 포인트를 많이 가진 낚시터로 여길 수도 있지만, 방파제 주변이 모래밭으로 수심 변화가 심해 조과도 이에 따라 크게 달라지는 낚시터이기도 하다. 작은방파제 남쪽의 덕신해수욕장을 따라 175m짜리 방사제(防砂堤)와 40~100m짜리 이안제(離岸堤-뜬방파제) 6개가 줄지어 축조돼 있지만 이들 역시 낚시터 구실은 못한다.

■ 어종과 시즌

찌낚시 어종으로는 벵에돔이 꼽히고, 루어낚시 대상어로는 볼락과 무늬오징어가 꼽힌다. 여름철 이후 수온이 상승하면 벵에돔 입질이 시작되는데 수심이 중요한

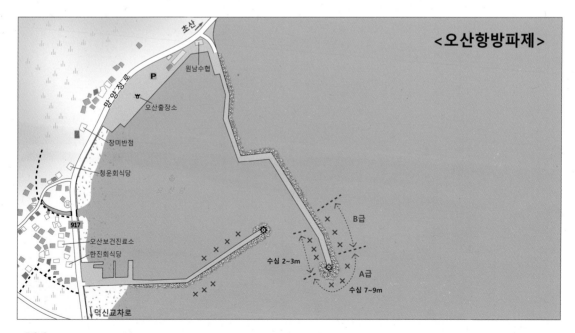

<오산항방파제>

변수로, 수심만 확보되면 씨알 좋은 뱅에돔을 마릿수로 낚을 수 있다. 감성돔은 겨울철 주의보 상황에서 바람을 등지고 낚시를 할 수 있는 여건이어서 시기만 잘 맞추면 제대로 입질을 받을 수 있다.

볼락은 가을부터 봄철에 아주 잘 낚여 미끼낚시나 루어낚시를 하는 꾼들의 발길이 잦다. 무늬오징어는 여름에 아주 잔 씨알을 보이다가 가을이 깊어지면 묵직한 씨알이 에깅에 잘 낚여 올라온다. 이밖에 붕장어 · 가자미 · 우럭 · 노래미 등 잡어는 한겨울을 제외하면 꾸준히 입질을 이어간다.

■ 포인트 및 참고 사항

북쪽의 큰방파제는 끝자락에 뱅에돔 포인트가 형성된다. 끝자락에서 좌우 방향이 A급 자리이고, 이어지는 외해 방향 100m 정도가 B급 자리라고 할 수 있다. 방파제 끝자락의 수심은 원래 7~9m 정도이지만 파도에 밀려온 모래가 쌓여 2~3m 수준을 보이기도 하는데, 준설 작업을 하여 수심이 확보되면 다시 명당자리가 된다. 수심이 얕아진 상태에서는 낚시가 불가하므로 수심 확인이 선결 과제이다.

큰방파제 끝자락에서 내항 쪽 100m 구간에서도 뱅에돔과 볼락, 무늬오징어가 낚이지만 역시 수심이 확보된 상황에서만 그 가치가 발휘된다. 큰방파제 중간 지점, 즉 방파제가 직각으로 꺾이는 부분에서는 내항 쪽으로 던질낚시를 하는데, 가자미와 우럭이 잘 낚여 생활낚시 포인트로 인기다. 밤에는 붕장어 입질도 잦은 곳이다.

작은방파제는 남쪽을 바라보고 낚시를 하는 곳으로 겨울 감성돔낚시를 할 때 세찬 북서풍이나 주의보 상황 하에서도 충분히 낚시가 가능하다. 작은방파제 내항 쪽은 초입부터 암반과 수중여가 산재해 있어 볼락이 잘 낚이는 장소로 인기가 높다.

인근 낚시점(054)

*울진반도낚시 782-2197
울진읍 온양리 404-3
*죽변낚시프라자 782-8284
죽변면 죽변리 426-7
*덕신낚시뱅크 782-0975
원남면 덕신리 21-1

↓ 하늘에서 내려다본 오산항방파제. 찌낚시로는 뱅에돔, 루어낚시로는 볼락과 무늬오징어가 잘 낚인다. 주변이 모래밭으로 수심 변화가 심하므로 수심 체크를 잘 해야 한다.

망양방파제
(망양상방파제)

- **소재지** : 울진군 기성면 망양리 632-6
- **길이** : 600여m
- **위치 참조** : 〈최신 전국낚시지도〉 145p E6

찾아가는 길

수도권의 경우 중앙고속도로를 이용해 풍기IC→영주→봉화 경유 36번 국도를 타고 울진 수산교차로까지 진행한다. 수산교차로에서 평해·포항 방면으로 우회전해 노음교차로에서 7번국도(동해대로)를 타고 남하하다가 망양1교차로로 나오면 600여m 거리다.
영덕·포항 방면에서는 동해대로를 타고 북상하다가 망양교차로로 나와 망양1,2리를 지나면 된다.

■ 낚시 여건

울진권의 일급 갯바위낚시터로 각광받는 망양휴게소 포인트에서 남쪽으로 약 1.5km 떨어져 있는 망양상방파제는 모래밭에 만들어진 아주 작은 방파제이다. 이름도 없이 그저 망양마을의 위쪽에 있다 하여 '망양상방'으로 불리며, 오래 전 철거된 방파제 주변의 매점 이름을 본떠서 상해방파제라고도 불린다.
주변이 모래사장인 데다 보잘 것 없는 외형으로 지나쳐버리기 쉽지만 시즌 내내 폭발적인 감성돔 입질을 보이는 장소로, 현지에서는 불가사의한 감성돔낚시 명소로 알려져 있기도 하다.

■ 어종과 시즌

망양상방파제를 나타내는 수식어는 단연코 감성돔이다. 가을철부터 시작되는 감성돔 입질은 겨울을 지나 봄철에 특히 돋보인다. 감성돔뿐만 아니라 볼품없는 이곳 방파제에서는 밑밥을 충분히 사용하면 어디에서나 낚을 수 있는 황어·망상어 등 잡어들의 입질이 항상 이어진다. 방파제뿐만 아니라 인근 갯바위 지역을 찾아가 낚시를 하는 것도 좋다. 주변이 모래사장이므로 수중여가 보이는 장소를 골라

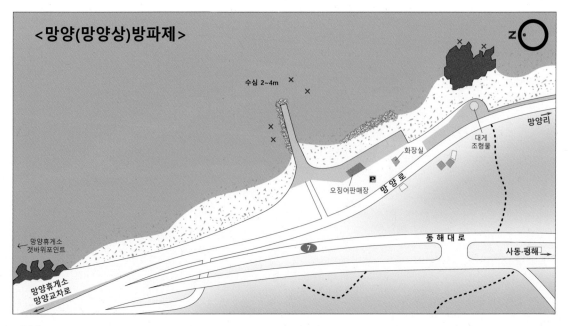

원투낚시를 하면 가자미 · 우럭 · 노래미 등이 잘 낚인다.

인근 낚시점(054)

＊울진반도낚시 782-2197
　울진읍 온양리 404-3
＊죽변낚시프라자 782-8284
　죽변면 죽변리 426-7
＊덕산낚시뱅크 782-0975
　원남면 덕신리 21-1

■ 포인트 및 참고 사항

자그마한 방파제 주변에는 큰 수중여도 없고 대부분 모래밭 지형인데도 감성돔이 많이 낚이는 특이한 현상을 보인다. 통상적인 감성돔 포인트와는 전혀 다른 여건임에도 불구하고 이곳에서 감성돔이 잘 낚이는 이유는, 방파제가 남북으로 회유하는 감성돔의 길목에 위치하고 있기 때문인 것으로 추정하고 있다. 방파제 북쪽에 망양휴게소 갯바위 포인트가 있고 남쪽 마을 앞으로 수중여가 발달되어 있는 것이 이를 뒷받침해 주고 있다.

방파제 위에서는 낚시 당일의 바람 방향과 조류의 방향에 따라 위치를 선택하면 된다. 수심은 2~4m로 약간 기복이 있으나 이는 모래바닥의 특성이라고 생각하면 된다. 물이 맑기 때문에 야간낚시가 주간낚시보다 우세함을 보이고, 주간에는 파도가 적당히 일고 물색이 흐려진 상황이 유리하다.

길이가 50m밖에 되지 않는 워낙 작은 방파제이다 보니 시즌이 열려 감성돔이 붙었다는 소문이 퍼지기 시작하면 이내 발붙일 자리가 없다는 점을 염두에 두어야 한다. 30~50cm급 준수한 씨알의 감성돔이 그것도 마릿수로 올라오는 명당자리이지만 2~3명 이상 낚시를 할 수 없다는 점도 참고사항이다.

방파제에 설 자리가 이미 없다면 남쪽으로 약 200m 떨어져 있는 갯바위도 괜찮은 포인트이다. 수중여가 발달하여 감성돔 · 우럭 · 노래미 등을 기대할 수 있다. 그 외에도 방파제에서 북쪽으로 1.5km 정도 해안도로를 타고 올라가면 망양휴게소가 있는데 그 주변 갯바위 지역은 익히 알려진 특급 포인트이다.

↓ 망양휴게소 가는 방향의 7번 국도변(동해대로)에서 바라본 망양방파제.

사동항방파제

- **소재지** : 울진군 기성면 사동리 289-2 외
- **길이** : 큰방파제 716m, 작은방파제 250m
- **위치 참조** : 〈최신 전국낚시지도〉 145p E6

찾아가는 길

수도권의 경우 중앙고속도로를 이용해 풍기IC→영주→봉화 경유 36번 국도를 타고 울진 수산 교차로까지 진행한다. 수산교 차로에서 평해·포항 방면으로 우회전해 노음교차로에서 7번 국도(동해대로)를 타고 남하하다가 사동교차로로 나와 사동항 이정표 따라 진행하면 된다. 영덕·포항 방면에서도 동해대로를 타고 북상하다가 사동교차로로 나오면 된다.

■ 낚시 여건

전망이 확 트여 일출 광경이 뛰어난 사동항은 울진군 기성면에 위치한 중대형 항구이다. 길이 720여m에 달하는 대형 방파제를 갖추고 있어서 외해 방향과 내만을 통틀어 제법 큰 낚시터를 형성하고 있다.

찌낚시·던질낚시·루어낚시 등 모든 장르의 낚시를 다양하게 소화할 수 있는 전천후 낚시터로 벵에돔과 감성돔을 노리는 전문 낚시인부터 현지인들의 생활낚시나 가족단위 관광낚시에 이르기까지 만족할 만한 여건을 갖추고 있다.

■ 어종과 시즌

사동항방파제에서 낚이는 어종은 다양하다. 주요 어종은 벵에돔과 감성돔이고, 이를 뒤이어 농어·학공치·볼락·우럭 등이 꾼들의 취향을 돋운다.

벵에돔은 여름부터 낚이기 시작하여 가을철에 씨알이 굵게 낚인다. 감성돔은 역시 봄에 피크를 이룬다. 농어는 초여름부터 낚이기 시작하고, 학공치는 가을이 제 시즌이지만 수온의 영향을 많이 받아 시즌이 들쭉날쭉한 편이어서 현지에 조황 소식을 확인하고 찾아가는 것이 좋다. 볼락은 봄철에 마릿수로 낚인다.

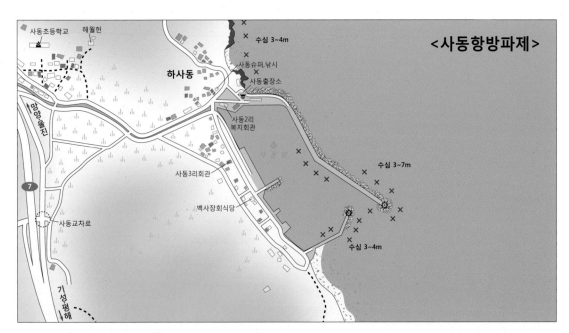

가자미 · 노래미 · 우럭 등은 한겨울을 제외하고는 사시사철 입질을 기대할 수 있는 붙박이 어종이다.

■ 포인트 및 참고 사항

큰방파제는 벵에돔 시즌 때 빛을 발하는 포인트이다. 그 중에서도 방파제 끝자락 주변이 가장 좋은 자리로 꼽히고, 중간 지점에서 방파제가 조금 꺾이는 주변 앞쪽이 다음으로 좋다고 알려져 있다. 학공치 또한 잘 낚이는 곳으로 학공치가 붙는 시기에는 낚시인들의 발길이 부쩍 늘어난다. 수심은 3~7m로 기복이 심한 편이다.

남쪽에 위치한 작은방파제는 외해 방향으로 여름~가을엔 벵에돔이 붙고 겨울~봄엔 감성돔이 붙어 단골 꾼들이 습관처럼 찾는 곳이다. 특히 겨울~봄 시즌의 북서풍을 등지고 낚시할 수 있는 여건이어서 주의보가 발령된 상태에서도 웬만큼 낚시가 가능한 곳이기도 하다. 방파제 모양이 중간에서 약간 구부러진 형태인데, 그 지점에서부터 방파제 끝자락까지가 좋은 포인트이다. 특히 이곳 작은방파제에서는 여름철에 농어 루어낚시도 잘 된다. 수심은 3~4m를 유지하고 있다.

한편 내항 방향으로는 큰방파제와 작은방파제 모두 석축 주변에서 우럭이 곧잘 낚이고 봄에는 볼락도 잘 낚인다.

큰방파제 초입에서 북쪽으로 이어지는 갯바위 구간은 감성돔 포인트로, 특히 수중여가 발달되어 있어서 감성돔 시즌 때 집중 공략 대상이 된다. 포인트 거리의 수심은 3~4m 정도. 감성돔 시즌이 아닐 때도 우럭 · 노래미 등의 록피시 종류가 잘 낚이는 장소로 루어낚시를 즐기기에도 적합한 여건이다.

인근 낚시점(054)

＊울진반도낚시 782-2197
　울진읍 온양리 404-3
＊동해낚시 787-8778
　평해읍 평해리 855-1

↓ 하늘에서 내려다본 사동항방파제. 벵에돔 · 감성돔 · 농어 · 학공치 · 볼락 · 우럭 · 노래미 등 다양한 어종을 상대로 찌낚시 · 던질낚시 · 루어낚시 등 다양한 장르의 낚시를 고루 즐길 수 있는 곳이다.

기성방파제

- **소재지** : 울진군 기성면 기성리 50-1 외
- **길이** : 큰방파제 350여m, 작은방파제 180여m
- **위치 참조** : 〈최신 전국낚시지도〉 165p E1

찾아가는 길

수도권에서의 최단거리는 영동고속도로→중앙고속도로 풍기IC를 나와 영주시를 지나 36번 국도를 타고 울진으로 가는 코스이다. 수산교차로에서 우회전 후, 노음교차로에서 포항 방면 동해대로(7번국도)를 이용한다. 약 18km 지점의 척산교차로로 빠져나와 기성항 방면으로 1.5km 진행하면 다시 교차로가 나오는데, 여기에서 이정표를 따라 좌회전하여 마을로 진입한다. 마을을 감싸 도는 '기성 본길'을 따라 들어가면 방파제 초입에 다다른다.

인근 낚시점(054)

★동해낚시 787-8778
평해읍 평해리 855-1

↓ 기성방파제의 주요 포인트는 큰방파제 외항 쪽이다. 사진 오른쪽 뒤로 보이는 것이 작은방파제이다.

■ 낚시 개황

울진군 기성면 기성리에 위치하는 기성방파제는 시골 어촌에 축조된 방파제이지만 그 규모만큼은 꽤 크고 인근 마을 규모도 커 그다지 한적한 분위기는 아니다. 길게 바다로 뻗은 큰방파제는 350여m에 달하고 남쪽의 작은방파제는 모래사장을 등지고 'ㄱ'자 형태로 꺾인 모습을 취하고 있다.

울진군의 갯바위 낚시터 중 유명세를 타고 있는 많은 포인트들이 이곳 기성방파제 북쪽으로 연이어 있어 방파제낚시 자체는 그다지 주목을 받지 못하는 편이다.

■ 참고 사항

기성방파제의 감성돔 포인트는 큰방파제 초입에서부터 약 100m 이내 구간이다. 암초지대가 방파제 북쪽 갯바위와 이어져 있기 때문이다. 수심은 3~4m로 찌낚시보다는 주로 원투낚시로 감성돔을 노리는 이들이 많다. 큰방파제 끝자락은 수심 6~7m의 벵에돔 포인트인데, 씨알이 잘아 전문 꾼들이 선호하는 편은 아니다.

작은방파제 끝자락은 직각으로 꺾인 형태로 큰방파제와 평형을 이루는 형상인데, 전방 수심이 의외로 깊어 좋은 포인트 구실을 한다. 게다가 주의보 상황의 높은 파도에도 큰방파제가 차단막 역할을 해 큰 부담 없이 낚시를 즐길 수 있다. 그러나 그 구간은 30여m에 불과해 여럿이 낚시하기에는 무리가 따른다.

큰방파제 초입에서 북쪽으로 이어지는 갯바위 지대는 일급 포인트임에 분명하지만 지역 어민들이 전복 종패를 뿌려 양식을 하는 장소로 진입 시에 현지 어민과의 마찰이 심하므로 주의를 요한다.

봉산방파제

- **소재지** : 울진군 기성면 봉산리 1-30
- **길이** : 75m
- **위치 참조** : 〈최신 전국낚시지도〉 165p F2

■ 낚시 개황

울진공항 남쪽, 구산항 북쪽 1km 지점에 위치한 소규모 방파제로, 남북으로 백사장이 길게 펼쳐져 있고 방파제가 축조된 곳은 해안선이 불쑥 돌출된 지형이다. 돌출 지형의 방파제 초입에는 작은 공원이 조성돼 있어 주민들과 여행객들의 쉼터로 이용된다.

주변은 단순한 직선 해안으로 듬성듬성 바위가 있는 모래밭으로 보이지만 수중 사정은 의외로 복잡한 여밭 지형이다. 방파제를 중심으로 해안도로변 수심은 얕지만 수중여가 매우 발달해 생각보다 감성돔낚시가 잘 되는 장소이다. 겨울철 파도가 적당할 때면 감성돔 꾼들이 잊지 않고 찾아든다.

■ 참고 사항

방파제 자체는 낚시터로서의 가치가 그리 높지 않다. 민장대를 이용한 잡어낚시가 이뤄지는 정도이다. 본격적인 낚시는 방파제 북쪽과 남쪽에 위치한 갯바위에서 감성돔낚시를 하는 것이다. 방파제에서 북쪽으로 400여m 떨어진 거리에 좋은 갯바위 포인트가 위치하고, 남쪽으로 450여m 떨어진 위치에 암초대 포인트가 있다.

방파제에서 가까운 모래밭은 던질낚시로 감성돔을 노리기에 적당한 여건이다. 다만 수중여가 복잡하므로 밑걸림은 각오해야 한다.

여름철에는 해안도로를 따라 이동하면서 그럴듯한 암초대를 눈여겨 봐 두는 것이 좋다. 야간에 진입하여 농어 루어낚시를 시도하면 당찬 입질을 받을 수 있는데, 해질녘부터 완전히 어두워질 때까지 그리고 새벽 해 뜨기 직전에 입질 확률이 높다.

찾아가는 길

수도권 출발의 경우 영동고속도로 만종JC→중앙고속도로 풍기IC를 나와 영주시를 지나 36번 국도→31번국도→88번국도 백암온천을 거쳐 평해읍으로 진입한다. 평해삼거리에서 좌회전하여 월송정로와 거성로를 타고 구산항을 거쳐 약 1.2km 더 북상하면 봉산방파제이다.
포항 방면에서 북상할 경우는 동해대로 월송교차로에서 우측 도로를 이용해 역시 구산항을 거치면 된다.

인근 낚시점(054)

*월송수퍼, 낚시 787-4626
  평해읍 월송리 480
*동해낚시 787-8778
  평해읍 평해리 855-1
*백암수퍼, 낚시 788-1515
  후포면 금음리 190

↓ 봉산방파제 자체는 낚시터로서의 가치가 떨어진다. 방파제 위·아래쪽에 위치한 갯바위 지대가 포인트로서의 가치가 높다.

구산항방파제

- **소재지** : 울진군 기성면 구산리 101-11 외
- **길이** : 큰방파제 620여m, 작은방파제 570여m
- **위치 참조** : 〈최신 전국낚시지도〉 165p E2

찾아가는 길

수도권의 경우 중앙고속도로를 이용해 풍기IC→영주→봉화 경유 36번 국도를 타고 울진 수산교차로까지 진행한다. 수산교차로에서 평해 · 포항 방면으로 우회전해 노음교차로에서 7번국도(동해대로)를 타고 남하하다가 울진 공항교차로로 나와 구산항 방면으로 진행하면 된다.

영덕 · 포항 방면에서도 동해대로를 타고 북상하다가 울진 공항교차로로 나오면 된다.

■ 낚시 여건

남쪽으로 구산해수욕장을 끼고 있는 구산항은 울진권에서는 중대형 규모에 속하는 항구로 전천후 낚시터 역할을 한다. 감성돔을 노리는 전문 낚시인에서부터 관광객이나 현지민들의 생활낚시 분야에 이르기까지 시즌에 따라 다양한 어종이 다양한 손맛을 안겨준다.

길이가 600m 이상에 달하는 큰방파제는 중간 부분에서 직각으로 두 번이나 구부러진 형태를 취하고 있고, 작은방파제도 중간 부분에서 외해 쪽으로 돌출된 곁가지 방파제(翼堤)를 거느려 전체적인 모습이 Y자 형태를 이룬다. 이렇듯 여러 각도로 구부러진 방파제는 조류의 흐름을 복잡하게 만들고 어류의 서식환경에 좋은 영향을 제공하므로 다양한 어종이 머물게 하는 효과를 보인다.

■ 어종과 시즌

구산항방파제에서는 시즌에 따라 감성돔 · 벵에돔 · 농어 · 학공치 · 가자미 · 붕장어 · 우럭 · 볼락 등 다양한 어종을 만날 수 있다. 큰방파제는 주로 감성돔과 벵에돔 포인트가 되어 전문 낚시인들도 자주 찾는다. 감성돔은 겨울과 봄, 벵에돔은 여

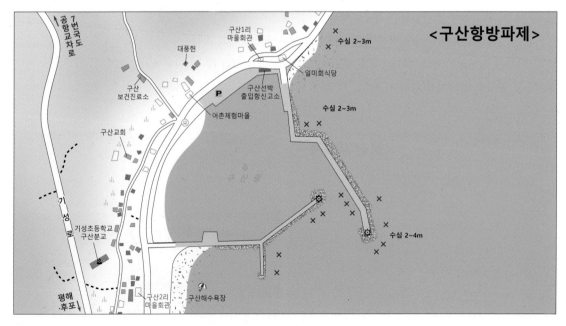

름과 가을이 제철이다. 여름이 되면 농어와 광어의 입질도 잦아진다.

학공치는 주로 가을철부터 씨알이 굵게 낚이지만 수온에 민감한 관계로 방파제로 접근하는 시기를 딱 집어 말하기 어렵다. 학공치 떼가 접근하여 잘 낚이다가도 며칠 만에 사라졌다가 다시 나타나기를 반복하는 경우가 많기 때문이다. 가자미·우럭·붕장어는 던질낚시에 사시사철 잘 나오는 편인데 특히 여름철이 돋보인다.

■ 포인트 및 참고 사항

꾼들이 가장 사랑하는 감성돔은 큰방파제의 외해 쪽이 모두 포인트라고 말할 수 있지만, 중간에 꺾인 부분이 마치 갯바위의 홈통처럼 조류가 돌아들었다 나가는 흐름이 원활해 가장 명당으로 선호된다. 수심은 고르게 7~8m 정도이다. 벵에돔도 역시 큰방파제 전역에서 고른 조과를 보이지만 그 중에서도 끝자락 일대가 가장 좋은 포인트로 꼽힌다. 다만 방파제 길이가 길어 진입과 철수에 오랜 시간 걸어야 한다는 불편이 따른다.

학공치는 가을부터 낚여 겨울철 감성돔낚시 시즌과 겹치기도 하는데, 학공치만큼은 큰방파제보다 작은방파제에서 조과가 더 좋은 경우가 많다.

큰방파제 초입에서 방파제와 반대 방향인 북쪽으로 이어지는 해안은 모래밭이지만 물속으로는 암초가 발달해 있는 곳으로 농어 루어낚시가 잘 되는 포인트이다. 여름철부터는 간편한 루어낚시 장비를 들고 이동해 가며 농어를 노려보는 것도 좋다. 농어 이외에도 광어나 개볼락·우럭의 입질도 기대할 수 있다.

큰방파제에서 던질낚시를 한다면 외항 방향, 내항 방향 어느 쪽이든 좋은데, 가자미와 붕장어가 잘 낚인다.

인근 낚시점(054)

*월송수퍼, 낚시 787-4626
 평해읍 월송리 480
*동해낚시 787-8778
 평해읍 평해리 855-1
*백암수퍼, 낚시 788-1515
 후포면 금음리 190

↓ 하늘에서 내려다본 구산항방파제. 찌낚시 최고의 명당은 큰방파제의 첫 번째 꺾인 구간이다. 사진 오른쪽 백사장 앞으로 보이는 거뭇거뭇한 구조물들은 모래 유실을 차단하기 위한 방사제이다.

직산방파제

- 소재지 : 울진군 평해읍 직산리 143-1 외
- 길이 : 큰방파제 275m, 작은방파제 160m
- 위치 참조 : 〈최신 전국낚시지도〉 165p E3

찾아가는 길

수도권에서는 영동고속도로 만종JC→중앙고속도로 풍기IC를 나와 영주시를 지나 36번국도→31번국도→88번국도를 거쳐 평해읍으로 진행한다. 평해삼거리에서 좌회전하여 월송정로와 울진대게로를 타고 남대천 직산교를 건너면 곧 직산이다. 포항 방면에서 북상할 경우는 동해대로 월송교차로로 나오면 된다.

인근 낚시점(054)

*동해낚시 787-8778
 평해읍 평해리 855-1
*백암수퍼,낚시 788-1515
 후포면 금음리 190

↓ 빨간 등대 쪽에서 뒤돌아본 직산 큰방파제 모습. 조황의 기복이 심한 곳이지만 감성돔 시즌에는 종종 화제를 불러일으키기도 한다.

■ 낚시 개황

울진군 평해읍에 위치하는 직산방파제는 규모에 비해 낚시터로서는 크게 주목을 받지 못한다. 고기가 잘 낚이지 않아서가 아니라 어느 때는 호조를 보이다가도 어느 땐 낚시가 몰황을 보이는 등 조과의 기복이 심하기 때문이다. 그리 큰 기대를 하지 않고 찾았다가 감성돔 대박 조과를 맞는 경우도 있지만 거듭 기대하고 찾아갔다가는 실망을 하게 되는 경우가 많다는 얘기다. 감성돔을 군이 노리고자 한다면 방파제 북쪽 갯바위 지역이 오히려 안정적이다. 던질낚시에는 가자미가 항상 입질하고 내항에서는 학공치와 볼락 등 잡어의 입질은 꾸준한 편이다.

■ 참고 사항

직산방파제의 감성돔 주요 포인트는 큰방파제의 외해 방향이다. 특별한 포인트가 있다기보다는 낚일 때 방파제 전역에서 고른 조과를 보인다. 입질 유무를 판단하기 위한 조행이라면 방파제 끝자락이이 우선이다. 전체적으로 주변 갯바위의 조과가 보장된다면 군이 방파제에 올라 낚시를 하는 경우는 많지 않다. 그러나 언제 조황이 폭발할지 모르는 장소이므로 감성돔 시즌에는 종종 체크해 볼 필요가 있다. 큰방파제 초입 부근에서는 외해 쪽으로 던질낚시도 많이 한다. 가자미가 낚이는데 씨알은 크지 않아도 심심치 않은 조과를 얻을 수 있다.

내항 쪽과 작은방파제 부근은 볼락이 잘 낚이는 장소로 루어낚시를 시도해도 좋다. 볼락은 봄과 가을에, 그 밖의 시즌에는 개볼락과 우럭도 잘 올라온다. 5~7월에는 외해 방향으로 소형 메탈지그나 지그헤드리그를 멀리 캐스팅해서 광어와 양태를 노릴 수 있다.

〈직산방파제〉

용바위리조트
7번국도·평해삼거리
속초수퍼
수심 3~4m
직산상회
거일·한진·후포

구분	1월	2월	3월	4월	5월	6월	7월	8월	9월	10월	11월	12월	비고
가자미, 도다리	■	■	■	■	■	■	■	■	■	■		■	2~5월엔 강도다리, 5월부터는 참가자미
감성돔	■	■	■	■	■				■	■	■	■	
고등어									■	■	■		
광어(넙치)						■	■	■	■	■			
노래미, 쥐노래미						■	■	■	■	■			
농어				■	■	■	■	■	■				
망상어	■	■	■	■							■	■	
무늬오징어									■	■	■		
방어										■	■	■	
벵에돔							■	■	■				
보리멸						■	■	■	■				
볼락	■	■	■	■								■	
붕장어					■	■	■	■	■				
삼치									■	■			
성대						■	■	■					
숭어	■	■	■	■	■	■	■	■	■	■	■	■	여름~가을 찌낚시, 겨울~봄 훌치기 성행
양태						■	■	■					
우럭(조피볼락, 개볼락 등)	■	■	■	■	■	■	■	■	■	■	■	■	
전어							■	■	■				
전갱이							■	■	■	■			
학공치	■	■									■	■	
황어	■	■	■									■	

* 연한 색깔은 일반 시즌, 짙은 색깔은 본격 시즌을 뜻함.

거일방파제
(거일2리방파제)

- 소재지 : 울진군 평해읍 거일리 282-5
- 길이 : 방파제 120여m, 해상낚시공원 470m
- 위치 참조 : 〈최신 전국낚시지도〉 165p E4

찾아가는 길

수도권의 경우 중앙고속도로를 이용해 풍기IC→영주→봉화 경유 36번 국도를 타고 울진 수산교차로까지 진행한다. 수산교차로에서 평해·포항 방면으로 우회전해 노음교차로에서 7번국도(동해대로)를 타고 남하하다가 월송교차로로 나와 거일 방면으로 진행하면 된다.
영덕·포항 방면에서는 동해대로를 타고 북상하다가 삼율교차로로 나와 후포항을 경유하면 된다.

■ 낚시 여건

울진권 감성돔 낚시터로 가장 손꼽히는 곳이 바로 평해읍 거일리 일원이다. 해안도로를 따라 이어지는 갯바위와 간출암이 무수한 포인트를 형성해 봄철 감성돔 시즌이 시작되면 현지 낚시인들은 물론 낚시인들도 원정을 감행한다. 씨알과 마릿수 모두 만족감을 안겨주는 특급 포인트들로, 그중에서 단연 돋보이는 장소가 바로 거일방파제이다.

뿐만 아니다. 방파제로부터 100여m 거리에 축조된 '울진바다목장 해상낚시공원'은 비록 유료 낚시터로 운영될망정 서식 어종이 더욱 풍부하고 마릿수 조황도 뛰어나 가족 동반 출조에 안성맞춤이다. 총연장 450m 중 130m 길이의 낚시잔교(棧橋) 위에서 안전하게 낚시를 즐길 수 있고 즉석 횟감 마련도 어렵지 않다. 입어료는 성인 5천원, 청소년 2천 5백원.

■ 어종과 시즌

거일방파제의 최고 인기 어종은 단연 감성돔이다. 낚시터는 방파제뿐만 아니라 인근 해안도로변의 갯바위·간출암 지대가 모두 포함된다. 여름부터는 벵에돔도 낚

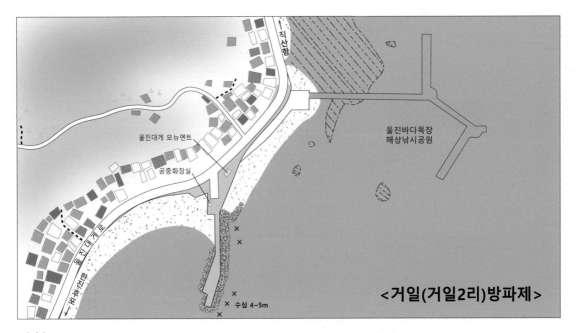

〈거일(거일2리)방파제〉

이지만 씨알은 잔 편이다. 이 무렵 7월 말부터 시작되는 무늬오징어 에깅은 10월 중순을 정점으로 11월 중순까지 시즌을 형성한다. 방파제를 포함한 남쪽 및 북쪽 간출암 지역에선 루어낚시에 농어를 비롯한 광어·양태·우럭도 잘 낚인다.

유료 낚시터로 운영되는 해상낚시공원에선 감성돔·벵에돔·농어·도다리·광어·무늬오징어뿐만 아니라 고등어·학공치·방어 등 회유어들이 특히 강세를 보인다. 방어의 경우 선상낚시에서나 구경할 수 있는 70~80cm급까지 걸려들어 높은 잔교 위에서 끌어 올리지 못하고 끝내 터뜨리는 일도 많다. 한마디로 해상낚시공원에서 낚이는 어종은 방파제·갯바위낚시 시즌과 많은 차이를 보인다는 점 참고 바란다.

■ 포인트 및 참고 사항

거일방파제는 규모가 크지 않은 만큼 전역을 하나의 포인트라 생각하면 된다. 감성돔 시즌이 시작돼 소문이 나기 시작하면 평일에도 방파제 위는 낚시인들로 붐벼 자리다툼이 벌어진다. 한창 감성돔이 낚이는 시즌 중에는 방파제뿐만 아니라 주변 일대의 갯바위는 물론 간출암 포인트들도 집중 공략 대상이 된다. 그러나 테트라 포드가 방파제 상판 위로까지 쌓여 있어 안전사고에 유의해야 한다.

수중여가 발달한 지형에 축조된 데다 수많은 인공어초가 투입된 '울진바다목장 해상낚시공원'은 사계절 붙박이 어종과 함께 가을 회유 어종이 많이 드나들어 조황이 안정된 편이다. 방파제 앞에 주차를 한 후 방파제 쪽 조황이 부실할 경우 얼른 옮기기에도 좋다. 09시부터 입장해 18시까지만 낚시를 할 수 있다.

인근 낚시점(054)

＊동해낚시 787-8778
　평해읍 평해리 855-1
＊24시 낚시타운 787-4811
　후포면 후포리 626-21
＊울진바다목장 해상낚시공원
　관리실 788-3911
　평해읍 거일리 282-6

↓ 거일방파제 위쪽에 축조된 '울진바다목장 해상공원' 유료낚시터(위 사진).
울진권 감성돔 낚시터로 톱클래스에 속하는 거일방파제(아래 사진). 규모는 작아도 방파제 전체가 포인트이다.

후포항방파제

- **소재지** : 울진군 후포면 후포리 1165 외
- **길이** : 큰방파제 1,1700여m, 작은방파제 6100여m
- **위치 참조** : 〈최신 전국낚시지도〉 165p E4

찾아가는 길

수도권의 경우 중앙고속도로를 이용해 풍기IC로 빠져 36번 국도를 이용할 수도 있지만 당진·영덕고속도로를 이용하는 게 편하다. 중부·광주·원주→중앙→당진·영덕고속도로 영덕IC로 나와 영덕 방면 7번국도(동해대로)를 타고 북상한다. 약 35km 지점의 삼율교차로로 나와 후포항 이정표 따라 진행하면 된다.
영덕·포항 방면에서도 동해대로 삼율교차로로 나오면 된다.

■ 낚시 여건

울진권의 대표적인 방파제 낚시터 중 하나인 후포항방파제는 그 규모면에서는 울진 최대급을 자랑한다. 길이가 1,200여m에 달하는 큰방파제는 걸어서 끝까지 가려면 한참이나 고생해야 할 정도다.

후포항은 동해에서도 남부 지역에 이르기 시작하는 지점으로 수온이 항상 높아 연중 낚시가 가능하고 규모만큼이나 다양한 어종이 방파제 주변에 머물러 언제 찾아가도 낚시가 가능하다는 것이 최대의 장점이다.

본격적인 감성돔·벵에돔 찌낚시에서부터 가족동반의 생활낚시까지 골고루 즐길 수 있는 후포항방파제는 울진의 초대형 전천후 낚시터로 인정받고 있다.

■ 어종과 시즌

후포항방파제는 대표적인 벵에돔 낚시터이다. 시즌을 가리지 않고 연중 벵에돔의 입질이 이어지며 40cm가 넘는 대형급도 종종 배출되는 울진권 최고의 벵에돔 낚시터이다. 감성돔은 벵에돔만큼의 명성에는 미치지 못하지만 겨울철이면 한두 차례 꾼들의 기대에 부응하듯 활황을 보인다.

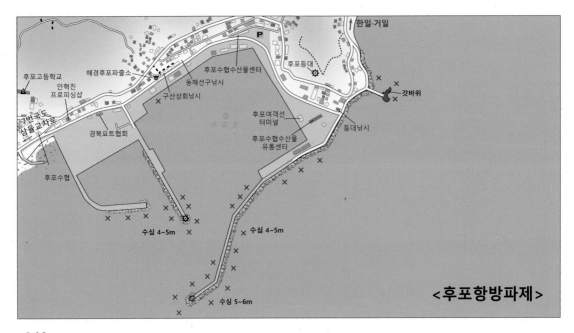

<후포항방파제>

여름부터 가을에는 씨알 굵은 고등어와 전갱이가 잘 낚이고, 던질낚시를 하면 가자미·보리멸·붕장어의 씨알도 굵다. 이외에도 황어·망상어·노래미 등이 사시사철 입질을 이어간다. 여름철부터는 루어낚시에 광어·양태·우럭 등이 걸려들고 가을로 접어들면 무늬오징어 에깅도 가능하다.

■ 포인트 및 참고 사항

후포항방파제는 방파제는 물론 인근 해안에 형성된 갯바위 포인트가 산책로로 잘 이어져 있어서 도보로 충분히 진입할 수 있다는 장점이 있는가 하면, 큰방파제의 끝자락까지는 거리가 워낙 멀어 이동에 상당한 시간을 할애해야 하는 불편도 따른다. 그렇지만 큰방파제의 최고 포인트는 맨 끝자락으로, 주로 내항 방향을 바라보고 낚시를 하는데 벵에돔 찌낚시는 물론 고등어나 전갱이를 노리는 카드채비낚시와 보리멸·가자미 던질낚시에도 명당자리로 통한다. 이곳 끝자락까지 진입하기가 너무 멀게 느껴지면 중간 지점 부근에서 외해를 바라보고 낚시를 해도 좋다. 파도가 높거나 바람 방향에 따라 내항 방향으로 낚시를 하는 경우도 있다.

작은방파제도 인기있는 포인트는 끝자락으로, 차량으로 끝까지 진입하거나 중간 지점에 주차를 한 후 걸어 들어갈 수도 있다. 각종 잡어들이 잘 낚이는 곳으로 찌낚시와 던질낚시가 동시에 이루어진다. 야간 던질낚시에는 붕장어의 입질도 잦다. 큰방파제 초입에서 왼쪽 제방 산책로를 따라가면 '갓바위'로 불리는 장소가 나오는데 이곳도 찌낚시와 던질낚시로 다양한 어종을 만날 수 있는 포인트이다. 겨울철에는 감성돔이 잘 낚여 포인트가 비좁게 느껴질 정도로 많은 낚시인들이 몰리는 자리이기도 하다.

인근 낚시점(054)

*등대낚시 788-2890
 후포면 울진대게로 237
*항구낚시슈퍼 755-8089
 후포면 후포리 1056-2
*안혁진프로피싱샵 787-0330
 후포면 후포리 626-46
*24시낚시타운 787-4811
 후포면 후포리 626-21

↓ 하늘에서 내려다본 후포항방파제. 울진권 최대의 방파제로 벵에돔낚시는 물론 루어낚시터로도 명성을 떨친다. 사진 오른쪽 너머로 갓바위와 한진방파제가 보인다.

한진방파제

갓바위

한진방파제

- 소재지 : 울진군 후포면 후포리 16-5 외
- 길이 : 북방파제 3600여m, 남방파제 420여m
- 위치 참조 : 〈최신 전국낚시지도〉 165p E4

후포항 북쪽에 인접해 있는 방파제이다. 후포등대에 올라보면 남쪽으로는 후포항방파제가, 북쪽으로는 한진방파제가 한눈에 내려다 보인다.

한진방파제는 개인기업(평해광업)의 하역장으로 낚시인의 출입을 가끔 통제하는 경우도 있지만 대체적으로 자유롭게 출입이 가능하다. 북쪽 방파제 끝자락에서 뱅에돔을 노릴 수 있지만 그다지 기대할 정도는 아니고 던질낚시로 잡어를 겨냥하는 곳으로 보는 편이 타당하다. 루어낚시를 하면 광어와 양태가 나오기도 한다. 남쪽 방파제는 중간 지점에서부터 찌낚시와 던질낚시가 가능한데, 방파제가 부실하여 이동에도 불편하고 파도에 위험하므로 파도가 조금 높다고 생각되는 날에는 아예 진입을 삼가는 편이 좋다.

찾아가는 길
후포항에서 갓바위 방향 북쪽으로 1km 이내의 거리다. 후포항까지는 〈후포항방파제〉 찾아가는 길 참조.

인근 낚시점(054)
*안혁진프로피싱샵 787-0330 후포면 후포리 626-46
*24시낚시타운 787-4811 후포면 후포리 626-21

금음방파제(금음3리방파제)

- 소재지 : 울진군 후포면 금음리 226-4 외
- 길이 : 큰방파제 100여m, 작은방파제 100여m
- 위치 참조 : 〈최신 전국낚시지도〉 165p E5

후포항 남쪽에 위치하는 중규모의 방파제이다. 위치적으로 7번 국도(동해대로)의 백암휴게소에 인접하고 있어서 현지에서는 백암방파제라고도 불리며, 남쪽에 있는 지경방파제(금음4리방파제) 구분하여 금음3리방파제라고도 부른다.

방파제의 남쪽으로는 듬성듬성 암초대가 형성돼 있지만 북쪽으로 후포항까지는 전역이 모래밭이다. 물이 맑고 수심도 얼마 되지 않아 낚시터로 크게 각광 받는 곳은 아니지만 5~7월 사이에 루어낚시를 하면 광어와 양태가 당찬 입질을 한다. 방파제 주변은 수심이 얕으므로 무게가 좀 나가는 소형 메탈지그나 지그헤드리그를 사용해 멀리 캐스팅해야 한다. 숭어 떼가 접근하는 시즌에는 훌치기 꾼들이 즐겨 찾는 곳이기도 하다.

찾아가는 길
수도권에서는 영동고속도로 만종JC→중앙고속도로 풍기IC를 나와 영주사→36번국도→31번국도→88번국도로 백암온천 입구를 지나 평해읍으로 진행한다. 평해읍 평해삼거리에서 우회전하여 동해대로를 타고 약 5.8km 남하하면 백암휴게소를 지나게 되는데, 약 700m 더 진행하면 U턴을 할 수 있는 지점이 나온다. U턴 후 3000m 오르면 금음3리 방파제로 들어가는 진입로가 있다.

인근 낚시점(054)
*백암수퍼,낚시 788-1515 울진군 후포면 금음리 190
*로타리낚시 733-9975 영덕군 영해면 성내리 488-4
*영덕낚시 070-4225-3766 영덕군 영덕읍 덕곡리 191-3

울진군 관광명소 엿보기

기성면 대게조각공원

북면 덕구온천

후포면 후포전망대

근남면 성류굴

온정면 신선계곡

근남면 망양정

서면 불영사

온정면 백암온천

지경방파제
(금음4리방파제)

- **소재지** : 울진군 후포면 금음리 393-7
- **길이** : 1000여m
- **위치 참조** : 〈최신 전국낚시지도〉165p E5

찾아가는 길

수도권에선 중앙고속도로 안동
JC 또는 경부고속도로 청주JC
에서 당진·영덕고속도로를 이
용한다. 영덕TG를 나오자마자
영덕 방면 7번국도(동해대로)를
타고 북상하다가 영덕 금곡교차
로 지나 1.5km 지점의 오른쪽
'금음4리' 이정표를 보고 진입하
면 된다.
영덕·포항 방면에서도 동해대
로를 타고 북상해 같은 코스를
밟으면 된다.

■ 낚시 여건

후포항 남쪽, 울진군의 최남단에 위치하는 작은 방파제로 울진군과 영덕군의 경계
지점에 가깝다. 금음리방파제라고 부르기도 하지만 현지에서는 지경방파제로 널
리 알려져 있다.

작은 백사장을 끼고 있는 아담한 포구에 축조된 방파제로, 처음 찾는 낚시인이라
면 백사장 사이에 위치한 방파제 자체보다는 언뜻 남쪽으로 이어지는 마을 앞 갯
바위나 조금 규모가 더 큰 금곡리방파제로 눈길을 돌릴 것이다. 하지만 지경방파
제야말로 감성돔과 학공치 명당이자 광어·양태가 잘 낚이는 루어낚시 명소이기
도 하다. 도로변에 인접해 있는 데다 주변에 주차장이 잘 만들어져 있어서 치고 빠
지는 스타일의 기동성 있는 낚시에도 편리한 장소이다.

■ 어종과 시즌

울진 지역의 여느 방파제와 마찬가지로 웬만한 어종은 모두 낚이지만 무엇보다도
지경방파제는 감성돔과 학공치로 유명하다. 특히 감성돔 씨알이 굵어 인기가 높
다. 물론 감성돔과 학공치가 언제나 잘 낚이는 것은 아니고 각기 제 시즌을 맞이했

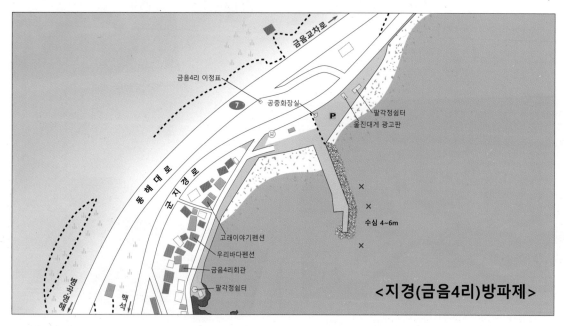

<지경(금음4리)방파제>

을 때 다른 장소에 비해 호황 확률이 높다는 것이 장점이다. 감성돔은 겨울부터 봄철에 걸쳐 입질이 잦고 학공치는 가을부터 입질이 이어지지만, 학공치의 경우는 무리를 지어 이동하며 적수온을 찾아다니는 관계로 시즌이라고 해서 항상 낚을 수 있는 것은 아니다. 현지 낚시점을 통해 회유 소식을 확인하는 것이 중요하다.

또한 이곳 지경방파제에선 소형 메탈지그나 지그헤드리그를 사용하여 루어낚시를 하면 광어와 양태가 잘 낚인다. 제철은 산란기인 5~7월이다.

인근 낚시점(054)

*동해낚시 787-8778
 울진군 평해읍 평해리 855-1
*로타리낚시 733-9975
 영덕군 영해면 성내리 488-4
*신신낚시 733-9602
 영덕군 강구면 오포리 39
*대구낚시 733-9612
 영덕군 강구면 오포리 34-4

■ 포인트 및 참고 사항

방파제 길이가 짧은 관계로 어디가 명당이라고 꼬집어 말할 순 없고 방파제 거의 전역이 포인트라 생각하면 된다. 물론 내항 방향보다는 외해 쪽을 공략해야 한다. 전방 수심은 파도에 따라 약간의 변동은 있지만 대략 4~6m를 유지한다.

방파제가 축조된 곳의 지형이 낮아 큰 도로에서 잘 보이지 않지만, 울진대게를 홍보하는 대형 광고판이 소형 공원에 우뚝 솟아 있고 그 옆으로 주차장까지 조성돼 있어 접근하기에 매우 편리한 곳이다. 방파제 남쪽 도로변에도 길게 주차 공간이 있어서 주차하는 데 큰 문제가 없지만 워낙 알려진 포인트라서 감성돔 시즌 중이나 학공치가 붙었다는 소식이 돌면 방파제는 물론이거니와 주변 주차장도 복잡해진다.

한창 시즌의 지경방파제는 조황이 꾸준한 곳이기도 하지만 일단 낚시를 해보고 입질 유무에 따라 다른 장소로 이동할 것인가를 판단하는 시발점이 되기도 한다. 방파제에 이미 낚시인이 많아 복잡하다면 무리해서 끼어들지 말고 다른 장소를 찾는 것이 현명하다.

↓ 울진군 최남단에 위치한 지경방파제. 규모는 작지만 감성돔·학공치가 잘 낚이는 찌낚시 명당이자 광어가 잘 낚이는 루어낚시 명당이다.

하늘에서 내려다본 대진항(경상북도 영덕군 영해면 대진리).

Part 6
경상북도 영덕군

• 백석방파제 • 금곡방파제 • 병곡방파제 • 대진항방파제 • 대진3리방파제 • 사진1리방파제(한아름방파제) • 사진2리방파제 • 사진3리방파제 • 축산항방파제 • 경정2리방파제(차유방파제) • 정방파제(경정1리방파제) • 경정3리방파제(오매방파제) • 석리방파제(석동방파제) • 노물방파제 • 오부방파제 • 「대탄방파제 • 창포방파제 • 대부방파제 • 하저방파제 • 금진2리방파제(소월방파제) • 강구항방파제 • 삼사방파제 • 남호방파제 • 구계항방파제 • 원척방파제 • 부흥방파제 • 부경1, 2리방파제

백석방파제

- **소재지** : 영덕군 병곡면 백석리 139-3 외
- **길이** : 큰방파제 250여m, 작은방파제 130여m
- **위치 참조** : 〈최신 전국낚시지도〉 165p E6

찾아가는 길

수도권에서는 영동고속도로 만종JC→중앙고속도로 풍기IC를 나와 영주시→36번도로→31번국도→88번국도 순으로 백암온천 입구를 지나 평해읍으로 진행한다. 평해삼거리에서 우회전하여 동해대로(7번국도)에 올라 10여km 남하 지점의 백석교차로로 나와 500여m만 진행하면 된다.

인근 낚시점(054)

*동해낚시 787-8778
　울진군 평해읍 평해리 855-1
*로타리낚시 733-9975
　영덕군 영해면 성내리 488-4
*신신낚시 733-9602
　영덕군 강구면 오포리 39
*대구낚시 733-9612
　영덕군 강구면 오포리 34-4

↓ 동해대로 '동해안휴식소'에서 내려다본 백석방파제. 큰방파제 끝부분은 찌낚시 포인트이고 내항 쪽에선 볼락·우럭 루어낚시가 잘 된다.

■ 낚시 개황

울진 후포항과 영덕 대진항 중간 지점에 위치한 곳으로 전형적인 지방어항에 축조된 방파제이다. 찌낚시와 던질낚시는 물론 루어낚시 조황도 쏠쏠한 낚시터로 고급어종의 일급 포인트라기보다는 손맛을 잠시 즐기는 생활낚시터로서의 면모를 잘 보여준다. 남쪽 인근에 백석해수욕장을 끼고 있어서 휴가철에는 낚시와 물놀이를 동시에 즐길 수 있는 장소로 가족동반 나들이에도 적합한 곳이다.

■ 참고 사항

찌낚시 대상어로는 감성돔·망상어·학공치가 손꼽히고 던질낚시에는 가자미가 잘 낚인다. 또한 루어낚시로는 우럭·볼락·광어·양태 등을 노릴 수 있다. 감성돔은 겨울철이 시즌으로 다른 유명 방파제에서 재미를 못 볼 경우 한 번 들러 볼만하다. 망상어와 가자미 등 잡어는 방파제 주변에 항상 붙어 있어 사시사철 손맛을 보는 데 큰 무리가 없다.

찌낚시 포인트는 큰방파제 끝자락의 외해 방향이 손꼽힌다. 감성돔과 망상어 입질이 닿는 곳이다. 이곳에서 내항 방향으로는 바닥이 모래인 관계로 가자미 던질낚시가 이뤄진다. 작은방파제 끝자락의 외해 방향도 가자미 던질낚시 포인트이다.

루어낚시는 큰방파제와 작은방파제의 내항 쪽 석축 부분을 노리면 된다. 우럭과 개볼락이 의외로 잘 낚인다. 5~7월에는 외해 방향으로 소형 메탈지그나 지그헤드 리그를 멀리 캐스팅하면 광어와 양태가 둔탁한 입질을 보낸다.

금곡방파제

- **소재지** : 영덕군 병곡면 금곡리 41-2 외
- **길이** : 큰방파제 130여m, 작은방파제 300여m
- **위치 참조** : 〈최신 전국낚시지도〉 165p E6

경북 포항에서 강원도 북쪽을 잇는 동해대로(7번국도)변에 위치해 찾기 쉬운 방파제이지만 인근 지경방파제와 금음리 갯바위, 남쪽 백석방파제 등의 유명세에 가려 그다지 빛을 발하지 못하는 곳이다. 그러나 루어낚시 포인트로는 잠재력이 있는 곳이다. 낚시는 주로 큰방파제에서 이뤄지고, 작은 갯바위를 축으로 30~40m 가량 축조된 작은방파제는 작은 테트라포드가 얼기설기 연결된 형태로 진입에 큰 어려움은 없으나 주변 수심이 얕아 특이한 조황을 보이지 않는다. 루어낚시 동호인들이 가끔 찾는 큰방파제는 영덕권의 광어·양태 포인트로 알려져 있다. 중량이 있는 지그헤드리그나 소형 메탈지그를 멀리 캐스팅하면 의외의 소득을 올릴 수 있다.

찾아가는 길

수도권에서는 영동고속도로 만종JC→중앙고속도로 풍기IC를 나와 영주사→36번, 31번, 88번국도 순으로 평해읍으로 진행한다. 평해삼거리에서 우회전하여 동해대로(7번국도)를 타고 약 8.4km 남하한 지점의 금음교차로에 이르러 금음4리 방면으로 빠지면 곧 금음4리(지경) 입구가 나온다. 왼쪽 해안도로(옥동길)를 따라 600여m만 진행하면 금곡방파제이다.

인근 낚시점(054)

*로타리낚시 733-9975 영덕군 영해면 성내리 488-4
*신신낚시 733-9602 영덕군 강구면 오포리 39
*대구낚시 733-9612 영덕군 강구면 오포리 34-4

병곡방파제

- **소재지** : 영덕군 병곡면 병곡리 52-1 · **길이** : 2400여m
- **위치 참조** : 〈최신 전국낚시지도〉 183p E1

영덕에서 유명한 고래불해수욕장 북단에 위치한 방파제이다. 겨울철 감성돔 시즌이면 30~40cm의 감성돔 소식이 가끔 들리기도 하지만 주로 현지에서는 학공치낚시를 하러 찾아가는 장소이다. 감성돔을 노리려면 방파제 현장보다는 방파제 북쪽의 갯바위 포인트를 찾는 것이 좋다.

이 외에도 망상어가 사철 낚이는가 하면, 방파제 입구에 작은 공원(용머리공원)도 있어 가족동반 나들이 장소로 적합한 여건이다. 루어낚시의 경우 봄철에는 광어와 양태를 노려 메탈지그를 던져 볼만하고 여름철에는 밤낚시로 농어를 노리기도 한다. 여름 휴가철에는 고불해수욕장을 찾는 관광객이 매우 많아 오붓한 낚시 분위기를 기대하기 어렵다.

찾아가는 길

수도권에선 중앙고속도로 풍기IC를 나와 영주사→36번국도→31번국도→88번국도로 평해읍으로 진행한다. 평해삼거리에서 우회전하여 동해대로(7번국도)를 타고 약 14km 남하 지점의 병곡교차로로 나와 650여m만 진입하면 된다.

인근 낚시점(054)

*로타리낚시 733-9975 영덕군 영해면 성내리 488-4
*신신낚시 733-9602 영덕군 강구면 오포리 39

대진항방파제
(대진2리방파제)

- **소재지** : 영덕군 영해면 대진리 275-4 외
- **길이** : 큰방파제 390여m, 작은방파제 30여m
- **위치 참조** : 〈최신 전국낚시지도〉 183p E2

찾아가는 길

수도권에선 중앙고속도로 안동 JC 또는 경부고속도로 청주JC 에서 당진·영덕고속도로를 이용한다. 영덕TG를 나오자마자 영덕 방면 7번국도(동해대로)를 타고 북상하다가 영덕군 영해면 송천교차로로 나와 대진해수욕장 방면의 대진항으로 진입하면 된다.
남쪽 포항 방면에서도 동해대로를 타고 북상해 같은 코스를 밟으면 된다.

■ 낚시 여건

영덕군의 대진항은 바로 북쪽의 대진1리방파제와 남쪽으로 이어지는 대진3리방파제와 더불어 광범위한 낚시터를 형성한다. 이들 낚시터의 중심은 단연 대진항방파제이다. 대진1리방파제와 대진3리방파제에 비해 규모가 클 뿐만 아니라 조과 면에서도 단연 뛰어나기 때문이다. 관광객 유동인구도 많은 곳으로 대진항 북쪽에 형성된 대단위 백사장엔 대진·덕천·고래불해수욕장 등 유명 피서지가 위치해 휴가철에는 상당히 붐비기도 한다. 관광객이 많이 찾는 곳인 만큼 항구 주변은 물론 방파제 또한 깔끔하게 정비돼 있다.

■ 어종과 시즌

감성돔과 벵에돔이 단골 꾼들을 불러 모으는 가운데 학공치와 볼락 씨알이 굵게 낚이며 광어와 양태 또한 루어 꾼들을 불러들인다.
감성돔은 겨울이 제철로 동해안 감성돔낚시의 전형적인 특성인 파도와 물색이 조과를 좌우한다. 씨알 좋은 벵에돔은 여름부터 입질이 이어지는데, 역시 물색이 너무 맑을 땐 입질이 저조해지는 현상을 보인다. 학공치는 물이 맑아도 밑밥에 쉽게

집어가 되고 입질도 시원하며 씨알도 굵게 낚인다. 외항 방향으로 던질낚시를 하면 우럭·도다리가 낚이고 밤낚시에는 붕장어의 입질도 잦다.

가을부터 봄철에 걸쳐 볼락도 아주 잘 낚이는데 루어낚시를 해도 조과가 보장된다. 봄부터 여름에 걸쳐 소형 메탈지그나 지그헤드리그를 사용하는 루어낚시에 광어와 양태가 곧잘 낚인다.

■ 포인트 및 참고 사항

큰방파제 앞은 수심이 매우 깊은 특징을 보인다. 얕은 곳이라야 7m, 깊게는 11m 정도로 다른 방파제에 비해 두 배에 가까울 정도다. 수심이 깊은 만큼 좋은 낚시 포인트 여건을 형성한다고 봐도 좋다.

큰방파제의 끝부분이 외해를 향해 꺾여 있는데, 바로 이 꺾어지는 지점이 감성돔과 벵에돔의 최고 명당자리로 꼽힌다. 이 외에 방파제의 맨 끝자락과 중간 지점도 단골 꾼들이 즐겨 찾는 자리이다. 찌낚시가 아니라 던질낚시를 한다면 큰방파제의 어느 지점에서건 외해를 향해 채비를 던지기만 하면 된다. 파도가 높은 날은 작은 방파제의 끝자락이 파도를 피해 낚시를 할 수 있는 자리가 되지만 범위가 매우 좁다는 점은 감안해야 된다.

우럭 루어낚시나 잡어낚시를 할 경우는 큰방파제 끝자락에서 내항 쪽으로 내려 설 수 있는 낮은 테트라포드 구간과 작은방파제 주변 그리고 내항 호안(護岸) 쪽에 정박된 선박 사이를 노리면 된다.

큰방파제 초입 왼쪽에는 구한말의 항일 우국지사 김도현 선생을 기리는 도해단이 있는데, 그 앞 갯바위도 단골 꾼들이 자주 찾는 장소이다.

인근 낚시점(054)

*로타리낚시 733-9975
 영해면 성내리 488-4
*동해낚시 732-2168
 영해면 성내리 439-17
*원일스포츠낚시 733-1230
 영해면 성내리 470-13
*명산낚시 733-9890
 영해면 성내리 433-9
*달구벌낚시 732-6557
 영해면 괴시리 140-4

↓ 하늘에서 내려다본 대진항방파제. 겨울 감성돔과 여름 벵에돔이 잘 낚이고 루어낚시 여건도 좋아 볼락·우럭·광어·양태 등이 고루 입질을 한다. 사진 왼쪽으로 보이는 것은 대진1리방파제이다.

대진3리방파제

- **소재지** : 영덕군 영해면 대진리 471-4 외
- **길이** : 큰방 120여m, 익제 1000여m, 북방 700여m
- **위치 참조** : 〈최신 전국낚시지도〉 183p E2

찾아가는 길

영동고속도로 만종JC에서 중앙고속도로를 타고 서안동톨게이트로 나온다. 안동시를 거쳐 영덕 방면 34번국도로 영덕읍에 도착하면 동해대로(7번국도)를 따라 울진 방향으로 북상하다가 성내교차로 또는 송천교차로로 나와 영해면 성내사거리에서 예주목은길로 2.1km 진행하면 삼거리가 나온다. 여기서 오른쪽 대진항 방면의 관대길 따라 1.1km 진입하면 대진항이고, 오른쪽 축산 방면으로 1.2km 남하하면 목적지이다.

인근 낚시점(054)

*달구벌낚시 732-6557
  영해면 괴시리 140-4
*명산낚시 733-9890
  영해면 성내리 433-9
*로타리낚시 733-9975
  영해면 성내리 488-4

↓ 대진3리방파제는 주변 갯바위 및 복잡한 수중여와 어우러져 광범위한 포인트를 형성한다.

■ 낚시 개황

대진항 남쪽에 위치하는 방파제로, 남북 방향의 해안도로(영덕대게로)변을 따라 길게 형성된 갯바위 틈바구니에 방파제가 들어앉아 있어 그 기세가 매우 옹골찬 모습이다. 제대로 모습을 갖춘 큰방파제와 허름한 모양새로 큰방파제 초입에서부터 가지를 뻗은 작은방파제(翼堤)가 가위 형상으로 축조돼 있는가 하면, 북쪽 200m 거리에 또 하나의 작은방파제(북방파제)가 있다. 3개 방파제 주변 모두 들쭉날쭉한 갯바위이고, 그 앞으로는 여밭이 잔뜩 펼쳐진 지형이다.

'겨울 전후엔 감성돔, 여름부터 벵에돔'이라는 영덕권 낚시 패턴이 그대로 적용되는 장소로, 학공치와 망상어·황어 등 잡어도 그런대로 재미를 볼 수 있다. 농어·무늬오징어의 조과도 쏠쏠해 루어낚시를 즐기는 동호인들도 즐겨 찾는 곳이다.

■ 참고 사항

방파제가 3개소나 되지만 실제 방파제 위에 올라서 낚시를 하는 곳들은 그다지 많지 않다. 주변에 길게 이어진 갯바위가 더 아기자기한 포인트 여건을 제공하는 데다 갯바위가 높지 않고 발판도 편해 진입과 이동이 수월하기 때문이다. 방파제의 테트라포드도 크지 않아서 다른 방파제에 비하면 올라서기 어렵지 않지만 도로에서 갯바위로 접근하기가 더 편할 정도다. 가족동반 출조라 해도 마찬가지다.

시즌에 맞춰 본격 찌낚시를 즐기는 낚시인도 있지만 던질낚시를 즐기는 이들이 더 많다. 오히려 포인트를 이동해 가며 루어낚시를 하면 우럭과 개볼락을 많이 낚을 수 있다. 여름밤에는 농어가 제격이고 가을부터는 무늬오징어도 기대할 수 있다.

<대진3리방파제>

사진1리방파제
(한아름방파제)

- **소재지** : 영덕군 영해면 사진리 506-3 외
- **길이** : 큰방파제 70여m, 작은방파제 30여m
- **위치 참조** : 〈최신 전국낚시지도〉 183p E2

■ 낚시 개황

영덕군 영해면 사진1리에 소재한 소규모 방파제인데, 영덕 현지 낚시인들은 방파제 인근에 위치하는 횟집 이름을 따 한아름방파제로 즐겨 부른다. 주변 일대에 들쭉날쭉한 갯바위가 넓게 펼쳐져 있어 한눈에도 좋은 낚시 포인트임을 직감할 수 있다. 넓게 보자면 북쪽의 대진항부터 남쪽 사진3리방파제까지 4~5km 구간 전체가 갯바위로 이어져 있고, 도로변에는 '바다 갯바위낚시터'라는 푯말과 함께 진입로까지 설치되어 있다.

주요 어종은 감성돔과 학공치이며, 우럭·개볼락과 같은 록피시가 많이 서식하고 있어서 루어낚시 1급 포인트로도 손색이 없는 곳이다.

■ 참고 사항

큰방파제의 테트라포드 주변이 가장 선호되는 포인트이다. 겨울철 감성돔낚시를 할 때 물이 맑은 날에는 찌를 파도에 실어 채비를 멀리 보내고, 파도가 높은 날은 테트라포드 바로 앞을 공략한다. 방파제 전방 수심은 5~6m선이고 바로 앞쪽도 3m 정도를 유지한다. 작은방파제의 경우는 방파제 자체보다는 축대와 연결된 갯바위에 올라 외해 방향을 노리는 이들이 많다.

방파제 주변이 전체적으로 복잡한 갯바위와 암초로 구성되어 있어서 찌낚시는 물론 루어낚시를 하기에도 최상의 여건이다. 우럭과 개볼락 등이 잘 낚이는데 자잘한 씨알과 함께 가끔 굵은 놈들이 솟구치기도 한다. 방파제 조황이 시원찮을 때는 주위 도로변에 개설돼 있는 진입로를 통해 갯바위 포인트를 공략하는 것이 좋다.

찾아가는 길

수도권에서는 영동고속도로→중앙고속도로 서안동IC를 이용해 안동시를 거쳐 영덕 방면 34번국도를 타고 영덕읍으로 진입한다. 영덕읍에선 다시 동해대로(7번국도)를 타고 울진 방향으로 북상하다가 축산교차로로 나와 다리 건너 도곡삼거리에서 우회전 후 축산항 입구(축산교 앞)까지 진행한다. 축산교 앞에서 사진리 방향으로 좌회전하여 3.9km 북상하면 된다.

인근 낚시점(054)

*대성낚시 734-1980
　축산면 축산리 112-3
*25시낚시 734-1703
　영덕읍 화개리 199-5

↓ 사진1리방파제 주변은 감성돔·학공치낚시가 잘 되는 곳이자, 루어낚시 1급 포인트이기도 하다.

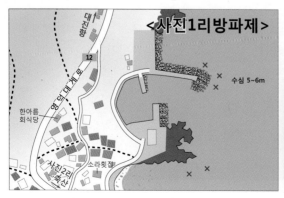

〈사진1리방파제〉

사진2리방파제

• 소재지 : 영덕군 영해면 사진리 621-13 외
• 길이 : 큰방 130여m, 작은방 50여m, 내항제방 80여m
• 위치 참조 : 〈최신 전국낚시지도〉 183p E3

사진1리방파제(한아름방파제)와 사진3리방파제의 중간 지점에 위치한 방파제로, 내항에 별도의 긴 제방이 하나 더 축조돼 있어 남쪽에 위치한 두 개의 방파제가 'ㄷ'자 형태를 이루는 독특한 모습이다. 방파제 규모와 외형은 인근 사진1, 3리 방파제보다 더 크고 보기에도 그럴듯해 보이지만 조황만큼은 뒤지는 곳으로, 현지인들이 심심풀이로 던질낚시를 하거나 잡어 사냥을 하는 수준이다. 나들이 삼아 황어나 우럭 등을 낚고자 한다면 방파제 어디에 자리를 잡아도 괜찮다. 아늑한 분위기의 내항 방향에서 낚시를 한다면 간단한 민장대로도 충분하다. 대체로 수심이 얕기 때문이다. 방파제 남쪽 갯바위 지대도 그럴듯한 포인트를 형성하지만 의외로 거칠어 진입하기에 어려움이 있으니 주의를 요한다.

찾아가는 길
축산항 입구까지는 앞쪽 사진1리방파제 교통편과 동일하다. 축산항 입구(축산교 앞)에서 사진리 방향으로 좌회전하여 약 3km 북상하면 사진2리방파제이다.

인근 낚시점(054)
＊대성낚시 734-1980 축산면 축산리 112-3
＊영덕낚시 070-4225-3766 영덕읍 덕곡리 191-3
＊25시낚시 734-1703 영덕읍 화개리 199-5

사진3리방파제

- **소재지** : 영덕군 영해면 사진리 623-2
- **길이** : 1200여m
- **위치 참조** : 〈최신 전국낚시지도〉183p E3

■ 낚시 개황

영덕군 영해면 남부 지역의 사진1리에서부터 시작되는 광활한 갯바위 낚시터의 종착지가 곧 사진3리방파제이다. 방파제와 갯바위가 이어지면서 다양한 포인트를 제공하는 구역인 셈이다.

남쪽 축산항까지도 갯바위가 연결되는 이곳 사진3리 포구는 소형 방파제 하나와 남쪽의 물양장이 어우러져 또 하나의 낚시터를 형성하는데, 방파제 외항 쪽의 테트라포드가 특히 조밀하게 피복돼 있어 다른 장소에 비해 안정적으로 낚시를 즐길 수 있다는 장점이 있다.

동해안 어종을 대표하는 감성돔과 벵에돔 가운데 특히 가을 벵에돔 조황이 뛰어난 곳으로, 학공치와 무늬오징어 낚시터로도 명성을 날린다.

■ 참고 사항

북쪽으로 이어지는 갯바위 지대의 명성에 가려진 느낌의 사진3리방파제는 전역이 포인트이지만 그 중에서도 초입과 끝자락이 우선시된다. 전방 수심은 7~8m로 안정적이다.

벵에돔과 학공치가 주대상어로 손꼽히지만 겨울철에서 봄철에 걸쳐서는 감성돔도 기대할 만하다. 감성돔 시즌 중에는 방파제보다 인접 갯바위가 더욱 각광을 받지만 발판이 위험한 관계로 파도가 높은 날에는 방파제로 꾼들이 몰리기도 한다. 여름철에는 방파제 북쪽으로 이어지는 수중여밭 주변에서 농어 루어낚시가 활기를 띠고, 가을철부터는 볼락 루어낚시와 무늬오징어 에깅이 호황을 이룬다.

찾아가는 길

축산항 입구까지는 앞쪽 사진1리방파제 교통편과 동일하다. 축산항 입구(축산교 앞)에서 사진리 방향으로 좌회전하여 약 1.5km 북상하면 사진1리방파제이다. 부산·대구 방면에선 동해대로(7번국도)를 타고 강구항을 거친다. 강구항에서 영덕대게로(20번지방도)를 따라 19km 직진하면 염장삼거리이고, 이곳에서 우회전하여 1.3km 진행하면 축산항 입구이므로 좌회전하여 1.7km만 더 북상하면 된다.

인근 낚시점(054)

* 대성낚시 734-1980
  축산면 축산리 112-3
* 탈보낚시 733-6474
  영덕읍 오보리 109-2
* 영덕낚시 070-4225-3766
  영덕읍 덕곡리 191-3

↓ 벵에돔 조황이 뛰어난 사진3리방파제는 학공치는 물론 무늬오징어 에깅도 입맛을 돋운다.

축산항방파제

- **소재지** : 영덕군 축산면 축산리 941-11 외
- **길이** : 큰방 395m, 작은방 90m, 내항 작은방 60m
- **위치 참조** : 〈최신 전국낚시지도〉 183p E3

찾아가는 길

수도권에선 중앙고속도로 안동
JC 또는 경부고속도로 청주JC
에서 당진·영덕고속도로를 이
용한다. 영덕TG를 나오자마자
영덕 방면 7번국도(동해대로)를
타고 북상하다가 영덕군 축산면
축산교차로로 나와 축산항 이정
표 따라 진행하면 된다.
남쪽 포항 방면에서도 동해대로
를 타고 북상해 같은 코스를 밟
으면 된다.

■ 낚시 여건

관광지이자 어획고 높은 어항으로 강구항과 더불어 영덕군을 대표하는 축산항은
사계절 활기가 넘치는 곳으로, 항구 남쪽으로는 축산천이 흘러들어 다양한 어종을
불러들인다.

낚시터로서의 축산항은 큰방파제 길이가 거의 400m에 달하고 내항 쪽으로 소형
방파제 2개가 더 축조돼 있어서 낚시할 공간이 많다. 또한 항구 자체가 지형적으
로 육지로 움푹 들어간 형상이어서 내항 공간이 드넓은 편이다. 이에 항구 내의 어
디에서 낚시를 하건 손맛은 보장된다고 말할 수 있을 정도이다. 항구 자체뿐만 아
니라 남북으로 이어지는 갯바위 지대도 어디나 1급 포인트 여건을 형성한다.

■ 어종과 시즌

축산항을 대표하는 낚시 대상어는 역시 감성돔과 벵에돔을 선두로, 망상어·학공
치·황어·숭어·고등어·노래미·가자미·보리멸 등등이 시즌 따라 입질을 이
어가고, 무늬오징어 에깅도 빼놓을 수 없는 장르다.

감성돔은 늦가을부터 겨울을 거쳐 이른 봄까지 길게 시즌을 이어가는데, 중치급

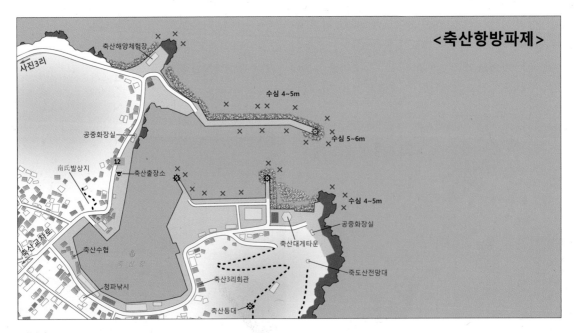

<축산항방파제>

씨알에 종종 대물급 소식을 전하기도 한다. 벵에돔 또한 수온이 가장 낮은 늦겨울에서 이른 봄을 제외하고는 오랜 기간 입질을 이어가는데, 특히 여름철부터 가을철에 걸쳐 마릿수 조황을 보인다. 그밖에 망상어 · 황어 · 노래미는 사시사철 손님고기로 생활낚시 대상어가 된다. 루어낚시에는 한겨울을 제외하고 볼락 · 우럭 · 개볼락 · 노래미 등의 록피시가 잘 낚이고, 무늬오징어 에깅은 여름철부터 시작해 겨울철까지 차츰 굵은 씨알을 선보인다.

■ 포인트 및 참고 사항

큰방파제는 테트라포드 구간 전체가 다 포인트라고 볼 수 있지만 그 중에서도 끝자락 부근과 빨강등대 주변이 1급 포인트로 주목받는다. 외해 방향은 물론 죽도산을 바라보는 방향으로도 낚시가 잘 된다.

남동쪽에 위치한 작은방파제 역시 끝자락이 인기 포인트이고, 외항 쪽으로 이어지는 갯바위와 함께 죽도산전망대 아래까지 계속 이어지는 갯바위 일대도 좋은 조과를 기대할 수 있는 장소이다.

큰방파제의 내항 방향과 남쪽에 위치한 두 군데 작은방파제 주변의 호안(護岸) 지역은 각종 잡어 낚시는 물론이거니와 우럭 · 노래미 입질이 줄을 잇는 루어낚시 포인트이기도 하다. 또한 겨울에서 봄 사이에는 볼락도 잘 낚인다.

축산항 북쪽의 사진리 해안도로를 따라 이어지는 갯바위 지대에는 영덕군에서 설치한 '갯바위낚시터' 안내판과 진입 계단이 만들어져 있어서 편리하게 갯바위로 내려가 낚시를 즐길 수 있다. 특히 큰방파제 초입의 '축산해양체험장' 주변 갯바위도 1급 포인트로, 찌낚시와 루어낚시 모두 적합한 여건이다.

인근 낚시점(054)

*청파낚시 732-4033
축산면 축산리 86-22
*대성낚시 734-1980
축산면 축산리 112-3

↓ 하늘에서 내려다본 축산항.
사진 위쪽에 보이는 산봉우리가
축산등대가 있는 죽도산이며,
오른쪽으로 보이는 하천이 축산
천(丑山川)이다.

경정2리방파제
(차유방파제)

- **소재지** : 영덕군 축산면 경정리 101-6 외
- **길이** : 북방 70여m, 큰방 1100여m, 남방 500여m
- **위치 참조** : 〈최신 전국낚시지도〉 183p E4

찾아가는 길

수도권에선 영동고속도로 만 종JC에서 중앙고속도로를 타고 남하하다가 서안동IC로 나온다. 안동시를 거쳐 영덕 방면 34번국도를 타고 영덕까지 진행한다. 영덕터미널 옆 로터리에서 울진 방면의 이정표를 따라 동해대로(7번국도)에 오른 후, 약 11km 북상한 축산교차로에 이르면 오른쪽으로 빠진다. 곧 나타나는 다리 건너 도곡삼거리에서 우회전 후, 4km 진행한 염장삼거리에서 다시 우회전하여 8,9백m만 진행하면 도로변 왼쪽에 '어촌체험마을' (차유마을) 이정표가 반긴다. 포항 방면에서 북상할 때는 동해대로(7번국도)를 타고 올라오다가 강구항을 거친다. 강구항에서 영덕대게로(20번지방도)를 따라 약 18km 직진하면 된다.

■ 낚시 개황

축산항 남쪽에 위치한 특이한 형태의 방파제로 '경정2리방파제'라고도 부른다. 방파제의 상하 해변 주변에 갯바위 지형이 길게 발달해 있는 데다 복잡한 구조의 방파제 또한 개성 있는 포인트를 형성한다. 영덕군에서 관광코스로 조성한 블루로드 (Blue Road) B코스의 중심에 위치하여 낚시인보다도 일반 관광객, 트래킹 동호인들이 많이 지나는 장소이기도 하다.

감성돔도 기대할 수 있지만 학공치의 씨알이 굵기로 정평이 나 있는 장소로, 학공치가 붙었다 하면 소위 형광등급의 씨알이 요동을 친다.

■ 참고 사항

방파제 자체도 포인트로서 손색이 없지만 방파제와 이어지는 남북의 갯바위 지역도 일급 포인트이다. 오히려 방파제 자체보다는 인근 갯바위에 오르는 꾼들이 많은 것으로 그 인기를 실감할 수 있다.

겨울철 감성돔도 좋지만 역시 '차유방파제' 하면 학공치이다. 영덕 지역에서 학공치 마니아들이 가장 손꼽는 낚시터이기 때문이다.

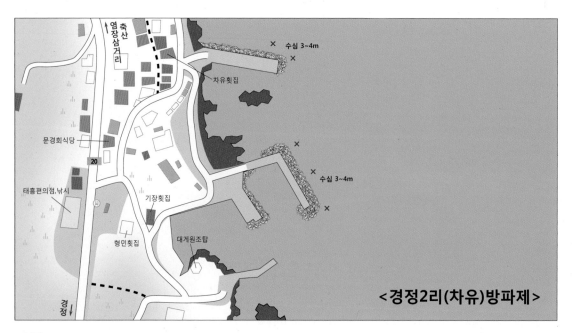

〈경정2리(차유)방파제〉

방파제 남쪽으로 250m 정도 떨어진 장소에는 '차유돔바위'라고 불리는 널찍한 갯바위가 있는데, 수심은 그리 깊지 않지만 발판이 아주 편해 찾는 이들이 많다. '원조대게탑' 쪽에서 해변 기슭을 따라 진입하면 된다.

방파제 주변은 물론 인근 해변 지형이 모두 복잡하고 자잘한 암초가 가득해 루어 낚시도 잘 된다. 소형 그럽을 지그헤드에 장치하여 캐스팅을 하면 우럭과 개볼락 등을 심심치 않게 낚을 수 있다.

인근 낚시점(054)

＊태흥편의점낚시 734-6118
 축산면 경정리 89
＊경정대구낚시 734-0028
 축산면 경정리 393-1
＊대성낚시 734-1980
 축산면 축산리 112-3

← 하늘에서 내려다본 축산항과 경정2리(차유) 해변. 사진 오른쪽으로 멀리 보이는 곳이 축산항, 가운데가 차유방파제, 그 앞쪽 갯바위 지대가 '차유돔바위'이다.

↓ 형민횟집 건물에서 내려다본 차유방파제. 학공치 씨알이 굵게 낚이는 곳으로 영덕권에선 알아주는 낚시터이다.

경정방파제
(경정1리방파제)

- **소재지** : 영덕군 축산면 경정리 301-1 외
- **길이** : 큰방파제 350여m, 작은방파제 120여m
- **위치 참조** : 〈최신 전국낚시지도〉 183p E4

찾아가는 길

수도권에선 중앙고속도로 안동
JC 또는 경부고속도로 청주JC
에서 당진·영덕고속도로를 이
용한다. 영덕TG를 나오자마자
영덕 방면 7번국도(동해대로)를
타고 북상하다가 영덕읍 매정
교차로 기점 2.8km 더 북상한
지점에서 '경정리' 이정표를 보
고 오른쪽으로 빠지면 된다.
남쪽 포항 방면에서도 동해대로
를 타고 북상해 같은 코스를 밟
으면 된다.

■ 낚시 여건

축산항 남쪽으로 이어지는 갯바위와 방파제 낚시터 중 규모가 큰 장소다. '경정1
리방파제'라 부르기도 하고, 경정1리의 옛 지명을 아는 사람들은 '뱃불'방파제라
부르기도 한다.

아기자기하게 이어지는 인근 갯바위 포인트와 더불어 씨알 좋은 감성돔·학공치
의 A급 포인트로 알려져 있다. 방파제가 도로변에 위치하고 있어서 접근하기도 편
리하고, 더욱이 주변 갯바위 포인트 지역 모두 도로변에 주차를 하고서 가볍게 진
입하기에 수월하여 현지 낚시인들 사이에 특히 인기가 높다.

■ 어종과 시즌

경정방파제 일대의 낚시 대상어종은 매우 다양하다. 감성돔·학공치·망상어·도
다리·우럭·노래미·개볼락·농어·보리멸·무늬오징어·광어·양태 등등 시
즌에 따라 다양한 낚시 장르를 맘껏 즐길 수 있다.

찌낚시 주요 어종은 감성돔·학공치·망상어 등이다. 씨알 굵은 감성돔은 겨울이
제철이고, 학공치는 가을부터 겨울에 걸쳐 입질을 한다. 망상어는 사시사철 손님

<경정(경정1리)방파제>

고기로 낚을 수 있다.

외항을 향해 던질낚시를 하면 보리멸과 도다리가 잘 낚인다. 보리멸은 여름철 이후에 잘 낚이지만 도다리는 계절을 불문하고 입질이 꾸준한 편이다. 농어·우럭·무늬오징어 등의 루어낚시 대상어도 빼놓을 수 없다.

■ 포인트 및 참고 사항

큰방파제의 경우 테트라포드 전역에서 입질을 기대할 수 있다. 다만 갯바위 지역에 비해 잡어의 입질도 활발한 면이 있다. 원래는 소형 테트라포드가 치밀하게 피복돼 있어서 발판이 편하다는 것이 장점이었는데, 초입부터 중간까지 테트라포드를 높이 덧쌓아 올려 낚시하기에 불편하게 되었다. 그러나 끝부분으로 가면 여전히 안정적이다. 방파제 끝부분은 수심이 깊어 8~9m를 형성하고 중간 부분에서는 6~7m, 초입 부근은 4~5m선이다.

작은방파제는 거의 모래밭에 둘러싸여 찌낚시에는 적합지 않고, 전방의 모래밭 지형을 겨냥해 던질낚시를 하면 도다리가 입질을 한다.

경정항 북쪽으로는 감성돔 갯바위 포인트가 산재하는데, 경정2리(차유)까지의 일부 구간을 제외하고선 난간이나 철조망 같은 차단막이 없어 해안도로에서 곧바로 진입이 가능하다. 갯바위 포인트 평균 수심은 3~4m 정도이다.

루어낚시 포인트도 산재해 있다. 감성돔 포인트와 겹치는 면이 있지만 방파제보다는 갯바위에서 농어·우럭·개볼락이 잘 낚인다. 무늬오징어 에깅도 잘 되며, 모래바닥 지형에선 광어도 기대할 수 있다.

인근 낚시점(054)

*경정대구낚시 734-0028
축산면 경정리 393-1
*털보낚시 733-6474
영덕읍 오보리 109-2
*영덕낚시 070-4225-3766
영덕읍 덕곡리 191-3
*25시낚시 734-1703
영덕읍 화개리 199-5

↓ 남쪽 도로변에서 바라본 경정방파제. 영덕권을 대표하는 감성돔·학공치 낚시터이자, 보리멸·도다리 던질낚시도 잘 되고 농어·우럭 등 루어낚시도 호조를 보인다.

경정3리방파제
(오매방파제)

- **소재지** : 영덕군 축산면 경정리 646-4 외
- **길이** : 남쪽 방파제 170여m, 북쪽 선착장 170여m
- **위치 참조** : 〈최신 전국낚시지도〉 183p E4

찾아가는 길

수도권에선 영동고속도로 만종 JC → 중앙고속도로 서안동IC 를 이용해 안동시를 거쳐 34번 국도로 영덕까지 진행한다. 영 덕읍 영덕소방서 앞을 지나 청 련교를 건너기 전에 울진 방면 으로 좌회전하여 5km 진행하 면 매정교차로이고, 이곳에서 매정·대탄 방면으로 우회전 하여 3.6km 가면 오보삼거리 (오보방파제 앞)이다. 이곳에 서 축산 방면으로 좌회전하여 4.4km 북상한 지점의 '경정3 리대게마을' 이정표를 보고 우 회전하면 곧 오매방파제 앞이 다. 포항 방면에선 동해대로(7 번국도)를 타고 북상하다가 강 구항으로 진입한 후 영덕대게로 (20번지방도)를 따라 16km 직 진하면 오른쪽 도로변에 '경정 3리대게마을' 이정표가 나타난 다.

■ 낚시 개황

지그재그로 방향을 튼 특이한 형태를 취하고 있는 오매방파제는 '경정3리방파제' 라고도 불린다. 오매(烏梅)는 경정3리의 옛 이름이.

오매불망, 고급 어종인 감성돔과 뱅에돔을 낚을 수 있는 곳이지만, 그보다는 학공 치·전갱이·전어 등 잔손풀이 낚시가 더 재미있는 낚시터로 알려져 있다.

작은 포구가 북쪽을 향해 열려 있는데, 작은 방파제 위쪽(북쪽)으로 또 하나의 방 파제가 있는 것처럼 보이지만 가까이에서 보면 상판이 아주 낮은 선착장임을 알 수 있다. 폭이 넓고 길이가 170여m에 달하는 이 석축 선착장 끝자락이 주요 포인 트이고, 남쪽 큰방파제의 경우도 끝자락에서 주로 낚시를 한다.

오매방파제는 마을을 끼고 있으면서도 번잡하지 않고 수질도 맑아 낚시하기에 편 리하다. 더욱이 북쪽 경정항이 바라보일 정도로 가깝고 이동도 쉬운 이점이 있다.

■ 참고 사항

겨울에는 감성돔, 여름부터는 뱅에돔이 낚인다. 주변 경정방파제나 석동방파제보 다는 조황이 뒤지지만 학공치와 같은 잔재미 조과는 더 앞설 때가 많다. 대상어 불

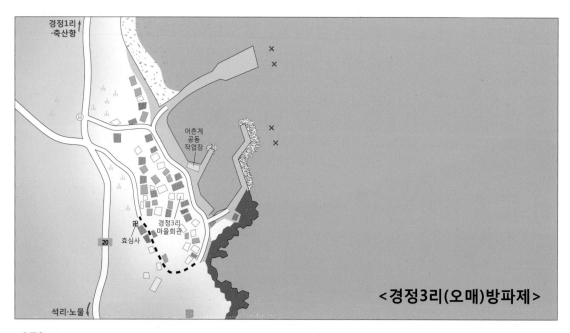

경정1리
축산항

어촌계
공동
작업장

경정3리
마을회관

20
효심사

석리·노물

〈경정3리(오매)방파제〉

문으로 잡어낚시를 한다면 이곳 오매방파제가 훨씬 유리할 수도 있다.

외해를 보고 던질낚시를 하면 우럭과 가자미가 잘 낚이고, 방파제의 석축 주변을 포함해 주변 갯바위는 록피시 루어 포인트로 손색이 없다. 그밖에도 내항 쪽에선 가을철 무늬오징어 에깅도 기대해 볼만하다. 남쪽 방파제 앞에 바위산이 하나 있고 그 위에 보호수로 지정돼 있는 수령 500년의 오매향나무가 전체를 뒤덮고 있다. 경정3리방파제보다 오매방파제라고 불리는 이유이다.

인근 낚시점(054)

*경정대구낚시 734-0028
 축산면 경정리 393-1
*털보낚시 733-6474
 영덕읍 오보리 109-2
*영덕낚시 070-4225-3766
 영덕읍 덕곡리 191-3
*25시낚시 734-1703
 영덕읍 화개리 199-5

← 효심사 입구 도로변에서 내려다본 경정3리 북쪽 선착장(위 사진). 건너편 빨강등대가 있는 곳은 경정(경정1리)방파제이다.
같은 위치에서 바라본 경정3리 남쪽 방파제(아래 사진).

↓ 효심사 입구 도로변에서 내려다본 경정3리(오매)방파제. 주변 수질이 맑아 잡어 위주의 진재미 낚시터 성격이 강하다.

석동방파제
(석리방파제)

- **소재지** : 영덕군 영덕읍 석리 14-4 외
- **길이** : 큰방파제 800여m, 작은방파제 400여m
- **위치 참조** : 〈최신 전국낚시지도〉 183p E4

찾아가는 길

수도권에선 중앙고속도로 안동
JC 또는 경부고속도로 청주JC
에서 당진·영덕고속도로를 이
용한다. 영덕TG를 나오자마자
영덕 방면 7번국도(동해대로)
를 타고 북상하다가 영덕읍 매
정교차로 기점 2.8km 더 북
상한 지점에서 '경정리' 이정표
를 보고 오른쪽으로 빠진다. 약
2.4km 지점의 경정3리(오매)
입구에서 우회전 후 1.6km 지
점에서 '석리' 이정표를 보고 급
좌회전 해야 한다.
남쪽 포항 방면에서도 동해대로
를 타고 북상해 같은 코스를 밟
으면 된다.

■ 낚시 여건

돌이 많은 동네라 하여 석동, 행정구역상으로는 석리가 소재지인 영덕군 영덕읍의
석동방파제는 석리방파제라고도 부른다.

영덕권에서 조과가 뛰어난 낚시터로 가장 주목받는 핵심 구간은 경정리에서부터
석리까지 이어지는 갯바위 구간과 각 방파제들이다. 이중에서 석동방파제는 깔끔
하게 단장된 시설과 함께 진입과 이동, 발판과 조과 등 모든 면에서 낚시인이 편하
게 낚시를 할 수 있는 조건이 고루 갖추어진 곳으로 특히 손꼽힌다.

■ 어종과 시즌

석동방파제는 동해의 3대 낚시 어종인 감성돔·벵에돔·학공치가 모두 잘 낚인다
는 특성을 갖고 있다. 뿐만 아니라 망상어·가자미·노래미·보리멸·볼락·붕장
어·농어·무늬오징어 등 다양한 어종의 손맛을 볼 수 있다.

감성돔은 겨울이 제철이고 6월경부터 벵에돔이 잘 낚인다. 수온이 오를수록 벵에
돔의 씨알은 점점 굵어지는데 피크 시즌이 되면 평균 씨알이 30~35cm급에 이른
다. 학공치는 가을부터 겨울에 걸쳐 해변 가까이로 접근하여 입질을 이어간다. 망

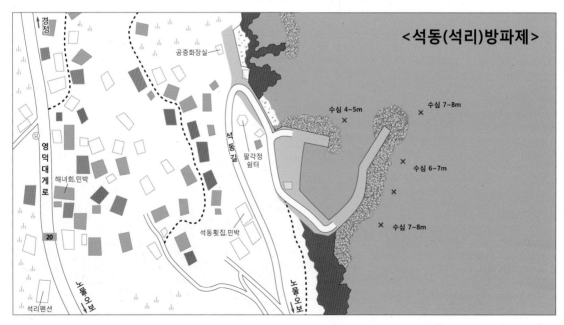

상어 · 노래미 · 가자미는 사시사철 낚이고 보리멸은 여름철 던질낚시 대상어로 인기를 누린다.

볼락은 가을부터 봄철에 걸쳐 낚이는데 루어낚시를 해도 자잘한 손맛이 보장된다. 가을부터 초겨울까지 선보이는 무늬오징어 또한 에깅 대상어로 인기몰이를 한다.

■ 포인트 및 참고 사항

석동방파제는 시즌 중에는 평일과 주말을 구분 않고 낚시인들로 붐비는 장소이다. 포인트는 주로 큰방파제의 외해 방향에 형성되는데 중간 지점부터 끝자락에 이르는 구간 모두 좋은 포인트이다.

이곳 석동방파제 주변은 워낙 물이 맑아 수심이 얕을 것으로 착각하기 쉽지만 생각보다 의외로 수심이 깊다. 방파제 전방 20m 거리의 수심이 7~8m 정도 되고 작은방파제 앞은 4~5m선을 이룬다.

방파제 주변의 갯바위 포인트들도 유명하다. 방파제는 물론이거니와 갯바위에도 낚시인들이 줄지어 들어차 있는 모습을 자주 목격할 수 있는데, 특히 방파제 북쪽으로 오매방파제와 중간쯤에 위치하는 용바위는 영덕권 최고의 갯바위 포인트로 회자되는 곳이다. 11월부터 2월 사이의 겨울 시즌에는 감성돔을 노리는 꾼들이 거의 상주하다시피 한다. 이곳으로의 진입은 갯바위를 타고 들어가거나, 석동방파제에서 북쪽 경정항 방면으로 가는 길에 용머리 이정표와 함께 진입로가 만들어져 있어 어렵잖게 찾을 수 있다.

석동방파제는 길이는 짧아도 테트라포드가 아주 두텁게 피복돼 있어 포인트 진입과 철수 시에 안전사고에 항상 유의해야 한다.

인근 낚시점(054)

*일출낚시 734-4604
영덕읍 우곡리 301-4
*신신낚시 733-9602
강구면 오포리 39
*대구낚시 733-9612
강구면 오포리 34-4
*21C바다낚시 734-4581
남정면 구계리 13

↓ 석동횟집 앞 내리막 진입로에서 내려다본 석동방파제 전경. 아담한 분위기에 낚시하기에도 편하고, 다양한 어종에 조과 또한 푸짐하다. 시즌이 되면 평일에도 낚시인으로 붐빈다.

노물방파제

- **소재지** : 영덕군 영덕읍 노물리 580
- **길이** : 200m
- **위치 참조** : 〈최신 전국낚시지도〉 183p E5

찾아가는 길

수도권에선 중앙고속도로 안동 JC 또는 경부고속도로 청주JC 에서 당진·영덕고속도로를 이용한다. 영덕TG를 나오자마자 영덕 방면 7번국도(동해대로)를 타고 북상하다가 영덕읍 매정교 차로로 나와 오보리 해변에서 조금만 더 북상하면 된다.
남쪽 포항 방면에서도 7번국도를 타고 북상해 같은 코스를 밟으면 된다.

■ 낚시 여건

노물방파제는 북쪽에 위치한 석동방파제에서부터 길게 이어지는 해안 갯바위 지역과 더불어 감성돔·벵에돔 낚시터로 널리 명성이 자자한 곳이다. 특히 영덕권의 대표적인 감성돔 낚시터로 손꼽힐 뿐만 아니라 근년에는 무늬오징어 에깅 낚시터로도 이름을 날린다.

전문 낚시인들은 일반적으로 방파제보다는 주변 갯바위를 더 선호하는 경향이 있지만 노물방파제만큼은 전문 꾼들도 그 가치를 인정한다. 게다가 해변과 나란히 남쪽으로 길게 뻗은 노물방파제의 위세는 남북으로 이어지는 갯바위와 연장선상에 있다고 봐도 좋다.

■ 어종과 시즌

주요 어종은 단연 감성돔이 두각을 나타낸다. 늦가을부터 초봄에 걸쳐 좋은 조황을 보이는데, 특히 겨울철에 파도가 적당히 치는 날이면 감성돔을 노리는 꾼들로 방파제가 그들먹해진다.

감성돔뿐만 아니라 벵에돔·학공치·망상어 등도 찌낚시에 잘 낚인다. 벵에돔은

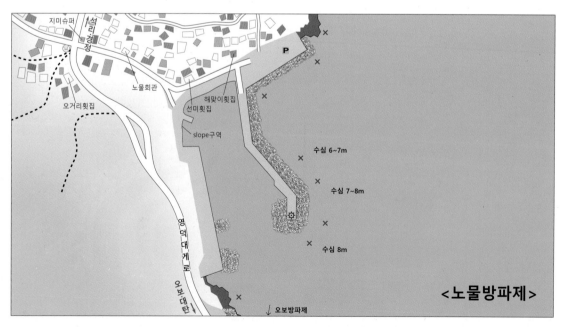

<노물방파제>

여름부터 잔 씨알로 다수확을 할 수 있어 단골꾼들이 즐겨 찾는다. 학공치는 가을부터 겨울 내내 무리를 지어 접근하는데, 학공치가 한번 붙었다 하면 입질이 꾸준하다는 점이 이곳 노물방파제의 특징이기도 하다. 망상어는 워낙 자원이 풍부하여 릴찌낚시는 물론이고 민장대로도 손쉽게 낚을 수 있다.

가자미와 노래미는 던질낚시에 잘 낚이는데 노래미의 씨알이 특히 굵게 낚이는 곳이기도 하다. 내항 쪽에선 우럭과 볼락이 루어낚시에 잘 낚이고 가을에는 에깅에 큰 씨알의 무늬오징어를 만날 수 있다.

■ 포인트 및 참고 사항

방파제가 해안과 거의 나란히 위치하는 관계로 외해 방향으로 찌낚시는 물론 던질낚시를 같은 자리에서 하게 된다. 방파제 전역이 모두 포인트이지만 가장 선호되는 자리는 끝자락이다. 수심은 8m 전후. 끝자락 못미처에서 방파제가 구부러지는 지점의 외해 방향 또한 인기가 높은 곳으로 7~8m 수심을 이룬다. 방파제 중간 지점은 6~7m 수심을 보인다. 방파제 초입의 주차장 앞쪽도 무시못할 포인트로 편안한 여건에서 손맛을 즐길 수 있다.

전체적으로 방파제의 테트라포드 크기가 대형이라서 발판이 그리 좋은 편은 아니므로 진입과 철수, 이동 시에는 충분한 주의를 요한다.

방파제 주변뿐만 아니라 인근 갯바위 지역 모두가 감성돔 찌낚시 포인트로 각광받는데, 우럭과 개볼락 같은 록피시의 서식환경에도 적합하여 어디서나 루어를 던져도 입질을 받을 수 있다. 방파제 초입에서부터 갯바위를 따라 이동하면서 부지런히 캐스팅을 하면 다문다문 이어지는 입질에 시간 가는 줄 모른다.

인근 낚시점(054)

*털보낚시 733-6474
영덕읍 오보리 109-2
*태공낚시 734-3440
영덕읍 덕곡리 159-8
*한바다낚시 734-5655
강구면 강구리 367

↓ 감성돔 낚시터로 이름난 노물방파제는 무늬오징어 에깅을 위해 찾는 이들도 많은데, 주변 갯바위와 어우러져 루어낚시 여건이 좋은 편이다.

오보방파제

- **소재지** : 영덕군 영덕읍 오보리 493
- **길이** : 큰방파제 1100여m, 작은방파제(방사제) 50m
- **위치 참조** : 〈최신 전국낚시지도〉 183p E5

찾아가는 길

수도권에선 영동고속도로→중앙고속도로 서안동IC를 나와 안동시를 거쳐 영덕 방면 34번국도를 따라 진행한다. 영덕소방서 앞을 지나 청련교 직전에 울진 방면으로 좌회전, 5km 진행하면 매정교차로이다. 이곳에서 매정·대탄 방면으로 우회전하여 3.5km 가면 방파제가 보인다.
강원도 방면에선 동해대로(7번국도) 매정교차로를 빠져나와 좌회전 후 3.5km 진행하면 된다. 포항 방면 북상할 때는 동해대로(7번국도)를 타고 올라오다가 강구항을 거친다. 강구항에서 영덕대게로(20번지방도)를 따라 11km 직진하면 된다.

■ 낚시 개황

노물방파제 남쪽 800여m 거리에 위치한 곳으로 백사장을 끼고 있어 깨끗하고도 아늑한 분위기를 자아낸다. 방파제가 소형이고 테트라포드 크기도 작아 발판이 편하다. 낚시터로서의 평가는 중간급 수준. 인근 노물방파제의 유명세에 가려 더욱 평가절하되기도 하는데, 남쪽 도로변 밑 호안(護岸)에 설치된 테트라포드와 이어지는 갯바위에서 낚시를 즐기는 꾼들도 있다. 주로 감성돔을 노리는 모습들인데, 그래서 방파제가 오히려 한적하게 보이는 경우도 있다. 인근의 다른 방파제 낚시터와 마찬가지로 겨울은 감성돔, 여름은 뱅에돔으로 나뉘는 패턴이다.

■ 참고 사항

방파제의 경우 끝자락이 감성돔 포인트로 수심은 7~8m. 방파제 초입 왼쪽 도로변 아래에 설치된 테트라포드 앞과 인근 갯바위 지역도 수심은 얕지만 감성돔이 기대되는 장소로, 본격 시즌 땐 단골 꾼들이 포진을 한다.
겨울철엔 학공치의 씨알이 굵게 낚이고 여름철엔 뱅에돔과 농어가 방파제에서 잘 낚이는데 뱅에돔의 씨알은 그만그만하다. 망상어·노래미·볼락도 심심찮게 낚인

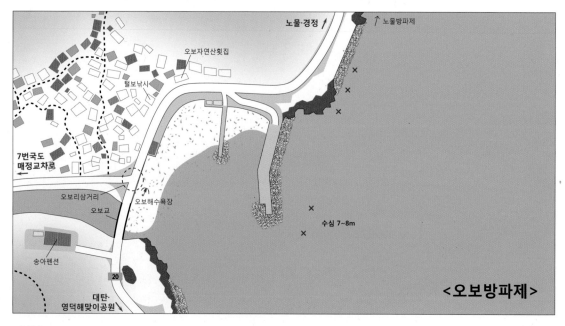

<오보방파제>

다. 그밖에 루어낚시를 하면 씨알 좋은 광어와 양태를 기대할 수 있다. 광어·양태를 노릴 때는 방파제 끝자락에서 소형 메탈지그나 묵직한 지그헤드리그를 가능한 한 멀리 던져야 한다.

현지 꾼들은 방파제 자체보다는 인근 갯바위를 더 선호하는 편이지만 가족 동반의 휴식을 겸한 낚시라면 조용한 분위기의 방파제가 좋을 것이고, 조과 위주의 낚시를 즐기려면 북쪽 노물방파제와 이어지는 갯바위 포인트를 찾는 게 좋다. 오보교 남쪽 해변의 테트라포드 구역도 탐색해 봄직하다.

인근 낚시점(054)

* 털보낚시 733-6474
  영덕읍 오보리 109-2
* 일출낚시 734-4604
  영덕읍 우곡리 301-4
* 경정대구낚시 734-0028
  축산면 경정리 393-1

← 오보교 다리 위에서 바라본 오보방파제 끝자락과 남쪽 해변 포인트 여건. 사진 오른쪽 돌무더기를 지나면 테트라포드 구역이 나온다.

↓ 오보교 남쪽 도로변에서 건너다본 오보방파제. 북쪽 노물방파제의 유명세에 가려 한적한 분위기이지만 가족과 함께 찾아 잔재미를 즐기기에 손색이 없다.

대탄방파제

- **소재지** : 영덕군 영덕읍 대탄리 106-1 외
- **길이** : 큰방파제 150여m, 작은방파제 30여m
- **위치 참조** : 〈최신 전국낚시지도〉 183p E5

찾아가는 길

수도권에선 중앙고속도로 안동 JC 또는 경부고속도로 청주JC 에서 당진·영덕고속도로를 이용한다. 영덕TG를 나오자마자 영덕 방면 7번국도(동해대로)를 타고 북상하다가 영덕읍 매정교 차로로 나와 오보리 해변에서 조금만 남하하면 된다.
남쪽 포항 방면에서도 7번국도 를 타고 북상하다가 강구항을 거쳐 20번지방도(영덕대게로) 를 따라 오르면 된다.

■ 낚시 여건

영덕읍 대탄리에 위치하는 대탄방파제는 북쪽으로는 대탄해수욕장, 남쪽으로는 영덕해맞이공원이 위치하고 있어서 관광객이 많고 풍광이 좋기로도 이름난 장소이다. 휴가철이나 주말 나들이를 겸한 심심풀이 낚시객들이 많이 찾는 잡어 낚시터인가 하면, 감성돔·벵에돔을 노리는 전문 꾼들의 발길도 끊이지 않는 곳으로, 영덕권의 특급 방파제 낚시터 중의 하나이다.

규모는 그다지 크지 않지만 방파제가 세 번이나 구부러진 형태를 취하고 있는 데다, 깊은 수심과 함께 복잡한 지형을 이루고 있어 낚이는 고기의 씨알이 굵고 마릿수 조황을 안겨주는 것이 특징이다.

■ 어종과 시즌

동해안 낚시터의 전형적인 형태 그대로 겨울 시즌에는 감성돔, 여름 시즌에는 벵에돔을 고루 만날 수 있는 아주 좋은 방파제 낚시터이다. 영덕권에서 출조지를 망설일 경우 현지 낚시점주들이 일단 추천하는 곳이 바로 대탄방파제이다.

학공치·농어·숭어·우럭·무늬오징어 등 대상어종도 다양하다. 학공치는 가을

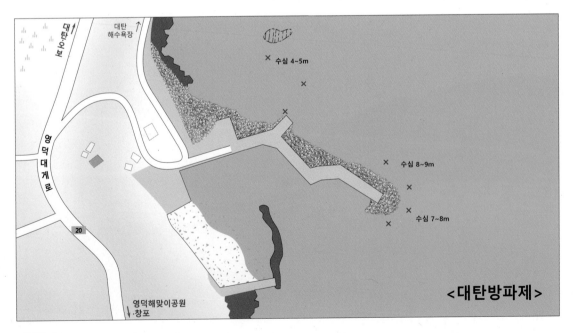

〈대탄방파제〉

부터 시작해 겨울철 내내 입질을 이어가고 농어는 여름 한철 나타난다. 숭어는 떼를 지어 방파제로 접근하는데 봄이면 훌치기를 즐기는 사람들이 방파제 위에 서서 수면을 주시하는 모습을 흔히 목격할 수 있다. 우럭과 같은 록피시는 한겨울이 아니라면 언제든 곧잘 낚이고 무늬오징어는 가을부터가 제철이다.

인근 낚시점(054)

*털보낚시 733-6474
 영덕읍 오보리 109-2
*일출낚시 734-4604
 영덕읍 우곡리 301-4
*경정대구낚시 734-0028
 축산면 경정리 393-1

■ 포인트 및 참고 사항

방파제에서 외해 방향으로는 전체적으로 감성돔·벵에돔 포인트인데, 특히 방파제 끝자락에서 외해 방향 앞쪽이 수심이 깊고 암초가 발달된 1급 포인트이다. 평균 수심 7~8m, 조금 멀리 채비를 보내면 9m까지 나온다. 항상 이 장소에는 전문꾼들이 자리를 잡고 있다. 이외에 방파제 초입 부근의 갯바위 지대도 암초대가 넓게 깔려 있어 한눈에도 좋은 포인트임을 직감할 수 있다. 수심은 4~5m 정도.

던질낚시를 한다면 역시 방파제 테트라포드에서 외해 방향으로 채비를 원투 해야 한다. 밑걸림이 다소 있긴 하지만 우럭·노래미 등 잡어들 아주 잘 걸려든다. 현지 낚시인들은 던질낚시 외에도 방파제 테트라포드 사이사이에 채비를 내려 심심풀이로 구멍치기를 하는데 우럭이나 노래미를 단시간에 한두 마리씩 뽑아 올린다.

농어를 노려 루어낚시를 한다면 해질녘에 방파제에서 외해 방향으로 미노우를 캐스팅하는 것이 좋다. 의외로 씨알 좋은 농어를 만날 확률이 높다. 가을로 접어들면 무늬오징어의 씨알이 굵어지면서 에깅에 잘 낚인다.

북쪽 갯바위와 방파제 남쪽 지점으로 이어지는 절벽 아래 갯바위도 동일한 조건으로, 찌낚시·던질낚시·루어낚시를 고루 즐길 수 있다. 북쪽 갯바위는 해변길을 따라 쉽게 접근할 수 있지만 남쪽 갯바위 진입은 좀 거친 편이다.

↓ 남쪽에 위치한 영덕해맞이공원에서 바라본 대탄방파제. 규모는 작아도 주변 수심이 깊고 갯바위와 어우러져 일급 포인트를 형성한다.

창포방파제

- **소재지** : 영덕군 영덕읍 창포리 744-3 외
- **길이** : 큰방파제 2900여m, 작은방파제 65m
- **위치 참조** : 〈최신 전국낚시지도〉 183p E6

찾아가는 길

수도권에선 중앙고속도로 안동
JC 또는 경부고속도로 청주JC
에서 당진·영덕고속도로를 이
용한다. 영덕TG를 나오자마자
오른쪽 포항 방면의 7번국도(동
해대로)를 타고 3.3km 남하해
왼쪽 강구항으로 진입한다. 강
구항에서 20번지방도(영덕대게
로)를 타고 해변 따라 약 7km
오르면 목적지다.
포항 방면에서 북상할 경우도 7
번국도를 이용해 강구항으로 접
어들면 된다.

■ 낚시 여건

영덕읍 창포리에 위치한 창포항은 지방자치단체장이 관리하는 지방어항이다. 이
곳 창포항에 축조된 방파제는 그 길이가 260m에 달할 뿐만 아니라 소형 선박들이
정박하기 좋은 여건인 데다 해안도로변에 위치해 접근성도 편리하다. 내항 쪽은
수심이 얕은 편이지만 큰방파제 외항 쪽은 수심도 적당하고 조류 소통이 원활하여
낚시하기에 아주 적합한 여건이다.

방파제 남북 방향의 해안도로를 따라 석축과 암초지대가 펼쳐져 있는데, 방파제를
포함한 이 석축 일원도 좋은 낚시터가 된다. 그리하여 창포방파제 주변은 다수의
낚시인이 동시에 낚시를 즐길 수 있다는 장점이 있다. 또한 창포방파제의 감성돔
과 벵에돔은 씨알이 잘기는 해도 마릿수가 좋다는 특징이 있다.

■ 어종과 시즌

감성돔·벵에돔·학공치·망상어 등 찌낚시 대표 어종들은 물론 광어·양태·볼
락·노래미·우럭·개볼락·무늬오징어 같은 루어낚시 대상어도 고루 서식해 다
양한 장르의 낚시를 즐길 수 있다.

<창포방파제>

감성돔은 겨울철 파도가 이는 날이 가장 좋은 타이밍이다. 벵에돔은 여름철부터 마릿수 재미가 좋다. 학공치는 가을부터 겨울까지 낚이는데 수온에 따라 다소 기복이 있는 편이다. 광어 루어낚시는 5~7월이 피크로 이 시기가 지나면 방파제 앞보다는 배낚시가 유리하다. 무늬오징어는 가을로 접어들면 사이즈가 커져서 제철을 맞고 볼락은 초봄에 루어에 잘 낚인다. 우럭·개볼락·노래미 등은 특별히 시즌을 가리지 않고 테트라포드 사이나 석축 주변에서 수시로 낚을 수 있다.

■ 포인트 및 참고 사항

창포방파제는 큰방파제의 외해 방향 전역이 포인트 역할을 한다. 길이 260여m의 방파제는 그냥 일자로 뻗어나가지 않고 약간씩 두 번이나 꺾어진 형태인데, 방파제낚시의 기본상식처럼 이곳 역시 꺾어진 지점 부근이 우선시되는 포인트이다. 초입에서 방파제로 들어가면서 첫 번째로 꺾이는 부분은 전방 수심이 6~7m 정도이고 끝자락 쪽으로 가면서 두 번째로 꺾이는 지점은 더욱 수심이 깊어져 9m까지 나온다. 방파제 끝자락의 경우 외해 쪽 수심은 8m 정도, 내항 쪽으로는 조금 얕아 6~7m이다. 특히 끝자락 주변엔 암초와 유실된 테트라포드가 있는데 그 주변이 조류와 부딪쳐 좋은 포인트를 형성한다.

작은방파제가 있는 내항 주변은 평균 3m 정도의 수심을 보인다. 평상시 작은방파제든 큰방파제든 내항 쪽에서 낚시를 하면 잡어 외에는 그리 기대할 것이 없지만 겨울철 파도가 높은 주의보 상황에서는 던질낚시로 감성돔을 낚기도 한다. 민장대를 이용해 간단하게 잡어낚시만을 한다면 작은방파제 옆으로 나 있는 배수구 주변이 포인트이다.

인근 낚시점(054)

*아주낚시 733-2707
강구면 금진리 471
*송죽낚시 733-8390
강구면 금진리 600
*신신낚시 733-9602
강구면 오포리 39

↓ 방파제모텔 건물에서 내려다 본 창포방파제. 빨강등대가 있는 큰방파제 외항 쪽 전역이 거의 비슷한 포인트 여건을 형성해 많은 낚시인이 함께 즐길 수 있다. 찌낚시·루어낚시 무엇이든 마릿수가 좋다.

대부방파제

- **소재지** : 영덕군 영덕읍 대부리 592 외
- **길이** : 큰방파제 2100m, 작은방파제 40m
- **위치 참조** : 〈최신 전국낚시지도〉 183p E6

찾아가는 길

수도권에선 중앙고속도로 안동JC 또는 경부고속도로 청주JC에서 당진·영덕고속도로를 이용한다. 영덕TG를 나오자마자 오른쪽 포항 방면의 7번국도(동해대로)를 타고 3.3km 남하해 왼쪽 강구항으로 진입한다. 강구항에서 20번지방도(영덕대게로)를 타고 해변 따라 약 6.2km 북상하면 목적지다. 포항 방면에서 북상할 경우도 7번국도를 이용해 강구항으로 접어들면 된다.

■ 낚시 여건

법정항(法定港) 중에서 가장 낮은 등급인 어촌정주어항으로 축조된 방파제이지만 그 규모가 우람하고, 도로변 공터에 주차를 하고 곧장 진입을 할 수 있는 데다 감성돔·벵에돔·학공치 조황이 뛰어나 영덕 현지 낚시인들 사이엔 칭송이 자자한 낚시터이다. 특히 학공치는 씨알이 아주 굵게 낚여 한겨울의 추운 날씨에도 방파제 테트라포드 위에 올라 학공치를 낚는 마니아들이 수시로 목격되는 장소이다.

도로변에 위치하는 관계로 인근의 창포방파제와 하저방파제는 물론, 주변의 갯바위 지역을 포함해 이동도 편리한 장소이다.

■ 어종과 시즌

대부방파제에서 낚이는 어종은 감성돔·벵에돔·학공치를 비롯하여 망상어·노래미·가자미·보리멸·우럭·개볼락·무늬오징어·전어·전갱이·황어 등등으로 아주 다양하다. 특히 심심풀이 잡어의 밀도가 높은 곳이기도 하다.

감성돔은 가을부터 입질이 시작되어 겨울에 큰 사이즈가 낚인다. 게다가 주변 갯바위보다 방파제에서 낚이는 씨알이 더 굵다고 말하는 이들이 많다. 벵에돔은 여

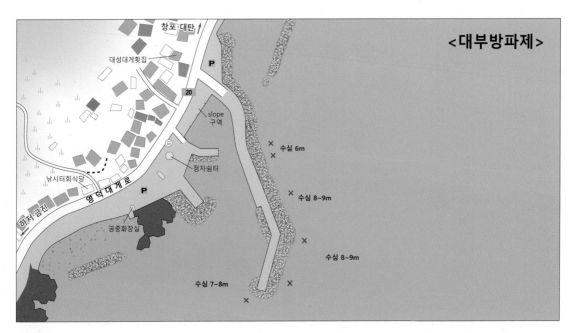

<대부방파제>

창포·대탄
대성대게횟집
P
20
slope 구역
정자쉼터
낚시터회식당
영덕대게로
하저·금진
공중화장실
수심 6m
수심 8~9m
수심 8~9m
수심 7~8m

름부터 낚이지만 가을에 마릿수가 보장된다. 감성돔과 벵에돔이 고급 대상어임에는 분명하지만 대부방파제의 최고 인기 어종은 학공치로서 '형광등급'이라 불리는 굵은 사이즈가 낚인다. 학공치는 가을부터 시즌이 시작되어 겨울 내내 잘 낚인다. 잡어로 취급되는 망상어 · 황어 · 우럭 · 노래미는 사철 낚인다.

보리멸과 붕장어는 여름철 던질낚시에 잘 낚인다. 루어낚시를 한다면 테트라포드 주변과 틈바구니 사이를 노린다. 내항 쪽 석축 주변도 탐색해 볼만한데, 우럭과 개볼락이 잘 낚인다. 가을철부터 무늬오징어 에깅도 잘 되는 곳이다.

■ 포인트 및 참고 사항

대부방파제 역시 큰방파제 외해 방향이 주요 포인트이다. 방파제 초입 부근은 수심이 6m 정도이지만 중간 지점을 지나면 8~9m로 깊어진다. 방파제 끝자락에서 내항 쪽으로 돌아서면 수심이 다시 약간 얕아져 7~8m를 이룬다. 명당자리는 곧 방파제 끝자락으로 겨울에 대물 감성돔이 기대되고 가을 시즌 땐 벵에돔으로 아이스박스를 채우는 자리이다. 그러나 이곳의 테트라포드는 아주 높게 피복돼 있어 끝까지 올라서면 수면과의 거리가 많이 벌어지므로 이를 감안하여야 한다.

작은방파제는 수심이 다소 얕은 편이지만 옆으로 이어지는 갯바위와 더불어 끝자락에서 찌낚시 포인트가 형성된다.

큰방파제의 내항 방향과 작은방파제 주변은 잡어 포인트이다. 계절에 따라 전갱이 · 전어 · 황어 등 잡어 종류도 다양하고 마릿수 재미도 좋은 편이다.

대부방파제는 규모에 비해 주차공간이 넉넉하게 확보되어 있다. 큰방파제 초입의 공터나 작은방파제 앞 정자 주변에 주차할 수 있어서 진입과 철수에 편리하다.

인근 낚시점(054)

*태공낚시 734-3440
영덕읍 덕곡리 159-8
*아주낚시 733-2707
강구면 금진리 471
*송죽낚시 733-8390
강구면 금진리 600

↓ 영덕권 최고의 학공치 낚시터로 손꼽히는 대부방파제. 겨울철에는 감성돔 씨알이 굵게 낚이는 곳으로도 유명하다.

하저방파제

- **소재지** : 영덕군 강구면 하저리 776 외
- **길이** : 큰방 1600여m, 작은방 700여m, 방사제 80여m
- **위치 참조** : 〈최신 전국낚시지도〉 183p E6

찾아가는 길

수도권에선 중앙고속도로 서안
동IC를 이용해 안동시를 거쳐
34번국도를 따라 영덕까지 간
다. 영덕터미널 앞에서 울진·
포항 방면으로 좌회전하여 하저
방향으로 5km 가면 하저해수
욕장이 있는 하저삼거리이자 곧
왼쪽이 하저방파제이다.
남쪽 포항 방면에서는 동해대
로(7번국도)로 북상하여 강구항
을 거친다. 강구항에서 영덕대
게로(20번지방도)를 따라 5km
직진하면 된다.

인근 낚시점(054)

＊25시낚시 734-1703
　영덕읍 화개리 199-5
＊송죽낚시 733-8390
　강구면 금진리 600
＊한바다낚시 734-5655
　강구면 강구리 367

↓ 입구에서 바라본 하저 큰방
파제. 갯바위 지대와 모래밭 경
계 지점에 위치해 철따라 근접
하는 다양한 어종을 다양한 방
법으로 낚을 수 있다.

■ 낚시 개황

하저해수욕장을 끼고 있는 하저항(어촌정주어항) 방파제는 아담한 규모의 어항을
감싸고 있는 형상으로 2개의 작은방파제 중 하나는 해수욕장의 모래 유입을 억제
하는 방사제(防砂堤) 역할을 한다. 갯바위 지대와 모래사장의 경계점에 축조된 방
파제여서 암초지대에 서식하는 대상어와 모래밭에 서식하는 어종이 고루 서식하
여 다양한 장르의 낚시 재미를 선사한다. 감성돔·벵에돔은 물론이고 학공치도 잘
낚이고, 농어·우럭을 노리는 낚시인들도 즐겨 찾는 장소이다. 그밖에 가자미·광
어·양태·보리멸낚시도 가능하고, 낚시 방법 또한 맥낚시·찌낚시·던질낚시는
물론 루어낚시까지 다양하게 즐길 수 있다.

■ 참고 사항

큰방파제 테트라포드 구간 모두가 포인트이다. 수심은 초입이 3~4m, 중간부터 끝
지점까지는 5~6m를 유지한다. 주로 방파제 끝자락과 방파제가 꺾이는 지점에 몰
려서 낚시를 한다. 이외에도 북쪽으로 이어지는 갯바위 지대에서 감성돔·벵에돔
찌낚시를 한다. 같은 포인트에서 던질낚시도 하는데 우럭·노래미·농어의 입질
을 기대할 수 있다. 갯바위 포인트로의 접근은 도로변에서 갯바위로 내려가는 계
단이 설치되어 있어서 어렵지 않게 진입할 수 있다. 겨울 감성돔 시즌 때 파도가
높을 경우 큰방파제가 파도를 잘 막아주므로 작은방파제에서 낚시가 가능하다.
학공치는 주로 큰방파제의 내항 방향에서 입질이 좋지만, 여타 잔챙이 잡어 입질
뿐인 내항 방향에서의 낚시는 권할 바가 못 된다. 초여름 작은방파제 끝에서 던질
낚시를 하면 보리멸이 잘 낚인다.

〈하저방파제〉

금진2리방파제
(소월방파제)

- **소재지** : 영덕군 강구면 금진리 607-4 외
- **길이** : 큰방파제 80m, 작은방파제 35m
- **위치 참조** : 〈최신 전국낚시지도〉 203p E1

■ 낚시 개황

금진2리방파제고도 불리고 현지인들 사이엔 주로 소월방파제라 불리는 길이가 100m도 안 되는 작은 방파제이다.

바로 남쪽에 강구항이 인접해 있어서 지나가는 관광객도 많은 장소이지만 낚시를 위해 군이 이곳을 찾는 사람은 많지 않다.

감성돔과 벵에돔이 낚이지 않는 것은 아니지만 조과의 기복이 심해 즐겨 찾을만한 좋은 낚시터는 아니다. 벵에돔의 경우 간혹 마릿수 대박을 터트리는 경우도 있지만 완전 빈바구니 신세를 겪는 경우도 많다. 그러나 망상어와 황어가 꾸준하게 낚이고 여름철 던질낚시에 씨알 굵은 보리멸이 잘 낚이는 특성을 보인다.

■ 참고 사항

감성돔 · 벵에돔 · 농어 등 고급 어종이 잘 낚이는 인근 갯바위 포인트가 많아 작정하고 소월방파제를 찾는 낚시인은 많지 않다. 방파제가 소형인 데다 수심도 3~4m 정도로 얕아 조황의 기복이 심한 잡어 낚시터 정도로만 알려져 있다.

방파제에 피복된 테트라포드 또한 의외로 높아 올라서기가 불편한 점도 이곳 방파제에서 낚시하는 것을 회피하는 요소 중의 하나이다.

방파제에서 도로를 따라 북쪽으로 약 300m 올라가면 널찍한 갯바위가 있는데 이곳이 오히려 조과가 좋아 낚시인들이 찾아가는 포인트이다. 망상어 · 노래미 등이 잘 낚이고 벵에돔 조황이 뛰어나 의외로 재미를 볼 경우가 있다. 마찬가지로 방파제 남쪽으로도 좋은 갯바위 포인트가 있다. 이곳에서 전방으로 던질낚시를 하면 보리멸이 잘 낚인다.

찾아가는 길

수도권에선 중앙고속도로 서안동IC를 이용해 안동시를 거쳐 34번국도로 영덕까지 간다. 영덕터미널 앞에서 울진 · 포항 방면으로 좌회전하여 5km 가면 하저삼거리이다. 우회전하여 약 2.7km 남하하면 된다.

포항 방면에선 동해대로(7번국도)로 북상하여 강구항을 거친다. 강구항에서 영덕대게로(20번지방도)를 따라 2km 직진하면 된다.

인근 낚시점(054)

*송죽낚시 733-8390
 강구면 금진리 600
*영덕낚시 070-4225-3766
 영덕읍 덕곡리 191-3
*한바다낚시 734-5655
 강구면 강구리 367

↓ 소월방파제는 조황 기복이 심한 편이지만 벵에돔 재미가 쏠쏠하고 여름철에는 던질낚시로 굵은 보리멸을 노릴 수 있다.

\<금진2리(소월)방파제\>

강구항방파제

- **소재지** : 영덕군 강구면 강구리 253-29 외
- **길이** : 북방파제 480여m, 남방파제 165m
- **위치 참조** : 〈최신 전국낚시지도〉 203p E1

찾아가는 길

수도권에선 중앙고속도로 안동 JC 또는 경부고속도로 청주JC 에서 당진·영덕고속도로를 이용한다. 영덕TG를 나오자마자 오른쪽 포항 방면의 7번국도(동해대로)를 타고 3.3km 남하한 지점의 왼쪽 강구대교를 건너면 곧 강구항이다.
포항 방면에서 북상할 경우도 7 번국도를 이용하되 강구대교 직전의 강구교를 건너면 된다.

■ 낚시 여건

동해안의 한류와 난류가 교차되는 지점에 위치한 강구항은 사계절 다양한 어종이 찾아드는 입지 조건이다. 물고기뿐만 아니다. '영덕대게'의 본거지이자 동해안 수많은 항구 중에서도 산자수명(山紫水明)한 미항(美港)으로 손꼽혀 사철 관광객 행렬이 끊기질 않는다.

항구 자체 또한 내륙에 위치한 것 같은 특이한 입지 조건이다. 강구항 중앙으로 유입되는 오십천(伍十川) 하구의 폭이 무려 150여m에 달해 강구항은 그야말로 '민물 반 바닷물 반' 형국이다. 온갖 기수역 어종과 회유성 어종이 들락거려 사계절 낚시 대상어가 끊이질 않는 이유다.

큰방파제 입구에는 드넓은 면적의 '해파랑공원'이 조성돼 있어 가족 동반 산책 코스로 적합하고, 주차장도 넓게 마련돼 있어 휴일 나들이 걱정을 덜 수 있다. 남쪽 작은방파제 옆 오포3리 백사장에선 물놀이와 던질낚시를 즐길 수 있다. 남쪽 인근엔 또 삼사해상공원이 조성돼 있어 강구항 전역을 조망하며 일출 경관을 즐길 수도 있다.

<강구항방파제>

■ 어종과 시즌

뻥에돔과 감성돔이 대표어종이다. 학공치의 입질도 활발하고 망상어 · 황어 · 노래미 · 도다리 · 붕장어 등 항구 규모에 어울리게 다양한 어종이 선을 보인다. 뻥에돔은 여름부터 가을에 걸쳐 마릿수로 낚이고 겨울로 접어들면 굵은 씨알들이 입질을 한다. 감성돔은 가을부터 입질을 시작해 겨울철 내내 선을 보인다. 대물보다는 주로 2~3년생이 낚이는데 겨울이 깊어갈수록 씨알이 점차 굵어진다.

이외에도 대형 황어가 잘 낚여 감성돔보다 황어 손맛을 보러 출조하는 꾼들이 있을 정도이다. 학공치는 늦가을부터 겨울 동안이 제철이고, 가을 무늬오징어 에깅에도 큰 사이즈가 낚인다. 그밖에 망상어 · 노래미 · 숭어 등은 사시사철 방파제를 떠나지 않고 입질을 해 준다. 던질낚시를 하면 가자미와 황어가 걸려들고 밤낚시엔 붕장어 입질이 당차다. 여름 한철엔 보리멸 입질도 가세한다.

■ 포인트 및 참고 사항

큰방파제 중간 꺾인 지점부터 끝자락까지가 핵심 포인트이다. 끝자락 빨강등대 주변에서는 감성돔이 잘 낚이고 방파제가 꺾어지는 자리는 황어 포인트이다. 학공치의 경우엔 테트라포드 전역에서 고루 잘 낚인다.

큰방파제에서 내항 쪽을 바라보고 던질낚시를 하거나 남쪽 작은방파제에서 큰방파제를 바라보고 던질낚시를 시도하면 낮에는 가자미와 황어가, 밤에는 붕장어가 잘 낚인다. 여름철에는 당연히 보리멸이 선을 보인다. 오포3리 해수욕장에선 가족과 함께 물놀이겸 던질낚시를 하기에 좋다.

인근 낚시점(054)

*한바다낚시 734-5655
 강구면 강구리 367
*신신낚시 733-9602
 강구면 오포리 39
*대구낚시 733-9612
 강구면 오포리 34-4
*21C바다낚시 734-4581
 남정면 구계리 13

↓ 하늘에서 내려다본 강구항. 북쪽 방향에서 바라본 모습이다. 동해의 한류와 난류가 교차하는 위치인 데다, 오십천이 유입되는 곳으로 사시사철 다양한 어종이 낚인다.

삼사방파제

- **소재지** : 영덕군 강구면 삼사리 782 외
- **길이** : 큰방파제 170여0m, 작은방파제 70m
- **위치 참조** : 〈최신 전국낚시지도〉 203p E1

찾아가는 길

수도권에선 영동고속도로→중앙고속도로 서안동IC를 이용해 안동시를 거쳐 영덕 방면 34번 국도로 영덕까지 진행한다. 영덕에서 동해대로(7번국도)를 타고 강구항입구교차로를 지나 1.5km 더 직진하면 삼사해상공원입구이다. 좌회전하여 바로 50m 앞 오른쪽 길로 들어가면 방파제로 진입할 수 있다. 포항 방면에서는 동해대로(7번국도)로 북상하여 역시 삼사해상공원입구에서 바로 진입하면 된다.

인근 낚시점(054)

*신신낚시 733-9602
 강구면 오포리 39
*대구낚시 733-9612
 강구면 오포리 34-4
*21C바다낚시 734-4581
 남정면 구계리 13

↓ 하늘에서 내려다본 삼사방파제. 찌낚시보다는 던질낚시를 많이 하는 곳으로 가자미와 보리멸 조과가 좋다.

■ 낚시 개황

강구항 남쪽에 위치하고 있는 삼사방파제는 관광지로 유명한 삼사해양공원 뒤쪽에 자리 잡고 있어 가족 나들이 출조지로 권할만하다.

겨울철 감성돔, 여름철 뻥에돔으로 주요 대상어를 양분할 수 있으나, 학공치가 주요 타깃으로 기본적으로는 잡어터의 성격이 강한 방파제이다. 봄철에는 볼락도 간간이 입질을 해 볼락 마니아들이 좋아한다.

방파제 위에서 찌낚시보다는 던질낚시를 하는 낚시인들이 많은데, 큰방파제에서 외해를 향해 힘껏 원투하면 굵은 가자미가 덥석덥석 입질을 해댄다. 여름철에는 보리멸도 마릿수로 잘 낚인다.

■ 참고 사항

강구항에서 해안도로를 따라 지나다니는 관광객들이 많은 곳이지만 방파제 자체는 한적한 분위기이다.

이곳에선 방파제에서도 낚시를 하지만 큰방파제에서부터 북쪽 삼사해양공원 아래쪽로 계속 이어지는 갯바위 구간을 찾는 이들도 많다. 강구항에서부터 해안도로로 이어져 있어서 진입하기에도 편리한 여건이다.

그밖에 방파제에서 남쪽으로 바라다 보이는 철제 구조물은 해상에 설치된 부채 형상의 산책 코스이다. 방파제에서부터 500여m 거리에 위치하는데, 해양공원의 일부인 것으로 보일 수 있지만 그렇지가 않다. 형상도 그러하거니와 낚시하기에 부적합한 여건으로 위치가 너무 높아 엄두가 안 난다.

<삼사방파제>

남호방파제

- **소재지** : 영덕군 남정면 남호리 12-18 · **길이** : 100여m
- **위치 참조** : 〈최신 전국낚시지도〉 203p E2

영덕의 유명 관광지인 삼사해양공원 남쪽에 위치하는 작은 방파제이다. 삼사방파제 남쪽에 만들어져 있는 해상 철제구조물에서 다시 남쪽으로 450m 거리에 위치하는데, 100여m 길이의 방파제와 주차 공간으로 활용할 수 있는 200평 남짓한 선착장이 있다.

방파제 외해 쪽 테트라포드에서 겨울철에는 감성돔, 여름철에는 뱅에돔을 노릴 수 있다. 테트라포드가 커 발판이 불편한 단점이 있다. 마주보이는 선착장은 널찍하고 발판도 편하므로 망상어 · 황어 등 잡어낚시가 목적이라면 이곳을 선택하는 편이 좋다. 이 외에도 방파제 북쪽으로 갯바위가 있는데 비슷한 여건으로 감성돔 · 뱅에돔낚시가 가능하다. 우럭 · 개볼락을 겨냥한 루어낚시를 한다면 방파제 주변과 갯바위를 골고루 탐색해 볼만하다.

찾아가는 길

수도권에선 영동고속도로→중앙고속도로 서안동IC→안동시→영덕 방면 34번국도로 영덕읍내 못 미쳐 신양삼거리에서 옥계계곡 방면으로 우회전, 다시 대지삼거리에서 좌회전하여 14km 가면 동해대로(7번국도)로 진입하게 된다. 경주 방면으로 약 2km 가면 남호교이고 다리를 건너 오른쪽으로 나온다. 다시 다리를 건너 도로 아래를 지나 해안을 따라 200m 가면 방파제 앞이다.

인근 낚시점(054)

- *대구낚시 733-9612 강구면 오포리 34-4
- *신신낚시 733-9602 강구면 오포리 39
- *21C바다낚시 734-4581 남정면 구계리 13

↑ 북쪽 삼사방파제와 남쪽 남호방파제 사이에 위치한 부채꼴 모양의 삼사리해상산책로. 낚시와 관계없는 해상 구조물이다.

구계항방파제

- **소재지** : 영덕군 남정면 구계리 189-3 외
- **길이** : 큰방파제 340m, 작은방파제 98m
- **위치 참조** : 〈최신 전국낚시지도〉 203p E2

찾아가는 길

수도권에선 중앙고속도로 안동 JC 또는 경부고속도로 청주JC 에서 당진 · 영덕고속도로를 이용한다. 영덕TG를 나오자마자 오른쪽 포항 방면의 7번국도(동해대로)를 타고 약 8km 남하한 지점에서 '구계리 지하통로' 이정표를 보고 오른쪽으로 빠지면 된다.

포항 방면에서 북상할 경우도 7번국도를 이용해 왼쪽으로 보이는 구계휴게소를 500m 지난 지점에서 오른쪽으로 빠지면 된다.

■ 낚시 여건

동해안을 따라 이어지는 7번국도(동해대로)에서 자연환경이 눈에 띄게 아름다운 항구를 꼽으라면 단연 구계항을 빼놓을 수 없다. 1971년부터 국가어항으로 지정된 구계항은 주변 시설은 물론 수질도 깨끗하여 한 번 찾아가본 사람이라면 인정하지 않을 수 없다.

구계항방파제는 큰방파제 3분의 2 지점에서 내항 방향으로 또 하나의 작은 방파제(파제제)가 가지를 뻗어 Y자 형태를 취하고 있는 것이 외형적 특징이다. 과거에는 감성돔을 기대하기 어려운 잡어낚시터로만 알려져 있었지만 언제부턴가 벵에돔이 주요 어종으로 부각되어 찾아가는 낚시인이 많아졌다. 또한 루어낚시 대상어도 다양해 인기가 높아지는 등 종합 낚시터로서의 명성도 높아졌다.

■ 어종과 시즌

구계항방파제에서 기대할 수 있는 어종은 벵에돔 · 감성돔 · 망상어 · 학공치 · 황어 · 숭어 · 볼락 · 우럭 · 광어 · 노래미 · 무늬오징어 등으로 실로 다양하다.

인기가 높은 벵에돔은 여름철에 크기도 마릿수도 기대 이상으로 좋은 조황을 보인

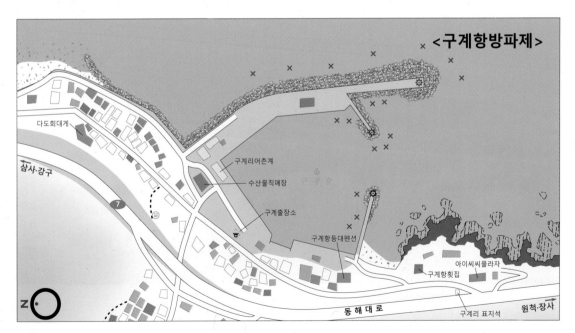

×〈구계항방파제〉

다도회대게

삼사·강구

구계리어촌계

수산물직매장

구계출장소

구계항등대펜션

아이씨씨플라자

구계항횟집

동 해 대 로

구계리 표지석

원척·장사

다. 감성돔은 물색이 너무 맑아서인지 낚기 어려운데 가을철부터 겨울철에 입질을 한다. 학공치는 가을부터 겨울철 내내 다수확이 가능하다.

볼락·우럭·광어 등은 구계항의 루어낚시 대상어다. 볼락은 봄에, 우럭은 여름부터 가을까지 잘 낚인다. 광어는 봄부터 여름에 걸쳐 먼 거리를 노리면 입질을 기대할 수 있다. 가을부터는 외항 쪽을 에기로 집중 공략하면 사이즈 좋은 무늬오징어가 잘 낚인다.

■ 포인트 및 참고 사항

구계항 큰방파제는 외해 방향 전역이 뱅에돔의 1급 포인트라고 말할 수 있다. 테트라포드가 방파제 초입에는 소형으로 치밀하게 설치되어 올라서기 편하지만 중간부터 끝 지점까지는 대형 테트라포드라서 발판이 조금 위험하다. 하지만 전문 낚시인들은 초입보다는 끝 지점을 더 선호한다. 큰방파제의 외해 방향은 가을철 무늬오징어의 1급 포인트이기도 하다.

파도가 너무 높은 경우라면 외해 쪽보다는 내항 쪽으로 방파제가 가지를 친 자리에서 뱅에돔 입질이 좋은 경우도 많다. 작은방파제의 끝부분도 비슷한 여건으로 보인다. 학공치·망상어·황어도 뱅에돔과 같은 자리에서 낚인다.

우럭이나 볼락 루어낚시를 즐기려면 큰방파제의 내항 쪽을 철저하게 탐색해 볼 필요가 있다. 특히 볼락은 큰방파제와 파제제가 나누어지는 Y자 홈통 주변으로 몰이 자라 있을 때 백발백중이다. 광어나 양태를 겨냥한 루어낚시는 내항보다는 외해 방향으로 조금 무거운 소형 메탈지그나 큼직한 지그헤드리그를 가능한 한 멀리 캐스팅하는 것이 입질 받을 확률이 높다.

인근 낚시점(054)

*21C바다낚시 734-4581
영덕군 남정면 구계리 13
*화진낚시 262-4050
포항시 송라면 지경리 301
*한일낚시 232-1710
포항시 청하면 필화리 147

↓ 하늘에서 내려다본 구계항방파제. 여름철 뱅에돔 찌낚시 조황이 뛰어난 곳이자 루어낚시도 아주 잘 되는 곳이다. 특히 볼락의 조과가 돋보인다.

원척방파제

- 소재지 : 영덕군 남정면 원척리 120-11
- 길이 : 1600m
- 위치 참조 : 〈최신 전국낚시지도〉 203p E3

찾아가는 길

수도권에선 영동고속도로→중부내륙고속도로→경부고속도로→대구포항고속도로를 이용한다. 학전IC를 나와 대련IC→28번국도 성곡IC를 거쳐 7번국도(동해대로)를 타고 약 26km 북상하면 오른쪽으로 원척방파제 진입로가 나타난다.
강원도 방면에서 출발할 때는 동해대로(7번국도)로 남하하여 구계항을 지나 약 2km 더 진행하면 원척 입구이다.

인근 낚시점(054)

*21C바다낚시 734-4581
영덕군 남정면 구계리 13
*화잔낚시 262-4050
포항시 송라면 지경리 301
*한일낚시 232-1710
포항시 청하면 필화리 147

↓ 하늘에서 내려다본 원척방파제. 갯바위와 암초지대에 둘러싸인 여건으로 록피시 계열의 어종이 많고 루어낚시가 잘 되는 곳이다.

■ 낚시 개황

남북 양방의 갯바위 지대에 둘러싸인 포구에 축조된 방파제로, 주변 갯바위 포인트의 명성에 가려 그다지 주목을 받지 못하는 곳이다. 길이 160여m의 방파제에선 여름철에 뱅에돔을 낚을 수 있지만 찌낚시를 즐기는 이들보다는 루어낚시를 즐기는 마니아들이 많고 숭어 훌치기꾼들도 자주 찾는다. 그렇다고 뱅에돔과 망상어가 안 낚이는 것으로 속단해서는 안 된다. 또한 가을철부터는 무늬오징어 조황도 아주 좋고 내항에서 낚시를 한다면 우럭과 개볼락도 심심찮게 올릴 수 있다.
방파제의 북쪽으로 이어지는 갯바위는 뱅에돔 찌낚시는 물론 루어낚시에서도 1급 포인트로 조과가 보장되는 장소이다. 가까이 암초지대로 루어를 던지면 우럭과 개볼락이, 멀리 원투하면 광어와 양태가 잘 낚인다. 마찬가지로 방파제 남쪽의 갯바위 지대도 주변에서 인기가 높은 1급 낚시터이다.

■ 참고 사항

방파제 앞 수심은 3~4m 안팎을 유지하는데 뱅에돔을 노리려면 주로 방파제 끝 지점에서 앞쪽이나 내항 쪽 갯바위와의 물골을 겨냥하는 것이 좋다. 그러나 숭어 훌치기 시즌에는 방파제에서 찌낚시를 하기 어려운 측면이 없지 않다. 건너편 내항 쪽에는 돌섬이 있어서 주변으로 볼락과 우럭이 잘 붙는다.
방파제 북쪽 갯바위 지대는 몹시 거칠어서 진입과 이동이 수월하지는 않다. 그러나 들쭉날쭉 홈통이 발달해 한눈에 좋은 포인트임을 알 수 있으므로 원척방파제에 들린다면 수고를 감수하고라도 이곳 갯바위를 찾아봐야 한다. 만약 가족들과 함께 간편하게 낚시를 즐기려면 내항 쪽 돌섬 주변에 자리를 깔면 된다.

부흥방파제

- **소재지** : 영덕군 남정면 부흥리 122-2
- **길이** : 700여m
- **위치 참조** : 〈최신 전국낚시지도〉 203p E3

■ 낚시 개황

영덕군 남단에 위치하는 아주 작은 방파제이다. 방파제 자체보다는 북쪽으로 늘어서 있는 갯바위 포인트가 인기를 모으고 있는 장소로, 단골 꾼들은 이곳 방파제와 주변 갯바위를 통틀어서 '부흥리 포인트'로 꼽는다.

해안도로를 따라 이어지는 갯바위 주변은 감성돔 포인트로서 겨울철 파도가 적당한 날이면 찌낚시, 그렇지 않은 경우에는 던질낚시를 한다. 감성돔 외에도 우럭이나 광어를 노리는 루어낚시에도 최고의 포인트라 할 수 있다.

방파제에서는 끝 지점에서 뱅에돔과 망상어·황어 등을 노릴 수 있지만 씨알이 잘아서 그리 권할 만하지 않다. 방파제 앞 수심은 2~3m로 얕아 주로 가자미·보리멸 던질낚시를 하는 이들이 많다.

■ 참고 사항

방파제에서 북쪽으로 7번국도를 따라 600m 떨어진 곳에 경보화석박물관이 있고 그 건너편으로 휴게소가 있다. 휴게소 뒤쪽으로 펼쳐져 있는 갯바위가 부흥리의 1급 포인트이다. 이 주변이 모두 겨울철 감성돔 1급 포인트이고, 감성돔이 낚이지 않는 철에는 루어낚시를 하기에도 안성맞춤이다. 갯바위로의 진입은 박물관 바로 건너편과 휴게소 옆으로 길이 나 있어서 어렵지 않게 들어갈 수 있다.

부흥방파제의 외해 방향은 암초지대이지만 반대 방향의 내항 쪽은 모래밭이 넓게 펼쳐져 있다. 방파제에서 외해 방향으로 찌낚시를 한다면 테트라포드 바로 앞에 채비를 투입하는 것이 좋다. 내항 쪽은 심심풀이로 민장대를 사용하여 각종 잡어를 낚기에 적합하다.

찾아가는 길

수도권에서 출발할 경우는 대구포항고속도로 포항IC 못 미쳐 학전IC를 나와 대련IC→28번국도 성곡IC를 거쳐 7번국도(동해대로)를 타고 약 25km 북상하면 장사해변이 끝나는 지점의 부흥교 건너 오른쪽으로 진입로가 나타난다.
강원도 방면에선 동해대로(7번국도)를 타고 남하해 구계항을 지나 약 3km 더 진행한 지점의 부흥교 앞에서 오른쪽으로 빠져 좌회전하면 된다.

인근 낚시점(054)

*21C바다낚시 734-4581
 영덕군 남정면 구계리 13
*화진낚시 262-4050
 포항시 송라면 지경리 301

↓ 장사해변 북단에서 바라본 부흥방파제. 인근 갯바위가 인기 포인트이고 방파제에선 주로 던질낚시를 한다.

〈부흥방파제〉

부경1,2리방파제

- **소재지** : 영덕군 남정면 부경리 120-1 외
- **길이** : 큰방파제 190m, 작은방파제 110m
- **위치 참조** : 〈최신 전국낚시지도〉 203p E3

찾아가는 길

수도권에선 영동고속도로→중부내륙고속도로→경부고속도로→대구포항고속도로를 이용해 마지막 포항IC 직전의 학전IC로 나온다. 곧이어 대련IC를 이용해 28번국도를 타고 북상하다가 성곡IC에서 7번국도(동해대로)를 갈아타고서 약 23km 계속 북상하면 오른쪽으로 장사휴게소가 나오고, 곧 오른쪽으로 부경1리 마을로 들어가는 진입로가 나타난다.
강원도 방면에선 동해대로(7번국도)로 영덕군 남정면 구계항을 지나 약 5km 더 남하하면 구경리 입구다.

■ 낚시 개황

영덕군 최남단에 위치한 방파제다. 부경리를 지나 조금만 더 남쪽으로 가면 포항시 북구 송라면 지경리이다.

부경리에는 두 곳의 방파제가 거의 맞붙어 있다. 북쪽에 해당하는 부경1리에 큰 방파제가 위치하고, 남쪽으로 250여m 거리의 작은 포구(부경2리)에 작은 방파제와 또 하나의 소형 방파제가 축조돼 있다. 이를 구분해 위쪽(북쪽) 큰방파제를 부경방파제(부경1리방파제), 아래쪽 작은방파제를 부경2리방파제라고 부른다. 두 곳의 방파제뿐만 아니라 해안을 따라 테트라포드 더미가 마치 제방처럼 길게 쌓여 있는데 이 구간도 방파제와 더불어 주요 포인트 역할을 한다.

낚이는 어종은 찌낚시라면 감성돔, 뱅에돔, 망상어, 황어 등이고 던질낚시와 루어낚시로 우럭, 노래미, 가자미, 광어, 양태 등이 잘 낚인다.

■ 참고 사항

부경방파제는 외해 방향이 포인트이고, 부경2리방파제는 끝 지점의 테트라포드 구간이 주목 받는다.

<부경1,2리방파제>

부경(부경1리)방파제

부경1리
회관

명인낚시

남정·구계

7

장사휴게소

야시모텔

부경2리

부경2리방파제

송라·흥해 →

겨울 감성돔이나 여름철 벵에돔을 겨냥해 찌낚시를 할 때는 채비를 멀리 던져 흘리기보다는 발밑을 노린다는 기분으로 가까운 지점을 공략하는 것이 유리하다. 테트라포드 틈새로 구멍치기를 시도하거나 루어낚시를 하면 큼직한 우럭 또는 개볼락이 연속으로 낚인다.

방파제 외에 남북으로 길게 이어진 호안(護岸) 테트라포드 구간에도 눈길을 돌려봄직하다. 하지만 의외로 발판이 좋지 않다는 점에 유의해야 한다.

인근 낚시점(054)

＊화진낚시 262-4050
 포항시 송라면 지경리 301
＊한일낚시 232-1710
 포항시 청하면 필화리 147

← 북쪽 부경1리방파제와 이웃한 부경2리방파제 전경(위 사진). 멀리 보이는 빨강등대는 포항시 북구 송라면의 지경방파제이다.
부경방파제 북쪽 장사해변에 위치한 '장사상륙작전 전몰용사 위령탑' 전경(아래 사진).

↓ 북쪽 7번국도변 대명펠리스 펜션 옆에서 내려다본 부경(부경1리)방파제. 사진 오른쪽(남쪽) 2500여m 지점에 부경2리방파제가 위치한다.

Part 7
경북 포항시 북구

경상북도 포항시 북구 흥해읍 오도리 6-3번지에 소재한 오도2리방파제).

지경방파제

- 소재지 : 포항시 북구 송라면 지경리 199-8 외
- 길이 : 큰방파제 335m, 작은방파제 85m
- 위치 참조 : 〈최신 전국낚시지도〉 203p E4

찾아가는 길

수도권에선 중앙고속도로 안동 JC 또는 경부고속도로 청주JC에서 당진·영덕고속도로를 이용한다. 영덕TG를 나오자마자 오른쪽 포항 방면의 7번국도(동해대로)를 타고 14.6km 남하한 지점에서 좌회전 후 곧 해변 따라 오른쪽으로 진입하면 된다.
포항 방면에서 북상할 경우는 7번국도를 이용해 포항 북구 송라면 화진휴게소 북쪽 900여m 지점에서 궁전모텔 간판을 보고 오른쪽으로 진입하면 된다.

■ 낚시 여건

포항시 최북단에 위치한 방파제로 같은 이름의 지경방파제는 경북 울진군 최남단(후포면 금음4리)과 경주시 최남단(양남면 수렴리)에도 존재한다. 지경(地境)이란 이름은 땅의 경계, 즉 부락 간의 경계를 뜻하기 때문이다.

남북으로 형성된 백사장과 자갈밭 그리고 갯바위를 끼고 있는 이곳 지경방파제는 그 입지적 조건으로 인해 다양한 어종을 불러들인다. 전통적으로 찌낚시를 선호하는 이들은 대표적인 감성돔낚시터로 분류하고, 새로운 유행의 루어낚시 동호인들은 무늬오징어와 광어·양태·성대 입질이 뛰어난 특급 루어낚시터로 손꼽는다.

■ 어종과 시즌

지경방파제의 대표어종은 무늬오징어·광어·양태·성대를 필두로 한 루어낚시 어종과 벵에돔·감성돔을 주종으로 하는 찌낚시 어종으로 분류된다. 농어 또한 찌낚시와 루어낚시로 두루 공략할 수 있다.

9월부터 이듬해 2월까지 이어지는 감성돔은 드물게나마 한겨울(1~2월)에 씨알이 가장 굵게 낚이고, 봄철부터 선보이는 벵에돔은 8~9월에 씨알이 굵게 낚이는데

25cm급을 전후해 간혹 30cm까지 곁들여진다. 이후 11월, 늦어도 12월부터 나타나는 학공치는 이듬해 2~3월까지 들락거린다.

루어낚시 대표어종으로 주목 받는 무늬오징어 시즌은 경험자들에 따라 7월부터 12월까지로 길게 거론되지만 8월~11월이 가장 안정기로 주목받는다. 이밖에도 지경방파제엔 10월 한철 전어가 반짝 하는가 하면, 봄~여름 시즌 땐 방파제 남북 지점의 백사장과 자갈밭에서 보리멸 던질낚시 재미가 쏠쏠하다.

■ 포인트 및 참고 사항

지경방파제에서의 낚시는 두 개의 방파제 및 작은방파제 남쪽(화진펜션 밑) 갯바위와 큰방파제 북쪽 자갈밭 등, 크게 세 구역으로 대별할 수 있다.

큰방파제 포인트는 첫 번째 꺾이는 지점에서부터 빨간 등대가 있는 끝자락까지의 외항 방향이다. 이 중에서도 첫 번째 꺾이는 지점에서부터 두 번째 꺾이는 지점까지의 외항 방향은 수중여가 발달한 구간으로 벵에돔 포인트, 두 번째 꺾이는 지점부터 끝자락까지는 광어 · 양태 · 성대 루어 포인트, 여름 보리멸 포인트로 꼽힌다. 작은방파제는 8월~11월의 무늬오징어 포인트로 각광받는다. 초입에서 중간 지점의 외항 방향이 곧 에깅 포인트인데, 끝자락에서 남쪽 방향은 양태와 함께 간혹 농어도 곁들여진다. 그러나 이곳의 무늬오징어 명당은 작은방파제 초입 오른쪽으로 이어지는 '화진펜션 밑 갯바위'로, 광어와 양태도 곁들여지는 특급 루어 포인트이자 여름 보리멸 산지이기도 하다.

큰방파제 북쪽 자갈밭 지역, 특히 자갈밭이 끝나는 지점의 벼락바위(팔각정횟집 앞)는 추석 전후의 감성돔낚시와 여름 밤 농어낚시 명당으로 이름난 곳이다.

인근 낚시점(054)

*화진낚시 262-4050
송라면 지경리 301
*평화낚시 010-3524-2494
흥해읍 마산리 132-5
*신신낚시 241-3968
흥해읍 용한리 1-2

↓ 화진펜션 남쪽 해변에서 바라본 지경방파제 전경. 사진에 보이는 아래쪽 작은방파제 인근의 갯바위와 자갈밭 주변도 손꼽히는 루어 포인트이다.

화진2리방파제
(대진방파제)

- **소재지** : 포항시 북구 송라면 화진리 77-5 외
- **길이** : 큰방파제 250여m, 작은방파제 85여m
- **위치 참조** : 〈최신 전국낚시지도〉 203p E4

찾아가는 길

수도권에선 중앙고속도로 안동JC 또는 경부고속도로 청주JC에서 당진·영덕고속도로를 이용한다. 영덕TG를 나오자마자 오른쪽 포항 방면의 7번국도(동해대로)를 타고 16.8km 남하한 지점에서 좌회전 후, 1.2km 지점에서 다시 한 번 좌회전하면 된다.
포항 방면에서 북상할 경우는 7번국도로 홍해읍을 지나 청하교차로 기점 5.2km 지점에서 화진리 방면으로 우회한다.

■ 낚시 여건

경북 영덕 강구항을 기점으로 한 남쪽 해안은 길게 일직선 형태를 유지하다가 포항시 북구 송라면부터는 느릿한 에스(S)자 곡선을 그리며 영일만으로까지 반복을 거듭한다. 후미진 안쪽엔 대부분 백사장이 형성돼 있고 불거져 나온 콧부리 지역엔 갯바위가 형성돼 있다. 그리고 그 갯바위 지역 인근엔 방파제들이 축조돼 있다. 포항시 최북단 해수욕장으로 백사장 길이 400m, 폭 100m에 달하는 화진해수욕장 좌우 양쪽(북쪽과 남쪽)에도 어김없이 커다란 방파제가 수문장처럼 버티고 있다. 북쪽 지경리의 지경방파제와 남쪽 화진리의 화진방파제가 그것이다. 남쪽 화진리에는 또 두 팔을 길게 뻗은 두 쌍의 방파제가 나란히 이어진다. 화진해수욕장 남단의 화진2리(대진)방파제와 그 남쪽 250여m 거리의 화진1리(구진)방파제가 그것이다. 인근 낚시인들이 흔히 화진방파제라 부르는 이곳 화진2리(대진)방파제 주변은 사질대와 암초대가 뒤섞인 지형적 특성으로 농어·광어·양태·성대 등의 루어낚시 어종과 함께 감성돔·벵에돔·학공치 같은 찌낚시 어종도 철따라 낚인다.

■ 어종과 시즌

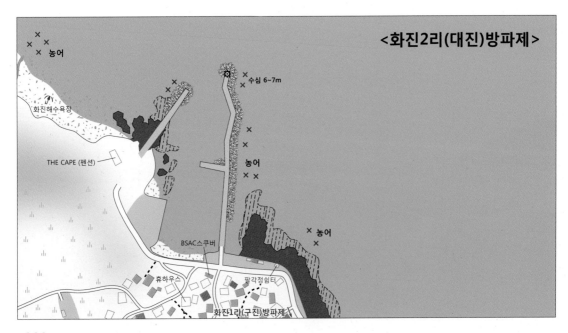

〈화진2리(대진)방파제〉

농어

화진해수욕장

수심 6~7m

THE CAPE (펜션)

농어

BSAC스쿠버

농어

휴하우스

팔각정쉼터

화진1리(구진)방파제

봄철부터 선보이는 벵에돔은 가을로 접어들면서 제법 묵직한 손맛을 안겨주는 씨알들이 낚이고, 추석 전후부터 제 시즌을 맞이하여 겨울까지 이어지는 감성돔과 함께 늦가을부터 어군을 드리워 겨울 동안 나타났다가 사라지기를 반복하는 학공치 또한 이곳 대진방파제의 대표적인 어종이다.

큰방파제 오른쪽 갯바위와 작은방파제 왼쪽 백사장(화진해수욕장) 일대에서 시도되는 농어낚시는 6월 첫 장마 때부터 시즌이 시작되는데, 감성돔이 나타나는 추석 전후가 되면 입질이 뚝 끊기는 것이 이곳의 특징이다.

드넓은 화진해수욕장의 백사장을 끼고 있는 이곳 방파제의 특성상 광어 · 양태 · 보리멸도 간과해서는 안 될 대상어이고 망상어 · 노래미는 손님고기 격이다.

■ 포인트 및 참고 사항

거듭 거론하지만 화진2리방파제는 사질대와 암초대가 섞이는 지형임을 고려해야 한다. 왼쪽 작은방파제 초입은 수상 및 수중암초가 맞닿는 곳으로 항상 파도가 휘돌아쳐 낚시가 어려운 대신, 테트라포드가 있는 전방 구간의 외항 방향은 광어 · 양태가 붙는 사질대 포인트이다.

가을 벵에돔 및 추석 감성돔 그리고 겨울 학공치 포인트는 큰방파제 쪽이다. 큰방파제 역시 초입부 외항 쪽은 밋밋한 경사의 암반이 인접해 있어 낚시가 안 되고, 중간 지점부터 흰등대가 있는 끝 지점까지의 외항 방향이 포인트이다.

더욱 주목해야 할 곳이 있다. 큰방파제 오른쪽 갯바위 구간과 북쪽 화진해수욕장 기수역 부근은 농어낚시 일급 포인트로, 찌낚시를 하건 루어낚시를 하건 50~60m 정도로 최대한 장타를 치는 것이 관건이다.

인근 낚시점(054)

*화진낚시 262-4050
 송라면 지경리 301
*평화낚시 010-3524-2494
 흥해읍 마산리 132-5
*신신낚시 241-3968
 흥해읍 용한리 1-2

↓ 지도에 표시된 휴하우스 펜션 옥상에서 내려다본 화진2리방파제 전경. 높은 파도가 몰아치는 날씨임에도 내항 쪽은 평온을 유지하는 상태다.

화진1리방파제
(구진방파제)

- **소재지** : 포항시 북구 송라면 화진리 19-1 외
- **길이** : 북방파제 220m, 남방파제 200m
- **위치 참조** : 〈최신 전국낚시지도〉 203p E4

찾아가는 길

수도권에선 중앙고속도로 안동 JC나 중부내륙고속도로 낙동 JC 또는 경부고속도로 청주JC에서 당진·영덕고속도로를 이용한다. 영덕TG를 나오자마자 오른쪽 포항 방면의 7번국도(동해대로)를 타고 16.8km 남하한 지점에서 화진3리 방향으로 좌회전해 화진2리를 경유하면 된다.
포항 방면에서 북상할 경우는 7번국도를 이용해 포항 북구 송라면 '송라교차로'를 1.9km 지난 지점에서 오른쪽 화진3리 방향으로 진입하면 된다.

■ 낚시 여건

북쪽 화진2리방파제와의 거리가 겨우 250여m, 남쪽 진입로에 위치한 방석방파제 또한 500여m 거리에 불과해 당일의 날씨나 조황 따라 낚시터를 이동하기 편리한 여건이다. 북쪽 화진2리방파제와 남쪽 방석방파제가 모래밭을 끼고 있는 것과는 달리 이곳 화진1리(구진 또는 귀진)방파제는 주변이 여밭이다. 따라서 광어·양태·성대 같은 사질대 어종이 드문 대신, 록피시 계열의 볼락이 낚이고 노래미도 섞인다. 감성돔 출현도 잦고 벵에돔 낚시터로도 무난한 화진1리방파제는 뭐니 뭐니 해도 무늬오징어가 간판스타다. 경북 지역 1순위 에깅 출조지로 꼽는 이들도 있다. 또한 남쪽 방파제 입구에는 작은 슬로프(Slope) 시설도 있어 보트를 띄울 수 있는 좋은 여건이기도 하다.

■ 어종과 시즌

화진1리방파제에서 거론되는 어종은 무늬오징어·감성돔·벵에돔·학공치·농어·볼락·노래미·망상어 등이다.
대표적인 무늬오징어는 9~10월이 피크 시즌이다. 빠르면 8월부터 시작돼 시즌이

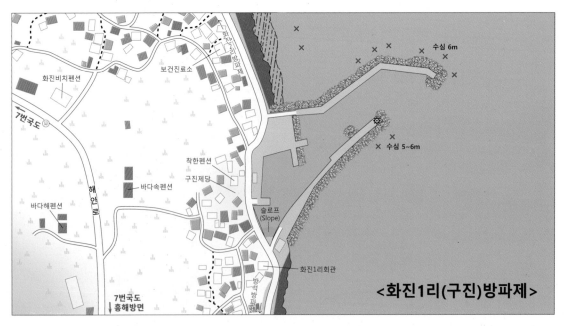

〈화진1리(구진)방파제〉

늦거나 길어질 때는 11월까지 지속된다. 비슷한 시기에 시작되는 감성돔은 학공치와 더불어 겨울 시즌으로 계속 이어진다. 여름부터 시즌이 시작되는 벵에돔은 역시 9~10월에 씨알이 굵게 낚인다. 웜 루어에 걸려드는 볼락 또한 그 시즌이 9~10월이고 보면, 화진1리방파제는 사계절을 통틀어 이때가 피크 타임이라 할 수 있다. 감성돔·벵에돔·학공치 찌낚시와 무늬오징어 에깅, 볼락 루어낚시를 동시에 시도할 수 있기 때문이다.

■ 포인트 및 참고 사항

두 개의 방파제가 45도 각도로 거의 나란히 뻗어 있는 데다 길이도 거의 같아 보인다. 그러나 북쪽 방파제 길이가 20m 정도 더 긴데, 방파제 각도가 두 번씩 꺾인 북쪽 방파제 초입에선 낚시가 잘 안 된다. 두 번째 꺾이는 지점 약간 못 미쳐부터 끝자락 구간까지의 외항 방향이 포인트로, 감성돔·벵에돔·학공치 찌낚시가 활발히 이루어지고 가장자리 부근에선 가을철 볼락도 곧잘 낚인다. 볼락의 경우 구멍치기 채비보다 웜 루어가 우선이고, 벵에돔은 2단목줄찌 채비로 가능한 멀리 원투하는 것이 좋다. 또한 북방파제 끝자락 주변의 외항 방향은 가을 무늬오징어 포인트로 추석 무렵의 피크 시즌 땐 자리다툼까지 벌어지기도 한다. 3~3.5호 샐로우(Shallow) 타입의 에기가 잘 먹힌다.

흰 등대가 있는 남쪽 방파제는 파도치는 날 감성돔이 곧잘 출현하는 곳이다. 입구쪽은 수심이 얕아 낚시가 잘 안 되고, 끝자락 20~30m 구간이 포인트로 겨울 학공치도 잘 되는 곳이다. 끝으로 북쪽 방파제 위쪽의 암반 지대는 원투낚시에 노래미가 곧잘 걸려드는 곳이지만 어느 정도의 밑걸림은 각오해야 한다.

인근 낚시점(054)

*평화낚시 010-3524-2494
 흥해읍 마산리 132-5
*신신낚시 241-3968
 흥해읍 용한리 1-2
*영일만낚시마트 261-7115
 흥해읍 초곡리 9-12

↓ 하늘위에서 내려다본 화진1리(귀진)방파제 전경. 왼쪽(북쪽) 인근에는 화진2리(대진)방파제가 위치하고 오른쪽으로 내려가면 방석방파제가 나온다.

방석방파제

- **소재지** : 포항시 북구 송라면 방석리 27-10 외
- **길이** : 큰방파제 3200여m, 작은방파제 50여m
- **위치 참조** : 〈최신 전국낚시지도〉 203p E4

찾아가는 길

수도권에선 중앙고속도로 안동 JC나 중부내륙고속도로 낙동 JC 또는 경부고속도로 청주JC 에서 당진·영덕고속도로를 이용한다. 영덕TG를 나오자마자 오른쪽 포항 방면의 7번국도(동해대로)를 타고 16.8km 남하한 지점에서 화진3리 방향으로 좌회전 후, 1.2km 지점에서 다시 한 번 좌회전하면 된다. 포항 방면에서 북상할 경우는 7번국도를 이용해 포항 북구 송라면 '송라교차로'를 1.9km 지난 지점에서 오른쪽 화진리 방면으로 1.5km 정도 진입하면 된다.

■ 낚시 여건

북쪽 화진2리에서부터 화진1리를 거쳐 이곳 방석방파제에 이르기까지의 해변은 암반 지대이고 남쪽으로는 조사리간이해수욕장의 자갈 및 모래밭 지형이 펼쳐진다. 암반과 사질대 중간에 위치한 곳으로, 방석방파제 주변에는 계절 따라 다양한 어종이 선보이는데 아무래도 감성돔·벵에돔 위주의 찌낚시보다는 광어·양태·오징어 종류의 루어낚시가 호조를 보인다.

방파제가 위치한 방석2리 주민들은 이곳 지명을 흔히 '독석'이라 부르는데, 큰방파제가 뻗어 나온 북쪽 일대도 암반 지형이지만 남쪽의 작은방파제 입구도 돌출 갯바위로부터 시작된다. 방파제 주변 수심이 평균 7~8m에서 9m에 이를 정도로 깊은 편이며 인근 지형과 경관이 가족 동반으로 찾기에 딱 적합한 곳이다.

■ 어종과 시즌

감성돔과 벵에돔은 낱마리이지만 겨울 학공치가 강세를 띠고, 방파제 남쪽의 간이해수욕장 주변은 여름철 보리멸·양태·성대·광어 등이 던질낚시에 잘 낚여 초보자들이 찾기에 좋고, 진방 해상에선 같은 어종을 겨냥한 보트낚시도 활기를 띤

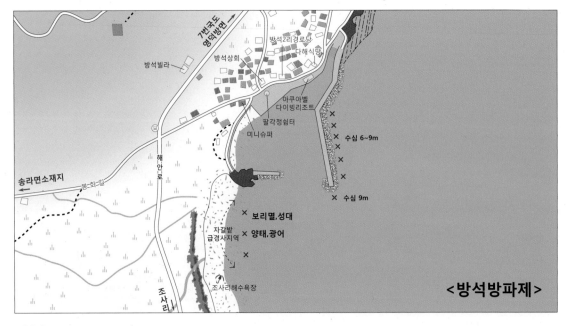

<방석방파제>

다. 초봄에는 망상어 입질이 잦고, 여름이면 무늬오징어와 함께 갑오징어도 간혹 선을 보인다. 매년 거듭되지는 않지만 가을 전어가 찾아들 때가 있고, 11~12월에 는 현지민들이 '대포'라 부르는 대왕오징어가 방파제 주변으로 나왔다가 문어와 함께 갈고리 사냥감이 되기도 한다.

■ 포인트 및 참고 사항

두 개의 방파제 가운데 낚시는 주로 큰방파제에서 이루어진다. 두 번째 꺾어지는 지점부터 시작해 끝자락까지의 외항 방향이 포인트이다. 망상어·감성돔·학공치 가 선보이는 곳이자, 테트라포드 주변을 겨냥한 구멍치기를 하면 개볼락도 심심찮 게 걸려든다. 끝자락 주변 30여m 구간의 외항 방향은 루어낚시 포인트이기도 하 다. 광어·성대·양태 등이 걸려드는데 바닥이 상당히 험해 루어 손실은 어느 정 도 각오해야 한다.

이밖에 큰방파제 내항 쪽은 옹벽이 매우 높은 데다가 방파제 상판에 난간마저 설 치돼 있어 진입이 어렵다. 끝자락 내항 쪽의 테트라포드를 발판 삼아 내려설 수 있 는데, 바람과 파도가 심한 날의 '피난 포인트'로서 잔챙이 망상어와 벵에돔 손풀이 를 할 수 있다. 방파제 옹벽 밑 발판은 반듯한 경사의 석축 지대다.

작은방파제 또한 파도 높은 날의 '피난 포인트' 구실을 하는데, 사실 방석리 지역 의 낚시는 방파제보다는 남쪽의 '조사리간이해수욕장' 일대를 빼놓을 수 없다. 작 은 자갈과 모래로 이어지는 해수욕장 일대는 보리멸 원투 채비에 양태도 걸려드는 곳으로 여름철 피서낚시터로 추천할 만한데, 특히 이곳 해상은 카약을 이용한 루 어 꾼들이 60cm급 이상의 대형 양태를 올리는 선상낚시 포인트로도 유명하다.

인근 낚시점(054)

*평화낚시 010-3524-2494
 흥해읍 마산리 132-5
*스포츠선우낚시 262-5011
 흥해읍 옥성리 303
*신신낚시 241-3968
 흥해읍 용한리 1-2

↓ 지도에 표시된 방석빌라에서 내려다본 방석방파제 전경. 사 진 오른쪽 방향에 보리멸·양 태·성대·광어 던질낚시가 잘 되는 조사리간이해수욕장이 위 치한다.

조사리방파제

- **소재지** : 포항시 북구 송라면 조사리 55-2 외
- **길이** : 큰방파제 200m, 작은방파제 110m
- **위치 참조** : 〈최신 전국낚시지도〉 203p E5

찾아가는 길

수도권에선 중앙고속도로 안동 JC나 중부내륙고속도로 낙동 JC 또는 경부고속도로 청주JC 에서 당진 · 영덕고속도로를 이용한다. 영덕TG를 나오자마자 오른쪽 포항 방면의 7번국도(동해대로)를 타고 19km 남하한 지점(송라교차로 300여m 지난 지점)에서 조사리 방향으로 좌회전하면 된다.
포항 방면에서 북상할 경우는 7번국도를 이용해 포항 북구 송라면 '송라교차로' 300여m 못미친 지점에서 오른쪽 조사리 방향으로 진입하면 된다.

■ 낚시 여건

조사리간이해수욕장 남쪽에 위치한 조사리방파제는 주변 지형 모두가 암반 지대이면서도 해수욕장 남단으로 흘러드는 광천의 기수역에 해당해 철따라 다양한 어종이 들락거린다. 벵에돔 1급 낚시터로 찌낚시 동호인들이 선호하는 곳이자, 무늬오징어 · 갑오징어 명당으로 루어낚시 동호인들의 칭송도 자자하다. 게다가 학공치는 물론 농어 · 숭어 · 전어 · 전갱이 · 노래미 등 온갖 어종이 고루 낚여 가족 동반 낚시객들에게도 추천할 만한 곳인데, 지형적인 여건상 광어 · 양태 등 플랫피시 계열은 드문 편이다.

방파제 위쪽(북쪽)의 갯바위에서도 낚시를 즐길 수 있고, 방파제 주변의 주차 공간은 그다지 넓지 않으나 불편을 느낄 정도는 아니다. 게다가 작은방파제 입구에는 슬로프(Slope) 시설도 축조돼 있어 보트를 띄우기에도 편리한 여건이다.

■ 어종과 시즌

벵에돔 · 무늬오징어 · 학공치가 주력 어종이다. 6~7월에 낚이는 이곳의 무늬오징어 씨알은 700여g 이상은 물론 1kg이 넘는 대형급들이 속출해 에깅 마니아들의

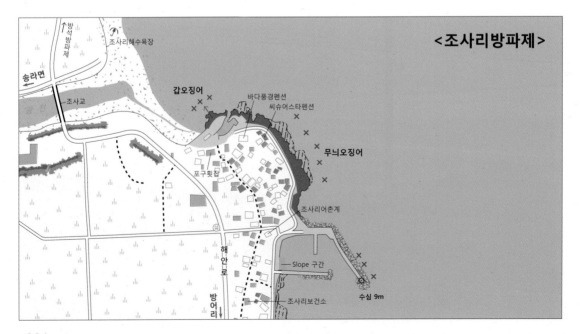

<**조사리방파제**>

가슴을 설레게 한다. 뿐만 아니다. 갑오징어까지 가세한다. 6~9월이 그 시즌으로, 이곳 조사리방파제 일원은 이가리·신항만방파제와 함께 포항 북부권의 대표적인 갑오징어 낚시터로 꼽을만하다.

대표 어종 중의 하나인 이곳 벵에돔은 6~11월이 제 시즌이다. 종합하자면 조사리 방파제는 6~7월이 가장 확률 높은 피크시즌이다. 찬바람과 함께 오징어들이 빠지고 나면 벵에돔들의 몸집도 불어나는데, 이들 벵에돔마저 귀해지는 초겨울에 이르면 학공치가 새로운 주인공으로 떠올라 한겨울 추위를 달군다.

■ 포인트 및 참고 사항

두 개의 방파제 가운데 작은방파제는 조류 소통이 없어 낚시가 잘 안 된다. 큰방파제 끝자락, 빨강등대 30여m 못 미친 지점부터가 포인트로 곧 벵에돔·무늬오징어 1급 사냥터이다. 벵에돔은 발밑보다는 20~30m 정도 원투를 해야 굵은 씨알을 만날 수 있고, 무늬오징어는 조류가 우측으로 흐를 때 집중 공략하되 유속에 따라 3.0~3.5호 쉘로 타입의 에기를 적절히 운용하는 것이 좋다. 그러나 이곳 큰방파제는 북쪽 갯바위를 타고 내려오는 큰 파도가 덮칠 때가 많으므로 겨울 감성돔을 겨냥한 무리한 낚시는 절대 삼가야 한다.

큰방파제 위쪽의 갯바위 구간도 빼놓을 수 없는 포인트다. 방파제 초입의 후미진 곳을 제외한 200여m 구간이 6~10월의 무늬오징어 포인트로, 대략 추석 전에 피크를 이룬다. 이곳 갯바위 지역을 조금 더 걸어 올라가면 마치 옛 시골 빨래터 같은 분위기의 천연 어항이 나온다. 이곳 갯바위 끝자락에서 북쪽 조사리해수욕장 방향으로 왕눈이 에기를 날리면 맛있는 갑오징어가 나온다. 시즌은 6~9월이다.

인근 낚시점(054)

*한일낚시 232-1710
 청하면 필화리 147
*명화낚시 010-3524-2494
 흥해읍 마산리 132-5
*신신낚시 241-3968
 흥해읍 용한리 1-2

↓ 조사리어촌계회관 쪽에서 내려다본 조사리방파제 전경. 빨간 등대가 있는 왼쪽 큰방파제를 돌아서면 무늬오징어와 갑오징어가 잘 낚이는 갯바위 구간이 있다.

방어리방파제

- **소재지** : 포항시 북구 청하면 방어리 20-1 외
- **길이** : 큰방파제 2210여m, 작은방파제 600여m
- **위치 참조** : 〈최신 전국낚시지도〉 203p E5

찾아가는 길

수도권에선 중앙고속도로 안동
JC나 중부내륙고속도로 낙동
JC 또는 경부고속도로 청주JC
에서 당진·영덕고속도로를 이
용한다. 영덕TG를 나오자마자
오른쪽 포항 방면의 7번국도(동
해대로)를 타고 22km 남하한
지점의 청하교차로 좌회전 후
월포해변에서 약 1km만 북상
하면 된다.
포항 방면에서 북상할 경우는 7
번국도로 홍해읍을 지나 청하교
차로에서 우회전하면 된다.

■ 낚시 여건

방파제가 북쪽에서 일직선 형태를 그리는 해안선과 같은 방향으로 축조된 것이 특
징이다. 방파제가 해안선의 연장선처럼 같은 각도로 길게 뻗어 내린 탓으로 조류
또한 일방적으로 흐를 수밖에 없다. 이런 까닭에 방어리방파제에서의 낚시는 '별
로!'라고 평하는 이들이 많다. 그런데도 인근 낚시인들이 방어리라는 이름을 떠올
리는 것은 방파제 북쪽과 남쪽에 위치한 갯바위 포인트를 염두에 두기 때문이다.
방파제 남쪽 입구의 칼바위와 북쪽 지혜횟집 앞 및 국립수산과학원 사료연구센터
축양장 앞 갯바위 포인트가 바로 그 주역이다.

■ 어종과 시즌

방파제에 대해서만 거론한다면 학공치와 벵에돔 외에는 특별히 열거할 어종이 없
다. 그러나 겨울철, 방파제 남쪽 입구의 칼바위와 지혜횟집 앞 갯바위를 포함하면
이야기가 달라진다. 대상어의 종류 못지않게 씨알이 굵게 낚이기 때문이다.

■ 포인트 및 참고 사항

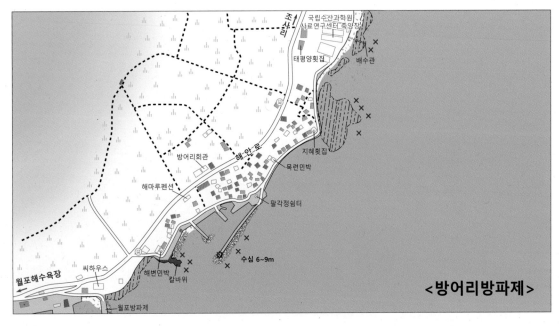

〈방어리방파제〉

방어리 버스정류장이 있는 방파제 남쪽 입구로 진입하다 보면 전방에 작은 방파제처럼 돌출된 갯바위가 보인다. 단골 꾼들이 흔히 '칼바위'라 부르는 곳이다. 30~40m 길이로 돌출된 갯바위는 주뼛주뼛, 울퉁불퉁한 발판이지만 20여 명이 함께 낚시를 할 수 있는 공간이다. 이름난 겨울 학공치 포인트로 '붙었다!' 하는 소문이 퍼지면 몰려드는 꾼들로 발 디딜 틈 없는 상황이 벌어지기도 한다.

큰방파제에서의 낚시는 중간 지점부터 끝자락까지의 외항 방향이 포인트로, 가을 뱅에돔이 간간이 입질을 하고 겨울로 접어들면 학공치 조황이 쏠쏠한 편이다.

큰방파제에서 해변 따라 200여m만 올라가면 무지개횟집과 지혜횟집이 나온다. 파도막이용 옹벽에 승용차를 바짝 붙인 후 무릎장화 차림으로 갯바위로 진입하면 되는데(파도 높을 땐 진입불가), 인근 수심이 1.5m 정도로 얕은 평평한 갯바위임에도 놀라운 조황을 보일 때가 많다. 조류가 북쪽으로 흐를 땐 축양장 방향으로, 남쪽으로 흐를 땐 횟집 방향으로 채비를 날려야 하는데, 뱅에돔 · 학공치 · 숭어 · 망상어 · 전어가 계절 따라 선보이고 농어 루어낚시에도 마릿수 조황을 보이는 곳이다.

바로 위쪽, 국립수산과학원 사료연구센터에서 운영하는 축양장 앞 갯바위에서도 같은 어종이 같은 시기에 선보이는데 돋보이는 건 씨알이다. 감성돔 시즌 때 특히 파도가 적당한 날이면 대형급들이 출현하는가 하면, 루어낚시에 걸려드는 농어도 빅 사이즈들이다. 또한 학공치 시즌에도 나무랄 데 없는 조황을 보인다.

이곳 축양장 앞과 아래쪽 지혜횟집 앞 갯바위의 호황은 축양장 배수관이 결정적 역할을 한다. 배수관을 통해 유입되는 사료 찌꺼기들이 베이트피시를 불러 모으고 이들을 먹잇감으로 하는 각종 고기들이 앞 다퉈 기웃거리기 때문이다.

인근 낚시점(054)

*신신낚시 241-3968
흥해읍 용한리 1-2
*평화낚시 010-3524-2494
흥해읍 마산리 132-5
*한일낚시 232-1710
청하면 필화리 147

↓ 하늘에서 내려다본 방어리방파제. 빨간 등대가 있는 큰방파제 내항 쪽으론 난간이 설치돼 있고, 중간 지점 외항 방향이 뱅에돔 · 학공치 포인트이다.

월포방파제

- **소재지** : 포항시 북구 청하면 방어리 312-6 외
- **길이** : 큰방 170m, 익제 142m, 작은방 100여m
- **위치 참조** : 〈최신 전국낚시지도〉 203p E5

찾아가는 길

수도권에선 중앙고속도로 안동 JC나 중부내륙고속도로 낙동 JC 또는 경부고속도로 청주JC 에서 당진·영덕고속도로를 이용한다. 영덕TG를 나오자마자 오른쪽 포항 방면의 7번국도(동 해대로)를 타고 22km 남하한 지점의 청하교차로에서 좌회전 후, 월포해변에서 약 700m만 북상하면 된다.
포항 방면에서 북상할 경우도 7 번국도를 이용해 청하교차로에 서 우회전한다.

■ 낚시 여건

북쪽 조사리간이해수욕장 남단에서부터 시작된 갯바위 지대가 끝나고 드넓은 남쪽 월포해수장의 사질대가 시작되는 지점에 월포방파제가 위치한다. 큰방파제 외항 쪽도 드문드문 암초대가 박혀 있을 뿐 크게 보아 사질대에 속하며, 내항 쪽은 개펄마저 섞인 평균 수심 3~4m의 사니질(沙泥質) 바닥이다.

당연히 록피시 계열은 드문 대신, 광어·도다리·양태·성대 같은 플랫피시 계열을 포함한 오징어 종류가 루어낚시 대상어로 각광 받는다. 여기에 황어·망상어·학공치를 상대로 찌낚시를 즐길 수 있고, 원투낚시로 보리멸과 도다리를 겨냥할 수도 있다. 이러고 보면 월포방파제에서의 낚시는 생각보다 대상어가 다양하고, 계절 따라 취향 따라 다양한 낚시 기법을 구사할 수도 있다.

■ 어종과 시즌

초봄 망상어와 여름 뱅에돔, 겨울 학공치가 찌낚시 대상어이고 6~8월 보리멸은 방파제에서도 던질낚시로 올릴 수 있다. 8~10월에 선보이는 무늬오징어 에깅도 잘 되는 곳인데, 한두 달 앞서 나타날 경우가 많은 갑오징어 에깅 또한 이곳에서

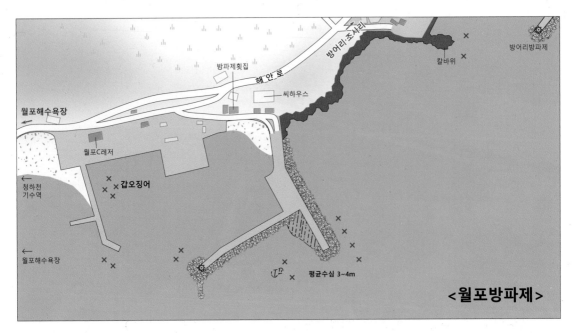

〈월포방파제〉

빼놓을 수 없는 선물이다.

방파제가 위치한 일대의 해저 지형이 광범위한 사질대여서 광어·양태·성대도 곧잘 선보인다. 봄철부터 광어가 조금씩 비치기 시작하면서 여름철에 이르면 양태와 성대도 가세한다. 양태와 성대 모두 루어낚시 대상어가 되지만 성대의 경우는 원투낚시에 오히려 잘 걸려든다. 냉동꽁치 살을 2cm 정도 크기로 잘라 미끼로 사용하면 되는데, 멀리 던진 채비가 바닥에 닿으면 그대로 방치해 두지 말고 보리멸 낚시처럼 일정 간격으로 살금살금 끌어주어야 한다. 이 같은 양태낚시 요령만 잘 익히면 루어낚시보다 뛰어난 마릿수 조과를 올릴 수 있다.

■ 포인트 및 참고 사항

큰방파제의 외항 쪽은 파도막이용 옹벽이 높게 축조돼 오르기도 힘들거니와 옹벽 아래의 테트라포드가 아주 낮게 쌓여 있어 내려서기도 곤란하다. 끝 지점까지 나아가 난간을 타고 넘어 진입해야 하는데, 차라리 끝자락에서 낚시를 하는 것이 좋다. 끝 지점에서 오른쪽(남쪽) 전방 30~40m 지점의 수중여 부근이 무늬오징어 특급 포인트이고, 왼쪽 방향은 겨울 학공치 특급 포인트이자 던질낚시 포인트로서 봄 도다리와 여름 보리멸이 대상어이다.

낚시하기 좋기로는 큰방파제에서 직각으로 가지를 뻗은 익제(翼堤) 쪽이다. 테트라포드에 오르기도 편리하고 끝자락에서 던질낚시를 하면 도다리·보리멸·노래미, 루어낚시를 하면 광어·양태·성대가 섞인다.

갑오징어 포인트는 따로 있다. 맨 나중에 만들어진 선착장 형태의 서쪽 작은 방파제 내항 쪽에 형성되는 잘피(일명 진질)밭이 바로 그곳이다.

인근 낚시점(054)

*신신낚시 241-3968
흥해읍 용한리 1-2
*평화낚시 010-3524-2494
흥해읍 마산리 132-5
*한일낚시 232-1710
청하면 필화리 147

↓ 씨하우스 펜션 테라스에서 내려다본 월포 큰방파제. 아래, 위 두 갈래로 나뉘는 진입로 가운데 왼쪽으로 진입해 끝자락으로 향하는 것이 좋다. 오른쪽 가지 방파제보다 조황이 앞서기 때문이다.

이가리방파제

- **소재지** : 포항시 북구 청하면 이가리 40-1 외
- **길이** : 큰방파제 2900여m, 작은방파제 1700여m
- **위치 참조** : 〈최신 전국낚시지도〉 203p E6

찾아가는 길

수도권에선 중앙고속도로 안동
JC나 중부내륙고속도로 낙동
JC 또는 경부고속도로 청주JC
에서 당진·영덕고속도로를 이
용한다. 영덕TG를 나오자마자
오른쪽 포항 방면의 7번국도(동
해대로)를 타고 22km 남하한
지점의 청하교차로에서 좌회전
후, 월포해수욕장사거리에서
오른쪽으로 남하하면 된다.
포항 방면에서 북상할 경우도 7
번국도를 이용해 청하교차로에
서 우회전하면 된다.

■ 낚시 여건

동해안 지역의 대부분 방파제들이 동쪽 또는 동남방으로 팔을 벌리고 있는 것에
비해 이곳 이가리방파제는 정북 방향으로 두 팔을 벌리고 있는 특이한 형태다. 분
명 예사 방파제가 아니다. 예부터 감성돔·벵에돔·학공치 낚시터로 소문난 곳일
뿐만 아니라, 샛바람이 터져 높은 파도가 일어도 동쪽의 큰방파제가 방패막이 역
할을 해 악천후 시의 피난 낚시터 역할도 한다.
서쪽 작은방파제 주변으로는 개울물이 흘러들어 기수역 어종이 가세하는가 하면,
내항 쪽으로는 잘피밭이 분포해 포항 북부 지역의 대표적인 갑오징어 낚시터로 손
꼽힌다. 어종이 다양하고 조황 기복도 덜한 곳으로 초보자들이 찾기에 적합하고
고급 어종을 겨냥하는 전문 꾼들의 기대에도 부응한다. 이에 포항 지역 꾼들은 물
론 경북 내륙 도시의 꾼들도 많이 찾는다.

■ 어종과 시즌

농어·광어·양태·성대 등의 루어낚시 자원도 많은 곳일 뿐만 아니라 감성돔·
벵에돔·학공치 등 찌낚시 어종의 씨알들이 굵게 낚이고, 볼락·노래미 등 바닥고

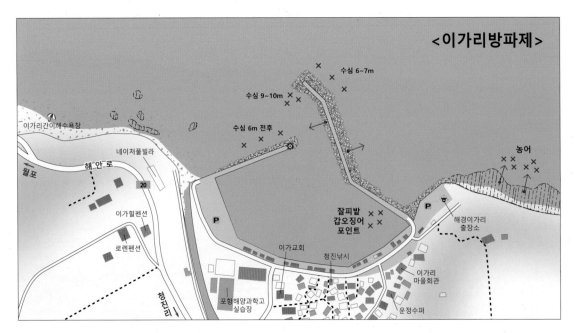

기 개체수도 많은 편이다.

뱅에돔은 6월부터 10월, 감성돔은 9월부터 2~3월까지 이어진다. 겨울 감성돔 시즌에는 학공치 씨알도 좋고 밤 볼락 조황도 쏠쏠하다. 볼락은 민장대 맥낚시를 해도 되고 루어낚시를 시도해도 된다. 농어는 연중 선보이지만 7~10월에 출현이 잦다. 잘피밭 지대의 갑오징어는 5~6월이 최적기다.

■ 포인트 및 참고 사항

바람과 파도가 덜 닿는 곳으로 주의보 상황의 궂은 날씨에도 낚시를 할 수 있는 곳이다. 방파제 주변 수심도 여느 곳보다 깊어 파도에 관계없이 낚시가 잘 되는 전천후 낚시터이기도 하다. 큰방파제 포인트는 첫 번째 꺾이는 지점으로부터 10여m 나아간 구간이다. 외항 쪽 전방에 수중여가 깔려 있는데, 씨알 좋은 뱅에돔이 배출되는 곳이다. 끝자락 내항 방향도 뱅에돔 포인트이자 볼락이 선보이는 곳이고, 외항 방향은 조류 소통이 원활한 곳으로 감성돔 포인트이다. 작은방파제에선 밤 볼락과 함께 농어 밤낚시로 한판 승부를 걸어봄 직하다. 작은 하천이 유입되는 곳으로 농어가 곧잘 붙는데, 찌낚시는 물론 루어낚시를 시도해도 효력을 발휘한다.

두 개의 방파제가 평온을 이루는 항구 안쪽엔 잘피밭이 형성되어 갑오징어 사냥터 역할을 하는데, 큰방파제 내항 쪽의 잘피 군락지대가 더욱 각광 받는다.

큰방파제 우측은 수심 얕은 여밭이 길게 펼쳐진 곳으로 포항 지역에선 손꼽히는 농어 루어 포인트이다. 가슴장화를 착용하고 진입할 수 있는 곳으로 마릿수 대박 조과를 누리는 곳이기도 하다. 작은방파제 좌측 갯바위에선 농어를 포함한 양태·성대 등의 루어낚시 어종이 선보인나.

인근 낚시점(054)

*청진낚시 010-3157-9630
 청하면 이가리 86-4
*평화낚시 010-3524-2494
 흥해읍 마산리 132-5
*신신낚시 241-3968
 흥해읍 용한리 1-2

↓ 네이처풀빌라 인근 언덕에서 내려다본 이가리방파제 전경. 건너편 큰방파제가 뻗어 나온 곳부리 지형 일대엔 수심 얕은 여밭이 길게 형성돼 있어 농어 루어낚시 포인트로 각광받는다.

청진1리방파제

- **소재지** : 포항시 북구 청하면 청진리 97-4 외
- **길이** : 외항 북방 85m, 외항 남방 130m
- **위치 참조** : 〈최신 전국낚시지도〉 203p E6

찾아가는 길

수도권에선 중앙고속도로 안동 JC나 중부내륙고속도로 낙동 JC 또는 경부고속도로 청주JC 에서 당진·영덕고속도로를 이용한다. 영덕TG를 나오자마자 오른쪽 포항 방면의 7번국도(동해대로)를 타고 22km 남하한 지점의 청하교차로에서 좌회전 후, 월포해수욕장사거리에서 오른쪽 이가리·청진1리 방향으로 남하하면 된다.
포항 방면에서 북상할 경우도 7번국도를 이용해 청하교차로에서 우회전하면 된다.

■ 낚시 여건

내항 쪽에 두 개의 방파제가 있고 외항 쪽에 남북으로 두 개의 방파제가 겹으로 축조돼 있다. 내항 쪽 두 개의 방파제는 수심이 얕아 낚시터 구실을 못하고 외항 쪽 두 개의 방파제에서 낚시가 이루어지는데, 북쪽과 남쪽의 외항 방파제 역시 다른 곳에 비해 수심이 비교적 얕은 편이다.

북쪽과 남쪽 방파제 모두 광범위한 수중여와 암반층을 끼고 있는데, 이곳 청진1리에서의 낚시는 방파제를 포함한 이들 암초대 포인트도 포함하는 것이 좋다. 무릎장화를 휴대해야 할 이유다.

■ 어종과 시즌

주변 수심이 얕아 방파제 주변에선 벵에돔 구경이 어렵고 주로 학공치와 낱마리의 감성돔 그리고 무늬오징어가 비친다.

학공치는 인근 여느 방파제와 다름없이 11월 또는 12월부터 선보이기 시작해 이듬해 3~4월까지 이어지는데, 감성돔은 가을에 확률이 높다. 남쪽과 북쪽 방파제 주변에 연결된 암반·암초대 포인트에선 4~5월에 굵은 감성돔 씨알을 기대해 볼

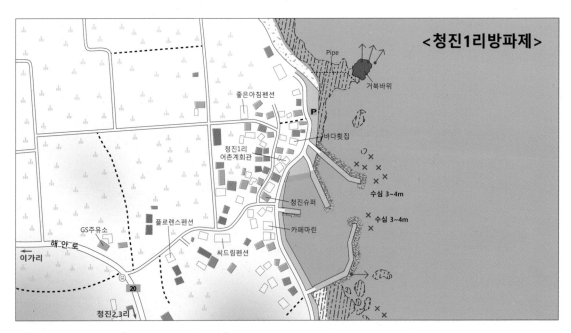

수 있고, 남쪽 암초대 전방에선 가을 시즌에 벵에돔이 섞이기도 한다.

인근 낚시점(054)

*평화낚시 010-3524-2494
흥해읍 마산리 132-5
*흥해25시낚시 262-9915
흥해읍 마산리 36-1
*신신낚시 241-3968
흥해읍 용한리 1-2

■ 포인트 및 참고 사항

북쪽 작은방파제에선 시즌에 따라 학공치와 감성돔을 노린다. 수심이 깊진 않으나 조류 소통이 원활한 곳이다. 입구로부터 40~50m 지점, 즉 방파제가 꺾이는 지점으로부터 끝자락에 이르기까지의 외항 방향이 포인트인데, 학공치를 노릴 때도 가급적 먼 거리를 탐색하는 것이 좋다. 꺾어진 지점으로부터 전방 25~30m 거리의 수중여는 감성돔 포인트로 주목 받는데, 찌 밑 수심을 2.5m 정도로 조준하는 것이 좋다.

북쪽 방파제 왼쪽(북쪽 방향)으로 연결된 암반 지대 콧부리 지형은 '거북바위 포인트'로 불리는데, 무릎장화 수심으로 송수관을 따라 걸어 진입할 수 있는 곳이다. 두 명이 함께 올라 북쪽 골창으로 한 사람은 루어를 힘껏 날리고 한 사람은 찌낚시를 하면 된다. 루어 원투엔 농어가, 2~2.5m 수심층의 찌낚시에는 감성돔이 기대되고 망상어·숭어가 섞인다.

남쪽 큰방파제에서 감성돔을 노릴 때는 끝자락 오른쪽에 자리를 잡고서 전방의 간출여 주변을 노리는 것이 정석이다. 첫 번째 꺾어지는 지점에서 전방 간출여 사이의 물골 또한 감성돔 포인트이다.

남쪽 방파제 아래쪽의 암반 끝 지역도 감성돔 여치기 포인트다. 바지장화 차림으로 밑밥 거치대까지 휴대해 안정된 자세를 유지해야 하는데, 골창 자리를 노리면 망상어와 노래미가 섞이는 가운데 늦여름~가을 기간엔 벵에돔도 기대된다.

↓ 남쪽 방파제 입구 언덕에서 내려다본 청진1리방파제. 멀리 북쪽 방파제 너머로 보이는 갯바위가 감성돔·농어 포인트로 꼽히는 거북바위다.

청진2리방파제

- **소재지** : 포항시 북구 청하면 청진리 277-3 외
- **길이** : 큰방파제 200m, 작은방파제 60m
- **위치 참조** : 〈최신 전국낚시지도〉 203p E6

찾아가는 길

수도권에선 중앙고속도로 안동 JC나 중부내륙고속도로 낙동 JC 또는 경부고속도로 청주JC 에서 당진·영덕고속도로를 이용한다. 영덕TG를 나오자마자 오른쪽 포항 방면의 7번국도(동해대로)를 타고 22km 남하한 지점의 청하교차로에서 좌회전 후, 월포해수욕장사거리에서 오른쪽 이가리·청진2리 방향으로 남하하면 된다.
포항 방면에서 북상할 경우도 7번국도를 이용해 청하교차로에서 우회전한다.

■ 낚시 여건

청진1리방파제와 청진2리방파제 사이에 위치한다. 중간에 끼인 방파제여서인지 어정쩡한 조황으로 그다지 주목을 받지 못하는 낚시터이다. 학공치가 대표 어종으로 감성돔·벵에돔·무늬오징어가 간간이 선보이는데, 특이하게 이곳에서 황점볼락이 낚인다는 사실을 루어 꾼들 사이에도 아는 이들이 많지 않다.
낚시터 또한 큰방파제 초입 갯바위와 그 위쪽 '잠수함 포인트'까지 포함해야 하는데, 이곳 갯바위 지역에선 시즌에 따라 감성돔·농어·벵에돔이 선보이는가 하면 망상어도 제법 섞인다.

■ 어종과 시즌

청진2리방파제의 대표 어종은 학공치. 늦가을~초겨울 들어 나타나기 시작해 이듬해 3월까지 들락거린다. 늦여름~초가을에 자리바꿈을 하는 벵에돔과 감성돔은 큰방파제 위쪽 갯바위에서 그나마 조황을 기대할 수 있고, 같은 갯바위 포인트에서 노릴 수 있는 무늬오징어는 8~10월이 가장 안정적이다.
큰방파제 끝자락에서 선보이는 황점볼락은 5~6월에 가장 확률이 높은데, 길게는

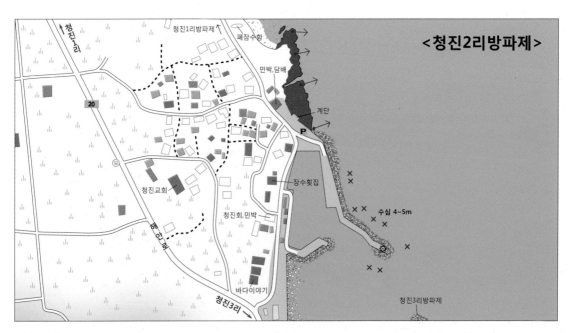

10월까지도 입질을 한다.

■ 포인트 및 참고 사항

큰방파제와 함께 아래쪽 청진3리방파제에 가려 있는 작은방파제는 지형적인 여건상 포인트 구실을 한다. 낚시는 큰방파제와 위쪽 갯바위 지대에서 이루어진다.

먼저 큰방파제에서의 낚시는 방파제가 중간에서 꺾이는 지점 전후와 끝자락으로 구간으로 나뉜다. 학공치의 경우는 외항 방향 전역이 포인트인데, 꺾이는 지점 못 미쳐 구간에선 무늬오징어를 노린다. 또한 방파제가 꺾이면서 약간 후미진 지점 앞에는 수중여 3개가 있는데(물이 맑은 날씨 땐 훤히 보임), 감성돔 시즌 때 이곳 수중여 주변을 집중 공략하면 확률이 높다.

빨강등대가 있는 큰방파제 끝자락 외항 방향은 학공치 특급 포인트이자, 오른쪽(내항 방향) 테트라포드 지점은 5~6월 황점볼락을 기대할 수 있는 곳이다. 1/2~3/8온스 지그헤드에 2~3인치 웜을 장착한 루어 채비를 남쪽 청진3리방파제 약간 안쪽 방향으로 캐스팅하면 되는데, 20~30m 정도 던져 바닥을 살살 끌다 보면 테트라포드 언저리에 이르러 왈칵 '입질'을 하는 경우가 많다. 평균 30cm 씨알에 40cm급 이상의 황점볼락이 선보이기도 하는데, 입질을 받는 즉시 기선 제압을 못하면 구멍 속으로 파고들어 낭패를 겪는다.

큰방파제 초입에 연결돼 있는 갯바위는 주창장 뒤쪽의 계단을 이용해 손쉽게 진입할 수 있는 8~10월의 무늬오징어 포인트이다. 레저용 소형 잠수함이 전시돼 있어서 '잠수함 포인트'로 불리는 갯바위 돌출부는 농어 루어낚시 포인트로, 시즌이 시작되면 자리다툼까지 벌어진다. 망상어 찌낚시 포인트이기도 하다.

인근 낚시점(054)

*신신낚시 241-3968
  흥해읍 용한리 1-2
*평화낚시 010-3524-2494
  흥해읍 마산리 132-5
*영일만낚시 261-7115
  흥해읍 초곡리 9-12

↓ 큰방파제 입구 민가 옥상에서 내려다본 청진2리방파제 전경. 빨간 등대 너머로 높은 파도에 휩싸인 방파제는 청진3리방파제로, 해안로를 따라 내려가면 불과 500m 거리다.

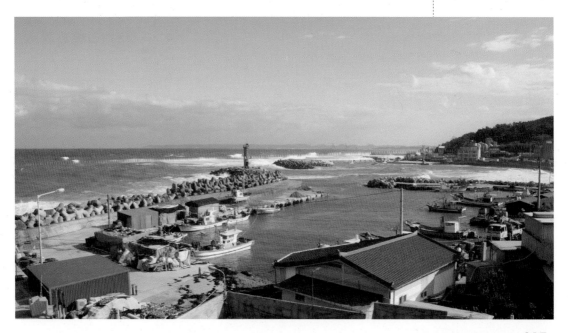

청진3리방파제

- 소재지 : 포항시 북구 청하면 청진리 423-3 외
- 길이 : 큰방파제 185m, 작은방파제 105m
- 위치 참조 : 〈최신 전국낚시지도〉 203p E6

찾아가는 길

수도권에선 중앙고속도로 안동 JC나 중부내륙고속도로 낙동 JC 또는 경부고속도로 청주JC에서 당진·영덕고속도로를 이용한다. 영덕TG를 나오자마자 오른쪽 포항 방면의 7번국도(동해대로)를 타고 22km 남하한 지점의 청하교차로에서 좌회전후, 월포해수욕장사거리에서 오른쪽 이가리·청진3리 방향으로 남하하면 된다.
포항 방면에서 북상할 경우도 7번국도를 이용해 청하교차로에서 우회전한다.

■ 낚시 여건

위아래의 큰방파제와 작은방파제가 그야말로 제각각으로 뻗어 있다. 대개 두 개의 방파제가 서로 껴안듯한 형세로 항내의 평온을 유지하는 여느 곳과는 달리, 이곳 청진3리방파제는 서로가 등을 돌린 채 남북 방향으로 뻗어 있는 것이다. 그러다 보니 큰방파제는 오히려 북쪽의 청진2리방파제와 짝을 이룬 듯한 모습으로, 낚시인들 사이엔 그 명칭을 잘못 부르기조차 한다. 그도 그럴 것이 이곳 청진3리 큰방파제와 북쪽의 청진2리방파제 간격이 직선거리로 80여m에 불과할 정도다.
북쪽으로 뻗은 큰방파제는 낚시할 지점까지 곧장 차량 진입이 가능하다는 편의성이 있고, 남쪽으로 뻗어 내린 작은방파제는 포인트로서의 가치는 없지만 슬로프시설이 되어 있어 보트를 띄우기에 편리한 여건이다.
남북 방향으로 서로 등을 돌린 채 뻗어 내린 두 개의 방파제 사이는 드넓은 암반지대로, 방파제에선 기대하기 어려운 농어낚시 재미를 누릴 수 있다.

■ 어종과 시즌

벵에돔·무늬오징어·감성돔·학공치가 계절 따라 선보이는 곳으로 기타 잡어는

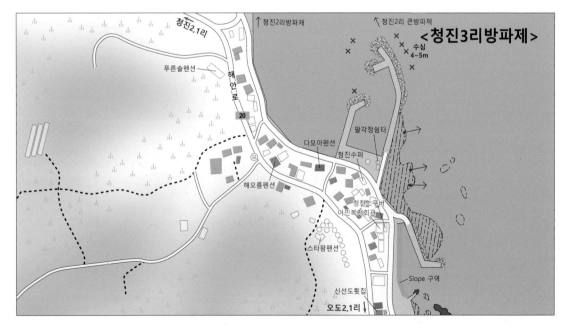

별무소식이다.

대표 어종은 뱅에돔과 학공치. 초여름 들어 뱅에돔이 낚이기 시작해 9~10월까지 지속되다가 차츰 개체수가 줄어든다 싶으면 학공치가 선을 보이기 시작한다. 빠르면 11월, 늦게는 12월이면 학공치 시즌이 시작되는데 이듬해 3월경까지 출몰을 거듭한다. 이후 봄 시즌이 되면 기대되는 어종으로 황점볼락이 있다. 북쪽 청진2리방파제처럼 이곳 청진3리 큰방파제에서도 보기 드문 황점볼락이 선보이는데, 5~6월부터 비치기 시작해 가을까지 드문드문 입질이 이어진다.

■ 포인트 및 참고 사항

방파제 규모에 비해 포인트 범위가 한정적이다. 남쪽의 작은방파제는 얕은 수심과 주변 암반층으로 인해 낚시가 안 되고, 큰방파제의 경우도 3분의 2 지점까지는 수심 얕은 암반층이 드리워져 있어 눈길이 잘 가지 않는다. 끝자락 주변 외항 방향에서 주로 낚시가 이루어지는데, 대표적인 학공치 포인트이다. 근거리 수심은 4~5m에 불과하지만 외항 방향의 원거리 수심은 생각보다 훨씬 깊은 편이다.

또한 이곳 큰방파제 끝자락 20여m 못 미친 지점의 외항 방향엔 수중여가 위치하는데 이곳을 잘 아는 단골꾼들이 뱅에돔을 노리는 곳이다. 황점볼락 포인트는 완전한 끝자락으로, 캐스팅 지점은 약간 내항 방향 20~30m 거리다.

큰방파제와 작은방파제 사이의 갯바위 지대는 언뜻 진입이 불가능해 보이기도 한다. 양쪽 방파제 모두에 옹벽이 높게 설치돼 있기 때문이다. 그러나 큰방파제 초입에 계단이 설치돼 있어 바지장화를 착용하면 걸어 들어갈 수 있는데, 루어낚시 또는 망상어 새끼를 이용한 생미끼 찌낚시에 대형 농어가 걸려든다.

인근 낚시점(054)

*신신낚시 241-3968
흥해읍 용한리 1-2
*평화낚시 010-3524-2494
흥해읍 마산리 132-5
*스포츠선우낚시 262-5011
흥해읍 옥성리 303

↓ 청진수퍼 쪽에서 바라본 청진3리 큰방파제(위 사진)와 신선도횟집 위에서 바라본 작은방파제(아래 사진). 서로 등을 지고서 저마다 크고 작은 어항을 형성하는 두 곳 방파제 사이는 광범위한 여밭이 연결돼 있다.

Part 7. 경북 포항시 북구 **219**

오도2리방파제

• **소재지** : 포항시 북구 흥해읍 오도리 6-3 외
• **길이** : 큰방파제 126m, 작은방파제 88m
• **위치 참조** : 〈최신 전국낚시지도〉 203p E6

찾아가는 길

수도권에선 중앙고속도로 안동 JCL나 중부내륙고속도로 낙동 JC 또는 경부고속도로 청주JC에서 당진·영덕고속도로를 이용한다. 영덕TG를 나오자마자 오른쪽 포항 방면의 7번국도(동해대로)를 타고 22km 남하한 지점의 청하교차로에서 좌회전 후, 월포해수욕장시거리에서 오른쪽 이가리·오도리 방향으로 계속 남하하면 된다.
포항 방면에서 북상할 경우도 7번국도를 이용해 청하교차로에서 우회전한다.

■ 낚시 여건

벌거벗은 옛 민둥산을 푸르게 가꾼 우리나라의 녹화사업을 기념하기 위해 푸른 동해바다를 배경으로 조성된 '사방기념공원'이 인근에 위치해 의의를 더하는 곳이다. 산림 관련 견학과 휴양공간으로 많은 관광객이 찾는 '사방기념공원'에서 시원하게 내려다보이는 이곳 오도2리방파제는 대표적인 농어 낚시터로 루어낚시와 원투 찌낚시 모두 구사할 수 있다.

큰방파제 북쪽으로는 갯바위와 수중여가 발달한 지형이고 작은방파제 남쪽으로는 넓은 암반지대가 펼쳐져 있어 방파제낚시와 갯바위낚시를 두루 경험할 수 있다는 것도 장점이다. 수중여와 암반지대에 둘러싸여 방파제 주변 수심은 3~4m에 불과하지만 낚시에 큰 영향을 초래하지는 않는다. 주변 갯바위 지대에는 감성돔·벵에돔 포인트도 형성돼 있다.

■ 어종과 시즌

큰방파제와 남북 지역의 갯바위에서 시도되는 농어 찌낚시 및 루어낚시는 날씨 조건에 따라 거의 연중 선보이지만 6~9월에 가장 확률이 높다. 같은 장소에서 선보

이는 벵에돔 또한 비슷한 시기이지만 늦가을에 이를수록 씨알이 굵어진다. 큰방파제 북쪽 갯바위에서 기대되는 감성돔은 아무래도 가을철에 입질 빈도가 높고 씨알 재미는 4~5월이다.

인근 낚시점(054)

*신신낚시 241-3968
흥해읍 용한리 1-2
*평화낚시 010-3524-2494
흥해읍 마산리 132-5
*영일만낚시 261-7115
흥해읍 초곡리 9-12

■ 포인트 및 참고 사항

인근 낚시인들 사이에 흔히 '구번횟집방파제'라 불리는 큰방파제는 방향이 꺾이는 지점부터 끝자락 사이의 외항 방향이 포인트로, 야간에 갯지렁이 미끼의 원투 찌낚시 채비로 농어를 노리는 단골꾼들이 많다. 50여m 거리를 원투해도 수심은 그다지 변화가 없지만 간혹 대물급이 걸려들어 긴장감을 불러일으킨다. 파도가 부딪쳐 하얀 포말이 이는 곳이 곧 포인트인데, 특히 테트라포드와 작은 갯바위가 연결된 지점에서 노릴 수 있는 간출여 너머가 핵심 포인트이다. 끝자락 지점의 외항 방향은 벵에돔 시즌 때 관심이 쏠리고, 약간 내항 방향에선 볼락이 선보이기도 한다. 남쪽에 위치한 작은방파제는 평평한 암반지대가 연결돼 있어 포인트 구실을 하지 못한다. 오히려 암반지대 위로 진입하는 것이 좋다. 도로변 주차장 중간 지점에 있는 계단을 통해 진입할 수 있는데, 무릎장화를 신고 들어가면 계절에 따라 농어·감성돔을 기대할 수 있다. 방파제 쪽 첫 번째 골창은 감성돔, 오른쪽(남쪽) 끝 지점은 농어 루어 포인트. 이곳 암반지대에선 날씨 좋은 날, 고등 종류와 성게·해삼을 채집하는 '해루질' 재미도 쏠쏠하다.

큰방파제 입구 주차장에서 북쪽 150여m 거리의 초소 앞 갯바위도 감성돔 시즌 때 꼭 찾아볼만하다. 적당히 파도치는 날이면 바닥 몽돌이 뒹굴면서 생기는 먹잇감으로 인해 농어가 곧잘 붙는 곳이기도 하다.

↓ 해안로(20번 지방도) 남쪽, 사랑의유람선 옥상에서 내려다본 오도2리방파제. 사진 왼쪽 너머로 청진3리방파제와 청진2리방파제(빨강등대)가 차례로 보인다.

오도1리방파제
(오도방파제)

- **소재지** : 포항시 북구 흥해읍 오도리 325-2 외
- **길이** : 큰방파제 212m, 작은방파제 55m
- **위치 참조** : 〈최신 전국낚시지도〉 203p E6

찾아가는 길

수도권과 중부내륙권 모두 포항을 기점으로 한다. 익산·포항고속도로 포항TG를 통과한 학전IC에서 오른쪽 영덕 방면으로 빠져 28번국도→7번국도를 타고 북상한다. 흥해읍 시가지를 벗어난 칠포교차로에서 오른쪽 칠포리 방면으로 진행하면 된다.

강원도나 울진 지역에서 남하할 경우는 7번국도(동해대로)로 영덕을 지나 포항시 청하면 청하교차로에서 왼쪽 월포 방면으로 진입 후, 월포해수욕장 입구 교차로에서 오른쪽으로 꺾어 계속 남하하면 된다.

■ 낚시 여건

오도리간이해수욕장 남쪽 콧부리 지형에 위치한 오도1리 포구는 천연요새와 같다. 전방 해상에 4개의 돌섬이 울타리를 치고 있는 데다 210여m에 달하는 방파제가 또한 둥글게 빗장을 걸고 있어 작은 포구는 언제나 정온(靜穩)을 유지한다.

이곳 '오도'라는 지명은 다섯 개의 섬을 뜻하는 오도(伍島)가 아닌 까마귀섬(烏島)인데, 낚시인들은 흔히 '다섯 개의 섬(伍島)'이 있는 곳으로 나름대로의 의미 부여를 한다. 방파제 전방에 나란히 있는 돌섬 4개와 북쪽에 따로 떨어져 있는 작도(또는 외섬)를 합쳐 다섯 개의 돌섬이 있다는 이유에서다. 그러나 이곳 돌섬은 현지 마을의 공동양식장으로, 아쉽게도 낚시 금지구역이다.

굳이 이곳 돌섬에 눈길을 빼앗길 필요가 없는 것이, 방파제낚시만 해도 여느 곳에 비교할 수 없을 만큼 다양한 어종이 선보일 뿐만 아니라 조황 또한 풍성하기 때문이다. 방파제 입구에 넓은 주차 공간도 마련돼 있고 밤이면 가로등이 켜져 밤낚시를 하기에도 좋은 여건이다. 진짜 자연산을 취급하는 횟집도 많다.

■ 어종과 시즌

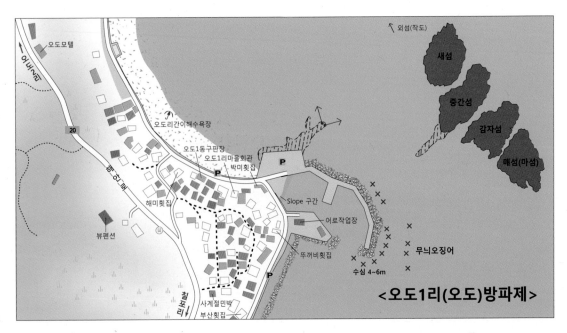

<오도1리(오도)방파제>

감성돔 · 벵에돔 · 학공치 · 농어 · 무늬오징어 · 망상어 · 황어가 손꼽히지만 어떤 이들은 감성돔보다 오히려 마릿수 조황을 안겨주는 농어를 더 강조하기도 한다. 볼락과 함께 황점볼락도 선보이는데, 근년에는 무늬오징어 에깅이 순위 다툼을 벌일 만큼 뛰어난 조황을 보이기도 한다. 특히 여름~가을 시즌을 수놓는 무늬오징어의 출현이 다른 곳보다 다소 빠르다는 점이 에깅 꾼들의 관심을 증폭시킨다.

종합해 보면 겨울에는 학공치와 망상어, 봄에는 농어와 볼락, 여름부터는 벵에돔과 무늬오징어로 시즌을 이어가다가 다시 초겨울이면 학공치가 붙는 등, 대표적인 생활 낚시터로 사계절 인기를 누리는 곳이 오도방파제이다.

■ 포인트 및 참고 사항

폭풍주의보가 발효돼 도무지 낚시할 곳이 없을 때 이곳만큼은 낚시가 가능하다. 게다가 낚시가 잔잔할 때는 조황이 떨어지는 곳인 만큼, 궂은 날씨는 이곳에서 호재로 작용한다.

바람과 파도막이 역할을 하는 4개의 돌섬과 큰방파제 사이로 흐르는 조류는 항상 원활하다. 그리하여 큰방파제 외항 쪽 전역이 포인트라 할 수 있는데, 구체적으로는 방파제가 중간에서 남쪽으로 크게 꺾이는 지점부터 끝자락 사이 구간이다. 비교적 근거리는 망상어 · 황어 · 벵에돔 · 감성돔 · 학공치 포인트이고 원거리는 무늬오징어 포인트이다. 끝자락 남쪽 방향은 벵에돔 및 볼락 포인트로 꼽힌다.

방파제 입구의 주차장 밑으로 연결된 갯바위도 주목 포인트이다. 갯바위 끝자락에서 전방의 돌섬 방향으로 힘껏 채비를 날리면 농어가 걸려드는데 루어낚시를 해도 해도 좋고 찌낚시를 해도 좋다. 입질 타이밍은 일몰부터다.

인근 낚시점(054)

*신신낚시 241-3968
 흥해읍 용한리 1-2
*평화낚시 010-3524-2494
 흥해읍 마산리 132-5
*흥해25시낚시 262-9915
 흥해읍 마산리 36-1

↓ 서쪽 상공에서 내려다본 오도방파제. 뒤쪽으로 이곳 오도1리를 상징하는 다섯 개의 돌섬 가운데 (오른쪽으로부터)매섬 · 감자섬 · 중간섬 · 새섬이 저마다 머리를 드러내고 있다.

칠포1리방파제
(칠포방파제)

- **소재지** : 포항시 북구 흥해읍 칠포리 60-3 외
- **길이** : 큰방 170m, 작은방 120m, 방사제 50m
- **위치 참조** : 〈최신 전국낚시지도〉 220p C1

찾아가는 길

수도권과 중부권 모두 포항을 기점으로 한다. 익산·포항고속도로 포항TG를 통과한 학전IC에서 오른쪽 영덕 방면으로 빠져 28번국도→7번국도를 타고 북상한다. 흥해읍 시가지를 막 벗어난 약성삼거리 또는 칠포교차로에서 오른쪽 칠포리 방면으로 진행하면 된다.

강원도나 울진 지역에서 남하할 경우는 7번국도(동해대로)로 영덕을 지나 포항시 청하면 청하교차로에서 왼쪽 월포 방면으로 진입 후, 월포해수욕장 입구 교차로에서 오른쪽으로 꺾어 8km 정도 계속 남하하면 된다.

■ 낚시 여건

북쪽 오도1리에서부터 시작된 1km 이상의 해변 갯바위 지형이 끝나고 드넓은 칠포해수욕장의 모래밭이 펼쳐지기 시작하는 지점에 칠포방파제가 위치한다. 남쪽 작은방파제 밑으로는 고현천이 곧장 유입되어 사질대 어종과 록피시 종류가 함께 낚인다. 어종이 다양한 만큼 초보 낚시인들에게도 적합한 낚시터로, 칠포해수욕장과 이웃해 초행길에 멋모르고 이곳을 찾아 낚싯대를 드리우는 이들도 많다.

북쪽 갯바위 지대와 두 개의 방파제 모두 지형 특성에 따른 어종이 낚이지만 선상 낚시 출조객들도 많다. 특히 작은방파제 입구 왼쪽에 있는 슬로프(Slope) 구간은 고무보트를 띄우기에 좋은 여건이다. 큰방파제 입구에 마련된 넓은 주차장에서도 느껴지듯, 낚시객과 관광객들에 대한 주민들의 반응도 매우 호의적인데, 쓰레기 무단 투기만큼은 절대 사양한다고 당부한다.

■ 어종과 시즌

감성돔·뱅에돔·망상어·숭어·전어·학공치가 찌낚시 대상어로 꼽히며, 원투낚시에 보리멸과 도다리가 낚이고, 갑오징어도 선보여 에깅 꾼들의 관심의 대상이

옛날왕맛짜장 · 칠포해수욕장 · 칠포수퍼낚시 · 칠포교 · 칠포1리회관 · 해안로 · 영일만횟집 · 새마을슈퍼·남씨 · 차연돌담민박 · 61번횟집 · 오도1리 · 마루펜션 · 전망대횟집 · 고래바위 · Slope 구역 · 수심 4~6m · 수심 3m 이내 · 칠포2리 · 방사제

〈칠포1리(칠포)방파제〉

된다. 특이한 어종이 또 있다. 작은방파제 남쪽으로 유입되는 고현천에는 봄철 강수량이 많은 해일수록 은어 떼가 소상한다. 6월 첫 장마철이나 7~8월 피서기가 되면 곤쟁이를 미끼로 은어 새끼를 낚는 유어객들이 많은데, 민낚싯대로 피라미낚시하듯 아이들도 즐길 수 있다. 칠포 백사장 쪽에서도 연중 다양한 어종이 선보이는데, 갯지렁이를 미끼로 한 원투 처넣기로 농어를 노리는 단골 꾼들도 많다.

인근 낚시점(054)

*해오름낚시 261-7710
흥해읍 칠포리 349
*평화낚시 010-3524-2494
흥해읍 마산리 132-5
*신신낚시 241-3968
흥해읍 용한리 1-2

■ 포인트 및 참고 사항

큰방파제 외항 쪽은 다소 나은 편이지만 나머지 지역은 3m 이내로 수심이 얕은 편이다. 먼저 큰방파제의 경우 외항 쪽 전역이 망상어·학공치 포인트이고, 끝자락에서 남쪽 방향은 모래와 작은 자갈이 섞인 바닥으로 원투낚시에 보리멸과 도다리, 에깅 채비에 갑오징어가 선보이는 곳이다. 벵에돔·감성돔은 주차장 인접 거리의 테트라포드와 갯바위가 맞닿는 구간이 유리하다.

작은방파제의 경우는 끝자락에서 파도 칠 때는 농어를 노리고, 늦봄~여름 시즌에는 보리멸과 도다리를 노린다. 캐스팅 방향은 당연히 남쪽이다. 고현천 하구 아래쪽의 방사제 끝에서도 남쪽 방향으로 원투를 하면 굵은 보리멸이 올라온다. 농어 찌낚시도 이곳 방사제 끝에서 시도되기도 한다. 큰방파제 북쪽 갯바위도 관심의 대상이다. 주차장을 지나 100여m 나아가면 커브 지점 앞쪽으로 갯바위 지대가 있는데, 이 중에서 파도가 잔잔한 날이면 도보 진입이 가능한 '고래바위'가 핵심 포인트다. 감성돔·벵에돔·망상어·볼락·학공치 등 다양한 어종이 붙는 곳으로, 조류가 북쪽으로 흐를 때 어신이 집중된다. 일몰 시각부터는 농어도 노려봄직한데, 3명 정도 함께 올라 낚시하기에 적당한 여건이다.

↓ 남쪽 칠포2리 방면 도로변에서 내려다본 칠포방파제. 사진 앞쪽 해변은 백사장 지대이고, 빨간 등대가 있는 칠포 큰방파제 너머로 흰 파도가 끓는 곳은 갯바위 및 암초 지대다.

영일만항방파제 (포항신항만방파제)

- **소재지** : 포항시 북구 흥해읍 용한리 7-2 외
- **길이** : 어항방 1,020여m, 북방 4,130m, 남방 1,300m
- **위치 참조** : 〈최신 전국낚시지도〉 220p C2

찾아가는 길

수도권과 중부권 모두 포항을 기점으로 한다. 익산·포항고속도로 포항TG 통과 후 학전IC를 지난 포항IC에서 오른쪽 영일만 방면으로 빠져 '영일만대로'를 따라 계속 진행하면 된다. 포항IC로부터 영일만항까지의 거리는 13.5km. 어항 입구에 낚시점들이 즐비하고, 어항으로 진입하면 대형 주차장이 기다린다.

울산·부산 방면에서는 동해고속도로 남포항IC에서 오른쪽 청송 방면으로 빠진 후, 포항시 외곽을 도는 '영일만대로'를 타고 계속 진행하면 된다.

■ 낚시 여건

포항신항만방파제, 영일만신항방파제 등으로 불리지만 정식 명칭은 영일만항방파제이다. 포항시 북구 흥해읍과 남구 호미곶면 사이의 영일만(迎日灣) 서북쪽 입구에 위치해 사계절 온갖 어종이 배회한다. 한마디로 국내 최고의 방파제 낚시터라 칭송할 만하다. 휴일 하루 1,2천 명의 낚시인들이 몰리는가 하면, 연간 30여만 명이 찾는 것으로 추산될 정도다.

나들이객들을 포함한 초보 낚시인들도 많지만 전문꾼들마저 이곳 조황에 귀 기울여 발 빠르게 움직이는 이유는 우리나라 연안 어종 모두가 선보이는 '어족 백화점'이란 점과 여느 갯바위 못지않은 대형급 씨알들이 낚인다는 매력 때문이다.

방파제는 크게 3개 구역으로 나뉜다. 첫 번째 어항방파제는 낚시인들 사이에 '도보방파제'라 불리는데, 말 그대로 도보 진입이 가능한 곳이다. 길이가 1,020여m에 달하고 끝 지점에 빨강등대가 서 있다.

두 번째와 세 번째는 해상에 축조된 도제(島堤=離岸堤)로, 낚시인들이 흔히 '뜬방파제' 또는 '물막이방파제'라 부르는 곳이다. 두 군데 뜬방파제의 정식 명칭은 북(北)방파제와 남(南)방파제이다. 먼저 완공된 북방파제는 기존 3,104m 길이에

1,025m가 증축돼 총연장 4,130m에 달한다. 국내 최장 방파제로 북서쪽 끝에는 노랑등대, 동남쪽 끝에는 빨강등대가 세워져 있다. 끝으로 2015년 12월에 1차 완공된 남방파제의 길이는 1,3000m이지만 2단계 1,300m에 이어 3단계 640m가 더 이어질 계획이다.

이렇듯 엄청난 규모의 두 곳 해상 방파제는 레저 시설을 곁들인 친수공간으로도 활용되는 등 우리 바다의 새로운 명물로 거듭 발전할 전망이다.

수많은 낚시객들이 몰리는 만큼 어항방파제 입구 도로변에는 많은 낚시점들이 빼꼭히 도열해 있다. 군이 인근 식당과 슈퍼마켓을 찾지 않아도 이곳 낚시점들에서 모든 걸 해결할 수 있다.

■ 어종과 시즌

우리나라 바다낚시 대상어 중 안 낚이는 종류가 없다 할 만큼 온갖 고기들이 선보인다. 문제는 어떤 어종이 언제 어디에 붙었는가 하는 조황 소식에 귀 기울여 남보다 빨리 나서는 일이다.

구체적인 어종과 시즌을 나열하자면 실로 장황하다. 먼저 1~2월 한겨울에는 학공치가 대세를 이루는 가운데 어항방파제에선 숭어 · 감성돔 · 도다리 · 볼락이 주종이고, 해상에 위치한 북방파제에선 도다리 · 볼락 · 감성돔 · 학공치가 자리한다. 학공치가 사라진 3~5월의 저수온기에는 겨울 어종이 날마리 조황을 전하고, 수온이 회복되는 6월 들어서면 뱅에돔이 추가되고 농어 조황도 기대된다.

7월이면 어종이 더욱 다양해진다. 전어도 나타나고 농어를 포함한 루어낚시 대상어로 광어와 성대가 가세하고, 8월이면 조황이 더욱 상승한다. 북방파제에선 고등

인근 낚시점(054)

(영일만항로 서북쪽부터)
*에이원낚시 242-6980
 흥해읍 용한리 1-2
*신신낚시 241-3968
 흥해읍 용한리 1-2
*동포항낚시 251-2112
 흥해읍 용한리 1-5
*버스낚시 241-1098
 흥해읍 용한리 7-14
(뒷면으로 연결)

↓ 영일만항 입구, 도로변 상공에서 내려다본 모습. 걸어서 진입할 수 있는 어항방파제 너머로 총연장 4,130m에 달하는 북방파제(일명 뜬방파제)가 도열해 있다.

호미곶

북방파제
(4,130m)

어항방파제
(1,020m)

어가 비치기 시작하고 삼치 · 방어와 함께 무늬오징어도 등장한다.

무더위가 한풀 꺾인 9월부터 시작해 10월까지의 가을 시즌은 이곳 방파제가 연중 최고 상한가를 친다. 감성돔 · 뱅에돔 · 볼락 · 숭어 · 망상어 · 농어를 기본으로 어항방파제에선 전어가, 북방파제에선 고등어가 낚시인파를 불러들인다. 농어 · 성대 · 광어가 계속 루어 꾼들의 관심의 대상이 되고, 전문 꾼들은 삼치와 방어가 붙는 북방파제에서 시즌 최고의 격전을 치른다. 이 시기에 신항만방파제 두 곳은 연중 최다관객을 불러 모으는데, 특정 회유어종의 호황에 따라 그야말로 '방파제가 내려앉는다'라는 표현이 나온다.

이후 찬바람 부는 11월이면 가을 고기들의 개체수가 줄어들기 시작하는데, 12월이면 학공치가 다시 나타나 이곳 방파제에 뜨거운 활기를 불러일으킨다.

■ 포인트 및 참고 사항

출조지는 크게 두 구역이다. 도보로 진입해 비용 지불 없이 그냥 낚시를 할 수 있는 어항방파제와 낚싯배로 진입해야 하는 북방파제는 각기 특색이 있다. 북방파제에 비해 어항방파제는 아무래도 나들이객들이 많이 섞여 어수선한 분위기이고, 도선료를 지불하고 오르게 되는 북방파제는 제대로 장비를 갖춘 전문 낚시인들이 많이 찾는 편이다. 어종 또한 약간의 차이가 난다. 생활낚시 대상어와 가을 회유어종 차이가 그 대표적이다.

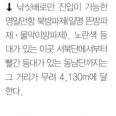

↓ 낚싯배로만 진입이 가능한 영일만항 북방파제(일명 뜬방파제 · 물막이방파제). 노란색 등대가 있는 이곳 서북단에서부터 빨간 등대가 있는 동남단까지는 그 거리가 무려 4,130m에 달한다.

어항방파제의 경우 웬만한 갯바위 어종은 다 붙지만, 가을 삼치 · 방어 · 고등어 등의 회유어 개체수가 북방파제에 가려 덜 붙는 편이며 학공치 조황도 덜한 편이다. 그러나 5~10월까지 카드 찌낚시 채비로 올리는 전어 · 숭어만큼은 북방파제보다

우위를 점한다. 북방파제와 달리 밤낚시가 가능하다는 측면도 장점이다.

이에 비해 북방파제는 생활낚시 최고 인기 대상어인 가을 고등어와 겨울 학공치 조황이 우세하고, 기타 어종의 평균 씨알도 굵은 편이다. 특히 한바다에 위치한 관계로 부근 수심이 10m 이상, 20m까지 달해 우리나라 대표 회유어종인 방어와 삼치 무리가 근접한다. 낚이는 방어 크기는 30~50cm, 간혹 70~80cm급도 출현한다. 삼치는 대형급보다는 50cm 전후가 주류. 가을 시즌에 이들 삼치나 방어를 노리기 위해서는 6m짜리 뜰채가 필수다. 5m 안팎의 방파제 높이를 감안해야 하는 때문인데 이는 감성돔낚시 때도 마찬가지다.

이곳 높다란 북방파제 위에선 직벽 아래의 문어 루어낚시도 이뤄진다는 점 참고할 일이다. 한바다 위의 북방파제에선 밤낚시가 불가하다는 점도 참고사항이다.

재미나는 낚시터가 또 있다. 어항방파제 입구 왼쪽의 백사장은 금계(일명 모래게)가 잘 잡혀 초보자나 가족 동반 출조객들에게 인기다. 게그물 채비를 힘껏 던져 넣고 잠시 기다렸다가 끌어내기를 반복하다 보면 금계가 수북이 쌓이기 때문이다.

북방파제로 향하는 낚싯배는 해경영일만파출소 앞쪽 어항에서 뜬다. 10여 척의 배가 수시로 출발하는데 1인당 왕복 선비는 1만원. 첫배와 막배는 항내 사정에 따라 다소 달라질 수도 있으나 대략 동절기에는 05시~18시, 하절기에는 05시~19시로 구분된다. 승선 시 구명조끼 착용이 필수. 준비하지 못했을 경우는 인근 낚시점에서 대여 받을 수 있다. 끝으로 주의사항 한 가지. 영일만항방파제는 항만 시설이다. 쓰레기 문제는 낚시인이 솔선수범해야 한다. 행락객들이 저지르는 쓰레기 투기 행위도 낚시동호인들이 나서서 제지하거나 수거하는 운동이 전개되면 좋겠다. 그래야 '영일만 친구'가 낚시인들의 오랜 친구로 남을 수 있을 것이다.

인근 낚시점(054)

(앞쪽에서 연결)

∗등대낚시 252-6474
 흥해읍 용한리 7-28

∗포항25시낚시 252-2425
 흥해읍 용한리 7-28

∗대물낚시 252-5595
 흥해읍 용한리 7-28

∗박대호피싱 282-5254
 흥해읍 용한리 7-8

∗대양낚시 248-3959
 흥해읍 용한리 7-8

∗방파제낚시 252-5591
 흥해읍 용한리 7-6

↓ 해양파출소 앞 선착장에서 들고나는 이곳 낚싯배들은 특이한 모습이다. 배마다 이물에 사다리가 설치돼 있는데, 옹벽 평균 높이가 5m나 되는 북방파제의 승하선을 도모하기 위한 용도이다.

Part 8
경북 포항시 남구

- 포항신항방파제(포항종합제철방파제)(포항종방) • 포항신항도류제(삼화화성방파제) • 임곡방파제&청룡회관방파제 • 입암1리방파제 • 입암2리방파제 • 마산방파제&마산선착장 • 흥환선착장&흥환방파제 • 발산방파제(발산1리방파제) • 발산2리방파제 • 대동배1리방파제 • 대동배2리방파제 • 분월포방파제 • 앞구만방파제 • 까꾸리방파제 • 대보항방파제(호미곶항방파제) • 대보1리방파제(대천방파제) • 강사2리방파제 • 강사1리방파제 • 석병2리방파제 • 석병1리방파제(두일포=들포방파제) • 삼정3리방파제 • 삼정방파제(삼정2,1리방파제) • 구룡포7리방파제(구룡포해수욕장방파제) • 구룡포6리방파제(용주리방파제) • 구룡포항방파제 • 병포리방파제 • 하정3리방파제 • 하정2,1리방파제 • 장길방파제(장길리복합낚시공원) • 구평방파제(구평1리방파제) • 모포방파제 • 대진방파제(매진방파제) • 영암3리방파제 • 영암2리방파제 • 영암1리방파제 • 신창1리방파제(죽하방파제) • 신창2리방파제(선창방파제) • 양포항방파제 • 계원1리방제(황계방파제) • 계원2리방파제(소봉대방파제) • 두원방파제

하늘에서 내려다본 대보항(경상북도 포항시 남구 호미곶면 구만리).

포항신항방파제
(종합제철방파제)

- **소재지** : 포항시 남구 송정동 397-1 외
- **길이** : 호안 지역 3,200여m 외
- **위치 참조** : 〈최신 전국낚시지도〉 220p C4

찾아가는 길

수도권과 중부권 모두 포항을 기점으로 한다. 익산·포항고속로 포항TG→포항IC를 지나 이동·시청 방면의 희망대로로 직진한다. 이동사거리에 이르러 포스코·구룡포 방면으로 좌회전해 3.3km 지점의 형산교차로에서 송도동 방면으로 또 한 번 좌회전하면 1.4km 지점이 포항운하관이다. 인근에 위치한 스피드낚시프라자를 비롯한 '종방' 전문 낚시점들의 안내를 받는 것이 좋다.

울산·부산 방면에서는 동해고속로 남포항IC를 통과해 포항 시내로 진입하면 된다.

■ 낚시 여건

낚시인들이 흔히 종합제철방파제, 그리고 그 이름을 더 줄여서 '종방'이라 부르는 곳은 사실 방파제가 아니다. 포항신항에 자리한 POSCO(포항종합제철) 공장의 호안(護岸) 시설로, 실제의 포항신항방파제에서는 낚시를 할 수가 없다.

포항의 젖줄인 형산강 하구에 위치해 기수역 어종이 가세하고, 포철 고로(高爐)에서 나오는 온수가 유입되어 사계절 온갖 어종이 끊이질 않는 곳이지만, 보안시설 구역에 위치해 낚시가 제한적으로 이뤄진다는 아쉬움도 있다.

거의 모든 포인트는 낚싯배를 이용해야 하고 밤낚시도 금지된다. 일몰 전후에 철수해야 되지만 결코 밑진다고 생각하거나 서운해 할 필요는 없다. 동해안 감성돔이 아무리 귀해졌다 해도 이곳만큼은 예외이고 그 씨알도 원도 갯바위 부럽지 않을 정도다. 벵에돔 또한 마릿수 조황을 보이는 곳이며, 형산강 하구의 영향과 안정적인 수온으로 농어는 그야말로 연중 자리를 뜨지 않는다. 구멍치기로 노리는 왕볼락도 재미있고, 가을이면 고등어 무리까지 회유함으로써 그야말로 '종방'은 전문꾼들과 초보꾼들을 가리지 않는 종합 낚시터라 부를 만하다.

낚시 구간 또한 다양하면서도 특징이 있다. 낚시가 이뤄지는 전체 구역은 호안 지

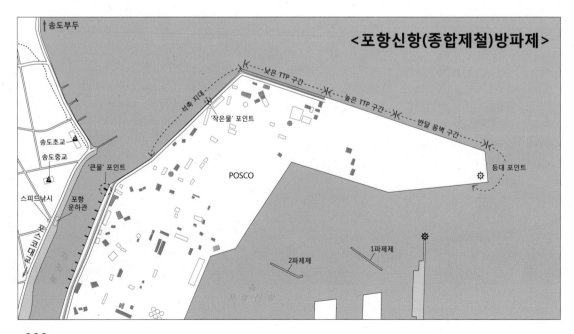

역을 포함해 약 4.5km 거리에 달한다. 형산강 하구 지역으로부터 시작하자면 첫 번째 두각을 나타내는 구간이 석축 포인트이다(지도 참조). 그 다음은 외항 서쪽 지점에서 동쪽 방향으로, '수중TTP'(실제는 수상 테트라포드) 구간→'높은TTP'(테트라포드) 구간→'반달방파제'→'등대 주변'으로 이어진다(이상 지도 참조).

■ 어종과 시즌

감성돔은 10월부터 이듬해 5월까지다. 이 가운데 피크 시즌은 두 차례. 10~11월의 가을 감성돔은 마릿수, 4~5월 봄 감성돔은 씨알이 좋다. 평균 씨알은 굵지 않으나 마릿수 조황이 좋은 벵에돔 시즌은 6월 말부터 10월 초까지.

이곳의 대표어종 가운데 하나인 농어는 사계절 내내 시즌을 형성하지만 8~12월이 특히 찬스다. 평균 씨알은 40~50cm급이지만 미터급까지도 선을 보인다. 대표적인 붙박이 고기인 볼락은 초겨울 그리고 4~5월에 각각 굵은 씨알을 선보이는데 30cm 이상 크기들이 흔히 낚인다. 방파제낚시의 대표 어종인 학공치의 경우 동해안 여느 방파제와 다름없지만 다른 고급어종들에 밀려 큰 인기를 끌지 못한다.

가을 감성돔 시즌 때 함께 낚이는 고등어는 여느 방파제와 마찬가지로 이곳에서도 최고의 인기몰이를 한다. 이들 고등어 떼가 밀어닥치는 10~11월이면 특히 '반달방파제' 109개 포인트들은 오전 10시가 되기도 전에 만원세례를 이룰 정도로 자리 선점 경쟁이 이뤄지기도 하는데, 수심을 깊게 주고 고등어낚시를 할 때면 갑자기 감성돔이 '울컥!' 물고 늘어져 깜짝 놀라게 한다.

■ 포인트 및 참고 사항

인근 낚시점(054)

*스피드낚시 273-1878
남구 해도동 30-16
*종방낚시 278-2209
남구 해도동 30-20

↓ 형산강 하구, 송도 쪽에서 바라본 포항종합제철 '석축 지대' 포인트 전경. 발판이 좋아 낚시하기 편한 곳으로, 연중 감성돔낚시가 성행하는 구역이다.

낚시 구역이 광범위한 곳이지만 지형 특성에 따른 이름이 구간별로 부여돼 있다.
+큰물 포인트 및 석축 지대 - 포항제철 서쪽, 형산강 하구 방면이다. 포철 고로(高爐)의 냉각수(실제는 상온 18~20℃의 따뜻한 물)를 방출하는 여러 배수관 가운데 수로 끝 쪽에 설치된 배수관 주변을 일컬어 '큰물 포인트'라 부른다. 도보로 진입할 수 있는 유일한 곳이지만 포스코대교에서 약 2km 거리로, 30분 정도의 다리품을 팔아야 한다. 큰물 포인트를 지난 '석축 포인트'는 이름 그대로 석축으로 된 둑이다. 당연히 발판도 좋고 낚시하기가 편한 곳으로, 연중 감성돔낚시가 성행하는 구역이다. 상온 18~20℃의 냉각수 영향으로 특히 겨울 감성돔낚시가 잘 되는 곳이기도 하다. 이 구간 중에서도 가장 인기있는 자리는 '작은물 포인트'이다.
+낮은 TTP 구간 - 현지 낚시인들은 '수중 테트라포드' 구간이라 부르지만 실제는 호안(護岸) 시설을 보강하기 위해 옹벽과 떨어진 해상에 별도의 제방 형태로 테트라포드(Tetrapod)를 쌓아둔 곳이다. 10~11월의 감성돔 포인트이자 여름철 벵에돔 포인트로 각광 받는가 하면, 사계절 농어 루어낚시가 활발히 이뤄지는 곳이기도 하다. 테트라포드가 바닥에 닿는 인근 수심은 7.2~8m인데, 조금(10m 정도) 더 벗어난 바닥 지형은 크게 경사를 이뤄 13~14m로 수심이 급락한다. 결국 이곳에서의 감성돔낚시는 테트라포드가 바닥에 닿는 지점으로부터 10m 이내, 즉 수심 7.2~8m 범위를 노려야 한다. 이를 위해선 채비를 15m 정도 던져 발판에서부터 10여m 거리에 안착되도록 하되, 찌 밑 수심은 8.5~9m 정도로 조절해 두는 게 좋다. 인근 바다 수심보다 한 발 정도 더 주는 셈인데, 봄 감성돔의 경우는 4~6m 수심층에서 주로 입질을 한다.
+높은 TTP 구간 - 일반 방파제처럼 호안(護岸) 옹벽에 테트라포드 더미를 곧장

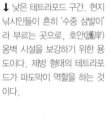

↓ 낮은 테트라포드 구간. 현지 낚시인들이 흔히 '수중 삼발이'라 부르는 곳으로, 호안(護岸) 옹벽 시설을 보강하기 위한 용도이다. 제방 형태의 테트라포드가 파도막이 역할을 하는 것이다.

덧입힌 구간이다. 10~11월의 감성돔 포인트이자 농어 루어낚시를 하기 좋은 여건
으로, '낮은 TTP 구간'에 비해 낚시하기가 한결 안전한 곳이다. 나머지 인근 바닥
지형과 수심, 그에 따른 낚시 방법은 '낮은 TTP 구간'과 거의 동일하다.

+반달방파제(반달 옹벽 구간) - 호안 시설을 보강하기 위한 독특한 구조물이다.
약 5m 높이의 직립 옹벽 밑에 반달 모양의 추가 옹벽이 낮게 돌출돼 있는 곳이다.
파도를 직접 맞는 직립 옹벽 하단부를 보호하기 위해 추가로 설치된 이 반달 옹벽
은 그 개수가 무려 109개로, 뒤쪽 직립 옹벽 벽면에 그 일련번호가 적혀 있다. 반
달 옹벽 한 개의 지름은 8~9m로 3명이 함께 팀을 이뤄 낚시하기에 적합한 공간이
다. 이들 반달 옹벽 구간의 간격은 1~1.5m로 어렵잖게 건너뛸 수 있는 곳도 있으
나 절대로 위험한 행동을 해서는 안 된다. 수면과의 높이는 1.5m 정도로 낚시하기
에 큰 불편이 없는 곳이지만 파도가 높을 때는 하선(下船) 불가다. 가을 감성돔, 여
름 벵에돔 포인트(특히 시작과 끝 지점 옹벽 언저리)로 각광 받는데, 10~11월의
감성돔 시즌 때 고등어 떼까지 겹치게 되면 109개의 반달 옹벽은 그야말로 이른
새벽부터 서두르지 않으면 자리 차지가 어려워진다.

+빨강등대 주변 구간 - 이곳에도 반달 옹벽이 설치돼 있지만 그 바깥으로 테트라
포드가 피복돼 있어 낚시는 테트라포드 위에서 하게 된다. 등대 주변을 포함한 일
부 내항 구간은 1~5월의 감성돔 포인트이자 농어 루어낚시 조과가 좋은 곳이다.

+도선 이용 - 송도동에 소재한 포항운하관 앞 선착장에서 낚싯배가 출발한다. 05
시부터 19시까지(계절에 따라 시간 변동 있음) 수시 운행하며 1인당 왕복 선비는
석축 구역까지는 1만원, 수중 및 높은 TTP 구간까지는 1만 3천원, 반달방파제는 1
만 5천원, 등대 주변까지는 2만원이다.

인근 낚시점(054)

(앞쪽에서 연결)
*꾼낚시 282-4485
남구 해도동 30-26
*동해낚시 284-5214
남구 해도동 31-24

↓ (위 사진)일반 방파제를 닮은
'높은 테트라포드' 구간. 호안
옹벽에 테트라포드가 피복된 곳
으로, '낮은 TTP'(일병 수중 삼
발이) 구간에 비해 파도에 안전
한 대신, 발판 경사가 심한 편
이다.
(아래 사진)흔히 '반달 방파제'라
부르는 곳으로, 옹벽 하단부에
반달 모양의 옹벽(거뭇거뭇하게
보이는 부분)이 추가로 설치돼
있는 구간이다. 이 또한 호안
(護岸) 옹벽 시설을 보강하기 위
한 독특한 구조물이다.

삼화화성방파제
(포항신항 도류제)

- **소재지** : 포항시 남구 청림동 1-177
- **길이** : 석축 포함 8800여m
- **위치 참조** : 〈최신 전국낚시지도〉 220p C4

찾아가는 길

수도권과 중부권 모두 포항을 기점으로 한다. 익산·포항고속도로 포항TG→포항IC를 지나 포항시내로 진입 후, 희망대로→포스코대로를 이용해 형산강큰다리를 건넌다. 동해안로 포스코(포항제철)와 냉천교를 지나 청림삼거리에 이르면 전방 2000여m 지점 삼거리에 '포항신항' 표지판이 보인다. 왼쪽 11시 방향으로 1km 진행하면 항만교가 나타나는데, 440여m 더 진입하면 제방 입구다. 울산·부산 방면에서는 동해고속도로 남포항IC를 이용해 포항시내로 진입한 후, 청림 방면으로 진행하면 된다.

■ 낚시 여건

옛날 삼화화성(지금의 포스코켐텍) 공장이 들어서면서 축조된 방파제라 하여 흔히 '삼화화성방파제'라 부르는데, 공식 명칭은 '포항신항 도류제'이다. 도류제(道流堤)란 하천의 합류 지점이나 하구에 토사가 쌓여 물길이 교란되는 것을 방지하기 위해 쌓은 둑을 말하는데, 결국 이곳 도류제는 냉천 및 도구해수욕장 쪽에서 유입되는 토사(土砂)로부터 포항신항을 보호하기 위한 외곽 시설물인 셈이다.

한때는 종방(종합제철방파제) 못지않은 유명 낚시터로 각광 받았으나 신항만(영일만) 물막이방파제가 들어서면서부터 조류가 옛날 같지 않은 흐름이다. 그러나 냉천 하구의 영향으로 기수역을 좋아하는 농어·숭어·전어·뱀장어가 많은가 하면, 감성돔 입질도 여전한 편이다. 게다가 파도가 잔잔할 날씨에도 낚시가 잘 되는 곳이어서 궂은 날씨로 출조지가 마땅찮을 때 이곳을 선택해 봄직하다.

■ 어종과 시즌

영일만 제일 안쪽에 위치한 낚시터로 벵에돔 입질은 시원찮지만 감성돔만큼은 여전히 인기다. 한겨울을 제외한 4월 중순~11월까지 시즌을 형성하는데, 아무래도

내만권 낚시터인 만큼 4~6월에 마릿수도 좋고 씨알도 굵게 낚인다.

기수역 대표 어종인 농어·숭어가 당연히 많은 곳으로 연중 선보이는 농어의 경우 5~6월 봄 시즌엔 씨알이 잘고 10월 가을 시즌에 씨알이 가장 굵게 낚인다. 숭어는 봄부터 가을까지 꾸준히 선보이고, 9월에 들어서면 삼치가 빤짝 나타나 '깜짝쇼'를 벌이기도 한다. '깜짝쇼'의 주인공으로 가을 전어도 빼놓을 수 없고, 냉천의 터줏대감 격인 뱀장어 또한 그 자원이 많아 이를 노리는 전문 꾼들이 꽤 많다.

■ 포인트 및 참고 사항

항만교 아래쪽, 냉천이 끝나는 지점에서부터 바다 쪽으로 석축 제방이 이어지는데, 약 350m 지점에 이르면 석축 오른쪽(동쪽)으로 테트라포드가 피복된 구간이 시작된다. 440m 가량의 '석축+테트라포드' 구간이 이어지다가 석축은 없어지고 테트라포드로만 된 둑이 잠깐 이어지다가 그나마 토막이 나면서 끝나는 형세다.

낚시는 주로 석축 및 테트라포드 구간 중에서도 바다로 멀리 나아간 지점이다. 감성돔의 경우 끝 지점 '돌 빠진 곳'이 최고 명당인데, 포스코 방향 또는 오른쪽 방향 모두에서 입질을 한다. 벵에돔도 이곳에서 6월 중에 반짝 입질을 한다. 가을에 나타나는 전어는 석축이 끝나는 지점의 하천 방향에서 낚이는데 그야말로 '떡전어'라 부를만한 굵은 씨알이 선보인다. 다리와 제방 입구 사이에서 낚이는 뱀장어는 민물낚시용 지렁이 또는 크릴을 미끼로 사용하는데, 이곳 뱀장어는 크릴에 학습이 된 탓인지 크릴 미끼를 곧잘 탐한다.

석축 제방 입구에 주차를 한 후 포인트까지 진입하려면 25~30분 정도 걸어야 하기 때문에 다리 밑에서 낚싯배를 이용하는 것이 편하다. 도선비는 1만원.

인근 낚시점(054)

*대흥낚시 291-7100
 남구 청림동 1172-23
*이철주 010-3523-6201
 황만교 밑 낚싯배

↓ 냉천 하류, 황만교 다리 위에서 바라본 삼화화성방파제(포항신항도류제). 사진 왼쪽으로 멀리 보이는 돌출 부분이다

임곡&청룡회관방파제

- **소재지** : 포항시 남구 동해면 임곡리 244-1 외
- **길이** : 큰방 205m, 작은방 110m, 청방 105m
- **위치 참조** : 〈최신 전국낚시지도〉 221p D5

찾아가는 길

수도권과 중부권 모두 포항을 기점으로 한다. 대구·포항고속도로 포항TG 통과 후 학전IC를 지난 포항IC에서 오른쪽 감포·구룡포 방면으로 빠져 31번국도(영일만대로)를 타고 포항시 외곽을 달린다. 동해IC에 이르러 도구·포항시청 방면으로 진행 후 곧 오른쪽 호미곶 방면으로 내려오자마자 다시 한 번 오른쪽 호미로(929번 지방도)로 접어들면 610여m 지점 왼쪽으로 '임곡2리' 안내판이 보인다.
울산·부산 방면에서는 동해고속도로 남포항IC에 이르러 오른쪽 구룡포 방면 31번국도(영일만대로)를 타고 동해IC로 진행하면 된다.

■ 낚시 여건

영일만 가장 깊숙한 곳에 위치한 방파제로, 드넓은 도구해수욕장의 사질대가 연결되는 곳이다. 영일만 입구의 물막이방파제가 축조된 이후 조류가 약해져 '옛날만 못하다'는 게 꾼들의 일관된 평가다. 내만 깊숙한 곳에 위치한 지리적 여건으로 인해 특히 겨울철 낚시가 부진하고, 봄·가을 감성돔 및 여름철 붕장어·가자미가 대표 어종으로 꼽힌다.

샛바람에 의지가 되는 곳으로 파도가 높아 적당한 출조지를 찾지 못해 지나는 길에 거치거나 그냥 멋모르고 찾는 초보 낚시인들 위주이지만, 북쪽 가까운 거리에 위치한 청룡회관방파제는 본격 낚시터로서 감성돔도 굵게 낚이고 농어낚시 포인트로도 손색이 없다. 가을에는 삼치도 붙어 반짝 조황을 보일 때도 있다.

■ 어종과 시즌

봄철에 굵은 감성돔이 반짝 하고, 여름이 되면 붕장어와 가자미가 주인공이다. 특히 방파제 주변 바닥은 밋밋한 사질대여서 붕장어와 가자미가 곧잘 낚이고 보리멸도 섞인다. 8~9월엔 전갱이가 붙기도 한다.

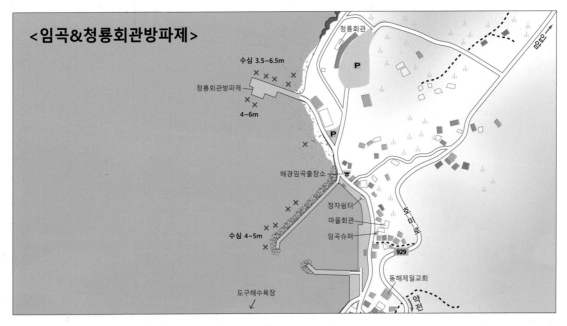

<**임곡&청룡회관방파제**>

청룡회관
P
수심 3.5~6.5m
청룡회관방파제
4~6m
P
해경임곡출장소
정자쉼터
마을회관
임곡슈퍼
수심 4~5m
호미로
929
동해제일교회
약전
도구해수욕장

청룡회관방파제 위주로 얘기하자면 방향에 따른 주변 해저 지형이 다양하고 이에 따라 낚이는 어종도 달라진다. 4월부터 11월에 이르기까지 감성돔이 꾸준히 선보이며, 보리멸·가자미뿐만 아니라 여름부터 가을에 걸쳐 전갱이와 숭어·학공치도 들락거린다. 특히 봄부터 농어가 닿는데, 멸치 떼를 따라 가을까지 출몰을 거듭하고, 해거리를 하는 편이지만 가을 삼치도 기웃거리는 곳이다.

이곳 청룡회관방파제의 특이 어종으로 삼세기가 있다. 11월 초·중순이 되면 산란을 위해 접근하는데, 이를 잘 아는 사람들은 갈고리를 준비해 찍어내기도 한다.

■ 포인트 및 참고 사항

임곡방파제는 큰방파제에서만 간간이 낚시가 이루어질 뿐 작은방파제는 그나마 찾는 이들이 드물다. 큰방파제 포인트는 중간 지점에서부터 끝자락까지의 외항 방향으로, 던질낚시에 붕장어와 가자미가 올라오고, 씨알은 잘아도 가을 감성돔이 마릿수 재미를 보여주기도 한다. 가을 전갱이가 붙을 때면 민장대 찌낚시로 손풀이 하는 재미도 있다.

임곡방파제 위쪽에 위치한 청룡회관방파제는 실은 선착장 형태에 가깝다. 해병대 시설이지만 회관 앞 주차장에 부담 없이 주차를 한 후 걸어 내려가면 되는데, 테트라포드가 없는 평평하고도 밋밋한 경사의 시멘트 구조물이다. 전방과 왼쪽(남쪽) 방향은 모래가 많은 지형이고 오른쪽(북쪽)은 자갈과 수중여가 섞인 지형이다. 감성돔 포인트는 당연히 오른쪽이고 이곳 방향에선 노래미와 쥐노래미도 섞인다.

청룡회관방파제는 또 자리가 평평해 초보자들이 낚시하기에도 아주 적합한 여건이다. 하지만 높이가 낮아 파도가 높은 날씨에는 진입을 삼가야 한다.

인근 낚시점(054)

*낚시마을 285-9977
동해면 약전리 349-8
*영일만낚시 284-6877
동해면 도구리 697-16

↓ 임곡 마을 남쪽 입구에서 바라본 임곡방파제(위 사진)와 남쪽 해변에서 바라본 청룡회관방파제(아래 사진). 임곡 큰방파제와 청룡회관방파제는 도보 거리 200m도 채 안 되지만 차량으로 이동하는 것이 편하다.

입암1리방파제

- 소재지 : 포항시 남구 동해면 입암리 670 인근
- 길이 : 큰방파제 120m, 작은방파제 42m
- 위치 참조 : 〈최신 전국낚시지도〉 221p D4

찾아가는 길

수도권과 중부권 모두 포항을 기점으로 한다. 대구·포항고속도로 포항TG 통과 후 학전IC를 지난 포항IC에서 오른쪽 감포·구룡포 방면으로 빠져 31번국도(영일만대로)를 타고 포항시 외곽을 달린다. 동해IC에 이르러 도구·포항시청 방면으로 진행 후 곧 오른쪽 호미곶 방면으로 내려오자마자 호미로(929번 지방도) 방향으로 우회전한다. 약 2.6.km 지점의 '용광로황토불가마'를 지나자마자 왼쪽으로 진입하면 된다.

울산·부산 방면에서는 동해고속도로 남포항IC에 이르러 오른쪽 구룡포 방면 31번국도(영일만대로)를 타고 동해IC로 진행하면 된다.

인근 낚시점(054)

*낚시마을 285-9977
동해면 약전리 349-8

↓ 진입로 언덕에서 내려다본 입암1리방파제 전경.

■ 낚시 개황

큰방파제가 두 번, 세 번 각도를 꺾어 둥글게 항(港)을 감싸 안고 있다. 도로변에서 내려다보면 마치 항아리 같다는 느낌을 받게 된다. 느낌 그대로 웬만한 바람에도 내항은 언제나 평온을 유지한다.

방파제 가까운 지점은 자갈이 섞인 사질대이고 거리가 멀어지면 암반층이 발달한 지형이다. 이에 씨알 굵은 감성돔이 곧잘 선보이는 곳으로 4~5월부터 11월 초순 경까지 시즌을 형성하는데, 그 중에서도 4~5월에 대형급들이 선보이고 마릿수 조황은 10월이다. 농어 또한 감성돔과 비슷한 시즌을 형성하는데, 특히 10~11월에는 숭어·학공치까지 가세함으로써 이곳 입암1리방파제는 10~11월에 최고의 피크 시즌을 이룬다.

■ 참고 사항

큰방파제의 경우 전체 길이 약 3분의 2 지점, 즉 꺾이는 지점부터 끝자락까지의 외항 방향이 포인트이다. 북쪽에 내려오는 조류가 부딪쳐 방파제를 타고 돌아 흐름으로써 감성돔과 함께 농어도 곧잘 붙는다.

큰방파제에 완전히 안겨 있는 형태의 작은방파제 쪽은 평소엔 내수면처럼 너무 잔잔해 낚시가 잘 안 되지만 주의보 날씨 땐 피난처 포인트로서의 역할을 톡톡히 한다. 외항 방향 가까운 거리에 깔려 있는 수중여 부근이 포인트이다.

입암1리 마을은 내방객들에 비해 방파제 주변의 주차 공간은 넓은 데 비해 간단히 먹고 마실 식음료를 구입할 가게 하나 없는 곳임을 참고 바란다.

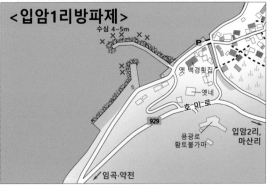

〈입암1리방파제〉

수심 4~5m

옛 백경횟집

옛네

호미로

929

용광로
황토불가마

입암2리,
마산리

임곡·약전

입암2리방파제

- **소재지** : 포항시 남구 동해면 입암리 406 인근 외
- **길이** : 큰방파제 142m, 작은방파제 35m
- **위치 참조** : 〈최신 전국낚시지도〉 221p D4

■ 낚시 개황

이곳 지명이 유래된 '입암'(立岩 · 선바위)의 위치에 대한 두 가지 설이 있으나 어느 쪽도 지금은 실체를 확인할 수 없기는 마찬가지다. 이웃 입암1리 마을에 비해 가구 수도 많고 방파제 규모 또한 약간 크지만 전체적인 모양새와 분위기는 얼핏 착각할 정도로 서로 비슷한 느낌을 준다.

이곳 입암2리방파제 주변 바닥은 거친 암반 지대로 수심 또한 3~5m로 얕은 편이다. 봄~가을 감성돔 위주의 낚시터로 잡어마저 드문 편이지만 큰방파제 외항 쪽에선 노래미와 쥐노래미가 드문드문 입질을 한다. 짬짬이 농어 루어낚시를 시도하면 의외의 성과를 보여주는 곳이기도 하다.

■ 참고 사항

큰방파제에서 주로 낚시가 이뤄지며 포인트는 중간 지점에서 끝자락 구간의 외항 방향이다. 입구 쪽보다 테트라포드 높이가 약간 낮게 쌓인 구간인데, 파도가 높을 때 다소 위험이 따르긴 하지만 북동풍에 동반되는 파도가 어느 정도 일어야 감성돔낚시가 잘 되는 편이다. 파도가 부담스러울 때는 끝자락을 약간 돌아선 지점의 내항 방향에 자리를 잡아도 된다. 외항 방향의 테트라포드 부근은 암반 지형으로 3.5m 남짓한 얕은 수심이지만 방파제 끝자락 정면으로 조금 멀리 캐스팅하면 5~6m로 수심이 깊어진다.

파도가 높을 땐 큰방파제 끝 지점을 약간 돌아선 곳으로 옮겨도 되지만, 파도가 아주 심할 땐 본바닥 암반이 돌출돼 있는 '말뚱바위' 쪽으로 피신해도 된다. 작은방파제 역시 북동풍으로 인한 파도가 심할 때 찾는 포인트이다.

찾아가는 길

수도권과 중부권 모두 포항을 기점으로 한다. 앞서 소개한 입암1리방파제와 같은 코스로 진행 후, 호미로 시작 기점(약전 육교 밑 약전교차로)으로부터 호미곶 방향 4km 지점에서 '호미로2790번길' 표지판을 보고 좌회전하면 된다.
울산 · 부산 방면에서는 동해고속도로 남포항IC에 이르러 오른쪽 구룡포 방면 31번국도(영일만대로)를 타고 동해IC 진행 후 '호미로' 방향으로 접어들면 된다.

인근 낚시점(054)

*낚시마을 285-9977
 동해면 약전리 349-8

↓ 도로 밑 언덕에서 내려다본 입암2리방파제 전경.

<입암2리방파제>

마산방파제&선착장

• **소재지** : 포항시 남구 동해면 마산리 165 인근 외
• **길이** : 큰방 196m, 작은방 110m, 선착장 108m
• **위치 참조** : 〈최신 전국낚시지도〉 221p D4

찾아가는 길

수도권과 중부권 모두 포항을 기점으로 한다. 앞서 소개한 입암1,2리방파제와 같은 코스로 진행 후, 호미로 시작 기점(악전육교 밑 악전교차로)으로부터 호미곶 방향 5.2km 지점의 마산리 버스정류에서 '호미로 2670번길' 표지판을 보고 좌회전하면 된다.

울산·부산 방면에서는 동해고속도로 남포항IC에 이르러 오른쪽 구룡포 방면 31번국도(영일만대로)를 타고 동해IC로 진행 후 '호미로' 방향으로 접어들면 된다.

■ 낚시 여건

뒤쪽의 산이 뛰어가는 말을 닮았다 하여 마산리(馬山里)로 부르게 되었다는 이곳 마을에 위치한 방파제는 그야말로 치닫는 말 다리처럼 어지러운 형상이다. 크고 작은 두 개의 방파제 사이로 작은 선착장 하나가 있고, 기역(ㄱ)자를 거꾸로 놓은 형태의 작은방파제는 또 하나의 가지를 뻗치고 있다. 이들 방파제와는 또 다른 선착장 하나가 북동쪽 인근에 위치하는데, 옛날 신항만 건설 때 석재를 실어 나르던 곳으로 지금은 그 용도가 없어져 꾼들의 놀이터가 되고 있다. 방파제 주변은 사질대, 따로 떨어진 선착장 주변은 사질대와 암초대가 섞인 지형으로 감성돔·학공치를 비롯한 가자미·보리멸이 낚이고 노래미와 망상어 새끼도 선보인다. 낚시는 큰방파제와 선착장 양쪽에서 이뤄지는데, 반듯한 시멘트 구조물로 된 선착장은 오순도순 모여 놀기도 좋아 각양각색의 옷차림들이 끊이질 않는다.

■ 어종과 시즌

대표어종은 초봄부터 늦가을까지 그 시즌이 이어지는 감성돔이다. 인근 방파제들과 마찬가지로 씨알은 5월, 마릿수 재미는 9~10월이다. 사질대가 발달한 지역으로

<마산방파제&선착장>

6~8월의 보리멸과 가자미 입질도 괜찮은 편이고, 겨울 학공치 씨알 또한 굵게 낚인다. 이곳의 학공치 시즌은 구정을 지난 2월부터 3월 말까지로 바깥 바다 쪽에 비해 한참 늦는 편이다.

바닥고기로는 노래미가 대표적이며 선착장 부근에서는 황어와 망상어가 곁들여져 초심자들의 발길을 붙들어 둔다.

인근 낚시점(054)

*낚시마을 285-9977
동해면 약전리 349-8

■ 포인트 및 참고 사항

널찍한 주차 공간이 붙어 있는 큰방파제 초입 수심은 3.5m, 끝자락에 이르면 8m 정도로 깊어진다. 중간 지점을 약간 지난 구간이 포인트인데, 현지 단골꾼들 사이에 '테트라포드 대가리 부서진 곳'이란 명당이 있다. 입구에서 등대 쪽으로 이어지는 내항 쪽의 낮은 보행로가 비스듬한 경사를 이루며 높아지는 지점의 외항 방향을 말한다. 대형 감성돔이 매년 한두 마리씩 꼭 나온다는 곳이다. 큰 방파제 끝자락 외항 방향은 모래와 개펄이 섞인 사니질대로 7.5m 이상 최대 8m까지의 수심을 보이는데, 음력 설 전후부터 씨알 굵은 학공치가 잘 낚인다.

작은방파제 중에서도 큰방파제 쪽으로 가지를 내민 곳은 주변이 여밭 지형이라 파도가 높아 큰방파제에서의 낚시가 곤란할 때 피난 포인트 역할을 한다.

큰방파제에서 300m 이내 거리인 별도의 선착장 또한 바로 앞에 주차를 하고서 편안하게 낚시를 즐길 수 있다. 호미곶 방면을 오가는 이들이 가볍게 들러 잡어 사냥을 즐겨 하는 편이지만 9~10월 감성돔 낚시터로 추천할만한 곳이기도 하다. 깃대처럼 생긴 끝자락 전방과 좌우 방향이 포인트이며 안쪽 방향은 수심이 너무 얕아 하동(夏童)들의 게 · 고둥 채집장이 될 뿐이다.

↓ 남쪽에서 바라본 마산방파제(위 사진)와 마산선착장(아래 사진). 마산 큰방파제로부터 280여m 거리의 마산선착장은 잡어 낚시와 함께 가족끼리 '해루질' 하며 놀기에도 좋다.

흥환선착장&방파제

- **소재지** : 포항시 남구 동해면 흥환리 646-5 인근 외
- **길이** : 선착장 65m, 큰방 155m, 작은방 120m
- **위치 참조** : 〈최신 전국낚시지도〉 221p D4

찾아가는 길

수도권과 중부권 모두 포항을 기점으로 한다. 대구·포항고속도로 포항TG 통과 후 학전IC를 지난 포항IC에서 오른쪽 감포·구룡포 방면으로 빠져 31번국도(영일만대로)를 타고 포항시 외곽을 달린다. 동해IC에 이르러 도구·포항시청 방면으로 진행 후 곧 오른쪽 호미곶 방면으로 내려오자마자 다시 한번 오른쪽 호미로(929번 지방도)로 접어들면 약 7km 지점에 흥환교가 나타나는데, 이곳에서 좌회전하면 된다.
울산·부산 방면에서는 동해고속도로 남포항IC에 이르러 오른쪽 구룡포 방면 31번국도(영일만대로)를 타고 동해IC로 진행하면 된다.

■ 낚시 여건

방파제가 위치한 흥환1리는 영일만(迎日灣) 동쪽 지역에서 약간 후미진 만곡(彎曲) 지형으로 드넓은 자갈밭(흥환간이해수욕장)을 거느린 한편, 자갈밭이 끝나는 서남쪽에 이르러선 불쑥 튀어나온 콧부리 지형을 이룬다. 이곳 콧부리 지형에 꾼들의 발길이 끊이지 않는 일급 낚시터 한 곳이 있으니, 단골 꾼들은 이곳을 흔히 '흥환 선착장'이라 부른다. 마산리 선착장과 마찬가지로 옛날 신항만 공사 때 인근 석산에서 캔 석재를 실어 나르던 선착장이었으나 그 용도가 다해 방치된 상태이다. 이렇듯 드넓은 구간의 사질대 및 암반 지형엔 감성돔을 비롯한 볼락·노래미·쥐노래미 등 록피시 계열의 개체수가 많고, 보리멸·가자미·붕장어 등의 사질대 어종도 잘 낚인다.

■ 어종과 시즌

대표 어종으로 감성돔과 볼락이 손꼽히고 계절 따라 노래미·붕장어·가자미·보리멸·농어가 선보이는데, 벵에돔은 내만권에 해당하는 동해면 지역이 그러하듯 이곳 흥환리 쪽에서도 낱마리 조황이거나 치어 수준에 불과하다.

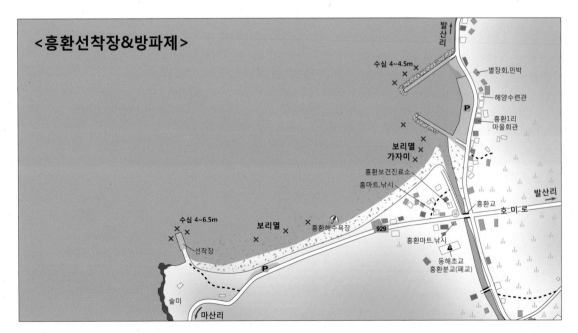

감성돔과 마찬가지로 봄·가을에 잘 낚이는 볼락은 민장대 찌낚 또는 루어낚시 대상어가 되기도 하고 테트라포드 사이를 노리는 구멍치기로 뽑아 올리기도 한다. 작은 자갈 바닥으로 촉감이 아주 좋은 해수욕장에선 여름철 피서객들이 보리멸과 가자미·붕장어를 겨냥한 원투낚시를 즐기지만, 보리멸을 전문으로 노리는 일부 꾼들은 보리누름 이후의 6월 어간에 승부를 걸기도 한다.

인근 낚시점(054)

＊흥환마트낚시 282-3542
　동해면 흥환리 359-3
＊홈마트낚시 247-0127
　동해면 흥환리 359-3
＊낚시마을 285-9977
　동해면 약전리 349-8

■ 포인트 및 참고 사항

그냥 일자로 뻗은 흥환 큰방파제의 경우 특별한 포인트가 따로 없다. 비슷한 여건의 모래 바닥에 수심 또한 큰 차이가 없으나 그래도 중간 지점부터 끝자락까지의 외항 방향이 감성돔 포인트로 지목된다. 평균적인 조황은 낱마리이지만 간혹 늦여름 시즌에 소나기 입질을 보이기도 한다. 게다가 감성돔이 붙었다 하면 굵게 낚이는 곳이기도 하다. 외항 쪽 테트라포드 사이를 노리는 구멍치기에 볼락과 함께 노래미도 섞이고, 끝자락에서 남쪽 방향으로 원투낚시를 하면 여름철에 보리멸·가자미가 걸려든다.

자갈밭 끝 지점에 위치한 흥환 선착장은 철제 빔 위에 시멘트를 입힌 구조물이다. 바지선(Barge船) 선착장으로서의 용도마저 없어져 그야말로 편안하고도 오순도순 모여 앉아 놀기도 좋은 곳이다. 콧부리 지형에 위치한 데다 주변 바닥이 모두 암반 지대로 대표적인 감성돔 낚시터이자 루어낚시 또는 민장대 찌낚시로 볼락을 노릴 수 있고 노래미도 곧잘 걸려드는 곳이다. 가까운 도로변에 주차 공간도 마련돼 있어 찾기에 아주 편리한 여건인데, 지난 2013년 10월의 높은 파도에 끝자락이 부서져 내려앉아 예전 같지 않은 낚시 여건이다.

↓ 흥환간이해수욕장을 사이에 두고 동서로 멀리 떨어져 있는 흥환선착장과 흥환방파제. 위쪽 사진의 흥환선착장은 그 용도가 다해 방치된 것으로, 철제 빔 위에 시멘트가 입혀진 구조물이다.

발산방파제
(발산1리방파제)

- **소재지** : 포항시 남구 동해면 발산리 292-4 외
- **길이** : 큰방파제 248m, 작은방파제 60m
- **위치 참조** : 〈최신 전국낚시지도〉 221p E4

찾아가는 길

수도권과 중부권 모두 포항을 기점으로 한다. 대구 · 포항고속도로 포항TG 통과 후 학전IC를 지난 포항IC에서 오른쪽 감포 · 구룡포 방면으로 빠져 31번국도(영일만대로)를 타고 포항시 외곽을 달린다. 동해IC에 이르러 도구 · 포항시청 방면으로 진행 후 곧 오른쪽 호미곶 방면으로 내려오자마자 다시 한번 오른쪽 호미로(929번 지방도)로 접어들면 약 7km 지점에 흥환교가 나타나는데, 이곳에서 좌회전 후 흥환1리를 경유하면 된다.

울산 · 부산 방면에서는 동해고속도로 남포항IC에 이르러 오른쪽 구룡포 방면 31번국도(영일만대로)를 타고 동해IC로 진행하면 된다.

■ 낚시 여건

영일만(迎日灣) 동쪽 지역인 포항시 남구 동해면 일대에선 가장 큰 규모의 방파제다. 붉은 등대와 흰 등대가 갖춰진 동해면 유일의 '지방어항'(연안어업 지원의 근거지가 되는 어항으로 지정 및 개발 주체는 시도지사이고, 관리청은 관할 시장 또는 군수)으로, 선박의 안전 출입항을 돕는 해양경찰출장소가 있고 식당 및 슈퍼마켓도 있어 여가 활동을 하는 데 큰 불편이 없는 곳이다. 감성돔과 볼락을 대표 어종으로 영일만 내만 낚시터 중에선 이곳부터 벵에돔이 본격 대상어로 떠오르는데, 볼락의 경우는 개체수도 많고 씨알도 좋아 먼 지방의 볼락 마니아들이 원정을 오기까지 한다. 우럭 · 노래미 · 가자미 · 보리멸 · 성대 등 바닥고기와 계절성 어종이 고루 선보이는 데다 방파제 주변 지형이 대부분 사질대여서 초보자도 낚시하기가 어렵지 않다. 릴 또는 민장대를 이용한 찌낚시와 구멍치기, 루어낚시, 원투낚시 등을 고루 구사할 수 있다는 점도 이곳 방파제의 장점이다.

■ 어종과 시즌

봄철엔 도다리와 볼락이 주종을 이루는 가운데 간혹 산란 감성돔이 붙는데 씨알은

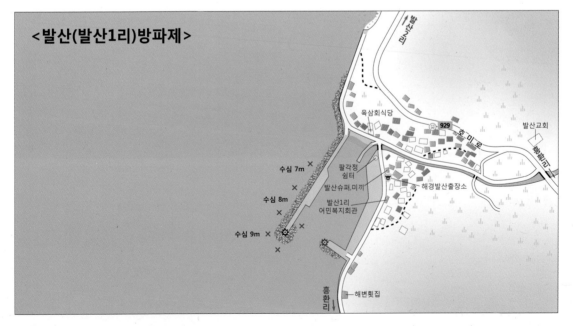

〈발산(발산1리)방파제〉

발산2리

육삼회식당

929

호미로

발산교회

흥환1리

수심 7m

팔각정 쉼터

발산슈퍼,미끼

수심 8m

발산1리
어민복지회관

해경발산출장소

수심 9m

흥환
1리

해변횟집

굵어도 개체수는 많지 않은 편이다. 5월 중순경이면 보리멸이 들어와 8월까지 시즌을 형성하며, 곧 9월이 되면 벵에돔이 붙기 시작해 현지 간이낚시점에 파래새우 미끼를 찾는 이들이 많아진다. 이어 소슬바람이 불기 시작하는 10월이면 가을 감성돔 입질이 시작돼 추위가 닥치기 전 11월 중순까지 계속되는데, 이 무렵 9~10월이 곧 발산방파제의 피크 시즌이다. 벵에돔과 감성돔 가운데 어느 한 쪽을 만날 가능성이 가장 높은 시기이기 때문이다.

볼락 또한 봄철에 이어 가을철에 또 한 차례 잦은 입질을 보이고, 주로 던질낚시에 곁들여지는 맛 좋은 성대는 늦여름부터 선보이기 시작해 초가을까지 드문드문 입질을 이어간다. 수온 변화에 다소 둔감한 우럭·개볼락·노래미 등은 한여름을 제외한 1년 내내 낚이는 바닷고기라 할 수 있다. 학공치의 경우는 이곳까지 잘 접근하지 않는 편이지만 어쩌다 들어와 꾼들을 불러 모으는 해도 있다.

■ 포인트 및 참고 사항

작은방파제는 큰방파제에 완전히 가려 포인트 구실을 못한다. 낚시는 모두 큰방파제에서 이루어지는데, 방파제가 그냥 일직선으로 뻗어 있는 데다 주변 지형도 비슷한 사질대여서 포인트 변화와 특징이 뚜렷하지 않은 곳이다. 그러나 수심은 초입에서부터 끝자락으로 향할수록 4m에서 9m까지로 뚜렷한 변화를 보여 전체 길이 3분의 1 지점부터 포인트가 형성된다. 감성돔·벵에돔 모두 외항 방향이 포인트이고 테트라포드 사이를 겨냥한 구멍치기에는 볼락·우럭·개볼락·노래미가 철 따라 낚인다. 외항 쪽 전방이나 흰 등대가 있는 끝자락에서 원투낚시를 하면 여름 가자미와 보리멸 그리고 성대가 섞인다.

인근 낚시점(054)

*흥환마트낚시 282-3542
동해면 흥환리 359-3
*홈마트낚시 247-0127
동해면 흥환리 359-3
*낚시마을 285-9977
동해면 약전리 349-8

↓ 발산2리 방향의 커브길 언덕에서 내려다본 발산1리방파제. 동해면 일대에선 가장 큰 방파제로 어종도 다양하고 초보자들의 낚시에도 적합한 여건이다.

발산2리방파제

- **소재지** : 포항시 남구 동해면 발산리 587-2 외
- **길이** : 큰방파제 185m, 작은방파제 62m
- **위치 참조** : 〈최신 전국낚시지도〉 221p E3

찾아가는 길

수도권과 중부권 모두 포항을 기점으로 한다. 앞서 소개한 발산1리방파제와 같은 코스로 진행 후, 호미로 시작 기점(약전육교 밑 약전교차로)으로부터 호미곶 방향 10.7km 지점의 발산교에서 '호미로2122번길' 표지판을 보고 좌회전하면 된다.

울산·부산 방면에서는 동해고속도로 남포항IC에 이르러 오른쪽 구룡포 방면 31번국도(영일만대로)를 타고 동해IC로 진행 후 '호미로' 방향으로 접어들면 된다.

낚시 여건

영일만 동쪽, 동해면 최북단 발산2리에 위치한 방파제로 인근 대동배방파제와 발산1리방파제에 비해 그다지 내세울 만한 특징이 없는 곳이다.

낱마리 조황이나마 감성돔을 대상어로 낚시를 하다 보면 볼락이 곁들여지고, 바닥 가까이를 끌다 보면 노래미가 물고 늘어지기도 한다. 굵은 자갈과 작은 암초가 뒤섞인 지형으로 노래미 자원이 많은 곳이고 보면, 아예 노래미를 집중 공략해도 좋다. 이곳을 확실한 노래미 낚시터로 추천하는 이들도 있기 때문이다.

천연 기념물 371호로 지정된 모감주나무와 병아리꽃나무 군락지가 있는 곳이자 포항시에서 관광명소로 홍보하는 장군바위가 있는 마을이지만 정작 방파제가 있는 어항 주변에는 마땅한 가게조차 없다는 점 참고 바란다.

어종과 시즌

대략 4월 중순~5월 초순부터 산란기 감성돔이 입질을 시작해 가을까지 이어지는데 아무래도 마릿수 확률은 봄철보다 9~10월이 높다. 연중 간간이 낚이는 농어는 한여름부터 늦가을 사이에 입질 빈도가 높다. 또한 8~10월에는 무늬오징어가 약

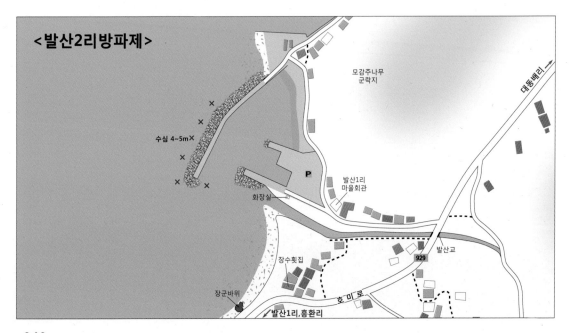

<발산2리방파제>

간 비치기도 하고, 볼락·노래미의 경우는 한겨울과 한여름을 제외하면 특별한 시즌이 따로 없다.

어항 입구 쪽에선 숭어 떼가 회유하기도 하고 방파제 남쪽 자갈밭 너머에선 여름철 보리멸이 선보이기도 한다. 작은방파제 옆으로 제법 큰 개울물이 흘러들어 이들 기수역 어종이 모여드는 셈인데, 실제로 자갈밭 쪽에서 보리멸 던질낚시를 시도하는 사람들은 많지 않은 편이다. 밑걸림이 심하다는 이유 때문이다.

■ 포인트 및 참고 사항

테트라포드가 높게 피복된 큰방파제에서 주로 낚시를 한다. 중간 지점에서 방파제가 약간 안쪽으로 구부러진 곳부터 끝자락까지의 외항 방향이 핵심 구간이다. 평균 수심 4~5m를 형성한 감성돔 찌낚시 포인트이자 처넣기 채비로 노래미를 노리는 포인트이기도 하다.

이곳 감성돔은 여름철에 입질이 활발한 만큼 잡어 성화에 대처할 수 있는 미끼가 필요하다. 크릴 미끼로는 잡어 성화를 감당할 수 없어 깐새우나 민물새우를 대체 미끼로 사용하는 경우가 많지만 이 또한 생각만큼의 효력을 발휘하지 못한다. 보다 효과가 좋은 대체 미끼로 옥수수를 추천하는 단골 꾼이 있다. 사용하는 바늘 크기에 따라 통조림 옥수수 두세 알을 꿰면 되는데, 이 경우 지나친 저부력 찌는 곤란하고 0.8정도의 고부력 찌를 써야 약한 조류에 옥수수 미끼를 제대로 태울 수 있다. 그러나 옥수수 미끼라 해서 복어까지 이겨낼 수는 없고, 볼락과 노래미가 덤비는 것은 그냥 손님고기로 받아들이면 된다.

인근 낚시점(054)

*홈마트낚시 247-0127
동해면 흥환리 359-3
*흥환마트낚시 282-3542
동해면 흥환리 359-3
*낚시마을 285-9977
동해면 약전리 349-8

↓ 지도에 표시된 장군바위 부근의 자갈밭에서 바라본 발산2리방파제. 외진 곳에 위치한 잡어 낚시터로 낱마리 감성돔과 무늬오징어가 간혹 비친다.

대동배1리방파제

- **소재지** : 포항시 남구 호미곶면 대동배리 448-2 외
- **길이** : 큰방파제 144m, 작은방파제 78m
- **위치 참조** : 〈최신 전국낚시지도〉 221p E3

찾아가는 길

수도권과 중부권 모두 포항을 기점으로 한다. 대구·포항고속도로 포항TG 통과 후 학전IC를 지난 포항IC에서 오른쪽 감포·구룡포 방면으로 빠져 31번국도(영일만대로)를 타고 포항시 외곽을 달린다. 동해IC에 이르러 도구·포항시청 방면으로 진행 후 곧 오른쪽 호미곶 방면으로 내려오자마자 다시 한 번 오른쪽 호미로(929번 지방도)로 접어들어 13.7km만 달리면 된다.

울산·부산 방면에서는 동해고속도로 남포항IC에 이르러 오른쪽 구룡포 방면 31번국도(영일만대로)를 타고 동해IC로 진행 후 '호미로' 방향으로 접어들면 된다.

■ 낚시 여건

한반도 지형의 '호랑이 꼬리' 끝에 해당하는 호미곶(虎尾串) 서쪽 진입로 첫 번째 방파제이다. 호미로(929번지방도)를 따라 해변 마을로 들어서면 작은방파제 입구에 노적암(露積岩)이 반긴다. 4~5m 높이의 삼각바위 끝에 100년 수령의 작은 노송이 굽어 내려보는 형상이다. 1914년 이 지역에 부임한 군수(郡守)가 기념식수한 두 그루 소나무 가운데 한 그루가 살아남은 것이라는데, 흙 한 줌 없는 바위 위에 어찌 뿌리를 내려 100년 세월을 버티고 있는지 볼수록 신기한 모습이다.

눈에 띄는 풍광은 노적암 소나무뿐만 아니다. 마을 서쪽 해변 콧부리 지형에 위치한 구룡소(九龍沼) 역시 뛰어난 풍광을 자랑하는데, 낚시터 또한 범위가 넓고 고급 어종도 많다. 흰 등대가 있는 방파제와 더불어 가운데 백사장 구간 및 서쪽 구룡소 갯바위 지대에서 다양한 낚시를 즐길 수 있는데, 현지에는 식당도 많고 작은 낚시점도 있어 낚시 활동에 불편함이 없는 곳이다.

■ 어종과 시즌

대표적인 어종은 감성돔이다. 방파제에서도 낚이고 구룡소 갯바위 지역은 전문꾼

＜대동배1리방파제＞

들까지 가세하는 인기 포인트이다. 봄철보다는 9~11월에 확률이 높다. 뱅에돔도 선보이는 곳으로 6~8월에는 씨알이 잘지만 초겨울에 이르면 씨알이 부쩍 굵게 낚인다. 여름부터는 농어도 선보이고 볼락은 연중 거의 낚이는 붙박이 어종이라 할 수 있다. 백사장 쪽에는 보리멸·가자미·성대가 여름을 기다린다.

또 하나의 주요 대상어는 참돔이다. 감성돔이 낱마리로 어슬렁거리는 것에 비해 참돔은 한 번 나타났다 하면 떼 지어 몰리는 편으로, 감성돔보다 더 인기가 높은 편이다. 6월부터 선보이기 시작해 7~9월에 피크를 이룬다. 이때는 감성돔·농어도 함께 노릴 수 있어 대동배1리를 찾는 낚시인들이 가장 많을 때이기도 하다.

인근 낚시점(054)

*파싱고고낚시 276-9771
  호미곶면 대동배리 103
*낚시마을 285-9977
  동해면 약전리 349-8

■ 포인트 및 참고 사항

방파제에서의 낚시는 흰 등대가 있는 큰방파제 중간 지점부터 등대 부근까지의 외항 방향에서 이루어진다. 수심 7m 내외를 이루는 곳으로 근거리는 자잘한 돌밭이며 원거리는 사질대 지형이다. 감성돔이 기대되는 곳이며 끝자락에서 서쪽 포항시내 방향으로 찌를 흘리면 여름 참돔이 걸려들 때도 있다.

후미진 지형의 백사장 쪽에선 여름철 던질낚시에 보리멸·성대·가자미가 선보이며 산란기 때 들어오는 주꾸미가 곁들여지기도 한다.

아홉 마리의 용이 살다가 승천했다는 '구룡소' 갯바위는 대로변 입구의 열녀횟집을 끼고 차량으로 진입할 수 있는데, 길이 끝나는 지점에다 주차를 하고서 잠시 등산을 하는 수고를 감수해야 한다. 5~11월의 감성돔 명당이며, 구룡소여(넙적바위 또는 큰여)로 불리는 돌섬에선 7~9월 참돔 입질이 가세해 더욱 열기를 뿜는다. 부근 낚시점들에서 1인당 선비 10,000원으로 낚싯배를 띄운다.

↓ 노적암(露積岩)의 키 작은 노송이 눈길을 끄는 대동배1리는 방파제뿐만 아니라 서쪽에 위치한 구룡소(九龍沼) 갯바위가 더욱 유명세를 떨치는 곳이다.

대동배2리방파제

- **소재지** : 포항시 남구 호미곶면 대동배리 6-3 외
- **길이** : 큰방파제 176m, 작은방파제 100m
- **위치 참조** : 〈최신 전국낚시지도〉 221p E3

찾아가는 길

수도권과 중부권 모두 포항을 기점으로 한다. 대구 · 포항고속도로 포항TG 통과 후 학전IC를 지난 포항IC에서 오른쪽 감포 · 구룡포 방면으로 빠져 31번국도(영일만대로)를 타고 포항시 외곽을 달린다. 동해IC에 이르러 도구 · 포항시청 방면으로 진행 후 곧 오른쪽 호미곶 방면으로 내려오자마자 다시 한번 오른쪽 호미로(929번 지방도)로 접어들어 14.7km만 달리면 된다.
울산 · 부산 방면에서는 동해고속도로 남포항IC에 이르러 오른쪽 구룡포 방면 31번국도(영일만대로)를 타고 동해IC로 진행 후 '호미로' 방향으로 접어들면 된다.

■ 낚시 여건

구룡소암 입구의 대동배1리에서 북쪽 대동배2리까지는 계속 해변길이다. 호미로(929번지방도)를 따라 북상하다 보면 저절로 느껴지는 바, 대동배1리 큰방파제로부터 시작된 자갈밭이 꽤 길게 이어진다 싶을 즈음, 도로변 왼쪽으로 커다란 바위 하나가 불쑥 나타난다. 여기서 왼쪽으로 내려가면 대동배2리 작은방파제인데, 이곳 작은방파제에서 바다를 둘러보면 주변 지형이 갑자기 암초대로 바뀌었음을 알게 된다. 북쪽 구만리, 특히 까꾸리 쪽으로 북상할수록 이 암초지대는 더욱 발달해 해변 전역을 뒤덮는 형상이다.

영일만 안쪽의 사질대 지형을 벗어나 호미곶 북단의 암초지대로 접어든 위치에 소재한 이곳 대동배2리방파제는 결국, 몇 가지 어종이 더 가세하고 시즌 전개도 조금씩 달라진다. 남쪽 동해면 지역에선 보기 드문 뱅에돔과 참돔이 곧잘 낚이는가 하면 조금씩 학공치가 선보이기도 한다.

■ 어종과 시즌

감성돔은 봄철엔 귀하고 여름 지나 10월에 호기를 이뤄 추위 닥치기 전 11월 중순

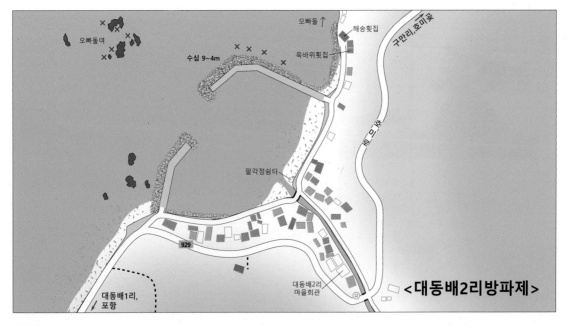

까지 선보인다. 벵에돔도 가을철 9~10월에 호기를 이루고 날씨가 추워지기 시작
하면 그림자를 감춘다. 볼락과 우럭 역시 대동배2리방파제의 붙박이 어종이지만
우럭은 아무래도 가을철에 입질이 잦은 편이다. 큰방파제에서 민장대 찌낚시 또는
루어낚시로 겨냥하는 볼락은 연 2회, 봄철과 가을철이 호기다.
일대에선 귀한 손님이라 할 수 있는 참돔은 5월 이후부터 간간이 입질을 보이다가
날마리 조황이나마 여름철에 피크를 이루고 늦게는 11월 초순까지 드문드문 소식
을 전하기도 한다. 씨알 또한 30~40cm급의 '상사리'들이다.

■ 포인트 및 참고 사항

큰방파제보다 한참 뒤늦게 축조된 작은방파제는 외항 쪽마저 수심 얕은 여밭이 연
결돼 있어 포인트 구실을 못한다. 낚시가 이뤄지는 큰방파제 포인트 또한 전체 길
이 3분의 1 지점부터 3분의 2 지점까지로 제한된다. 초입부는 수심 얕은 암반 지
대, 끝자락은 사질대 지형으로 별반 재미가 없는 곳이다. 정확히는 방파제가 한 번
꺾이고 두 번째 꺾이는 사이가 핵심 포인트인데, 이 구간의 외항 방향에서 여름철
20~25cm급의 벵에돔 입질이 잦고 참돔도 이곳에서 선을 보인다.
큰방파제에서 북쪽 해안을 바라보면 절벽 바위가 보인다. 유심히 더듬어보면 하
단부 돌출 부위가 사람 얼굴 옆모습처럼 느껴진다. 가히 '인면암(人面巖)'이라 명
명할만한데 현지민들은 이곳을 '오빠돌'이라 부른다. 그래서 낚시인들은 큰방파제
건너편 해상에 있는 여러 개의 돌섬을 '오빠돌여'라 부른다. 감성돔과 참돔을 겸하
는 일급 여치기 포인트로 전문 꾼들이 즐겨 찾는 곳이다. 오빠돌(인면암) 전방에
산재한 자잘한 수상암초 지대도 날씨 좋은 날의 여치기 포인트로 꼽힌다.

인근 낚시점(054)

*낚시마을 285-9977
 동해면 약전리 349-8
*대성낚시 291-5968
 오천읍 용덕리 351-113

↓ 분월포 가는 도로변 위에서
내려다본 대동배2리방파제. 오
른쪽 큰방파제 너머로 보이는
돌섬들이 여치기 포인트로 이름
난 '오빠돌여'이다.

분월포방파제

- **소재지** : 포항시 남구 호미곶면 구만리 175-8 외
- **길이** : 큰방파제 113m, 작은방파제 50m
- **위치 참조** : 〈최신 전국낚시지도〉 221p E3

찾아가는 길

수도권과 중부권 모두 포항을 기점으로 한다. 앞서 소개한 대동배1,2리방파제와 같은 코스로 진행 후, 호미로 시작 기점(약전육교 밑 약전교차로)으로부터 호미곶 방향 16.3km 지점에 이르면 오른쪽으로 '독수리바위 2km'를 알리는 안내판이 보인다. 오른쪽 토끼굴을 통과하면 곧 분월포방파제이다. 울산·부산 방면에서는 동해고속도로 남포항IC에 이르러 오른쪽 구룡포 방면 31번국도(영일만대로)를 타고 동해IC로 진행 후 '호미로' 방향으로 접어들면 된다.

■ 낚시 여건

대동배를 지나 대보항과 호미곶해맞이광장으로 향하는 호미로(929번지방도)에서 내려다보는 구만리 서쪽 해변은 그 풍광이 일품이다. 조망의 압권은 독수리바위가 있는 까꾸리개(鉤浦) 방면으로 우회하기 직전의 대로변이다. 멀리는 포항시가지와 영일만항이 아스라하고 가까이는 앞구만 해변이 손에 잡힐 듯한데, 무엇보다 바로 눈 밑에서 시선을 확 잡아끄는 곳이 있으니 바로 부느리개, 곧 분월포이다.

영일만(迎日灣) 동쪽 입구 중에서도 최북단 마을이 구만리(九萬里)이고, 그 서남단에 위치하는 포구가 이곳 부느리개인데, 영일만 굽이진 밤바다에 비치는 달빛 풍광이 하도 요요해 분월포(粉月浦)로 이름 부르게 되었다 한다. 지금은 마을이 철거되고 방파제만 남았는데, 초행길 방문이라면 성급히 방파제로 향하기 전 도로변 위에서 잠깐 내려다보는 여유가 필요하다. 아담하기 그지없는 이 작은 포구의 고요함과 맑은 수질은 마치 어항을 들여다보는 듯한데, 이 같은 관찰은 낚시를 하는 데도 분명 도움이 된다. 주변 해저 지형을 정확히 읽을 수 있고 이를 곧 낚시에 활용할 수 있기 때문이다. 조용하고 아늑한 분위기가 가족 동반 나들이에 적격인데다, 전문 꾼들의 기대에도 부응하는 곳임에 분명하다.

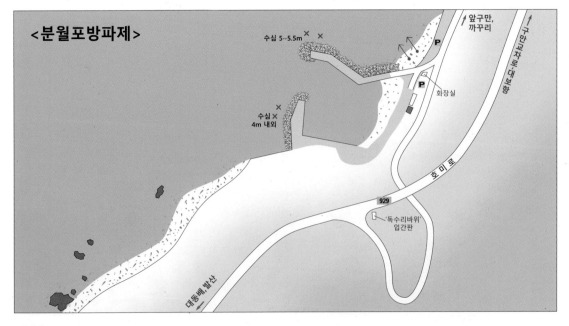

<분월포방파제>

수심 5~5.5m
앞구만, 까꾸리
구만리교차로·대보항
화장실
수심 4m 내외
호미로
929
'독수리바위' 입간판
대동배, 발산

■ 어종과 시즌

감성돔·무늬오징어·농어 등 고급 어종을 만날 수 있다는 점이 매력이다. 특히 9~10월의 감성돔 확률이 높은 곳으로, 시즌은 한겨울 2월까지 이어진다. 감성돔 씨알 또한 굵게 낚인다. 봄이냐 가을이냐에 대한 말문은 닫아도 50cm 이상, 55cm 이상, 57cm까지 낚았다는 경험자들도 있다.

무늬오징어 조황도 좋은 곳으로 늦여름부터 선보이기 시작해 11월까지 먹물을 쏘아대는데, 이곳 무늬오징어 시즌 전개 또한 인근 지역과 마찬가지로 매년 조금씩 빨라지고 있는 추세다. 여름철엔 벵에돔도 약간씩 나타나 가을까지 이어지고, 농어는 사계절 기회를 만날 수 있으나 중량감 있는 씨알은 겨울이다. 이밖에 망상어·노래미·볼락은 손님고기다.

■ 포인트 및 참고 사항

어민들이 그물이나 해산물 건조 작업을 하지 않을 땐 방파제 위로까지 차량 진입을 할 수 있어 편리하지만 입구에 있는 주차 공간을 이용하는 것이 좋다.

도로변 위에서 내려다보면 알 수 있듯 내항 전역은 크고 작은 돌이 깔려 있고 낚시에 적합하지 못한 수심이다. 큰방파제든 작은방파제든 외항 방향을 노려야 하는데, 큰방파제의 경우 테트라포드 구간 중에서도 끝자락 오른쪽(북쪽) 모서리가 명당이다. 파도가 높을 때는 상판 끝 지점에서 테트라포드를 타고 내항 쪽 석축에 자리를 잡아도 되고, 아예 작은방파제로 자리를 옮겨도 좋다. 큰방파제에 비해 다소 수심도 얕고 조류도 덜 흐르지만 가까운 거리의 작은 암초들이 포인트 구실을 한다.

인근 낚시점(054)

*낚시마을 285-9977
동해면 약전리 349-8
*블랙피싱낚시 276-6049
호미곶면 대보리 241-1

↓ 구만리 대보항 가는 대로변에서 오른쪽 앞구만·까꾸리 방면으로 빠지는 갈림길 위에서 내려다본 분월포방파제 전경. 아늑한 분위기에 조망이 빼어난 곳으로 가족 동반 출조객들은 물론 전문 꾼들에게도 손색없는 낚시 여건이다.

앞구만방파제

- **소재지** : 포항시 남구 호미곶면 구만리 548-2
- **길이** : 55m
- **위치 참조** : 〈최신 전국낚시지도〉 221p E2

찾아가는 길

수도권과 중부권 모두 포항을 기점으로 하되, 포항시 외곽 31번국도(영일만대로)를 타고 동해교차로에서 오른쪽 호미곶 방향으로 빠져 호미로(929번 지방도)를 이용하는 경로는 앞쪽 분월포방파제와 동일하다. 분월포방파제에서 해변길 따라 640m만 더 진행하면 앞구만방파제이다.

울산·부산 방면에서는 동해고속도로 남포항IC에 이르러 오른쪽 구룡포 방면 31번국도(영일만대로)를 타고 동해IC로 진행 후 '호미로' 방향으로 접어들면 된다.

■ 낚시 여건

바깥바다에서 보면 영일만(迎日灣) 입구이자, 내만에서 바깥바다로 향하는 기준에서 보면 영일만 동쪽 끝 지점이다. 방파제가 소재한 앞구만 마을은 많지 않은 가구 수가 그나마 줄어들어 호미곶을 찾는 도보여행객들이 간혹 오갈 뿐 매우 한적한 분위기다. 길이 50여m에 불과한 작은 방파제 하나가 축조돼 있을 뿐 낚시터로서 크게 눈길을 끄는 지형지물도 없어 보인다. 하지만 결코 무시해선 안 될 곳이다. 우선 샛바람에 강한 장소다. 즉, 이 지역 겨울에 잦은 북동풍의 영향을 덜 받는 위치인 데다, 영일만을 거의 벗어나는 지점으로 조류 소통이 원활한 곳이다. 이는 겨울 농어낚시가 잘 되는 이유이기도 한데, 앞구만방파제 또는 그냥 구만방파제로 불리기도 하는 이곳은 가을이면 무늬오징어도 들어와 평소 찌낚시를 즐기는 꾼들은 물론 에깅 전문 꾼들까지 가세한다.

■ 어종과 시즌

무늬오징어는 8월, 늦게는 9월 중순부터 들어와 11월까지 시즌을 이어간다. 루어낚시와 찌낚시에 고루 반응하는 농어의 경우도 거의 비슷한 시기이지만 씨알만큼

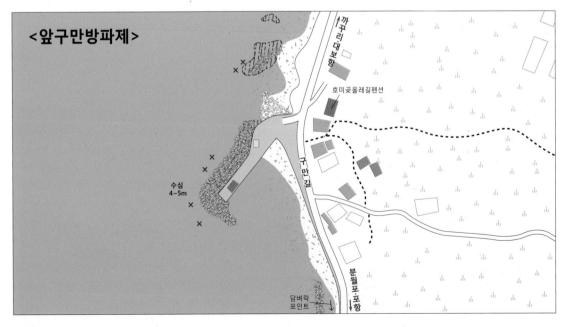

은 겨울이 앞선다. 감성돔은 조황 기복이 다소 심한 편이지만 10~2월이 그래도 가장 안정적이며, 역시 파도가 적당히 출렁거리는 날씨가 호기다.

봄철에 원투낚시를 하면 간간이 도다리가 걸려들고, 여름이 되면 뱅에돔이 선보이기 시작해 가을까지 입질을 이어간다. 손님고기로는 망상어·노래미·볼락이 리스트에 오른다.

■ 포인트 및 참고 사항

길이가 짧은 방파제라 포인트가 거의 끝자락으로 쏠린다. 철따라 감성돔·뱅에돔·농어가 붙는 곳으로, 끝자락에서 남쪽 방향으로 원투를 하면 봄철에 도다리가 걸려들기도 한다.

방파제 입구 오른쪽도 관심을 가질만하다. 비탈 지형인 데다 오목하게 패인 입지적 여건으로 인해 예부터 소형 어선들의 피난처 역할을 하는 곳인데, 후미진 안쪽은 자갈밭이고 그 왼쪽은 커다란 돌무덤이 방파제 곁에 의지해 있는 모습이다. 포인트는 갯바위 위에 테트라포드가 쌓여 있는 오른쪽이다. 이곳 테트라포드 끝 지점에서 루어낚시가 즐겨 시도되는데, 가을 무늬오징어와 겨울 농어가 그 대상어종이다.

아래쪽 분월포방파제에서 이곳 앞구만방파제로 진입하다 보면 도로변 왼쪽으로 무너진 집 담벼락 같은 구조물이 보인다. 옛날 선착장 자리로 내부 구조물은 다 허물어져 없어지고 그 외벽이 담벼락처럼 남아 있는 곳인데, 단골 꾼들은 흔히 이곳을 '담장 포인트'라 부른다. 주변 여건은 수심 4m 내외의 암초 지형으로 캐스팅 방향과 거리에 따라 감성돔·농어·무늬오징어가 낚이는 포인트이다.

인근 낚시점(054)

*낚시마을 285-9977
 동해면 약전리 349-8
*블랙피싱낚시 276-6049
 호미곶면 대보리 241-1

↓ 분월포에서 까구리개(鉤浦) 가는 도중에 위치한 앞구만방파제. 영일만(迎日灣) 남동쪽 입구에 해당해 조류 소통이 원활하고 외·내만성 낚시 여건이 교차하는 곳이다.

까꾸리방파제
(구만2리방파제)

- **소재지** : 포항시 남구 호미곶면 구만리 491−12 외
- **길이** : 큰방파제 190여m, 작은방파제 500여m
- **위치 참조** : 〈최신 전국낚시지도〉 221p E2

찾아가는 길

포항시 외곽을 도는 31번국도(영일만대로)를 타고 동해교차로에 이르는 경로는 앞쪽 분월포방파제와 같다. 동해교차로에서 오른쪽 구룡포 방면으로 빠져 동쪽 호미로(929번지방도)를 타고 북상하거나 왼쪽(서쪽) 호미로를 이용해 북상해도 된다. 동해교차로에서 동쪽 구룡포항을 경유하는 코스는 약 22.5km, 서쪽 동해면을 경유할 경우는 약 19km 거리다. 울산·부산 방면에서는 동해고속도로 남포항IC에 이르러 오른쪽 구룡포 방면 31번국도(영일만대로)를 타고 동해IC로 진행하면 된다.

■ 낚시 여건

호랑이 모양의 한반도 꼬리 끝에 해당하는 곳이 호미곶면(虎尾串面)이고, 그 중에서도 가장 북쪽 마을이 구만리(九萬里)이고, 또 그 중에서도 최북단 바닷가에 위치한 포구가 까꾸리개(鉤浦)이다. 지명 하나하나가 예사롭지 않듯 이곳 바닷가 지형 또한 예사롭지 않다.

까꾸리는 갈고리(鉤)의 경상도 사투리로, 이곳 포구 마을 이름이 까구리개가 된 것은 그 옛날 풍파가 심할 때면 청어 떼가 뭍으로 밀려나와 갈고리로 긁어모았다는 데서 유래한다. 고기 떼가 파도에 밀려나왔다는 것은 곧 수심이 얕은 지대임을 뜻한다. 앞구만에서 이곳으로 진입하는 도중에서부터 확인되듯, 까꾸리개 주변은 드넓은 암반이 한바다 쪽으로 끝 간 데 없이 펼쳐져, 토끼 간을 훔친 거북이마저 동해 용궁으로 돌아가는 길을 잃어버릴 것만 같은 아득함이다.

이 같은 암초·암반지대에 둘러싸인 까구리방파제는 내만권인 동해면 지역의 낚시와는 다른 양상을 보인다. 어종과 시즌이 조금씩 달라지는 것이다.

■ 어종과 시즌

<까꾸리(구만2리)방파제>

고급 어종들이 낚인다. 우선 감성돔·벵에돔·농어·무늬오징어가 인기 대상어이다. 여름 감성돔은 씨알이 잔 편이지만 10월부터는 중량감이 더해지면서 마릿수는 줄어드는 대신 한겨울 2월까지 더욱 몸집을 불린다. 내만권 동해면 지역과는 달리 여름 벵에돔도 곧잘 선보이는 곳으로, 가을이 깊어갈수록 무늬오징어가 또 입질을 보탠다. 대개 9월 중순이면 그 모습을 드러내는데 10월 말, 길게는 11월까지 쫄깃쫄깃한 그 맛을 즐길 수 있다.

호미곶 최북단에 위치한 지리적 여건으로 조류 소통이 좋은 이곳 까꾸리방파제의 대표어종으로 농어를 빼놓을 수 없다. 봄~가을 기간의 특징을 보면 봄 농어는 루어에 잘 반응하는 데 비해, 여름·가을 농어는 미끼로 유혹하는 것이 효과적이다. 낮에는 현장에서 낚은 망상어나 전갱이 새끼를 산 채로 꿰는 이른바 생미끼낚시가 더욱 효과적이고, 밤낚시를 할 때는 청갯지렁이가 가장 무난한 미끼다.

■ 포인트 및 참고 사항

작은방파제 전역은 물론 큰방파제의 경우 초입에서부터 꺾어지는 지점까지는 내·외항 방향 모두 수심이 얕아 낚시가 안 된다. 꺾인 지점부터 끝자락까지의 외항 방향이 포인트로, 계절 따라 감성돔·농어·무늬오징어가 선보인다. 특히 조류 소통이 원활한 곳이라 원투 찌낚시로 농어를 노리는 전문 꾼들이 좋아한다.

큰방파제 왼쪽의 광활한 암반지대 또한 도보 포인트로, 인근 독수리바위에서 바지장화 차림으로 들어가 농어 루어낚시를 즐기는가 하면, 학공치가 들어오면 이를 겨냥하거나 이도 저도 아니면 노래미 등의 잡어사냥을 하는 이들도 많다.

큰방파제 옆에 있는 독수바위는 이곳 여행객들의 사진 촬영 포인트이다.

인근 낚시점(054)

*블랙파싱낚시 276-6049
  호미곶면 대보리 241-1
*낚시마을 285-9977
  동해면 약전리 349-8

↓ 한반도의 '호랑이 꼬리' 모양에 해당하는 호미곶(虎尾串) 최북단, 드넓은 암반 지대에 위치한 까꾸리방파제. 사진 왼쪽엔 독수리바위 전망대가 있고 오른쪽(동쪽)으로 1.2km만 나아가면 대보항(호미곶항)이다.

대보항방파제
(호미곶항방파제)

- **소재지** : 포항시 남구 호미곶면 구만리 61-6 외
- **길이** : 북방 340여m, 동방 150m, 도제 140m
- **위치 참조** : 〈최신 전국낚시지도〉 221p F2

찾아가는 길

수도권과 중부권 모두 포항을 기점으로 한다. 대구 · 포항고속도로 포항TG 통과 후 학전IC를 지난 포항IC에서 오른쪽 감포 · 구룡포 방면으로 빠져 31번국도(영일만대로)를 타고 포항시 외곽을 달린다. 동해IC에 이르러 오른쪽 구룡포 방면으로 빠져 7km 지점의 병포교차로에서 호미곶해맞이광장 방면의 929번지방도(호미로)를 타고 계속 북상하면 된다.
울산 · 부산 방면에서는 동해고속도로 남포항IC에 이르러 오른쪽 구룡포 방면 31번국도(영일만대로)를 타고 동해IC로 진행하면 된다.

■ 낚시 여건

그야말로 호랑이 모양의 한반도 지형을 상징하는 곳이다. 호랑이 꼬리 끝, 즉 호미곶(虎尾串) 동북단에 위치한 대보항은 그 이용 범위가 전국적인 '국가어항'으로, 사계절 황금어장이 형성되는 인근 해역은 곧 사계절 황금낚시터이기도 하다. 안쪽 영일만 조류와 바깥쪽 동해안 한바다 조류가 만나는 곳으로 사계절 다양한 어종이 교차하고, 신종 회유어들도 해를 거듭할수록 증가하는 추세다.

방파제와 갯바위낚시는 물론 인근 해역에서의 선상낚시도 활발한 곳이다. 가을철 방어 · 부시리 · 삼치 루어낚시가 한바탕 북새통을 이루고 나면 겨울철 볼락 · 열기 외줄낚시가 시즌을 이어나가는 등, 대보항 지역은 다양한 어종만큼이나 다양한 장르의 낚시가 이루어져 각지에서 찾는 낚시인들의 성향 또한 매우 다양한 편이다.

■ 어종과 시즌

감성돔 · 벵에돔 · 농어 · 볼락 · 무늬오징어 · 양태 · 성대 · 방어 · 부시리 · 삼치 등, 찌낚시 · 루어낚시 · 선상낚시 대표 어종이 총 망라된다. 동해안 어족백화점이라 불리는 영일만항방파제와 어금버금하다는 표현이 꼭 들어맞는다.

피크 시즌은 역시 가을이다. 9~10월에 감성돔과 벵에돔이 자웅을 겨루고, 앞서 8월부터 시작되는 무늬오징어 · 양태 · 성대도 11월까지 시즌을 이어간다. 인근 해상에는 또 8월 중순부터 방어 · 부시리 · 삼치 떼가 나타나 선상 루어낚시가 성황을 이루는데, 9~11월 피크 시즌 때는 인근 신항만 지역과 남쪽 양포항 낚싯배들까지 이곳 대보항 앞바다로 집결할 때도 있다.

가을철 마릿수 조황에 이어 한겨울에 선보이는 감성돔은 씨알이 굵기로도 유명한데, 전문 꾼들은 특히 겨울철 물막이방파제(島堤)에서 '일발대물'의 승부수를 띄운다. 사계절 낚이는 볼락 또한 인근 방파제들과는 비교가 되지 않는 굵은 씨알을 선보이는데, 찌낚시를 하는 이들이 많지 않을 때는 루어낚시의 묘미를 한껏 즐길 수도 있다.

■ 포인트 및 참고 사항

빨강등대가 있는 큰방파제(북방파제)와 하양등대가 있는 작은방파제(동방파제)는 물막이방파제(도제)가 축조된 이후로 쇠퇴했다고는 하나 감성돔 포인트로 여전히 인기다. 큰방파제의 경우 근거리 포인트는 4~8m, 원거리 포인트는 9~12m 수심을 보인다. 작은방파제 또한 큰방파제 수심과 크게 다름없는데, 서로 비교하건대 큰방파제는 씨알, 작은방파제는 마릿수가 앞서는 것으로 평가한다.

세 곳 방파제 중에서 수심이 약간 더 깊고 포인트로 가장 각광받기로는 물막이방파제 쪽이다. 근거리 포인트는 6~8m, 원거리 포인트는 9~12m 수심을 보이는데, 내항 방향 중간 지점에서 시계 방향으로 돌아 외항 방향 3분의 2 지점까지가 감성돔 · 벵에돔 핵심 구간이다. 볼락 · 농어는 전역이 포인트. 도선료 1만원.

인근 낚시점(054)

*블랙피싱낚시 276-6049
 호미곶면 대보리 241-1
*영신수퍼낚시 284-9696
 호미곶면 대보리 886-40

↓ 하늘에서 내려다본 대보항. 건너편 영일만항방파제 못지않은 유명 낚시터로, 방파제는 물론 인근 해상은 방어 · 삼치 및 볼락 · 열기 선상낚시도 활기를 띠는 곳이다. 사진 오른쪽은 해맞이 명소로 유명한 '호미곶해맞이광장'이다.

대보1리방파제
(대천방파제)

- **소재지** : 포항시 남구 호미곶면 대보리 122-7 외
- **길이** : 북방 160m, 내항방 80m, 남방 95m
- **위치 참조** : 〈최신 전국낚시지도〉 221p F3

찾아가는 길

수도권과 중부권 모두 포항을 기점으로 한다. 대구·포항고속도로 포항TG 통과 후 학전IC를 지난 포항IC에서 오른쪽 감포·구룡포 방면으로 빠져 31번국도(영일만대로)를 타고 포항시 외곽을 달린다. 동해IC에 이르러 오른쪽 구룡포 방면으로 빠져 7km 지점의 병포교차로에서 호미곶해맞이광장 방면의 929번지방도(호미로)를 타고 계속 북상하면 된다.
울산·부산 방면에서는 동해고속도로 남포항IC에 이르러 오른쪽 구룡포 방면 31번국도(영일만대로)를 타고 동해IC로 진행하면 된다.

■ 낚시 여건

구룡포 방면에서 호미로(929번지방도)를 타고 북상하다가 '상생의 손'이 있는 호미곶해맞이광장 쪽으로 진입하다 보면 눈앞에 보이는 곳이 대보1리방파제이다. 현지에서는 대천방파제 또는 한내(大川)방파제라고도 하는데, 인근 대보항의 명성에 가려 이곳만을 작정하고 찾는 낚시인들은 그다지 많지 않은 편이다.

그러나 방파제 북쪽과 남쪽 지역엔 여밭이 광범위하게 펼쳐져 파도가 적당한 날이면 감성돔낚시와 농어 루어낚시를 시도하는 전문 꾼들이 많다. 외곽 여밭 지형과는 달리 방파제 주변은 모래가 많이 섞인 지형으로, 도다리·보리멸·노래미 등의 사질대 어종이 주류를 이룬다. 따라서 방파제 위에서는 감성돔 구경이 어렵고, 초가을 벵에돔 입질만큼은 기대를 크게 저버리지 않는다.

■ 어종과 시즌

찌낚시 대상어로는 6~9월의 벵에돔이 우선이다. 9월부터 이듬해 2월까지 이어지는 감성돔 입질은 낱마리 조황이다. 결국 벵에돔과 감성돔 중 어느 한 쪽에 대한 확률을 고대하거나 두 어종 모두에 욕심을 부린다면 9~10월이 그 적기이다.

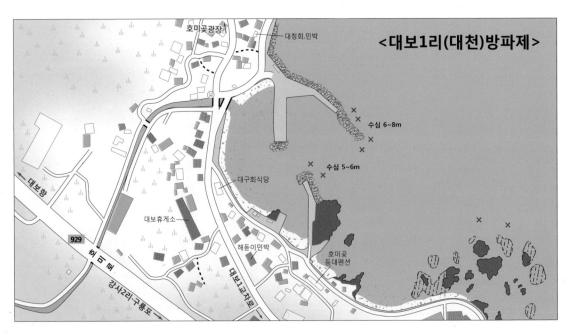

< 대보1리(대천)방파제 >

던질낚시 대상어로는 도다리·보리멸·노래미가 대표적이다. 북쪽 방파제와 남쪽 방파제 내·외항 방향 전역에서 고루 입질을 할 뿐만 아니라 그 시즌 또한 나들이 계절에 해당하는 4~9월이므로, 이곳 대천방파제를 찾을 땐 청갯지렁이 준비만큼은 잊지 말 일이다.

루어낚시 대상어로 농어도 염두에 두어야 한다. 호미곶광장으로 향하는 북쪽 해변도 좋지만 남쪽 방파제에서 가까운 암초대는 걸어서 진입할 수 있는 대표적인 여밭 포인트로, 농어 루어낚시와 함께 감성돔도 기대되는 곳이다. 파도가 하얗게 부서지는 날씨 조건이 수반되어야 하므로 바지장화 착용이 필수다.

■ 포인트 및 참고 사항

3개의 방파제 중 내항 쪽 방파제는 낚시가 잘 안 된다.

외항 쪽 큰방파제의 경우는 끝자락 전방, 남쪽 작은방파제의 경우는 끝 지점 전방 또는 외항 방향이 벵에돔 포인트로 꼽힌다.

도다리·보리멸·노래미는 북쪽 큰방파제와 남쪽 작은방파제 전역에서 낚이는데, 내항 쪽은 거의 모랫바닥인 데 비해 외항 쪽은 수중여가 섞인 지형이라는 점을 염두에 두면 된다. 노래미는 아무래도 외항 방향에서 입질이 잦은 편이다.

농어 루어낚시 포인트는 광범위한 편이다. 북쪽 호미곶박물관 인근에서부터 크고 작은 여밭이 펼쳐져 이곳 대천(대보1리)을 지나 먼 남쪽 강사리까지 길게 이어지는데, 정확히는 해변 도로가 끊기는 강사2리 해송모텔 밑까지이다. 파도가 적당한 날이면 감성돔까지 기대되는 곳으로, 승용차로 이동하면서 구간 구간 탐색하기에 좋다.

인근 낚시점(054)

*블랙피싱낚시 276-6049
호미곶면 대보리 241-1
*일출낚시 281-9734
호미곶면 강사리 587-1

↓ 북쪽에서 바라본 대보1리(대천)방파제. 3개의 방파제가 있으나 포인트 범위가 제한적이어서 인근 갯바위 지역도 염두에 두는 것이 좋다.

강사2리방파제

- **소재지** : 포항시 남구 호미곶면 강사리 691-31 외
- **길이** : 큰방파제 1000여m, 작은방파제 700여m
- **위치 참조** : 〈최신 전국낚시지도〉 221p F3

찾아가는 길

수도권 및 중부권에선 대구·포항고속도로와 31번국도(영일만대로 및 동해안로)를 이용해 구룡포와 감포 방면으로 나뉘는 병포교차로까지 진행한다. 왼쪽으로 빠져 구룡포항을 경유해 호미곶해맞이광장 방면의 929번지방도(호미로)를 따라 북상하다 보면 오른쪽으로 강사2리 이정표가 나타난다.
울산·부산 방면에서는 동해고속도로 남포항IC에 이르러 오른쪽 구룡포 방면 31번국도(영일만대로)를 타고 동해IC로 진행하면 된다.

■ 낚시 여건

북쪽의 돌출 지형과 남쪽 콧부리 지형 안쪽에 형성된 소규모어항으로, 평소엔 파도가 거의 닿지 않아 그야말로 어항(魚缸) 같은 분위기를 자아낸다. 얼핏 이런 곳에서 낚시가 될까 하는 의구심이 들 정도이지만 '뚝배기보다 장맛'이란 표현이 딱 들어맞는 곳이다. 방파제 자체도 규모에 비해 감성돔·학공치낚시 조황이 쏠쏠할 뿐만 아니라 방파제 북쪽 및 남쪽 갯바위 지역은 더욱 돋보이는 포인트로 전문 꾼들이 즐겨 찾는다. 특히 작은방파제 남쪽 해변에는 축양장들이 즐비하고, 이곳 축양장에서 배출되는 사료 먹잇감으로 인해 감성돔과 학공치가 즐겨 붙는다.

큰방파제 입구 내항 쪽에는 또 슬로프(Slope) 구간이 마련돼 있어 보트낚시를 즐기는 이들이 특히 좋아한다.

■ 어종과 시즌

굵은 자갈밭 지대에 수중여가 뒤섞인 해저 지형으로 어종이 크게 다양한 편은 아니지만 가을 시즌만큼은 입질이 화끈한 곳이다.

봄부터 여름까지는 처넣기 원투낚시로 횟감 장만이 된다. 4월부터 9월까지 선보이

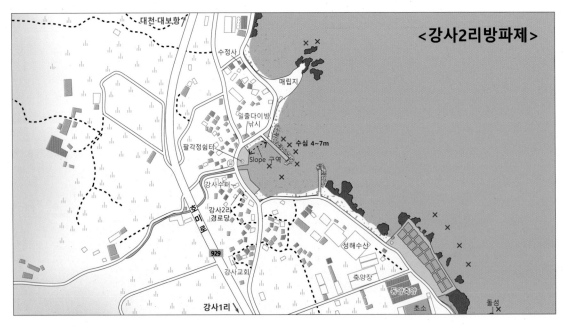

는 도다리 · 붕장어 · 보리멸이 그 대상어이다. 여름부터 선보이는 감성돔은 9월이 되면 묵직한 씨알이 걸려들기 시작해 10~11월에 나타나는 학공치와 함께 2월까지 시즌을 형성한다.

인근에 소재한 방파제들과는 달리 뱅에돔이 귀하다는 평가를 받는 곳이다.

인근 낚시점(054)

*블랙피싱뉴시 276-6049
호미곶면 대보리 241-1
*25뉴시 276-9724
구룡포읍 병포리 157-138

■ 포인트 및 참고 사항

후미진 지형에 위치한 것과는 달리 방파제 주변 수심은 결코 얕은 편이 아니다. 큰 방파제 초입부 수심은 4m 안팎에 불과하지만 끝자락은 7m 정도에 이르고, 작은 방파제 수심 또한 4~6m를 이룬다.

큰방파제의 경우 초입부 후미진 곳부터 포인트를 형성한다. 전방에 수중여가 깔려 있기 때문이다. 이곳부터 끝 지점에 이르기까지의 외항 방향에서 드문드문 감성돔 입질이 이어지고 늦가을 학공치 입질도 닿는다. 내항 방향은 처넣기낚시 포인트로 철따라 도다리 · 붕장어 · 보리멸이 입질을 하는데, 지나치게 장타를 날릴 필요는 없다.

늦가을 또는 초겨울 시즌에 가장 돋보이는 곳은 방파제 북쪽의 매립지 갯바위와 남쪽 '4초소' 앞 돌섬 갯바위다. 큰방파제 위쪽(북쪽) 매립지와 연결된 갯바위는 매립 공사 초기에 일약 감성돔 포인트로 명성을 날렸는데 지금도 가끔 대형급이 출몰해 그 이름값을 이어가고 있다.

작은방파제 남쪽에 위치한 축양장 앞 갯바위 지대는 도보 진입이 가능한 감성돔 · 학공치 포인트로 손꼽히는가 하면, 그 아래쪽 초소 건너편 돌섬은 보트를 이용해야 하는 곳으로 감성돔은 물론 대형 학공치 포인트로 손꼽히는 곳이다.

↓ 강사2리경로당 옥상에서 바라본 강사2리 큰방파제(위 사진). 테트라포드 너머로 가늘게 보이는 것이 '매립지 앞 갯바위'이고, 아래 사진은 그곳 갯바위를 북쪽 언덕길에서 내려다본 모습이다.

강사1리방파제

• **소재지** : 포항시 남구 호미곶면 강사리 167-6 외
• **길이** : 큰방파제 145m, 작은방파제 42m
• **위치 참조** : 〈최신 전국낚시지도〉 221p F4

찾아가는 길

수도권 및 중부권에선 대구·포항고속도로와 31번국도(영일만대로 및 동해안로)를 이용해 구룡포와 감포 방면으로 나뉘는 병포교차로까지 진행한다. 왼쪽으로 빠져 구룡포항을 경유해 호미곶해맞이광장 방면의 929번지방도(호미로)를 따라 북상하다가 강사2교차로에서 오른쪽으로 빠지면 곧 목적지이다. 울산·부산 방면에서는 동해고속도로 남포항IC에 이르러 오른쪽 구룡포 방면 31번국도(영일만대로)를 타고 동해IC로 진행하면 된다.

인근 낚시점(054)

＊블랙피싱낚시 276-6049
　호미곶면 대보리 241-1
＊들포스피드낚시
　010-5555-3963
　구룡포읍 석병리 777-2
＊25시낚시 276-9724
　구룡포읍 병포리 157-138

↓ 작은방파제가 있는 남쪽 라메르펜션에서 내려다본 강사1리방파제 전경.

■ 낚시 개황

전체적으로 수중여가 산재한 곳으로 수심도 얕은 편이다. 늦가을 감성돔 입질이 드문드문 이어지는 곳으로 그다지 찾는 낚시인들이 많지 않은 곳이지만 겨울 학공치 조황만큼은 쏠쏠한 편이다.

큰방파제와 작은방파제는 서로 우열을 가릴 수 없을 만큼 비슷한 낚시 여건인데, 남쪽 작은방파제 오른쪽에는 수상 및 수중여가 연결돼 있어 감성돔 확률이 높은 편이다. 두 곳 방파제 어느 곳에서건 내항 방향으로 원투 채비를 날리면 봄~여름 시즌의 도다리와 보리멸이 입질을 한다.

■ 참고 사항

큰방파제 초입부는 수심이 3m 정도에 불과해 포인트는 방파제가 꺾이는 지점부터 시작돼 끝자락 못미처의 외항 방향으로 국한된다.

작은방파제 포인트 또한 초입부를 벗어난 중간 지점부터 끝자락 외항 방향이다. 큰방파제보다 바깥 바다 쪽으로 치우쳐 있어 끝자락 기준의 수심은 큰방파제 끝자락과 비슷한 6~8m에 이른다.

작은방파제 남쪽 지역에도 축양장이 있고 그 앞으로 갯바위가 넓게 펼쳐져 있는데 수심이 너무 얕아 크게 기대할 바는 못 된다. 그러나 감성돔은 몰라도 11~1월 시즌의 학공치낚시가 의외의 조황을 보일 때가 많다.

이곳 강사1리방파제 내항 쪽에도 슬로프(Slope) 시설이 있어 보트를 띄우기에 편리한 여건이다.

석병2리방파제

- **소재지** : 포항시 남구 구룡포읍 석병리 81-2 외
- **길이** : 큰방파제 200m, 작은방파제 90m
- **위치 참조** : 〈최신 전국낚시지도〉 221p F4

■ 낚시 개황

강사1리 다무포에서 크게 후미진 지형이 남쪽에서 다시 한 번 깊숙이 파고 든 지형에 석병2리방파제가 위치한다. 백사장으로 이뤄진 북쪽 다무포에 비해 이곳 석병2리항(소규모어항)은 사질대에 수중여가 발달한 곳으로 벵에돔과 감성돔, 겨울 학공치가 주종을 이룰 뿐, 손맛을 고루 즐길 만한 대상어가 많지 않은 편이다.

하지만 12월부터 2월까지 이어지는 학공치만큼은 강세를 보여 드문드문 꾼들의 발길이 끊이질 않는데, 늦가을부터 1월까지는 감성돔이 입질을 보태고 여름철 벵에돔도 손맛을 거든다. 4~5월부터 간간이 입질을 보이는 도다리와 보리멸은 심심풀이 던질낚시 대상어로 초가을까지 그 모습을 보이지만 보리멸의 경우는 보다 일찍 입질이 끊어진다.

■ 참고 사항

학공치와 감성돔은 큰방파제 쪽에서 기대된다. 방파제가 외항 방향으로 첫 번째 꺾어지는 지점부터 빨강등대가 있는 끝자락까지가 포인트로 주목받는데, 첫 번째 꺾이는 지점 전방의 간출여 주변은 감성돔, 두 번째 꺾이는 지점부터 등대 앞까지는 학공치 포인트로 구분된다. 큰방파제에 가려 있는 작은방파제는 거의 낚시가 안 될 것 같지만 끝자락 외항 방향에서 여름 벵에돔이 손맛을 보탠다.

이곳 방파제를 멀리 벗어난 곳이지만 북쪽 강사1리 방면의 다무포초소 앞 돌섬에서는 겨울 학공치가 활황을 보이는데, 같은 시기에 감성돔도 곁들여지는 여치기 포인트이다. 석병1리 소재의 낚시점에서 출조하는 배를 이용할 수 있다.

찾아가는 길

수도권 및 중부권에선 대구·포항고속도로와 31번국도(영일만대로 및 동해안로)를 이용해 구룡포와 감포 방면으로 나뉘는 병포교차로까지 진행한다. 왼쪽으로 빠져 구룡포항을 경유해 호미곶해맞이광장 방면의 929번지방도(호미로)를 따라 북상하다가 강사1교차로에서 우회전 후, 4000여m 지점에서 다시 우회전하면 된다.

울산·부산 방면에서는 동해고속도로 남포항IC에 이르러 오른쪽 구룡포 방면 31번국도(영일만대로)를 타고 동해IC로 진행하면 된다.

인근 낚시점(054)

*블랙피싱낚시 276-6049
호미곶면 대보리 241-1
*들포스피드낚시
010-5555-3963
구룡포읍 석병리 777-2

↓ 북쪽의 바다사랑펜션 베란다에서 내려다본 석병2리방파제 전경.

<석병2리방파제>

석병1리방파제
(두일포=들포방파제)

- **소재지** : 포항시 남구 구룡포읍 석병리 745-2 외
- **길이** : 큰방파제 125m, 작은방파제 70m
- **위치 참조** : 〈최신 전국낚시지도〉 221p F4

찾아가는 길

수도권 및 중부권에선 대구·포항고속도로와 31번국도(영일만대로 및 동해안로)를 이용해 구룡포와 감포 방면으로 나뉘는 병포교차로까지 진행한다. 왼쪽으로 빠져 구룡포항을 경유해 호미곶해맞이광장 방면의 929번지방도(호미로)를 따라 북상하다가 삼정교차로에서 오른쪽으로 빠져 삼정3리를 경유하면 된다.
울산·부산 방면에서는 동해고속도로 남포항IC에 이르러 오른쪽 구룡포 방면 31번국도(영일만대로)를 타고 동해IC로 진행하면 된다.

■ 낚시 여건

북쪽 강사1리에서부터 이곳 석병1리를 거쳐 남쪽 삼정1리까지의 방파제들은 희한할 정도로 뚜렷한 두 가지 지형이 반복된다. 위성지도를 살펴보면 한눈에 알 수 있듯, 먼 북쪽 강사1리의 다무포 백사장을 벗어난 석병2리방파제는 여밭 지형인가 하면, 이곳 석병1리방파제는 다시 모래밭에 둘러싸이고, 더 남쪽으로 내려간 삼정3리는 또다시 여밭, 곧 이어 삼정1리로 내려가면 모래밭이 또 기다린다. 이처럼 반복되는 지형은 먼 남쪽 구룡포해수욕장 방파제로까지 이어진다.

한 마디로 석병1리방파제는 사질대에 둘러싸인 데다가 두 개의 방파제가 어금니처럼 서로 맞물고 있어 맑은 가을 하늘 아래 비친 내항 쪽 풍경은 마치 어항 속의 명경지수와 같다. 나들이 삼아 놀기 좋은 곳으로 낚시만을 목적으로 찾는 이들은 드물지만 봄~여름 시즌의 보리멸·양태·성대만큼은 입질이 활발한 곳이다. 당연히 감성돔·벵에돔 구경은 어려운 대신, 겨울 학공치가 심심치 않은 곳으로 높은 파도로 인해 출조지가 마땅찮을 경우 이곳을 피난처로 활용하기도 한다.

안으로 굴곡진 지형에서도 느껴지듯 석병1리의 옛 명칭(법정동명)은 두일포(斗日浦)이다. 그래서 이곳 방파제를 현지에서는 두일포방파제 또는 들포방파제로도 부

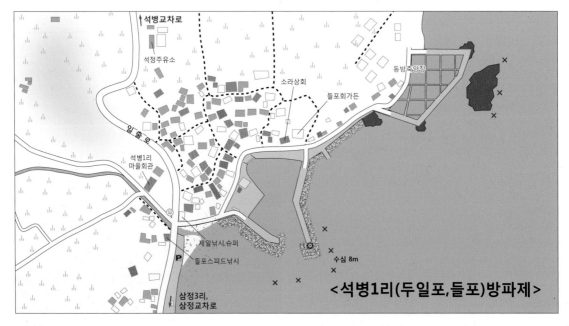

석병교차로
석정주유소
소라상회
동방축양장
들포회가든
일출로
석병1리 마을회관
제일낚시,슈퍼
들포스피드낚시
수심 8m
삼정3리, 삼정교차로

〈석병1리(두일포,들포)방파제〉

르는데, 들포는 두일포의 축약된 발음이다.

■ 어종과 시즌

5~10월엔 벵에돔, 10월부터 이듬해 4~5월까지는 감성돔, 12월부터 한겨울 2월까지는 학공치가 낚인다. 그러나 방파제에서 크게 기대되는 어종은 보리멸·양태·성대가 대표적이다. 4~5월부터 입질을 하는 이들 사질대 어종은 여름철까지 시즌을 이어가는데 수온이 너무 오르기 전 7월까지가 피크 시즌이다. 마릿수 조과를 올릴 수 있는 양태와 성대를 루어 채비로 겨냥할 수도 있지만 보리멸 던질낚시 채비에 순순히 곁들여져 군이 루어낚시를 구사하는 이들이 많지 않은 편이다.
한때는 가을 고등어가 붙어 방파제 전역에서 분탕질을 이루기도 했다. 수온 변화에 따라 가변성이 기대되는 어종 중 하나이기도 하다.

■ 포인트 및 참고 사항

방파제에서의 낚시는 어쩌다 마주치는 학공치뿐, 더 이상 기대할 만한 찌낚시 어종은 귀하다. 거의 던질낚시에 의존해야 하는데, 외항 방향 어느 곳에서건 보리멸·양태·성대가 고루 낚인다.
방파제에선 구경하기 힘든 감성돔·벵에돔 포인트가 따로 있기는 하다. 큰방파제 바로 위쪽에 있는 동방축양장 앞 돌섬이다. 단골 꾼들 끼리 '석병1리 큰섬'이라 부르는 곳인데, 5~12월의 벵에돔 1급 포인트이자 겨울 감성돔·학공치 명당이기도 하다. 도보 진입이 불가능한 곳으로 들포 현지 낚시점의 낚싯배를 이용하면 된다. 왕복 선비 12,000원. 3~4명이 함께 낚시하기에 적합한 곳이다.

인근 낚시점(054)

*들포스피드낚시
010-5555-3963
구룡포읍 석병리 777-2
*제일낚시슈퍼 276-4331
구룡포읍 석병리 885

↓ 들포회가든 쪽에서 바라본 석병1리방파제. 건너편 포스코패밀리수련원(높은 건물이) 너머엔 삼정3리방파제가 있고, 또 그 아래엔 유명한 삼정항이 이어진다.

삼정3리방파제

- **소재지** : 포항시 남구 구룡포읍 삼정리 120-3 외
- **길이** : 남방파제 135여m, 북방파제 100여m
- **위치 참조** : 〈최신 전국낚시지도〉 221p F4

찾아가는 길

수도권 및 중부권에선 대구·포항고속도로와 31번국도(영일만대로 및 동해안로)를 이용해 구룡포와 감포 방면으로 나뉘는 병포교차로까지 진행한다. 왼쪽으로 빠져 구룡포항을 경유해 호미곶해맞이광장 방면의 929번지방도(호미로)를 따라 북상하다가 삼정교차로에서 오른쪽으로 빠지면 된다.

울산·부산 방면에서는 동해고속도로 남포항IC에 이르러 오른쪽 구룡포 방면 31번국도(영일만대로)를 타고 동해IC로 진행하면 된다.

■ 낚시 여건

북쪽 두일포(석병1리)에서부터 발달한 자갈밭이 계속 이어지는 곳으로 듬성듬성 포진한 수중여가 조화를 이루는 해저 지형이다. 사질대 어종과 함께 암초대 어종이 고루 낚이는 곳으로, 삼정3리 마을의 랜드마크(Land mark)라 할 수 있는 포스코패밀리수련원이 인접해 있어 '포스코수련원 밑 방파제' '포스코수련원 밑 갯바위' 등의 이름이 붙어 다닌다.

대표적인 어종은 감성돔과 무늬오징어. 특히 이곳 무늬오징어는 남쪽으로 보이는 삼정2리방파제와 함께 포항 지역 루어 꾼들이 가장 손꼽는 귀빈이기도 하다. 뱅에돔은 낱마리 조황이지만 겨울 학공치가 굵게 낚이고 도다리와 보리멸 입질도 화끈한 곳이다. 두 개의 방파제뿐만 아니라 갯바위 조황도 뛰어난 곳으로 전문 꾼들과 생활낚시를 즐기는 이들 모두를 충족시켜 주는 낚시 여건이다.

■ 어종과 시즌

한여름 피서철이 끝나면 대망의 무늬오징어가 선보이기 시작한다. 여름방학이 끝나고 개학이라도 하듯, 8월 말 또는 9월 초순이면 무늬오징어의 입질이 시작돼 10

월 또는 11월까지도 시즌을 이어간다. 초저녁 무렵에 절정을 이루는데, 솜씨 좋은 에깅 꾼들은 피크 타임 두어 시간 만에 20여수의 조과를 올리기도 한다.

무늬오징어와 거의 같은 시기에 선보이는 감성돔은 1월까지 그 시즌을 이어가고, 초여름 벵에돔은 가을까지 들락거린다. 11월 찬바람이 불면서 나타나는 학공치는 여느 곳과 마찬가지로 겨울로 접어들면서 씨알이 부쩍 굵어져 감성돔과 함께 서로 인기 다툼을 한다.

인근 낚시점(054)

*블랙파싱낚시 276-6049
 호미곶면 대보리 241-1
*25시낚시 276-9724
 구룡포읍 병포리 157-138

■ 포인트 및 참고 사항

빨강등대가 있는 북쪽 방파제는 중간 지점에서부터 끝 지점까지가 포인트로 무늬 오징어와 감성돔 입질이 꾸준한 곳이자 학공치도 활황을 보이는 곳이다. 남쪽 방 파제의 경우는 두 번째 꺾인 지점부터 끝자락에 이르기까지의 외항 방향이 포인 트로, 감성돔보다는 간헐적이나마 벵에돔 입질이 기대되고, 11월~1월의 학공치가 더욱 기대되는 곳이다. 북방파제와 남방파제 모두 시즌에 맞춰 외항 쪽으로 멀리 원투하면 도다리·보리멸이 선보이는데, 수중여가 많아 채비 손실은 각오해야 한다. 간과해서는 안 될 포인트가 또 있다. 북방파제에서 두일포(석병1리)로 연결되는 도로변 아래의 자갈밭으로 진입하면 걸어 들어갈 수 있는 갯바위 구간이 세 군데 있다. 이 가운데 첫 번째와 두 번째 갯바위가 포인트로 '포스코수련원 밑 갯바위' 라고 부르는 곳이다. 첫 번째 갯바위는 농어 루어 포인트이고, 그 위쪽 두 번째 갯 바위는 현지꾼들만이 아는 감성돔 명당이다. 수심이 아주 얕아 낚시가 안 될 것으 로 생각되지만 40cm급들이 출몰하기까지 한다. 잔잔한 날씨에는 안 되고 파도를 뒤집어써 가며 낚시를 해야 하는 곳으로 초보자들은 흉내 내지 말아야 한다.

↓ 해신당 위쪽에서 바라본 일 몰 시각의 삼정3리방파제. 저 멀리 거뭇하게 보이는 섬이 삼 정항과 다리로 연결돼 있는 삼 정섬이다.

삼정방파제
(삼정2,1리방파제)

- **소재지** : 포항시 남구 구룡포읍 삼정리 229-3 외
- **길이** : 삼정2리 큰방 2300여m, 삼정1리 큰방 170여m
- **위치 참조** : 〈최신 전국낚시지도〉 221p F4

찾아가는 길

수도권 및 중부권에선 대구·포항고속도로와 31번국도(영일만대로 및 동해안로)를 이용해 구룡포와 감포 방면으로 나뉘는 병포교차로까지 진행한다. 왼쪽으로 빠져 구룡포항을 경유해 호미곶해맞이광장 방면의 929번지방도(호미로)를 따라 북상하다가 삼정교차로에서 오른쪽으로 빠지면 된다.
울산·부산 방면에서는 동해고속도로 남포항C에 이르러 오른쪽 구룡포 방면 31번국도(영일만대로)를 타고 동해IC로 진행하면 된다.

■ 낚시 여건

인근에서는 규모가 큰 편에 속하는 어항이다. 구룡포 지역에서 항만으로 분류되는 구룡포항을 제외하고는 유일하게 지방어항으로 지정된 곳이다. 방파제가 위치한 곳은 삼정2리와 삼정1리 두 곳으로, 삼정2리에 큰방파제와 작은방파제(방사제)가 있고, 삼정1리에 또 크고 작은 두 개의 방파제가 있다. 그러나 이를 서로 구분하지 않고 통칭 삼정방파제라 부르는가 하면, 북쪽의 삼정2리 방파제를 삼정큰방파제, 남쪽의 삼정1리 방파제를 삼정작은방파제라 구분하기도 한다.

한마디로 구룡포 지역의 대표적인 낚시터이자, 대보항과 이곳 삼정항 그리고 구룡포항을 일컬어 포항 남부권의 트리오 낚시터라 부를 만큼 뛰어난 조황을 보여주는 곳이다. 남쪽 방파제와 북쪽 방파제가 각기 빗장을 걸 듯 감싸고 있는 내항 지역은 곧 삼정해수욕장의 백사장 지대이고, 관문을 벗어난 외항 남북 지역은 수상 및 수중여가 발달한 지형으로, 각종 록피시와 플랫피시 등 다양한 어종들이 사계절 낚시 시즌을 이어간다. 주변 경관이 아름답고 수질도 깨끗해 관광객들이 많이 찾는 곳으로 횟집도 많고 관광객들을 배려한 휴식 공간과 주차 공간도 넉넉한 편이다. 이곳의 랜드마크라 할 수 있는 삼정섬 또한 유명 관광지이자 갯바위낚시의 명소이

<삼정(삼정2리,1리)방파제>

기도 하다.

인근 낚시점(054)

*블랙피싱낚시 276-6049
호미곶면 대보리 241-1
*25시낚시 276-9724
구룡포읍 병포리 157-138
*구룡포낚시 276-9770
구룡포읍 병포리 325-1

■ 어종과 시즌

봄부터 가을까지 벵에돔 입질이 꾸준히 이어진다. 4~5월부터 9~10월까지 시즌을 형성하는데 10월에 낚이는 씨알 가운데는 20~30cm급들이 섞인다. 이 무렵 교체 선수로 입장하는 어종이 무늬오징어와 감성돔이다. 대략 9월 말부터 선보이는 무늬오징어 무리는 11월 말까지도 입질을 하고, 감성돔은 이듬해 2월까지 힘자랑을 한다. 감성돔과 무늬오징어는 방파제와 갯바위 주변을 가리지 않는다.

가을이 한창 무르익는 9~10월엔 전갱이 새끼들도 가세해 자리다툼을 하는데 씨알은 불과 15cm급들이다. 생활낚시 대상어로 빼놓을 수 없는 도다리 · 보리멸 · 성대는 봄부터 초가을까지 심심찮은 입질을 보내고 노래미도 손맛 · 입맛을 보탠다.

■ 포인트 및 참고 사항

+삼정2리방파제 - 삼정섬을 마주보는 큰방파제는 각도가 꺾이는 곳부터 끝자락 지점까지가 포인트이다. 이 구간의 외항 방향, 특히 방파제가 꺾이는 지점 앞쪽이 무늬오징어 포인트로 각광 받는데, 도다리 · 보리멸 · 성대 · 양태는 내 · 외항 방향을 가리지 않는다. 루어낚시 동호인들은 대개 낮에는 플랫피시(성대 · 양태 · 노래미 등)를 겨냥하고 해질 무렵이 되면 에깅 채비로 전환해 무늬오징어 밤사냥에 돌입한다. 내항 쪽에 석축으로 구성된 작은방파제는 삼정해수욕장으로부터 유입되는 모래를 차단하기 위한 방사제(防砂堤) 용도이다. 이곳에서도 플랫피시 종류가 곧잘 낚이므로 파도가 높을 때 대체 포인트로 찾을만하다.

↓ MGM모텔 옥상에서 내려다본 일출 시각의 삼정항과 삼정 방파제. 큰방파제와 거뭇하게 겹쳐 보이는 것이 삼정섬과 주변 갯바위 포인트들이다.

+삼정1리방파제 - 북쪽 삼정2리방파제와 삼정섬을 찾는 이들이 많아 눈 밖에 두기 쉬운데, 내항 쪽 작은방파제는 제외하더라도 큰방파제만큼은 결코 무시해선 안될 곳이다. 8월 말부터 이듬해 1월까지 감성돔이 곧잘 붙을 뿐만 아니라 5월부터 9,10월까지는 벵에돔 입질도 잦다. 9~11월에는 또 무늬오징어가 붙는다.

이곳 삼정1리 큰방파제 초입부 남쪽은 간출여가 발달해 계속 구룡포해수욕 뒤쪽까지 이어지는데, 이 가운데 몇몇 지점은 여치기 포인트로 주목받기도 한다. 방파제 중간 지점에서 건너다보이는 작은 돌섬 또한 눈길을 끄는 곳이지만 보트를 이용해야 하는 조건이 붙는다.

+삼정섬 - 오랜 옛날 3정승이 살았다는 설(說)과 3정승이 나올 서기 어린 마을이라는 뜻에서 그 이름이 유래된 삼정섬은 관풍대(觀風臺)라고도 불린다. '소나무가 울창하고 경치가 아름다워 바람 맑고 달 밝은 밤이면 신선이 놀았다'고 해서 붙여진 지명이라는데, 이곳에 횟집이 들어서 간판에 관풍대라는 이름을 붙이면서부터 후자의 이름이 더욱 입에 오르내리고 관광지로서의 색칠도 더한 느낌이다.

육교가 가설되어 삼정2리 주차장에 주차 후 걸어 들어가거나 곧장 자동차로 진입할 수 있는 삼정섬은 곧 감성돔 갯바위낚시터로도 오랜 명성을 자랑하는 곳이다. 횟집 뒤쪽의 쌍바위는 특히 도보 포인트로 농어·무늬오징어 확률도 높은 곳이다. 단골 꾼들 사이에 인기있는 또 다른 도보 포인트로는 북서쪽 지점의 '아부나이' (위험하다는 뜻의 일본어) 포인트가 있다. 시즌 따라 감성돔·벵에돔·농어가 치솟는 곳이지만 주변 갯바위보다 발판이 낮은 지형인 점에 유의해야 한다. 안돌과 바깥돌이라 불리는 포인트 가운데 특히 안돌은 파도가 치면 퇴로가 끊긴다는 점 염두에 두어야 한다. 이밖에 삼정섬 앞쪽 돌섬은 보트로 진입해야 하는 곳이다.

↓ '세 명의 정승이 산 곳' 또는 '세 명의 정승이 나올 명당'이라는 뜻에서 이름이 유래했다는 삼정섬은 어쨌거나 낚시의 명당임에는 틀림없다. 큰방파제 입구로부터 다리가 연결돼 있어 도보 진입은 물론 필요 시 차량 진입도 가능하다.

↑ 삼정 큰방파제에서 바라본 내항 방파제. 테트라포드가 없는 석축 방파제로, 사질대 어종인 보리멸·성대·양태 등이 던질낚시에 곧잘 낚인다.

↓ 삼정섬이 있는 삼정2리 큰방파제 끝자락에서 바라본 삼정1리방파제. 좌우 두 개의 방파제 가운데 왼쪽(남쪽) 큰방파제 외항 쪽이 돋보이는 포인트이다.

구룡포7리방파제
(구룡포해수욕장방파제)

- **소재지** : 포항시 남구 구룡포읍 삼정리 505-3
- **길이** : 64m
- **위치 참조** : 〈최신 전국낚시지도〉 221p F5

찾아가는 길

수도권 및 중부권에선 대구·포항고속도로와 31번국도(영일만대로 및 동해안로)를 이용해 구룡포와 감포 방면으로 나뉘는 병포교차로까지 진행한다. 왼쪽으로 빠져 구룡포항을 경유하면 곧 구룡포해수욕장이 나타난다.
울산·부산 방면에서는 동해고속도로로 남포항IC에 이르러 오른쪽 구룡포 방면 31번국도(영일만대로)를 타고 동해IC로 진행하면 된다.

■ 낚시 여건

구룡포해수욕장 북단 오른쪽에 위치한 방파제로 구룡포 지역 낚시인들은 흔히 구룡포7리방파제라 부른다. 방파제가 위치한 곳은 구룡포읍 삼정리이고 더 정확하게는 삼정1리인데, 해수욕장이 있는 대신리 마을의 법정동명이 구룡포7리이기 때문이다. 해수욕장으로 유입되는 작은 개울을 경계로 북쪽 삼정1리와 남쪽 구룡포7리가 나뉘는데, 애매한 마을 이름보다는 널리 알기 쉬운 구룡포해수욕장방파제라는 이름이 더 보편성을 띠는 추세다.

해수욕장 북단 콧부리 지형에 작은 혹 하나가 매달려 있는 형상으로, 방파제 남쪽 지역은 온통 모래밭이지만 북쪽 해변은 갯바위와 암초대가 길게 발달한 지형이다. 결국 방파제 한 곳만 생각한다면 보리멸이나 가자미·성대 같은 사질대 어종으로 국한될 수도 있는데, 방파제와 맞붙은 갯바위 지형으로 인해 감성돔·벵에돔이 곁들여지는가 하면, 농어와 무늬오징어 조황도 뛰어난 면모를 보인다.

■ 어종과 시즌

방파제와 맞붙어 있는 갯바위 포인트를 합친 낚시 대상어종은 감성돔·벵에돔·

〈구룡포7리(구룡포해수욕장)방파제〉

농어 · 무늬오징어 · 보리멸 · 성대 · 가자미 등으로 나타난다.

방파제와 갯바위에서 함께 낚이는 감성돔은 9월부터 이듬해 1월까지 다문다문 입질을 이어가는데 그 중에서도 초겨울 시즌(11월 중순~12월)에 입질 빈도수가 높고 씨알도 굵은 편이다. 뱅에돔은 더욱이 개체수가 많지 않은 편이고 10월에 이르러 손바닥 크기가 오를 정도로 씨알 또한 내세울 만한 수준이 못 된다.

방파제 전방 어디서나 낚이는 도다리 · 보리멸 · 성대는 상춘(賞春) 나들이 계절부터 시작해 늦여름 또는 초가을까지 시즌을 형성하는데, 일대의 사질대 포인트는 밑걸림이 적어 가족 동반 나들이객들에게 특히 인기다. 9월 말~11월 말경에 시즌을 형성하는 이곳의 무늬오징어는 해거리를 하는 편이지만 그 무리가 들어올 때면 연안 깊숙이 근접해 깜짝 성황을 이루기도 한다.

■ 포인트 및 참고 사항

방파제 중간 지점부터 끝자락 외항 방향이 감성돔 포인트이다. 하지만 보통 때는 낚시가 잘 안 되고, 조류가 왼쪽 갯바위를 타고 방파제 쪽으로 돌아 흐를 때가 입질 타이밍이다. 방파제 내항 방향은 수심이 너무 얕아 낚시가 안 되고, 끝자락에서 힘껏 원투를 하면 가자미 · 보리멸에 성대도 섞인다.

방파제 왼쪽 갯바위는 '삼정리 주상절리'로 명명된 곳으로, 암반 모양이 눈요깃거리인 데다 걸어서 진입할 수 있는 감성돔 · 농어 포인트이다. 하지만 수심이 얕아(근거리는 3~4m, 장타 치면 6~7m) 파도가 받쳐 주는 날씨라야 기회가 형성된다.

방파제 뒤쪽, 삼정1리방파제 방향의 도로변 아래는 홈통 지역으로 거센 파도 속에 농어 떼가 몰려드는 곳이자 가을 무늬오징어가 들어오는 여치기 포인트이다.

인근 낚시점(054)

*블랙피싱낚시 276-6049
 호미곶면 대보리 241-1
*25시낚시 276-9724
 구룡포읍 병포리 157-138
*구룡포낚시 276-9770
 구룡포읍 병포리 325-1

↓ 구룡포해수욕장 북단에 위치한 구룡포7리방파제. 온통 모래밭에 둘러싸여 낚시가 안 될 것 같지만 초입부 외항 방향은 갯바위가 폭넓게 연결돼 일급 포인트를 형성한다.

용주리방파제
(구룡포6리방파제)

- **소재지** : 포항시 남구 구룡포읍 구룡포리 198-9
- **길이** : 83m
- **위치 참조** : 〈최신 전국낚시지도〉 221p F5

찾아가는 길

수도권 및 중부권에선 대구·포
항고속도로와 31번국도(영일만
대로 및 동해안로)를 이용해 구
룡포와 감포 방면으로 나뉘는
병모교차로까지 진행한다. 왼
쪽으로 빠져 구룡포항을 경유하
면 곧 목적지이다.
울산·부산 방면에서는 동해고
속도로 남항포IC에 이르러 오른
쪽 구룡포 방면 31번국도(영일
만대로)를 타고 동해IC로 진행
하면 된다.

■ 낚시 여건

구룡포만(九龍浦灣) 동쪽 입구에 위치한 작은 방파제이다. 거대한 구룡포항을 지
키는 외곽 첨병 같기도 하지만 그 규모가 작고 생김새마저 보잘 것 없어 이곳의 진
가를 모르는 외지 낚시인들의 경우 그냥 지나치거나 구룡포항방파제를 찾았다가
한번쯤 들러보는 곳으로 치부되기 쉽다.
방파제가 위치한 용주리 마을의 법정동명이 구룡포6리여서 현지 낚시인들이 흔히
'육리방파제'라 부르는 곳인데, 그야말로 '뚝배기보다 장맛' '작은 고추가 맵다'는
속담이 딱 어울리는 곳이다. 용주리(龍珠里)란 지명 또한 마을 형세가 용이 여의
주를 물고 있는 형국이라는 데서 붙여진 이름이라고도 한다.
도로변에서 육안으로 확인되는 지형은 모래밭으로 보이지만 모래밭이 끝나는 지
점부터는 드넓은 암초대가 펼쳐져 구룡포항으로까지 근접하지 않는 어종이 붙을
뿐만 아니라 구룡포항방파제의 조황을 능가하는 인기 어종도 선보여 단골 꾼들 가
운데는 이곳의 어종별 시즌을 육갑(六甲) 짚듯 헤아리는 이들이 많다.

■ 어종과 시즌

〈구룡포6리(용주리)방파제〉

용주리방파제의 간판 스타는 무늬오징어이다. 한여름 피서인파가 뚝 끊기는 8월 중순부터 먹물을 뿜기 시작해 11월까지 쏘아대는데, 만추(晚秋)의 용주리방파제는 이들을 노리는 에깅 꾼들로 북적이고, 이 오징어 먹물 세례가 잦아들 무렵에는 학공치가 나타나 한겨울 시즌을 달군다. 이듬해 2,3월까지 들락거리는 학공치 씨알이 특히 굵게 낚이는 곳이자, 거의 같은 시기에 마릿수 조과를 보이는 망상어 씨알 또한 여느 방파제에서 구경하기 힘든 손바닥 씨알을 선사한다.

왕눈이 볼락 또한 군침을 돌게 하는 대상어이다. 낱마리나마 감성돔 · 벵에돔 입질도 빼놓을 수 없고 농어도 기대를 걸어봄직한 곳이다. 생활낚시 대상어로 도다리 · 보리멸 · 성대도 가세하는데 밑걸림이 덜한 사질대 바닥을 잘 골라야 한다.

■ 포인트 및 참고 사항

방파제 위에 곧장 주차를 할 수 있어 편리할 뿐만 아니라 북동풍 계열의 샛바람이 터져 여타 낚시할 장소가 마땅찮을 때 이곳은 등바람이 되어 맞춤한 낚시 여건이 된다는 것도 장점이다.

방파제 주변은 약간의 사질대에 암초대가 발달한 여밭 지형이라 생각하면 된다. 무늬오징어를 비롯한 대부분 어종은 방파제 외항 방향이 포인트이고, 방파제 끝자락에서 남쪽으로 원투 채비를 날리면 도다리 · 보리멸 · 성대가 걸려든다.

참고로 이곳 용주리방파제에서 북쪽 구룡포해수욕장으로 향하다 보면 도로변 아래(진강수산 밑)에 돌출된 갯바위가 있다. 수심이 아주 얕은 곳이지만 너울파도로 흰 포말이 흩뿌릴 때 채비를 무겁게 해서 멀리 흘리면 대형 감성돔이 곧잘 물고 늘어지는 여치기 포인트이다. 단골 꾼들 사이에 '쌍꼬마' 포인트라 불리는 곳이다.

인근 낚시점(054)

*25시낚시 276-9724
 구룡포읍 병포리 157-138
*바다낚시 276-8845
 구룡포읍 구룡포리 390-26
*현대낚시 284-2548
 구룡포읍 구룡포리 390-60
*광명낚시 276-2449
 구룡포읍 구룡포리 390-37

↓ 구룡포6리어촌계 건물 옥상에서 내려다 본 용주리방파제. 겉보기와는 달리 무늬오징어 등 몇몇 어종의 조황이 아주 뛰어난 곳으로, 사진 오른쪽(서쪽) 방향의 구룡포항 큰방파제와는 불과 4,5백m 거리다.

구룡포항방파제

- **소재지** : 포항시 남구 구룡포읍 구룡포리 954-3 외
- **길이** : 북방파제 580여m, 남방파제 540여m
- **위치 참조** : 〈최신 전국낚시지도〉 221p F5

찾아가는 길

수도권 및 중부권에선 대구·포항고속도로와 31번국도(영일만대로 및 동해안로)를 이용해 구룡포와 감포 방면으로 나뉘는 병포교차로까지 진행한다. 오른쪽으로 빠져 내려와 왼쪽 929번지방도(호미로)로 진입하면 곧 구룡포항이다.
울산·부산 방면에서는 동해고속도로 남포항IC에 이르러 오른쪽 구룡포 방면 31번국도(영일만대로)를 타고 동해IC로 진행하면 된다.

■ 낚시 여건

과메기의 본고장으로 우리 국민 모두에게 널리 알려진 구룡포(九龍浦)는 '아홉 마리의 용이 승천한 포구'라는 뜻에서 붙여진 이름이다. 지명 유래처럼 본격 항구로서의 기능을 갖춘 지도 오래다. 1923년에 방파제가 처음 축조되었으니 숱한 강태공들의 사랑을 받아온 지도 어언 100년 세월이다.

지금의 노조사(老釣士)들이 추억하고 젊은 낚시인들 또한 그렇게 받아들이듯, 구룡포방파제 하면 떠올리는 게 벵에돔이다. 남쪽 방파제가 외항 방향으로 증축되면서 북쪽 방파제 끝자락을 에워싸는 등, 많은 여건 변화에도 불구하고 벵에돔은 여전히 이곳 낚시의 간판스타로 숱한 꾼들을 불러 모은다. 여기에 감성돔이 뒤질세라 가세하고, 가을 고등어에 이어 학공치가 뒤따르는가 하면, 겨울 망상어 조황도 꾸준해 구룡포항방파제는 연중 꾼들의 발길이 끊일 날이 없다.

■ 어종과 시즌

예전만 못하다 해도 구룡포방파제의 대표 어종은 역시 벵에돔이다. 연중 선을 보이지만 6~12월이 본격 시즌으로 꼽힌다. 9~10월은 마릿수 재미가 가장 좋은 시기

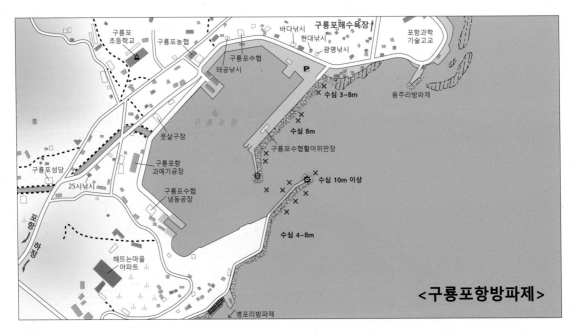

<구룡포항방파제>

이지만 잡어들이 애를 먹이고, 훼방꾼들이 빠져나간 11~12월은 꾼들 나름의 기교가 수반되어야 하지만 굵은 씨알이 매운 손맛을 선사한다. 25~30cm 크기가 주종을 이루는가 하면, 여느 방파제에선 구경하기 힘든 40cm급도 허다하게 출현한다. 감성돔 역시 9월부터 입질이 잦아져 겨울로 접어들수록 몸집을 불리면서 이듬해 2월 무렵까지 시즌을 형성한다. 늦가을 11월이면 등 푸른 그림자를 일렁이는 학공치 무리 또한 구룡포방파제의 대표어종으로 이듬해 3월까지 출몰을 거듭하는데 이곳의 겨울 학공치는 씨알이 굵기로 특히 유명하다.

붙박이 어종 중 하나인 망상어는 연중 입질을 하지만 11월부터 3월 산란 전까지가 가장 씨알이 굵고 맛도 좋을 시기이다. 이어지는 생활낚시 대상어로 봄부터 가을까지 도다리 입질이 이어지고, 가을철에 들어오는 고등어는 해거리를 하는 편이지만 들어왔다 하면 굵은 씨알을 선보여 남쪽 방파제를 후끈 달아오르게 만든다.

■ 포인트 및 참고 사항

북쪽 방파제 포인트는 초입부와 테트라포드가 높아지는 지점, 방파제가 꺾이는 지점 등 세 군데로 크게 축약된다. 방향은 모두 외항 쪽으로, 벵에돔·감성돔·전갱이·학공치 등이 철 따라 낚인다. 망상어는 전역에서 고루 낚이지만 몰(모자반)이나 진질(잘피)이 자라는 곳을 노려야 조과를 높일 수 있다. 북방파제에의 던질낚시는 밑걸림이 심해 오히려 남방파제를 이용하는 게 좋다.

학공치와 고등어가 잘 붙는 남방파제는 북방파제보다 수심이 더 깊고 조류도 빠른 편이다. 내항 쪽에선 전갱이·고등어, 외항 쪽에선 벵에돔·학공치, 끝자락에선 도다리·보리멸 원투낚시를 한다.

인근 낚시점(054)

*25시낚시 276-9724
 구룡포읍 병포리 157-138
*구룡포낚시 276-9770
 구룡포읍 병포리 325-1
*바다낚시 276-8845
 구룡포읍 구룡포리 390-26
*현대낚시 284-2548
 구룡포읍 구룡포리 390-60
*광명낚시 276-2449
 구룡포읍 구룡포리 390-37

↓ 하늘에서 내려다 본 구룡포항. 앞쪽으로 보이는 작은 방파제가 구룡포6리(용주리)방파제이고, 가운데가 구룡포항 큰방파제(북방파제), 멀리 왼쪽으로 보이는 것이 구룡포항 작은방파제(남방파제)이다.

병포리방파제

- **소재지** : 포항시 남구 구룡포읍 병포리 9-6 외
- **길이** : 동방파제 92m, 서방파제 115m
- **위치 참조** : 〈최신 전국낚시지도〉 221p E5

찾아가는 길

수도권 및 중부권에선 대구 · 포항고속도로와 31번국도(영일만대로 및 동해안로)를 이용해 구룡포와 감포 방면으로 나뉘는 병포교차로까지 진행한다. 오른쪽으로 빠져 내려와 왼쪽 929번지방도(호미로)로 진입한 후, 두 번째 병포교차로(병포삼거리)에서 오른쪽으로 꺾으면 950여m 거리다.
울산 · 부산 방면에서는 동해고속도로 남포항IC에 이르러 오른쪽 구룡포 방면 31번국도(영일만대로)를 타고 동해IC로 진행하면 된다.

■ 낚시 여건

구룡포항 남쪽 턱 밑에 오롯이 숨어 있는 듯한 방파제다. 구룡포항 남쪽 방파제로부터의 거리가 250여m에 불과하지만 만곡 지형 입구에 위치해 그 분위기가 사뭇 다르다. 구룡포항 입구의 병포교차로에서 진입하다 보면 한갓진 백사장 왼쪽으로 방파제가 보이는데, 내항 쪽에 이르러 주변을 둘러보면 오밀조밀한 구조물들이 크고 작은 연못을 가꿔 놓은 듯한 분위기다.

한마디로 아늑한 느낌이 감도는 곳으로, 겨울철에 잦은 북동풍마저 등바람이 되어 웬만한 풍파에도 낚시를 즐길 수 있고, 특히 가족을 동반한 나들이 낚시터로 적극 추천할만한 곳이다. 어종 또한 다양하다. 벵에돔 · 감성돔 · 학공치는 물론 볼락과 망상어도 많은 곳이다. 게다가 뜻밖의 참돔까지 낚인다는 점이 이곳 병포리방파제의 또다른 매력이기도 하다. 한 가지 단점은 주차장 시설이 없고 노변 공간도 좁다는 점이다. 과메기 건조 작업을 하는 겨울철에 느끼게 되는 불편사항이다.

■ 어종과 시즌

봄부터 가을까지 낚이는 벵에돔과 가을부터 한겨울까지 선보이는 감성돔도 그러

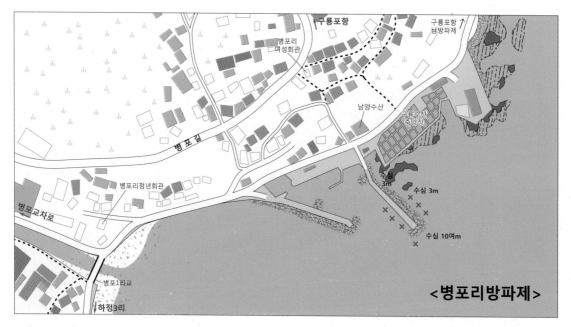

<병포리방파제>

하거니와 겨울 학공치 또한 여느 곳에 뒤지지 않는 조황을 보인다. 생활낚시 대상어로 인기가 높은 망상어와 볼락 조황도 뛰어난 곳인데, 특히 볼락의 경우는 씨알이 크진 않아도 개체수만큼은 인근 방파제들과 비교가 되지 않는다.

병포리의 슈퍼스타는 참돔이다. 은비늘 번득이는 가을 감성돔보다 선홍빛 참돔이 먼저 나타나는데, 여름부터 시작돼 희한하게도 겨울까지 입질을 이어간다. 겨울 저수온 속에서도 이곳에서 참돔이 낚이는 것은 인근 축양장에서 유입되는 사료 때문일 것이란 짐작이다. 그런데 인근 지역에선 구경하기 힘든 참돔이 왜 이곳에서만 선보이는 걸까. 병포리의 참돔은 '옛날 축양장에서 탈출한 후예들'이란 주장과 '사질대와 암초대가 섞인 지형적 영향'이란 견해로 나뉘는데, 어쨌거나 중요한 사실은 해가 거듭 바뀌어도 참돔이 계속 낚인다는 점이다.

■ 포인트 및 참고 사항

축양장과 거의 붙어 있는 동쪽 방파제는 초입부만 제외하면 내·외항 방향 모두가 포인트이다. 초입부 외항 방향은 3m 안팎의 수심 얕은 여밭이지만 끝 지점으로 갈수록 급격히 깊어져 거의 10여m 수심을 이룬다. 중간부터 끝 지점까지의 외항 방향이 벵에돔·감성돔·학공치 포인트인데, 참돔의 경우 끝자락에 서서 전방(조류 흐르는 방향)으로 찌를 흘리면 되는데 낚이는 씨알은 40~60cm급이다.

동쪽 방파제 내항 쪽도 재밌는 포인트이다. 시멘트 계단에 가족끼리 편안히 앉아 다루기 쉬운 민장대로 찌낚시를 하면 자잘한 씨알의 볼락이 쉴 새 없이 낚이고 벵에돔 새끼까지 곁들여져 시간 가는 줄 모른다.

서쪽 방파제는 외항 쪽이 모래바닥이라 생각보다 낚시가 잘 되지 않는다.

인근 낚시점(054)

*25시낚시 276-9724
 구룡포읍 병포리 157-138
*구룡포낚시 276-9770
 구룡포읍 병포리 325-1
*모모낚시프라자 284-4459
 구룡포읍 장길리 253

↓ 구룡포항 남쪽 방파제로부터 250m 거리에 불과한 병포리 방파제 전경. 서쪽 방파제 인근 언덕에서 바라본 모습으로, 웬만한 풍파에도 낚시를 즐길 수 있는 곳이다.

하정3리방파제

- **소재지** : 포항시 남구 구룡포읍 하정리 1-38 외
- **길이** : 큰방파제 175m, 작은방파제 27m
- **위치 참조** : 〈최신 전국낚시지도〉 221p E5

찾아가는 길

수도권 및 중부권에선 대구 · 포항고속도로와 31번국도(영일만대로) 및 동해안로를 이용해 구룡포와 감포 방면으로 나뉘는 병포교차로까지 진행한다. 오른쪽으로 빠져 내려와 왼쪽 929번지방도(호미로)로 진입한 후, 두 번째 병포교차로(병포삼거리)에서 오른쪽으로 꺾어 하정리 방면으로 진행하면 된다. 울산 · 부산 방면에서는 동해고속도로 남포항IC에 이르러 오른쪽 구룡포 방면 31번국도(영일만대로)를 타고 동해IC로 진행하면 된다.

인근 낚시점(054)

* 25시낚시 276-9724
  구룡포읍 병포리 157-138
* 구룡포낚시 276-9770
  구룡포읍 병포리 325-1
* 모모낚시프라자 284-4459
  구룡포읍 장길리 253

↓ 하정3리 마을 남쪽의 작은방파제에서 바라본 큰방파제. 낚시는 건너편 큰방파제에서 이뤄진다.

■ 낚시 개황

방파제 초입부 왼쪽과 남쪽 지역에 암초들이 약간 박혀 있을 뿐 주변 일대는 온통 모래밭이다. 그래서인지 겨울 학공치와 감성돔 이외는 딱히 내세울만한 어종이 없다. 해거리를 하는 감성돔 조황에 비해 학공치 조황은 부침이 적은 편이고, 이례적으로 망상어 자원이 풍부한 곳이기도 하다.

내항 쪽 작은방파제는 낚시를 할 수 있는 여건이 못 되고, 큰방파제 또한 초입부는 수심이 얕아 잔잔한 날씨일수록 특히 낚시가 안 된다. 꺾어지는 지점부터 끝자락까지의 외항 쪽이 학공치 포인트로 꼽힌다. 주의보 발효 전후한 날씨에는 방파제 초입부 전방의 암초대를 겨냥해 감성돔 입질을 기대해 볼 수도 있다. 이따금 굵은 씨알이 선보이기 때문이다.

■ 참고 사항

이곳 하정3리에서 해변 따라 남쪽으로 내려가면 하정2리방파제와 하정1리방파제가 잇따라 위치해 세 곳의 이름을 제대로 구분 못하는 경우가 많다. 그래서 구룡포 인근 낚시인들은 이곳 하정3리방파제를 흔히 '경북대수련원 밑 방파제'라 부르기도 한다. 인근에 경북대수련원이 있기 때문이다.

겨울철에 찾아 학공치 또는 감성돔을 기대해 볼 수 있는 곳이지만, 조황이 신통찮다고 판단될 때는 북쪽에 위치한 병포리방파제로 이동해 보는 것이 좋다. 학공치는 물론 볼락 · 망상어가 잘 되는 곳이기 때문이다. 아니면 남쪽의 하정2리나 1리 쪽 방파제를 찾아도 된다. 크고 작은 4개의 방파제가 서로 맞물려 있어 선택 범위도 넓고 허탕의 부담도 덜할 것이다.

하정2,1리방파제

- **소재지** : 포항시 남구 구룡포읍 하정리 188-3 외
- **길이** : 하정2리 133m, 57m / 1리 156m, 54m
- **위치 참조** : 〈최신 전국낚시지도〉 221p E6

■ 낚시 개황

브이(V)자 형태의 방파제 두 쌍이 커다란 포구를 감싸고 있어 하나의 이름으로 불리기도 하지만 정확히 구분하자면 '장군쉼터'를 기준으로 위쪽(북쪽)은 하정2리방파제이고 아래쪽은 하정1리방파제이다. 대표적인 학공치 낚시터로 감성돔과 뱅에돔 조황은 낱마리인데, 한때는 감성돔 조황이 좋아 인기가 드높았던 곳이다. 파도가 높게 닥치면 농어가 배회해 이를 노리는 단골 꾼들도 있다.

하정2리방파제의 경우 보통 때는 바깥 방파제에서 낚시를 하지만 파도가 드높을 때는 안쪽 방파제로 자리를 옮겨도 좋다. 끝자락에서 파도 너머로 원투를 하면 농어가 곧잘 낚인다.

하정2리방파제에 사람이 많을 경우는 하정1리방파제 쪽으로 자리를 옮겨봄직하다. 끝자락 외항 방향으로 학공치가 붙고 감성돔도 가끔 입질을 한다. 여름철엔 보리멸 · 양태 · 도다리가 쏠쏠한 조황을 전한다.

■ 참고 사항

하정1리 남쪽, 장길리 가는 방향의 31번국도(동해안로) 언덕길에 오르면 커버 지점 왼쪽으로 PINE WAVE 펜션과 진영수산 건물이 보인다. 그 아래로 편편한 갯바위가 넓게 펼쳐져 있는데, 단골 꾼들이 흔히 '진영수산 밑 갯바위'라 부르는 곳이다. 인근 축양장에서 유출되는 사료 영향으로 뱅에돔이 쿨러 조황을 보이는 유명 포인트이자, 낱마리 감성돔에 이어 숭어가 연중 입질을 하는 곳이기도 하다. 인근에 안전하게 주차를 한 후 파인웨이브 펜션 밑으로 내려가도 되고, 더욱 안전하게는 하정1리 백사장 남쪽에 주차를 한 후 걸어들어오는 것이 좋다.

찾아가는 길

수도권과 중부권에선 대구 · 포항고속도로 포항IC에서 오른쪽 감포 · 구룡포 방면으로 빠져 31번국도(영일만대로) 포항시 외곽을 달린다. 동해IC에 이르러 오른쪽 감포 방면의 31번국도(동해안로)를 타고 9.5km 지점의 하정삼거리에서 유턴하듯 좌회전하면 된다. 울산 · 부산 방면에서는 동해고속도로 남포항IC까지 올라와 31번국도(영일만대로 및 동해안로)를 타고 감포 방면으로 남하하거나, 동해고속도로 동경주IC에서 빠져 31번국도(동해안로)를 이용해 북상하는 방법도 있다.

인근 낚시점(054)

*25시낚시 276-9724
　구룡포읍 병포리 157-138
*구룡포낚시 276-9770
　구룡포읍 병포리 325-1
*모포낚시프라자 284-4459
　구룡포읍 장길리 253

↓ 복잡하게 얽힌 방파제. 앞쪽이 하정2리방파제이고 건너편이 하정1리방파제이다. 양쪽은 350여m에 불과한 거리다.

〈하정2,1리방파제〉

장길방파제
(장길리복합낚시공원)

- **소재지** : 포항시 남구 구룡포읍 장길리 180-2 외
- **길이** : 큰방파제 167m, 작은방파제 43m
- **위치 참조** : 〈최신 전국낚시지도〉 221p E6

찾아가는 길

수도권과 중부권에선 대구·포항고속도로 포항IC에서 오른쪽 감포·구룡포 방면으로 빠져 31번국도(영일만대로) 포항시 외곽을 달린다. 동해IC에 이르러 오른쪽 감포 방면의 31번국도(동해안로)를 타고 11.2km여 곧장 남하하면 왼쪽으로 장길항이 보인다.

울산·부산 방면에서는 동해고속도로 남포항IC까지 올라와 31번국도(영일만대로 및 동해안로)를 타고 감포 방면으로 남하하거나, 동해고속도로 동경주IC에서 빠져 31번국도(동해안로)를 이용해 북상할 수도 있다.

■ 낚시 여건

보릿돌 갯바위 낚시터로 유명한 장길리 일대는 근년 들어 관광과 낚시의 고장으로 거듭 유명세를 떨치고 있다. 오랜 세월 낚시터로서의 명성을 관광자원화한 셈인데, 포항시가 낚시를 테마로 해변공원과 해상낚시터를 조성하고서 그 이름을 '장길리복합낚시공원'이라 지었다. 인공 낚시터 조성뿐만 아니라 자연 그대로의 낚시터 여건을 잘 존치함으로써 더욱 다양한 낚시를 즐길 수 있게 되었다. 방파제·갯바위·백사장낚시는 물론, 해상 펜션 및 좌대낚시를 취향대로 즐길 수 있는가 하면, 보릿돌 해상관광도 겸할 수 있게 된 것이다.

옛날엔 낚싯배로만 진입이 가능하던 보릿돌의 경우 지난 2013년 12월 교량이 연결됨으로써 이 지역의 랜드마크가 되었다. 폭 4.5m, 길이 170m의 다리를 이용해 안돌(3개의 보릿돌 가운데 뭍에서 가장 가까운 돌섬)까지 걸어 들어가 갯바위낚시를 즐길 수 있는가 하면 전망대에서 휴식을 취할 수도 있다.

큰방파제와 작은방파제, 불무끝 갯바위와 장길리 백사장은 요금이 필요 없는 자연 그대로의 낚시터이자 조황 또한 뒤지지 않는 곳이다.

〈장길방파제(장길리복합낚시공원)〉

■ 어종과 시즌

학공치 · 무늬오징어 · 감성돔 · 벵에돔이 계절과 장소에 따라 서로 수위 다툼을 한다. 여름 벵에돔에 이어 가을 감성돔이 전통 찌낚시 꾼들을 흥분시키고, 늦가을 무늬오징어가 에깅 꾼들을 매료시키는가 하면, 겨울 학공치가 생활낚시 붐을 고조시키고, 봄이 되면 도다리 · 보리멸에 이어 양태가 나타나 백사장 나들이를 부추긴다. 방파제와 갯바위에서 광범위하게 낚이는 학공치의 경우 11월 말부터 3월 말까지가 시즌이다. 9월 말부터 선보이는 가을 감성돔은 이듬해 2월 말까지 지속되지만 1월이면 학공치에 밀려 그 인기가 시들해지는 편이다. 방파제와 보릿돌 갯바위에서 고루 선보이는 벵에돔과 농어는 5월 말부터 10월 말까지 시즌을 형성하고, 8월 말부터 흐느적흐느적 나타나는 무늬오징어의 경우는 방파제도 좋지만 해상 좌대 낚시터에서 특출한 조과를 보인다. 11월 말까지 시즌이 지속되는 가운데 10~11월 피크 시즌 때는 혼자서 50수 이상을 올리는 전문 꾼들도 있다. 장길리 방파제와 갯바위 어종으로 볼락 또한 빼놓을 없다. 여느 곳에 비해 개체수가 많은 볼락은 1월부터 3월 말까지가 입질이 가장 빈번할 때다.

■ 포인트 및 참고 사항

+보릿돌 - 장길리를 대표하는 유명 갯바위 포인트로 널리 알려진 곳이다. 세 개의 돌섬 가운데 가장 가까운 '안돌'은 다리가 연결되어 도보 진입이 가능한 대신, 많은 관광객이 뒤섞일 때는 낚시에 방해를 받는다. '중간돌'과 '바깥돌'(또는 큰돌)은 낚싯배로만 진입이 가능한 곳이다. 무늬오징어 조황이 뛰어난 곳이자 감성돔 · 벵에돔 · 농어가 주종을 이루는 가운데 대형급 씨알이 속출해 화제를 불러일으키는

인근 낚시점(054)

*모포낚시프라자 284-4459
 구룡포읍 장길리 253
*구남낚시 284-2900
 구룡포읍 장길리 169-5

↓ 모포낚시 건너편, 대해수산 옥상에서 내려다본 장길리복합 낚시공원. 성화(聖火) 모양의 빨간 등대가 있는 큰방파제 너머로 멀리 보릿돌(바깥돌)이 보인다. 내항 쪽으로 보이는 축구공 모양의 구조물은 해상펜션낚시터이다.

곳이지만, 발판 높이가 1~1.5m에 불과해 복장 및 안전장비에 만전을 기해야 한다.

+방파제 – 큰방파제와 작은방파제 모두 낚시가 되지만 주류는 큰방파제이다. 중간 지점부터 끝자락까지의 외항 방향이 핵심 구간으로 벵에돔·감성돔 입질과 함께 늦가을 무늬오징어 조황도 쏠쏠한 편이다. 작은방파제의 경우 내항 쪽은 잔챙이 포인트로 가족동반 출조객 가운데 부인과 꼬마들의 차지고, 방파제와 연결된 갯바위 끝 쪽은 가장 차지가 된다.

+불무끝 갯바위 – 모포낚시프라자 옆에 주차 후 걸어 들어가 낚시를 할 수 있는 곳이다. 두 개의 콧부리 가운데 오른쪽(서쪽) 지역은 밋밋한 지형이므로 내항 방향의 동쪽 콧부리를 우선하는 것이 좋다. 초입부 수심은 4~4.5m, 끝자락 일대는 6~7m로 학공치·감성돔·벵에돔 포인트이다. 특히 겨울 학공치 시즌 때는 100여 명이 몰려들 정도로 성황을 이룬다.

+백사장 – 불무끝 서쪽, 장길리에서 구평리로 이어지는 백사장 일대에는 4,5월이면 도다리와 보리멸이 나타나 여름까지 입질을 이어가는데, 6월부터는 양태도 가세해 나들이객들의 입맛을 더욱 보탠다. 루어로 양태를 노리는 전문 꾼들도 있으나 보리멸 채비에 쉽게 곁들여져 일거양득을 기대하는 경우가 많다.

+해상 펜션 및 좌대낚시터 – 유료 낚시터로서 내항 쪽에 설치된 해상펜션 낚시터는 여름철 가족동반 나들이객들의 이용이 많은 편이지만, 부유식 해상 좌대낚시터는 조황이 뛰어나 전문 꾼들도 진입 경쟁을 할 정도다. 주변에 인공어초가 투입되고 해중림이 조성된 영향이기도 한데, 1인당 도선료 15,000원을 지불해야 한다. 해상펜션 사용료는 8명 1박2일 기준으로 평일 15만원, 주말 20만원. 예약 및 문의는 장길리복합낚시공원 홈페이지(www.jangilri.com).

↓ 장길리 북쪽 도로변에서 바라본 보릿돌 교량. 지난 2013년 말 170m 길이의 다리가 연결돼 3개의 보릿돌 가운데 안돌까지는 도도 진입해 가능했으나 중간돌과 바깥돌은 여전히 낚싯배로만 진입할 수 있다.

↑↑ 장길리복합낚시공원의 부유식 해상좌대낚시터. 무늬오징어 · 학공치 등의 조황이 특출한 유료 낚시터이다.

↑ 내항 쪽에 위치한 해상펜션낚시터. 8명이 함께 숙식을 하며 낚시도 겸할 수 있어 두 가족이 주말을 즐기기에 적합하다.

↓ 모포낚시프라자 옆에 주차를 한 후 편안하게 걸어 들어갈 수 있는 불무끝 갯바위 포인트. 벵에돔 · 학공치 조황이 뛰어난 곳이다.

구평방파제
(구평1리방파제)

- **소재지** : 포항시 남구 구룡포읍 구평리 53-5 외
- **길이** : 북방파제 108m, 남방파제 110m
- **위치 참조** : 〈최신 전국낚시지도〉 221p E6

찾아가는 길

수도권과 중부권에선 대구 · 포항고속도로 포항IC에서 오른쪽 감포 · 구룡포 방면으로 빠져 31번국도(영일만대로) 포항시 외곽을 달린다. 동해IC에 이르러 오른쪽 감포 방면의 31번국도(동해안로)를 타고 12.4km 남하한 지점의 '구평1동 버스정류소'에서 왼쪽 '동해안로4240번길'로 꺾으면 된다.
울산 · 부산 방면에서는 동해고속도로 남포항IC까지 올라와 31번국도(영일만대로 및 동해안로)를 타고 감포 방면으로 남하하거나, 동해고속도로 동경주IC에서 빠져 31번국도(동해안로)를 이용해 북상할 수도 있다.

■ 낚시 여건

방파제와 갯바위, 여치기 등 다양한 낚시를 시도할 수 있는 곳이다. 낚시 구간 또한 여러 곳으로 나뉜다. 두 개의 방파제는 물론 아래쪽 소형 방파제도 날씨 조건에 따라 포인트 역할을 하고, 위쪽 250여m 거리의 구평축양장 주변은 감성돔 · 농어 포인트로 이름난 곳이며, 아래쪽 280여m 거리의 테트라포드 구간과 수상암초 지대는 겨울 학공치 시즌이 되면 단골꾼들이 장사진을 이루기도 한다. 이 같은 유망주들이 반경 300m 이내에 포진한다는 점이 곧 구평방파제의 매력이자 저력이다.

■ 어종과 시즌

학공치 · 감성돔 · 뱅에돔 · 농어가 고루 선보이는 가운데 무늬오징어도 섭섭치 않은 곳으로, 어종별 낚시 시즌은 인근 방파제와 크게 다를 바 없다.

■ 포인트 및 참고 사항

북방파제의 경우는 북동풍에 의한 파도가 굴절되어 방파제를 타고 남쪽으로 흐르는 조류가 활발하게 형성될 때 호기를 맞는다. 특히 감성돔낚시에 딱 들어맞는 조

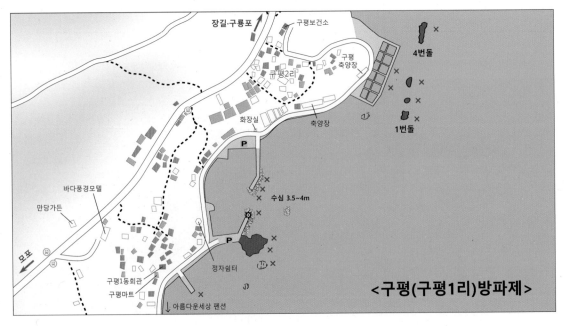

<구평(구평1리)방파제>

건으로 포인트는 테트라포드가 피복된 중간 지점부터 끝자락까지이다. 테트라포드가 없는 초입부 외항 방향은 수심이 얕아 포인트 구실을 못한다.

남방파제의 경우는 중간 지점에 연결된 돌출 갯바위가 핵심 포인트이자 두 곳 방파제를 통틀어 단골꾼들이 가장 즐겨 찾는 기대주이기도 하다. 웬만한 파도에는 걱정 없이 낚시를 할 수 있는 곳으로, 뱅에돔·감성돔·무늬오징어·학공치·농어 등 계절 따라 온갖 어종이 선보이는 곳이다. 파도가 적당한 날씨라면 등대가 있는 방파제 끝자락에서도 감성돔을 기대할 수 있다.

북방파제 위쪽의 구평축양장 부근도 찾아볼만하다. 외곽 축대 밑은 몽돌밭 지형으로 루어낚시가 잘 되는 곳이며, 전방 해상에 일렬로 비스듬히 위치한 4개의 수상 암초는 전문꾼들이 특히 눈독을 들이는 감성돔·농어 명당이다. 1, 2, 3, 4번 돌로 불리는 4개의 암초 모두 보트로만 진입할 수 있는 곳인데, 파도가 너무 거세면 하선할 수가 없고 날씨가 너무 잔잔하면 조황이 따라주질 않는다.

맨 아래쪽에 위치한 별도의 소형 방파제는 테트라포드가 없는 석축 방파제로 평소엔 눈길을 주지 않는 곳이지만 파도가 높아 위쪽 두 개의 방파제에서 낚시가 어려울 때 피난처로 활용되는 이른바 '짬낚시터'이다.

여기서 해변로를 따라 남쪽으로 280여m 내려가면 콧부리 지형이 나오고, 이곳을 돌아서면 곧 테트라포드 구간이 보인다. '아름다운세상' 펜션 밑인데, 테트라포드 위에 올라 낚시를 할 수도 있지만 건너편 수상암초 지대로 진입하면 더욱 조과를 배가할 수 있다. 바지장화를 착용하고 걸어 들어갈 수 있는 암반도 있고 고무보트로만 진입이 가능한 바위도 있다. 테트라포드 구간은 겨울 학공치 조황이 뛰어난 곳이고, 수상암초에 오르면 학공치는 물론 감성돔 확률도 높다.

인근 낚시점(054)

*모모낚시프라자 284-4459
구룡포읍 장길리 253

↓ 남쪽 작은방파제 입구의 2층 건물 옥상에서 내려다 본 구평항(위 사진). 하얀 등대가 있는 작은방파제의 꺾인 지점에는 갯바위가 연결돼 있어 좋은 포인트 역할을 한다(아래 사진).

모포방파제

- **소재지** : 포항시 남구 장기면 모포리 525-13 외
- **길이** : 큰방파제 250여m, 작은방파제 150여m
- **위치 참조** : 〈최신 전국낚시지도〉 221p E6

찾아가는 길

수도권과 중부권에선 대구·포항고속도로 포항IC에서 오른쪽 감포·구룡포 방면의 31번국도(영일만대로)로 포항시 외곽을 달리다가 세계교차로에서 오른쪽 감포 방면으로 꺾어 929번 도로(장기로) 창지3교차로에서 구룡포 방면의 왼쪽 '학삼길로 동북진하면 된다.

울산·부산 방면에서는 동해고속도로 남포항IC까지 올라와 31번국도(영일만대로 및 동해안로)를 타고 감포 방면으로 남하하거나, 동해고속도로 동경주IC에서 빠져 31번국도(동해안로)를 이용해 북상할 수도 있다.

■ 낚시 여건

길이 250여m와 150여m짜리 방파제 두 개가 축조돼 있는 모포항은 장기면 일대에선 양포항 다음 가는 규모의 지방어항이다. 동쪽으로 뻗어 내린 산자락이 바람막이 역할을 해 북동풍이 강하게 몰아칠 때 낚시하기에 적합한 곳이지만, 반대로 남동풍이 세차게 불 때는 낚시가 어려운 여건이다.

방파제 동쪽 인근은 암반이 발달한 지형이지만, 방파제 주변을 비롯한 서남쪽 지역은 사질대가 넓게 발달해 낚시 어종이 다양한 편이다. 학공치·숭어·감성돔·보리멸·도다리·양태·성대와 함께 인근 축양장 부근에선 뱅에돔이 선보이는가 하면, 늦가을~초겨울에 낚이는 씨알 굵은 고등어는 이곳 모포방파제의 자랑거리이기도 하다. 방파제에서 낚이는 고등어가 이곳만큼 굵은 곳은 드물기 때문이다.

■ 어종과 시즌

가장 대표적인 어종은 학공치와 고등어. 여름부터 선보이는 고등어는 처음엔 보잘 것 없는 씨알이지만 늦가을에 이르면 몰라보게 굵어져 그야말로 시장에서 판매하는 20~25cm 크기의 이른바 '시장 고등어'들이 초겨울 들어 절정을 이룬다. 이때

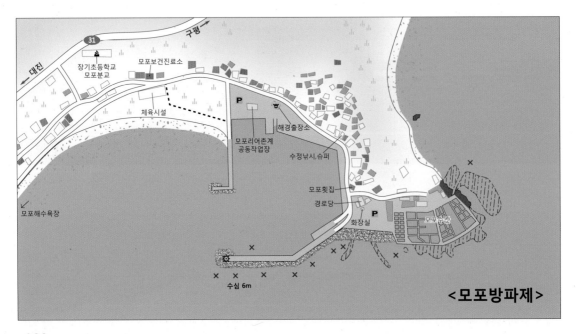

〈모포방파제〉

가 바로 학공치 시즌과 겹치게 되는데, 11~12월의 모포방파제 낚시 땐 카드채비 (시판 제품)가 매우 유용하게 사용된다. 학공치낚시를 하다가 고등어가 걸려들면 곧 카드채비를 바꿔 달기만 하면 되는데, 대개 15개가량의 바늘이 달린 카드채비 를 절반으로 잘라 매단 후 그냥 릴 찌낚시 형태를 유지하되 학공치보다 수심만 깊 게 드리우면 되는 것이다.

이밖에 봄부터 선보이는 보리멸·도다리·양태·성대는 늦여름 또는 초가을까지 입질을 하고, 방파제에서의 감성돔은 낱마리이긴 해도 가을부터 이듬해 2월까지 시즌을 형성한다. 이곳 숭어 또한 한겨울을 제외하곤 연중 입질을 하는 편이다.

■ 포인트 및 참고 사항

두 개의 방파제 가운데 작은방파제는 큰방파제가 가로막고 있는 데다가 모래밭이 연결돼 있어 포인트 구실을 제대로 못한다. 주로 낚시가 이뤄지는 큰방파제의 경 우 외항 쪽 전역이 포인트 역할을 하는데, 초입부 홈 진 곳과 꺾어진 지점은 감성 돔을 선호하는 꾼들이 즐겨 포진하고, 꺾어진 지점부터 끝자락 사이 구간은 고등 어·학공치·숭어가 고루 낚이는 편이다.

큰방파제와 테트라포드로 연결돼 있는 모포수산 축양장 일대는 벵에돔 포인트로 유망한 곳이지만 출입에 제지가 따르기도 한다는 점 참고 바란다. 역시 축양장으 로의 출입은 제한되지만 축양장 뒤쪽으로 돌아 들어가면 오른쪽 축양장 축대에 맞 붙은 두 개의 바위가 있고 그 사이로 물골이 형성된 곳이 보인다. 단골 꾼들만이 아는 감성돔 명당으로 지점 포착만 잘 하면 의외의 조과를 누릴 수 있는 곳이다. 또한 이곳 축양장 뒤쪽으로는 가족과 함께 놀기 좋은 자갈밭도 있다.

인근 낚시점(054)

*모포낚시프라자 284-4459
 구룡포읍 장길리 253
*구남낚시 284-2900
 구룡포읍 장길리 169-5

↓ 모포리어촌계공동작업장 건 물 옥상에서 내려다본 모포방파 제. 다양한 어종이 낚이는 중에 서도 늦가을~초겨울 시즌의 고 등어 파시가 유명한 곳이다.

대진방파제
(매진방파제)

- **소재지** : 포항시 남구 장기면 대진리 562-1 외
- **길이** : 북방 70m, 물양장 55m, 남방 147m
- **위치 참조** : 〈최신 전국낚시지도〉 239p E1

찾아가는 길

수도권과 중부권에선 대구포항 고속도로 포항IC에서 오른쪽 구룡포·감포 방면의 영일만대로(31번국도)에 오른다. 세계교차로에 이르러 오른쪽 감포 방면의 929번 지방도로(장기로)를 갈아탄 후 약 7km 지점의 창지3교차로에서 구룡포 방면으로 좌회전해 2.8km 진행하면 모포항 입구이고, 여기서 우회전해 대진리 매진 부락으로 진입하면 된다.

울산·부산 방면에서는 동해고속도로 남포항IC까지 올라와 31번국도(영일만대로 및 동해안로)를 타고 감포 방면으로 남하하거나, 동해고속도로 동경주IC에서 빠져 31번국도(동해안로)를 이용해 북상해도 된다.

■ 낚시 여건

대초전(大哨田)·드망·매진(梅津) 등 대진리(大津里)의 3개 자연부락 가운데 맨 남쪽 매진 부락에 위치한 방파제다. 북쪽 모포해수욕장과 대진해수욕장의 광범위한 사질대가 끝나고 이곳 매진 부락부터는 암반 지형이 시작되어 남쪽 영암3~1리와 신창까지 아주 길게 이어진다.

마을 규모가 작은 데다 마땅한 가게 하나 없는 한적한 곳임을 염두에 두고 식음료 준비에 차질이 없어야 한다. 보트를 띄울 수 있는 슬로프 시설이 있으나 쇠사슬이 설치돼 있어 이용하기 곤란하다는 점, 그리고 축양장을 돌아서면 곧 영암3리방파제가 있어 연계 출조가 가능하다는 점도 참고 바란다.

■ 어종과 시즌

벵에돔·감성돔·학공치가 주류를 이루고 노래미 개체수도 많은 편인데, 아무래도 암반이 발달한 곳인 만큼 벵에돔이 대세를 이룬다. 시즌은 다른 곳보다 조금 늦은 편으로 빠르면 5월, 6~11월이 안정적인 시즌이다.

방파제에서의 감성돔은 낱마리 조황이지만 10월부터 3월까지가 시즌이고, 학공치

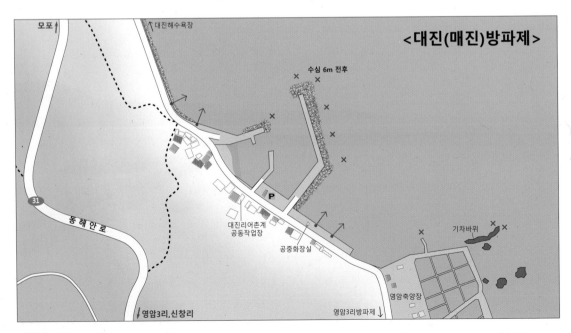

<대진(매진)방파제>

의 경우는 인근 지역과 비슷하게 12월부터 시작돼 이듬해 3월까지 시즌을 이어간다. 다만 학공치 조황은 방파제만 지켜도 크게 아쉬울 게 없지만 감성돔과 벵에돔은 오른쪽 축양장을 탐내지 않을 수 없다.

인근 낚시점(054)

*모포낚시프라자 284-4459
구룡포읍 장길리 253

■ 포인트 및 참고 사항

작은방파제의 경우 외항 쪽은 수심 얕은 암반이 연결돼 있어 포인트 구실을 못하고 끝자락에서 낱마리 벵에돔이 선보일 뿐이다. 낚시는 대부분 큰방파제에서 이뤄지는데, 초입부 외항 쪽 역시 수심 얕은 암반이 연결돼 있어 꺾어진 지점부터 끝자락 사이의 외항 방향에 포인트가 형성된다.

작은방파제와 큰방파제 모두 북동풍이 세차게 불면 낚시하기가 어려워지는데, 이럴 땐 큰방파제 내항 쪽에 붙어 노래미를 겨냥하거나 구멍치기로 우럭을 노릴 수도 있다. 큰방파제 끝자락 20여m 못 미친 지점에 사다리 역할을 하는 시멘트 블록이 설치돼 있어 어렵잖게 내려설 수 있다.

이밖에 방파제 북쪽 및 남쪽 도로변에서 편안하게 던질낚시를 하면 노래미가 곧잘 낚이는데, 여걸림이 심해 입질을 받았다 하면 지체 없이 끌어올려야 한다.

그러나 가장 눈길이 쏠리는 곳은 영암축양장 일대다. 외곽 축대 밑 거의 전역에 암반이 발달해 있을 뿐만 아니라 물골이 잘 형성되어 벵에돔·감성돔낚시가 잘 되는 곳이기 때문이다. 문제는 이곳 축양장이 사유지여서 출입을 제한하거나 약간의 입장료를 받는다는 점이다. 특히 축양장 북단 모서리에 돌출돼 있는 '기차바위' 포인트가 벵에돔·감성돔 명당인데, 개인 보트를 소유한 경우는 직접 진입할 수도 있다. 3명이 함께 내려 낚시하기에 적당한 공간이다.

↓ 북쪽 진입로 언덕 위에서 내려다본 대진(매진)방파제 전경. 큰방파제 뒤쪽 축양장 모서리로부터 돌출된 시커먼 바위가 '기차바위'다.

영암3리방파제

- **소재지** : 포항시 남구 장기면 영암리 684-4 외
- **길이** : 큰방파제 200m, 작은방파제 105m
- **위치 참조** : 〈최신 전국낚시지도〉 239p E1

찾아가는 길

수도권과 중부권에선 대구포항 고속도로 포항IC에서 오른쪽 구룡포·감포 방면의 영일만대로(31번국도)에 오른다. 세계교차로에 이르러 오른쪽 감포 방면의 929번 지방도로(장기로)를 갈아탄 후 약 7km 지점의 창지3교차로에서 구룡포 방면으로 좌회전 후 2.8km 지점에서 만나는 동해안로(31번국도)를 타고 남하해야 한다.

울산·부산 방면에서는 동해고속도로 남포항IC까지 올라와 31번국도(영일만대로 및 동해안로)를 타고 감포 방면으로 남하하거나, 동해고속도로 동경주IC에서 빠져 31번국도(동해안로)를 이용해 북상해도 된다.

인근 낚시점(054)

*모모낚시프라자 284-4459
구룡포읍 장길리 253
*한일낚시 070-8869-0873
장기면 신창리 167-1

↓ 영암3리어촌계공동작업장 건물 옥상에서 내려다본 방파제 전경.

■ 낚시 개황

북쪽 대진(매진)방파제나 남쪽 영암2리방파제에서 해변 따라 진입할 경우는 그 느낌이 덜하지만 서쪽 31번국도변 버스정류소에서 고갯마루를 넘어 내려오다 보면 마치 천연요새 같은 느낌이 드는 곳이다. 방파제 주변이 온통 암반지대에 둘러싸여 있을 뿐만 아니라 내항 일부도 수심 얕은 암반으로 인해 어선 정박이 작은방파제 쪽으로 쏠릴 정도다.

당연히 뱅에돔과 학공치가 우세한 곳으로 농어 루어낚시도 호조를 보이는 가운데 망상어·고등어·쥐치·숭어·우럭·붕장어 등의 잡어들이 철따라 낚인다.

■ 참고 사항

북쪽 큰방파제 초입부 외항 방향은 건너편 영암축양장까지 수심 얕은 암반이 연결돼 포인트 구실을 못하고, 첫 번째 꺾어지는 지점에서 암반 오른쪽으로 루어를 날리면 농어가 곧잘 걸려든다. 꺾어진 지점부터 끝자락까지의 외항 방향은 초겨울 학공치 조황이 쏠쏠한 편이고, 테트라포드 사이로 구멍치기를 하면 계절에 관계없이 우럭이 잘 낚인다. 빨강등대 밑 끝자락은 가을 살감성돔이 선보이는 곳이다.

남쪽 작은방파제 외항 쪽으론 무릎 이하 수심의 암반이 드넓게 깔려 있어 단골꾼들은 방파제보다 이곳 암반 포인트를 적극 공략하는 편이다. 날씨만 잔잔하면 바지장화 차림으로 안전하게 진입할 수 있는데, 암반 끝자락까지 진입해 릴 찌낚시를 하면 뱅에돔은 물론 감성돔도 기대할 수 있다. 수심 4~5m를 이루는 곳으로 민장대로 망상어를 노리기도 한다.

영암2리방파제

- **소재지** : 포항시 남구 장기면 영암리 684-8 외
- **길이** : 큰방파제 110m, 작은방파제 32m
- **위치 참조** : 〈최신 전국낚시지도〉 239p E1

■ 낚시 개황

북쪽 영암3리와 남쪽 영암1리 중간에 위치한 작은 규모의 방파제로, 주변 지층 역시 온통 암반에 둘러싸인 형국이다. 벵에돔이 대표 어종으로 꼽히는 가운데 학공치와 망상어·노래미가 곁들여지고 낱마리 감성돔도 소식을 전한다. 거리가 서로 가까운 영암1리~3리 방파제를 두고 '벵에돔은 영암1리, 학공치는 영암3리'라는 현지 꾼들의 평가를 참고한다면, 이곳 영암2리방파제는 인근 영암3리와 영암1리 방파제로의 연계 출조를 생각해봄 직하다.

■ 참고 사항

꼬불꼬불한 큰방파제 외항 쪽은 수심 얕은 암반지대가 연결돼 있어 포인트 여건이 못 된다. 끝자락에서만 낚시가 이뤄지는데, 전방을 살펴보면 시커먼 수중여가 관찰된다. 그곳 수중여 방향이 여름 벵에돔 포인트이고, 단골 꾼들은 방파제 초입의 수중 암반지대로 조심조심 걸어 들어가 파래새우를 직접 채집해 벵에돔 미끼로 사용하기도 한다. 작은방파제 쪽은 더욱 수심이 얕아 낚시가 안 된다. 다만 끝자락에 연결된 뾰죽바위에 올라 북쪽 방향으로 민장대를 드리우면 암초 바닥에서 망상어·노래미 등 잡어들이 걸려든다.

축양장 아래쪽은 자갈과 모래가 섞인 지형으로 던질낚시를 하면 노래미가 곧잘 입질하는데 밑걸림은 각오해야 한다. 이곳에서 영암1리방파제 가는 도중에도 커다란 암반 포인트가 있다. 바지장화 차림으로 건너가 방파제 방향을 보고 치면 여름 벵에돔과 가을 감성돔 입질이 좋다.

찾아가는 길

수도권과 중부권에선 대구포항고속도로 포항IC에서 오른쪽 구룡포·감포 방면의 영일만대로(31번국도)에 오른다. 세계교차로에 이르러 오른쪽 감포 방면의 929번 지방도로(장기로)를 갈아탄 후 약 7km 지점의 창지3교차로에서 구룡포 방면으로 좌회전 후 2.8km 지점에서 만나는 동해안로(31번국도)를 타고 남하해야 한다.

울산·부산 방면에서는 동해고속도로 남포항IC까지 올라와 31번국도(영일만대로 및 동해안로)를 타고 감포 방면으로 남하하거나, 동해고속도로 동경주IC에서 빠져 31번국도(동해안로)를 이용해 북상해도 된다.

인근 낚시점(054)

＊한일낚시 070-8869-0873
  장기면 신창리 167-1
＊청주낚시 276-8551
  장기면 양포리 289-29

↓ 내항 쪽 언덕에서 바라본 영암2리방파제 전경.

영암1리방파제

- **소재지** : 포항시 남구 장기면 영암리 678-3 외
- **길이** : 큰방파제 165m, 작은방파제 55m
- **위치 참조** : 〈최신 전국낚시지도〉 239p E1

찾아가는 길

수도권과 중부권에선 대구포항 고속도로 포항IC에서 오른쪽 구룡포 · 감포 방면의 영일만대로(31번국도)에 오른다. 세계교 차로에 이르러 오른쪽 감포 방면의 929번 지방도로(장기로)를 갈아탄 후 약 7km 지점의 창지3교차로에서 구룡포 방면으로 좌회전 후 2.8km 지점에서 만나는 동해안로(31번국도)를 타고 남하해야 한다.

울산 · 부산 방면에서는 동해고 속도로 남포항IC까지 올라와 31번국도(영일만대로 및 동해 안로)를 타고 감포 방면으로 남 하하거나, 동해고속도로 동경 주IC에서 빠져 31번국도(동해 안로)를 이용해 북상해도 된다.

■ 낚시 여건

북쪽의 영암3리, 영암2리방파제와 마찬가지로 수중 암반 지층이 드넓게 발달한 곳으로, 두 마을 방파제와 크게 다를 바 없는 낚시 여건이면서도 건너편 산자락에 형성된 1급 갯바위 포인트까지 합치고 보면 사뭇 그 가치가 달라진다. 게다가 바람의 영향을 덜 받아 어느 때고 거의 정온(靜穩)이 유지되는 곳이기도 하다. 북쪽 큰방파제가 북동풍을 가로막고 남쪽 산자락이 남동풍을 차단하기 때문이다. 돌출부산자락이 남쪽 방파제 역할을 하는 셈인데, 그러고 보면 작은방파제를 기준으로 어항이 좌우 두 개인 것처럼 여겨질 수도 있다.

낚시터 또한 크게 두 구역으로 나뉜다. 큰방파제 일대와 오른쪽(남쪽) 산마루 너머의 갯바위 구역이다. 편안한 낚시를 하려면 방파제만 지켜도 되겠지만 가치 높은 조과를 누리려면 '기지대 밑 갯바위' 포인트를 염두에 두어야 할 것이다.

■ 어종과 시즌

감성돔 · 벵에돔 · 학공치가 주 대상어이고 농어를 비롯한 숭어 · 노래미 등속이 손님고기다. 봄철에 나타나는 벵에돔은 11~12월 초겨울로 접어들면 꼬리를 감추는

대신, 감성돔이 나타나 겨울~봄 시즌으로 이어진다. 학공치 무리는 11월~12월에 잔챙이들부터 선을 보이기 시작해 이듬해 3월까지 몸집을 불린다. 농어와 노래미는 사계절 꾸준한 편이고, 숭어는 한겨울만 제외된다.

■ 포인트 및 참고 사항

큰방파제는 모양이 특이하다. 한 번 꺾인 상태로 이어지다가 두 번째 꺾이는 지점에서 줄기가 두 개로 나뉜다. 그냥 직선으로 뻗은 짧은 가지(枝)는 옛날 방파제이고 외항 쪽으로 꺾인 가지가 신축된 구간이다. 이곳 신축 구간이 큰방파제의 핵심 포인트로, 옛날엔 보이지 않던 벵에돔이 붙어 여름 한창 시즌 땐 숱한 낚싯대들이 서로 부딪치기까지 한다. 또한 이 구간은 테트라포드의 경사가 밋밋해 수면 쪽으로 접근하기 수월한 구조이기도 하다. 큰방파제의 첫 번째 꺾이는 지점도 눈여겨볼만한 곳이다. 전방 20여m 거리에 시커먼 수중여가 관찰되는데, 수심 4~5m의 이곳 수중여 부근이 곧 감성돔 포인트이다. 그러나 보다 확실한 감성돔 포인트는 따로 있다. 전문 꾼들이 '기지대 밑 갯바위'라 부르는 곳이다.

방파제 아래쪽(남쪽) 어촌계공동작업장 앞에 주차 후 기본장비만 들고서 산자락을 넘으면 된다. 무더운 여름철만 아니면 망설일 거 없다. 지도에 표시된 점선 진입로를 따라 쉬엄쉬엄 넘어가면 딱 15분 정도. 분명 발품 값을 하는 곳이다.

지도 ①번 콧부리는 파도가 잔잔할 때 진입하고(파도가 높을 땐 덮친다), ②번 자리는 ①번 자리에서 낚시가 어려울 때 찾아 전방의 간출암 근처를 노리면 된다. ③번 자리는 ①,②번 자리 모두 높은 파도로 낚시가 곤란할 때 찾는 전천후 포인트이다. ④번 자리는 신창리 갑을수산 쪽에서 진입해야 하는 곳이다.

인근 낚시점(054)

*모포낚시 284-4459
　구룡포읍 장길리 253
*한일낚시 070-8869-0873
　장기면 신창리 167-1
*정주낚시 276-8551
　장기면 양포리 289-29

↓ 일몰 시각의 영암1리방파제. 작은방파제 오른쪽(동쪽) 인근 지점에 '영암레이다기지 밑 갯바위라 불리는 유명 감성돔 포인트가 있다.

신창1리방파제
(죽하방파제)

- **소재지** : 포항시 남구 장기면 신창리 886-1 외
- **길이** : 큰방파제 160m, 작은방파제 77m
- **위치 참조** : 〈최신 전국낚시지도〉 239p E1

찾아가는 길

수도권과 중부권에선 대구포항 고속도로 포항IC에서 오른쪽 구룡포·감포 방면의 영일만대로 (31번국도)에 오른다. 세계교 차로에 이르러 오른쪽 감포 방면의 929번 지방도로(장기로) 를 갈아탄 후 장기면 소재지(창기초교 앞 사거리)에서 왼쪽 신창 방면으로 진행하면 된다. 울산·부산 방면에서는 동해고 속도로 동경주IC에서 빠져 31 번국도(동해안로)를 타고 북상 하면 된다.

■ 낚시 여건

동해남부 지역 해안을 끼고 달리는 31번국도(동해안로)에서 차량 핸들만 꺾으면 이내 방파제가 보인다. 그러나 방파제에 도착하기 전에 범상치 않은 풍광이 차를 멈추게 한다. 수심 얕은 강물이 유입되는 곳에 드넓은 백사장이 펼쳐지는가 하면, 강물이 바다와 맞닿는 하구엔 여러 개의 바위가 솟아 있는데, 그 모습이 하나같이 잘 가꾼 분재(盆栽)를 전시해 놓은 것 같다. 꼭대기에 몇 올 머릿결 같은 소나무를 곱게 드리운 반달바위와 송곳바위가 있는가 하면, 어느 산에서 강물을 타고 떠내 려 온 듯한 메주덩이 같은 바위들이 서로 조화를 이루는 모습이다.

다름 아닌 '장기 일출암'이다. 육당 최남선이 명명한 '조선 10경' 중의 한 곳인데, 경포 월화(鏡浦 月華 – 경포대 수면에 비치는 달), 변산 낙조(邊山 落照 – 변산 앞 바다의 해넘이) 등과 함께 이곳의 일출(長鬐 日出)이 장관이라고 했다. 그러나 낚 시꾼들의 눈에는 또 다른 물체가 비친다. 일출은 정해진 시간에만 볼 수 있지만 일 출암 사이로 언제나 보이는 것은 방파제 너머에 홀로 떠 있는 갈매기섬이다(사진 참조). 그 모습이 멀리서 보는 독도(獨島)를 닮아 더욱 궁금증을 자아낸다.

\<신창1리(죽하)방파제\>

■ 어종과 시즌

마을 입구에서부터 눈요깃거리를 선사하는 곳이지만 사실 이곳 방파제에서의 낚시는 크게 자랑할 바는 아니다. 가족동반 나들이나 심심풀이 낚시에 딱 적합한 여건인데, 사질대가 발달한 지층이어서 도다리·보리멸·성대가 곧잘 낚인다. 6~8월이 그 시즌이고 늦여름 또는 초가을에 들어서면 무늬오징어가 붙기도 한다.

이후 찬바람이 불면서 나타나기 시작하는 학공치야말로 이곳의 대표 어종이라 할 수 있는데 12월~2월의 조황이 가장 안정적이다. 장기천이 흘러드는 기수역이니만큼 숭어도 곧잘 낚이는 곳이다.

■ 포인트 및 참고 사항

남쪽 해저 지층은 드넓은 사질대, 북쪽 기슭은 암반지대이다.

큰방파제 옆에 아주 작은 방파제 하나가 있다. 지금의 방파제가 생기기 전에 있던 구(舊) 방파제로, 목간통 축대 같은 둑에 갯바위가 붙어 있어 도보 진입이 가능하다. 초겨울 낮 시간에는 학공치를 노리고 밤에는 감성돔도 기대할 수 있는 곳이다. 웬만한 파도에도 안전하고 낚시도 아주 편안하게 즐길 수 있는 여건이다.

큰방파제의 경우 중간에서 끝 지점까지의 외항 방향은 학공치 포인트이고, 내항 방향에선 여름철에 숭어가 자주 낚인다. 큰방파제와 작은방파제 모두 끝자락에서 남쪽으로 원투를 하면 도다리·보리멸·성대가 입질을 한다. 큰방파제 너머로 보이는 갈매기섬은 남해안 원도 갯바위 못지않은 조황으로 전문 꾼들에게 인기다. 감성돔·벵에돔·참돔·돌돔이 모두 낚이는 꿈의 무대이자 겨울 학공치 포인트로도 유명하다. 현지 한일낚시점에서 거의 매일 낚싯배를 띄운다.

인근 낚시점(054)

* 한일낚시 010-9260-0870
  장기면 신창리 167-1
* 청주낚시 276-8551
  장기면 양포리 289-29
* 가자낚시 293-2500
  장기면 계원리 313-4

↓ 장기천 하구의 일출암 아래쪽에서 바라본 신창1리방파제 전경. 방파제 너머로 보이는 곳이 온갖 '돔낚시'로 유명한 갈매기섬이다. 아래 사진은 갯바위 포인트가 연결돼 있는 '옛날 방파제'이다.

신창2리방파제
(신창방파제)

- **소재지** : 포항시 남구 장기면 신창리 888-2 외
- **길이** : 큰방파제 230m, 작은방파제 103m
- **위치 참조** : 〈최신 전국낚시지도〉 239p E2

찾아가는 길

수도권과 중부권에선 대구포항고속도로 포항IC에서 오른쪽 구룡포·감포 방면의 영일만대로(31번국도)에 오른다. 세계교차로에 이르러 오른쪽 감포 방면의 929번 지방도로(장기로)를 갈아탄 후, 장기면 소재지(장기초교 앞 사거리)에서 왼쪽 신창 방면으로 진행해 31번국도(동해안로)를 만나는 지점에서 오른쪽 양포 방향으로 1.4km 정도 남하하면 된다. 울산·부산 방면에서는 동해고속도로 동경주IC에서 빠져 31번국도(동해안로)를 타고 북상하면 된다.

■ 낚시 여건

약 1.5km에 달하는 신창간이해수욕장을 사이에 두고 북단에는 신창1리(죽하)방파제가 있고 남단에는 신창2리(창암)방파제가 있다. 돌아서면 또 양포항방파제이다. 에둘러 말하자면 죽하에 밀리고 양포에 치이는 셈이다.

벵에돔 위주의 낚시터로 봄·가을에 찾는 이들이 많고, 방파제의 규모 치고는 포인트가 제한적이긴 해도 씨알 굵은 감성돔이 가끔 선보여 이곳에 기대를 거는 단골꾼들도 있다. 주변엔 마땅한 갯바위 포인트가 없으므로 방파제에서의 낚시가 신통찮을 경우는 신창간이해수욕장으로 자리를 옮겨 던질낚시를 시도하면 도다리·보리멸·양태 등으로 먹거리를 장만할 수 있다. '게그물' 채비를 이용하면 먹거리는 더욱 늘어난다.

■ 어종과 시즌

봄철엔 도다리, 여름엔 벵에돔, 가을엔 무늬오징어, 겨울엔 학공치와 감성돔이 대표어종이다.

4,5월부터 입질이 잦아지는 도다리와 함께 보리멸·성대가 곁들여져 초가을까지

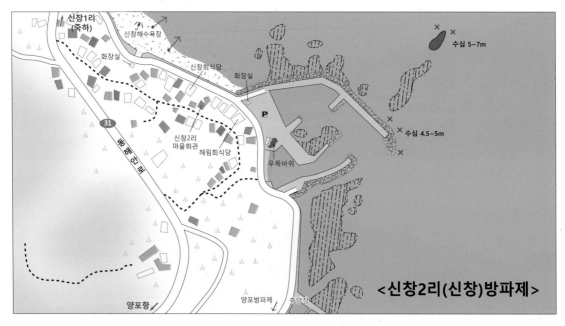

<신창2리(신창)방파제>

시즌을 형성하며, 뱅에돔은 4,5월에도 선보이지만 6~10월이 전성기다. 초가을 9월 들어 나타나는 무늬오징어는 11월까지 들쭉날쭉한 조황을 보이고, 사계절 드문드문 낚이는 감성돔은 이곳의 경우 학공치와 함께 11월부터 이듬해 2월까지가 적기이다. 터줏대감 격인 노래미는 한겨울 동안엔 입질이 뜸해진다.

■ 포인트 및 참고 사항

큰방파제와 작은방파제 모두 수심 얕은 암반 지층이 폭넓게 연결돼 있어 포인트가 협소한 편이다. 특히 작은방파제는 찾는 이들이 거의 없을 정도로 낚시는 큰방파제, 그것도 끝자락에서 이루어진다. 이곳 큰방파제 끝자락은 상판이 끝난 지점으로부터 테트라포드 더미가 길게 이어지는데 다소 위험부담이 따르더라도 테트라포드 끝자락까지 진입하는 것이 좋다. 뱅에돔·감성돔·무늬오징어가 입질하는 곳도 바로 이 구간이기 때문이다.

큰방파제 끝자락 못 미친 지점에서 직선거리 40여m의 돌섬 두 개 가운데 앞쪽은 파도가 넘치는 간출암이고, 뒤쪽은 보트로 내릴 수 있는 수상암이다. 4~5명 정도 함께 낚시할 수 있는 곳으로 주변 수심은 5~7m. 뱅에돔·감성돔 포인트로 시즌 때면 인근 낚시점에서 배를 띄운다.

서북 방향의 신창해수욕장은 봄철부터 도다리·보리멸·양태가 곧잘 낚이는 곳으로, 도다리의 경우는 여름을 지나 초겨울까지도 낚인다. 또 하나 재미있는 낚시가 이루어지는 곳이기도 하다. 이곳 백사장에서 게그물 채비로 원투를 하면 금게(모래게)가 엄청 잡힌다. 계절이 따로 없을 정도로 연중 성황을 이루는데 한 사람이 50~60마리, 많게는 100마리도 잡는다. 재미를 붙인 단골들이 많을 정도다.

인근 낚시점(054)

*한일낚시 010-9260-0870
 장기면 신창리 167-1
*청주낚시 276-8551
 장기면 양포리 289-29
*가자낚시 293-2500
 장기면 계원리 313-4

↓ 작은방파제 뒤쪽의 외딴집 언덕에서 내려다본 신창2리방파제 전경. 사진 왼쪽(북쪽) 방향으로 돌아가면 보리멸과 금게(모래게)가 잘 잡히는 신창간이해수욕장이 있다.

양포항방파제

- **소재지** : 포항시 남구 장기면 양포리 1-2 외
- **길이** : 큰방파제 700m, 작은방파제 435m
- **위치 참조** : 〈최신 전국낚시지도〉 239p E2

찾아가는 길

수도권과 중부권에선 대구포항고속도로 포항IC에서 오른쪽 구룡포·감포 방면의 31번국도(영일만대로)에 오른다. 세계교차로에 이르러 오른쪽 감포 방면의 929번 지방도로(장기로)를 갈아탄 후 14.3km 직진하면 31번국도(동해안로)와 만나는 양포삼거리. 좌회전해 600여m만 진행하면 된다.

울산·부산 방면에서는 동해고속도로 동경주IC를 이용해 감포 방면의 31번국도(동해안로)를 타고 계속 북상하면 된다.

■ 낚시 여건

북쪽 구룡포항과 남쪽 감포항 중간 지점에 위치하는 양포항은 경북 남부지역의 3대 항구 중 하나다. 낚시터로서의 유명세를 따져도 그렇다. 포항시 남구 장기면과 경주시 양북면 경계의 감재산(일명 시령산·枾嶺山·286m)에서 발원한 수성천이 흘러드는 양포만(良浦灣)은 항구로서 천혜의 입지조건인 데다, 깊숙이 그리고 드넓게 후미진 내만(內灣) 규모만큼은 구룡포·감포를 능가하고도 남는다.

대부분 항구의 경우 최소 2개 이상의 방파제가 축조돼 항내의 정온을 유지하게 되는데 이곳 양포항은 매우 특이한 형태다. 북쪽에서 남쪽으로 딱 700m 길이의 방파제 하나가 있을 뿐이다. 내항 쪽에 작은 방파제 하나가 더 있는 것처럼 보이지만 이는 파도막이 용도가 아닌, 수성천에서 유입되는 모래와 인근 양포해수욕장에서 유입되는 모래를 차단하기 위한 방사제(防砂堤)이다.

수성천 물줄기가 옆구리를 스치는 방사제 주변 지층은 당연히 사질대이고, 방파제 주변은 암반지대이다. 하구와 모래밭 그리고 암반 지형이 조화를 이루는 양포항은 그래서 사계절 다양한 어종을 선보인다. 뻥에돔과 학공치가 수위 다툼을 하고 사질대 어종인 도다리·보리멸·성대가 많은가 하면, 루어낚시 대상어로 갑오징

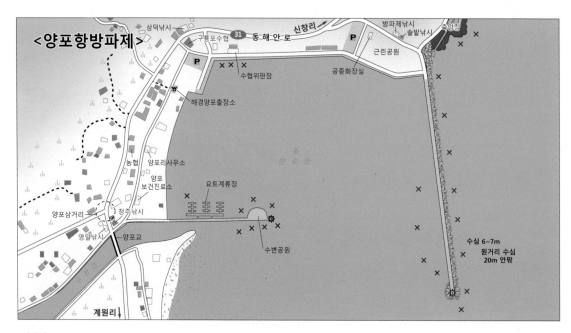

어 · 무늬오징어가 에깅 꾼들을 불어 모은다.

사계절 꾼들의 발길이 끊이지 않는 이곳 양포방파제 입구엔 근린공원이 조성돼 있어 여름철이면 가족과 함께 캠핑도 하고 낚시를 즐기는 나들이객들도 많다. 이에 따른 넓은 주차장과 깨끗한 공중화장실도 눈길을 끌고, 방파제 입구에는 전문 낚시점도 있어 불편할 것이 하나도 없다.

■ 어종과 시즌

가을 벵에돔과 겨울 학공치가 대세를 이루는 가운데, 에깅 분야의 갑오징어와 무늬오징어가 각각 봄 · 가을 시즌을 물들인다. 대표어종으로 꼽히는 벵에돔은 9~10월에 가장 뛰어난 조황을 보이고, 11월이면 그 순서를 이어받는 학공치가 이듬해 3월까지 성황을 보인다. 이곳 벵에돔의 경우 붙박이들이 많아 한겨울 혹한기를 제외하곤 연중 입질을 하는데, 초겨울 학공치 꾼들이 몰려들면 벵에돔 꾼들이 차츰 물러나는 양상을 보일 뿐이다.

봄이면 도다리 · 보리멸 · 성대가 슬금슬금 나타나는 가운데 쫄깃쫄깃 갑오징어가 나타나 빅뉴스를 뿌린다. 5~6월 기간, 첫 장마 전까지 갑오징어가 먹물을 뿜고 난 후 뜨거운 여름이 지나면 무늬오징어가 나타나 먹물을 뿜어대는가 하면 타지에선 보기 드문 한치까지 가세해 먹물의 농도를 더 높인다.

이밖에 농어도 연중 선보이지만 봄 · 가을에 입질 빈도가 높고, 10월 한 달 동안에는 고등어가 들락거리기도 한다.

■ 포인트 및 참고 사항

인근 낚시점(054)·

*방파제낚시 276-1324
장기면 신창리 421-3
*솔밭낚시 284-1180
장기면 신창리 421-2
*영일낚시 276-0078
장기면 양포리 294-41
*청주낚시 276-8551
장기면 양포리 289-29

↓ 하늘에서 내려다본 양포항. 국가어항으로 지정된 곳으로 포항 남부 지역에선 대보 · 구룡포항과 더불어 트로이카 체제를 이루는 낚시의 본고장이다. 신창2리방파제(사진 왼쪽)와 계원1리방파제(사진 오른쪽)도 보인다.

방파제 주변은 암반, 방사제 주변은 모래 지층으로 찌낚시는 주로 방파제에서 그리고 원투 처넣기낚시는 방사제 쪽에서 이루어지는 편이다. 방파제 주변 수심은 근거리 찌낚시 포인트는 6~7m이지만 원거리 포인트는 20여m에 이른다. 내항 쪽 또한 여느 곳과는 달리 평균 14~15m의 깊은 수심을 형성하는데 이런 탓에 봄철 갑오징어가 내항 쪽으로 들어와 활개를 친다.

방파제에서의 낚시는 전체 길이 700m 가운데 거의 600m 구간에서 낚시가 이뤄진다고 할 만큼 조황이 고른 편이다. 5~6월 갑오징어가 내항 안쪽으로 몰려들 때면 에깅 꾼들의 옷이 먹물로 찌들게 되는데, 그 무리가 크게 닥칠 때는 심지어 훌치기까지 동원되기도 한다. 한여름이 지나면 외항 쪽으로 무늬오징어와 한치가 붙어 에깅 꾼들이 또 한 차례 환호하고, 잇따라 뱅에돔과 학공치가 차례로 붙어 한겨울까지 그 열기를 이어간다. 방파제 외항 쪽에서 찌낚시 또는 루어낚시로 노리는 농어는 40cm 전후의 깔따구에서 미터급 씨알까지 고루 선보이는데, 찌낚시의 경우는 전갱이 새끼를 산 채로 꿰어 사용한다. 청갯지렁이 미끼보다는 잡어 성화를 이겨내는 데 효력이 크기 때문이다.

입구 쪽 작은방파제, 즉 방사제도 우습게 보아선 안 된다. 다른 곳과는 달리 이곳 방사제 또한 낚시가 잘 되기 때문이다. 다른 어종도 그렇지만 특히 방파제 주변은 밑걸림이 많아 원투낚시가 곤란한 대신, 이곳 방사제에선 내·외항 방향 가리지 않고 도다리·보리멸·성대를 대상어로 한 원투낚시가 호조를 보인다. 원투 처넣기낚시는 방사제뿐만 아니라 내항 쪽 호안 지역에서도 잘 된다.

또 한곳의 놀이터로는 방파제 왼쪽의 축양장 모퉁이다. 축양장 축대 밑에 평평한 시멘트 바닥이 만들어져 있어 돗자리 펴놓고 낚시하기에 딱 좋다.

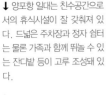

↓ 양포항 일대는 친수공간으로서의 휴식시설이 잘 갖춰져 있다. 드넓은 주차장과 정자 쉼터는 물론 가족과 함께 뛰놀 수 있는 잔디밭 등이 고루 조성돼 있다.

↑ 남쪽 계원1리 방면에서 바라본 양포항 큰방파제. 벵에돔·학공치낚시로 성황을 이루는 곳이자, 무늬오징어는 물론 갑오징어까지 먹물 세례를 퍼붓는 곳이다.

↓ '양포항 큰방파제 초입에서 바라본 축양장 축대 모서리 밑 포인트. 역시나 2명이 올라 낚시를 즐기는 중이다.

계원1리방파제
(황계방파제)

- **소재지** : 포항시 남구 장기면 계원리 650-3 인근
- **길이** : 230m
- **위치 참조** : 〈최신 전국낚시지도〉 239p E2

찾아가는 길

수도권과 중부권에선 대구포항 고속도로 포항IC에서 오른쪽 구룡포·감포 방면의 31번국도(영일만대로)에 오른다. 세계교차로에 이르러 오른쪽 감포 방면의 929번 지방도로(장기로)를 갈아탄 후 14.3km 직진하면 31번국도(동해안로)와 만나는 양포삼거리. 오른쪽 감포 방면으로 1.6km 남하한 지점에서 좌회전하면 된다.
울산·부산 방면에서는 동해고속도로 동경주IC를 이용해 감포 방면의 31번국도(동해안로)를 타고 계속 북상하면 된다.

■ 낚시 여건

양포만(良浦灣) 남쪽 입구에 축조된 소규모 방파제로, 북쪽 양포항방파제와 정확히 일직선을 이루는 위치이다. 그런데도 계원1리방파제는 양포항과는 무관하게 앵돌아선 모습이다. 그래서 잘못 축조된 방파제라는 지적이 있는가 하면, 실은 양포항 개발 당시 이곳이 남쪽 방파제 후보지였다는 얘기도 들린다.

이 같은 입지적 모순은 낚시에도 영향을 미친다. 파도의 영향을 크게 받을 뿐만 아니라 드넓은 암반 위에 방파제가 얹힌 형국이어서 낚시 수심이 나오지 않는다는 점이다. 따라서 이곳에서의 방파제낚시는 잡어 사냥으로 만족한다는 마음가짐이 좋겠다. 다만 방파제를 택하지 않고 시작부터 오른쪽(동쪽) 계원등대 방향의 갯바위를 선택한다면 감성돔·벵에돔 기대를 부풀릴 수 있다.

■ 어종과 시즌

방파제에선 벵에돔·학공치가 주대상어이고 망상어·노래미·쥐노래미·도다리가 심심풀이 대상어이다. 봄부터 가을까지는 벵에돔이 선보이고 학공치는 11,12월부터 이듬해 2,3월까지다. 방파제에서 기대하기 어려운 감성돔은 동쪽 갯바위 지

역에서 만날 수 있는데 그 시기는 가을부터 이듬해 2,3월까지다.

■ 포인트 및 참고 사항

서쪽 큰방파제 및 동쪽 작은방파제 모두 주변 수심이 얕아 포인트 구실을 못한다. 새로 생긴 작은방파제는 멀리선 그럴듯해 보이지만 현장에 도착해 보면 바닥이 환히 들여다보이는 수심이다.

그나마 낚시를 드리울만한 곳은 큰방파제 끝자락이다. 낱마리나마 벵에돔·학공치 입질을 볼 수 있고, 파도가 적당히 몰아칠 때는 농어도 기대할 수 있는데 해질녘이 곧 타이밍이다. 이에 앞서 방파제 초입부 내항 쪽에선 민낚싯대로 망상어를 비롯한 잡어 사냥을 즐길 수 있다. 방파제 밑으로 숨구멍이 뚫려 있어 베이트피시들이 많이 드나들기 때문이다.

기대를 크게 가져볼 곳은 작은방파제 오른쪽(동쪽) 갯바위이다. 지도 ①지점은 양포 현지 꾼들이 흔히 '큰바위 포인트'라 부르는 곳으로 높은 파도에도 위험이 따르지 않는 안전지대다. 작은방파제 부근에 주차 후 잠시 걸어 들어가면 된다. ②번 지점은 갯바위가 길게 돌출된 지형으로 파도가 높아지면 즉시 후퇴해야 하고, 등대 밑 ③번 지점은 홈통 포인트로 주변 경사가 밋밋한 곳이다. 세 곳 모두 철 따라 감성돔·벵에돔 조황이 뛰어난 곳으로, ①지점과 달리 ②③번 지점은 옛날 초등학교(현 손재림박물관) 부근에 주차를 하고서 등대 쪽으로 걸어 들어가야 한다.

계원등대 동남방 해상엔 선상 찌낚시 포인트로 유명한 '4군자여'가 있다. 감성돔·참돔·벵에돔과 함께 긴꼬리벵에돔까지 선보이는 곳으로, 청주낚시를 비롯한 양포삼거리에 위치한 낚시점들이 출조객을 안내한다.

인근 낚시점(054)

*한일낚시 010-9260-0870
 장기면 신창리 167-1
*청주낚시 276-8551
 장기면 양포리 289-29
*가자낚시 293-2500
 장기면 계원리 313-4

↓ 계원등대 갯바위 포인트로 향하는 산언덕에서 내려다본 계원1리방파제(황계방파제) 전경. 방파제에서의 낚시는 부근 수심이 얕아 생각같지가 않다.

계원2리방파제
(소봉대방파제)

- **소재지** : 포항시 남구 장기면 계원리 311-24
- **길이** : 80m
- **위치 참조** : 〈최신 전국낚시지도〉 239p E2

찾아가는 길

수도권과 중부권에선 대구포항
고속도로 포항IC에서 오른쪽 구
룡포 · 감포 방면의 31번국도
(영일만대로)에 오른다. 세계교
차로에 이르러 오른쪽 감포 방
면의 929번 지방도로(장기로)
를 갈아탄 후 14.3km 직진하
면 31번국도(동해안로)와 만나
는 양포삼거리. 오른쪽 감포 방
면으로 3km 정도만 남하하면
된다.
울산 · 부산 방면에서는 동해고
속도로 동경주IC를 이용해 감포
방면의 31번국도(동해안로)를
타고 계속 북상하면 된다.

■ 낚시 여건

삼각주 형태의 모래밭 돌출부에 소봉대(小峰臺)라 불리는 바위 봉우리가 있고 바로 그곳에 방파제가 연결돼 있어 소봉대방파제라 불린다. 백사장과 소나무, 둥글게 부딪치는 파도가 빚어내는 주변 풍광이 아름다워 옛 시인묵객들이 예찬의 글을 남겼다는 현장 안내판처럼 그냥 놀기에도 좋고 낚시를 하기엔 더욱 좋은 여건이다. 봉우리의 모양이 엎드린 거북을 닮았다 하여 일명 복귀봉(伏龜峰)으로 불리는 소봉대 일대는 전체를 걸어 다니며 즐길 수 있는 갯바위 포인트이고, 북쪽 백사장과 남쪽 백사장 또한 던질낚시 포인트로 좋은 여건이다. 여기에 방파제에서의 낚시를 포함시키고 보면 한 곳에서 매우 다양한 낚시를 즐길 수 있는 데다, 낚이는 어종 또한 고급 어종들이라 한마디로 매력 있는 낚시터로 권할 만하다. 가을 벵에돔과 무늬오징어, 겨울 감성돔과 학공치가 대표 어종이다.

■ 어종과 시즌

6,7월부터 시작되는 벵에돔은 10월 중순까지가 시즌이고 8월 중순이면 무늬오징어가 가세해 소봉대 낚시의 절정기를 이룬다. 이곳 무늬오징어 또한 10월 중순까

<계원2리(소봉대)방파제>

지 시즌을 형성하는데, 찬바람 나부끼는 12월이면 학공치가 들어오기 시작해 감성돔과 주야 교대를 한다. 즉 10월 중순부터 이듬해 3월까지는 주간에는 학공치, 야간에는 감성돔을 노리는 낚시 패턴이 이루어진다. 특히 감성돔 밤낚시는 인근 백사장 쪽으로까지 폭넓게 이루어진다.

가을이면 고등어가 비칠 때도 있는데, 어느 해는 낱마리 조황을 보이는가 하면 어느 해는 큰 무리가 들어와 풍어를 구가하는 경우도 있다. 소봉대 쪽에서 봄부터 입질을 전하는 농어는 여름까지 파도 속에 뒹굴며 루어에 걸려들기도 하고 찌낚시 대상어가 되기도 한다.

■ 포인트 및 참고 사항

방파제에서의 낚시는 테트라포드가 두텁게 피복된 중간 지점부터 끝 지점까지의 외항 방향이다. 대표적인 무늬오징어 · 학공치 · 감성돔 포인트로 찌낚시 범주의 수심은 4m 안팎이다.

소봉대 갯바위는 가을이면 무늬오징어와 함께 뱅에돔도 기대되는 곳이다. 겨울 학공치와 감성돔 입질이 끝나면 농어 루어낚시를 시도해 볼만하다. 맞붙어 있는 아래쪽 돌섬은 동쪽과 남쪽 방향이 포인트이고, 건너편 낮은 여는 건널 수 있으나 조심해야 한다.

소봉대 남쪽 해변은 수중 깊숙한 곳까지 모래밭이 이어지는 지형이지만 원투 찌낚시를 하면 감성돔이 곧잘 입질을 하는 곳이다. 북쪽 해변은 밋밋한 경사의 자갈밭이 수면에 이르러 급경사를 이룸으로써 평소에도 파도가 희끗희끗 부서진다. 감성돔 찌낚시가 성행하는 곳으로 겨울철 평일 밤에도 케미 불빛이 끊이지 않는다.

인근 낚시점(054)

*가자낚시 293-2500
　장기면 계원리 313-4
*소봉대낚시 293-0573
　장기면 계원리 350
*두원낚시 293-2001
　장기면 두원리 149-3

↓ 북쪽에서 바라본 소봉대방파제(위 사진)와 남쪽 해변에서 바라본 소봉대 갯바위 모습(아래 사진). 방파제와 갯바위 그리고 백사장이 한데 어우러진 만물 낚시터이다.

두원방파제

- **소재지** : 포항시 남구 장기면 두원리 142-3 외
- **길이** : 북방파제 102m, 작은방파제 104m
- **위치 참조** : 〈최신 전국낚시지도〉 239p E3

찾아가는 길

수도권과 중부권에선 대구포항 고속도로 포항IC에서 오른쪽 구룡포·감포 방면의 31번국도 (영일만대로)에 오른다. 세계교 차로에 이르러 오른쪽 감포 방면의 929번 지방도로(장기로) 를 갈아탄 후 14.3km 직진하면 31번국도(동해안로)와 만나는 양포삼거리. 오른쪽 감포 방면으로 5.1km 남하한 지점에서 좌회전하면 된다.

울산·부산 방면에서는 동해고 속도로 동경주IC를 이용해 감포 방면의 31번국도(동해안로)를 타고 계속 북상하면 된다.

■ 낚시 여건

포항시 최남단에 위치한 방파제로 이곳 두원리를 지나면 곧 경주시이다. 동해안 곳곳을 여행하다 보면 알게 되는 사실이지만 여기서도 특이한 지명이 발견된다. 시·군 경계가 바뀌는 해변 마을마다엔 어김없이 '지경(地境)'이란 이름이 반복되는 것이다. 경북 지역만 예를 들 경우, 북쪽 영덕군과 경계를 이루는 포항시 북구 송라면에도 지경리가 있고, 이곳 포항시 남구 장기면 두원리에도 지경(일명 적석 또는 석원) 마을이 있는가 하면, 경주시가 또 울산광역시와 경계를 이루는 양남면 수렴리에도 지경 마을이 있다.

아무튼 포항도 경주도 아닌(?) 곳에 위치한 탓인지 별반 낚시인들이 찾지 않는 편이지만 상대적으로 한적한 분위기가 개인 취향에 맞을 수도 있다. 전체적인 주변 지형은 모래와 개펄이 섞인 사니질대(沙泥質帶)로 도다리와 보리멸의 서식에 좋은 여건이다.

■ 어종과 시즌

여름부터 가을철에 걸쳐 벵에돔이 드문드문 입질을 하고, 9월 무렵부터 나타나는

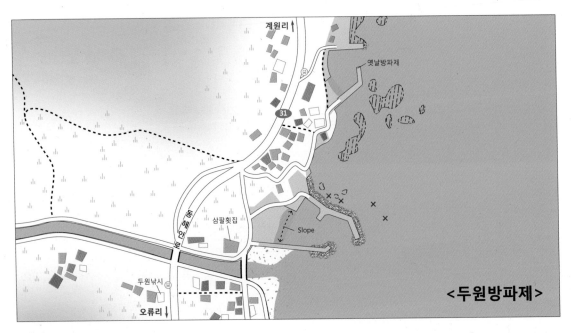

<두원방파제>

감성돔은 다소 기대를 부풀려 볼 만한데 이듬해 2,3월까지도 입질이 계속된다. 가을 오징어는 거의 선보이지 않지만 찬바람이 불면 간혹 학공치가 붙어 무료함을 달래 준다. 이곳 방파제에서 가장 확률이 높은 어종은 보리멸이다. 개울물이 유입되는 곳인 데다 주변 바닥이 사니질 지형이라 5,6월부터 보리멸과 도다리가 붙어 8월 말~9월 중순까지 세찬 입질을 보이는데 이들 던질낚시 채비에 간혹 노래미도 곁들여진다.

■ 포인트 및 참고 사항

북쪽 방파제와 남쪽 방파제 모두 길이도 거의 비슷하면서 테트라포드가 가지런히 피복되지 않고 제멋대로 들쭉날쭉 뿔을 세우고 있어 올라서기가 여간 불편하지 않다. 북쪽 방파제의 경우 초입부 왼쪽은 모랫바닥인 데다 수심마저 얕아 포인트로서 가치가 없어 보이지만 물 밑에 잠겨 있는 수중여 바깥을 치면 뱅에돔 또는 감성돔이 간혹 선보인다. 중간 지점의 외항 방향 또는 끝자락에서 남쪽 방향으로 원투 처넣기를 하면 도다리와 보리멸이 입질을 한다.

100여m짜리 방파제 두 개가 포구를 이루는 위쪽에도 녹산동처럼 생긴 작은 포구가 또 있는데, 이곳에도 길이 70m와 30m짜리 소형 방파제 두 개가 있다. 원하(院下) 마을 이름이 와전되어 '오날개'로 불리는 곳으로, 주변 수심이 얕아 포인트 구실을 못하지만 수중여 사이를 제대로 노리면 노래미 입질을 받을 수 있다.

이곳 두원방파제에서 거리가 다소 먼 곳이지만 북쪽 계원리 경계 지점의 콧부리 지형에 단골 꾼들만이 아는 갯바위 포인트가 있다(사진 참조). 군부대 시설이 있어 출입이 안 될 것 같지만 가드레일이 열린 공간이 있어 도보 진입이 가능하다.

인근 낚시점(054)

*가자낚시 293-2500
포항시 장기면 계원리 313-4
*두원낚시 293-2001
포항시 장기면 두원리 149-3
*감포낚시 748-1110
경주시 감포읍 감포리 628-2

↓ 남쪽 방파제 입구의 민가 옥상에서 바라본 두원방파제 전경(위 사진). 아래 사진은 이곳 두원방파제에서 북쪽 소봉대 방향, 약 1.3m 지점의 도로변 밑에 위치한 갯바위 포인트이다(본문 참조).

Part 9
경상북도 경주시

하늘에서 내려다본 읍천항(경상북도 경주시 양남면 읍천리).

연동방파제
(오류4리방파제)

- 소재지 : 경주시 감포읍 오류리 140-11 외
- 길이 : 큰방파제 205m, 작은방파제 103m
- 위치 참조 : 〈최신 전국낚시지도〉 239p E3

찾아가는 길

수도권과 중부권에선 대구포항 고속도로 포항IC에서 오른쪽 구룡포·감포 방면의 31번국도(영일만대로)에 오른다. 세계교차로에 이르러 오른쪽 감포 방면의 929번 지방도로(장기로)를 갈아탄 후 14.3km 직진하면 31번국도(동해안로)와 만나는 양포삼거리. 오른쪽 감포 방면으로 6.1km 남하하면 왼쪽으로 '연동어촌체험마을' 입간판이 보인다.
울산·부산 방면에서는 동해고속도로 동경주IC로 나와 감포 방면의 31번국도(동해안로)로 계속 북상하면 된다.

■ 낚시 여건

포항 방면에서 남하할 경우는 경주시 관문에 해당하는 첫 번째 방파제요, 울산·경주 방면에서 포항 쪽으로 북상할 경우는 경주시 마지막 방파제이다. 이런 양방향의 낚시객들을 마중하거나 배웅하는 데 모자람이 없는 낚시터이자, 기대 이상의 조황으로 오래도록 발길을 붙드는 곳이기도 하다. 유명 감성돔 낚시터로 찌낚시 전문 꾼들은 물론, 맛있는 무늬오징어 낚시터로 에깅 꾼들을 불러 모으는가 하면, 춤추는 학공치 무리가 나타날 때면 각양각색의 낚시인들이 뒤섞여 그야말로 '방파제가 내려앉는다'라는 말이 나온다.

호황의 요인으로 지리적 특성을 꼽을 수 있다. 바깥으로 뻗어 나온 북쪽 해안과 안쪽으로 파고 들어간 남쪽 해안이 각을 이루는 지점에 방파제가 위치해 들고 나는 고기들의 길목이 된다는 점이다. 마치 콧날처럼 우뚝 튀어나온 자갈밭 지형 아래에 콧수염 같은 두 개의 방파제가 매달려 있는 모습인데, 광범위한 사질대에 크고 작은 암초대가 뒤섞인 주변 지층이 다양한 어종을 불러 모으는 것으로 풀이된다.

■ 어종과 시즌

<연동(오류4리)방파제>

대표 어종은 감성돔·벵에돔·학공치·무늬오징어이다. 이 외에 농어·숭어·붕장어·도다리가 낚이고 고등어와 전갱이도 들어온다. 늦여름 또는 초가을부터 입질이 활발한 감성돔과 초겨울부터 대세를 이루는 학공치는 이듬해 2,3월까지 시즌을 형성한다. 감성돔의 마릿수 조황은 가을이 가장 좋을 때로, 해를 거르기도 하지만 한 번 붙었다 하면 포항·경주 꾼들이 함께 몰려 일대 장사진을 이룬다.

6,7월부터 입질이 잦아지는 벵에돔은 10월까지 활발한 입질을 보여주다가 학공치에게 그 자리를 물려준다. 무늬오징어는 여름 무더위가 끝나는 8월 중순 또는 9월 초부터 시작돼 10~11월까지 먹물을 뿜어댄다. 9월 무렵이면 고등어와 전갱이도 붙을 때가 있어 연동방파제의 가을은 바야흐로 축제 기간이 되는 셈이다.

■ 포인트 및 참고 사항

큰방파제의 경우 중간 지점부터 끝자락까지가 비슷한 여건의 포인트이지만 조류가 부딪치는 꺾어진 지점이 특히 돋보인다. 철 따라 감성돔·벵에돔·무늬오징어를 노릴 수 있고 끝자락에서 멀리 원투 처넣기를 하면 도다리도 나온다. 작은방파제에서도 벵에돔낚시가 곧잘 되는데 끝자락 부근에서 남쪽 방향으로 찌를 멀리 흘리면 감성돔도 기대할 수 있다. 큰방파제와 작은방파제 모두 내항 쪽에 자리해 밤낚시를 하면 붕장어가 무료함을 달래 준다.

이곳 연동방파제 남쪽 400여m 지점에도 일급 포인트가 있다. 강림수산 옆 석축지대로 무늬오징어가 잘 낚이는 곳이자, 파도가 희끗희끗 물보라를 일으키는 날씨에 찾으면 감성돔 확률도 높다. 인근 산비탈의 감포댐에서 흘러내리는 민물이 유입되는 곳이자 축양장의 배수가 유입되는 곳이기도 하다(다음 지면 사진 참조).

인근 낚시점(054)

*감포낚시 748-1110
 경주시 감포읍 감포리 628-2
*두원낚시 293-2001
 포항시 장기면 두원리 149-3
*가자낚시 293-2500
 포항시 장기면 계원리 313-4

↓ 작은방파제 입구에서 바라본 연동방파제 전경. 사진에 보이는 자갈밭보다는 큰방파제 위쪽의 자갈밭이 더 놀기도 좋고 낚시도 잘 된다(다음 지면 사진 참조).

↑↑ 앞쪽 지면의 연동(오류4리) 큰방파제 초입부 왼쪽(북쪽)에 위치한, 낚시 하며 가족끼리 놀기 좋은 자갈밭 모습(지도 참조).

↑ 앞쪽 지면 '연동방파제(오류4리방파제)'에서 곁들여 소개한 '강림수산 옆 석축 포인트'. 연동방파제에서 남쪽 보릿골 방면 400여m 지점으로 주차 공간도 넓고 낚시하기에도 편하다.

↓보릿골 오류횟집 밑에 위치한 농어 포인트(오른쪽 보릿골방파제 내용 참조).

보릿골방파제
(오류방파제)

- **소재지** : 경주시 감포읍 오류리 187-10
- **길이** : 160m
- **위치 참조** : 〈최신 전국낚시지도〉 239p E3

■ 낚시 개황

감포항 북쪽의 오류리는 1,2,3,4리 부락으로 나뉜다. 오류해수욕장을 기점으로 남쪽 오류2리에 방파제 한 곳이 있고, 북쪽 오류4리에 두 곳의 방파제가 있다. 북쪽에서부터 차례로 열거하면 연동방파제와 보릿골방파제(이상 오류4리) 그리고 척사방파제(오류2리) 순으로 이어진다. 이름을 혼동하는 경우가 많아 밝혀두는 것이다. 중간 지점에 위치한 보릿골방파제는 가을이 되면 온 방파제가 먹물 범벅이 된다. 무늬오징어가 주범으로 시즌이 빠를 때면 6월부터 나타나기도 한다. 11월 말, 이들 무늬오징어가 물러나면 학공치가 나타나 이듬해 2,3월까지 또 한 차례 난리를 친다. 한마디로 무늬오징어와 학공치 조황만큼은 알아주는 곳이고, 간간이 뱅에돔과 감성돔도 입질을 보탬으로써 한층 여흥을 돋운다.

■ 참고 사항

방파제 안쪽까지 차량이 진입할 수 있어 특히 편리한 곳이다(당연히 후진으로 진입하는 것이 좋다). 사질대의 해안선과 방파제가 거의 직선을 이뤄 방파제 초입은 수심이 얕을 뿐만 아니라 중간 지점까지는 파도가 자주 넘치기까지 해 포인트 구실을 못한다. 그만큼 포인트 구간이 협소할 수밖에 없는데, 전체 3분의 2 지점부터 끝자락까지의 외항 방향에서 무늬오징어와 학공치가 잘 낚인다.

방파제 위쪽 해변은 자갈밭으로 전방엔 암초가 많이 깔려 있다. 던질낚시를 하면 밑걸림이 심하지만 잡어 사냥터로 부족함이 없다. 남쪽에도 유명 포인트가 있다. 오류해수욕장이 시작되는 곳(오류횟집 밑), 즉 개울물이 유입되는 지점 좌우 30여 m 구간은 단골 꾼들이 '쉬쉬' 하는 농어 루어 포인트이다(왼쪽 지면 사진 참조).

찾아가는 길

수도권과 중부권에선 대구포항고속도로 포항IC에서 오른쪽 구룡포·감포 방면의 31번국도(영일만대로)에 오른다. 세계교차로에 이르러 오른쪽 감포 방면의 929번 지방도로(장기로)를 갈아탄 후 14.3km 직진하면 31번국도(동해안로)와 만나는 양포삼거리. 오른쪽 감포 방면으로 7.3km 남하하면 곧 왼쪽이다.
울산·부산 방면에서는 동해고속도로 동경주IC로 나와 감포 방면의 31번국도(동해안로)로 계속 북상하면 된다.

인근 낚시점(054)

*감포낚시 748-1110
　감포읍 감포리 628-2
*영일만낚시 775-7999
　감포읍 전촌리 685-15
*경북낚시 775-8027
　감포읍 전촌리 688-3

↓ 보릿골 입구 도로변에서 내려다본 보릿골방파제 전경.

＜보릿골(오류)방파제＞

척사방파제
(오류2리방파제)

- **소재지** : 경주시 감포읍 오류리 358-4 외
- **길이** : 큰방파제 185m, 작은방파제 85m
- **위치 참조** : 〈최신 전국낚시지도〉 239p E4

찾아가는 길

수도권과 중부권에선 대구포항 고속도로 포항IC에서 오른쪽 구룡포·감포 방면의 31번국도 (영일만대로)에 오른다. 세계교 차로에 이르러 오른쪽 감포 방면의 929번 지방도로(장기로)를 갈아탄 후 14.3km 직진하면 31번국도(동해안로)와 만나는 양포삼거리. 오른쪽 감포 방면으로 꺾어 7.8km 남하한 지점의 오류삼거리에서 좌회전하면 된다.
울산·부산 방면에서는 동해고속도로 동경주IC로 나와 감포 방면의 31번국도(동해안로)로 계속 북상하면 된다.

■ 낚시 여건

규모는 크지 않아도 낚시 여건이 아주 좋은 방파제이다. 갯바위는 물론 백사장 던질낚시 포인트까지 끼고 있어 다양한 낚시를 즐길 수 있는 데다 가족과 함께 찾기에 아주 적합한 곳이기도 하다.

방파제의 경우 외항 쪽 테트라포드가 낮게, 밋밋하게 깔려 있어 올라서기가 편하고 내항 쪽도 발판이 넓어 두루 편안하게 낚시를 즐길 수 있다. 큰방파제와 작은방파제 모두 차량 진입이 가능한 점도 특기할 만하다. 북쪽에 연결된 자갈밭은 가족끼리 놀기에 좋고 주변 갯바위와 작은 돌섬 또한 일급 포인트이다.

북쪽 갯바위 지역은 또 오류해수욕장과 연결된다. 모래와 자갈이 조화를 이루고 송림 지역에 오토캠핑장까지 조성돼 있는 오류해수욕장은 그 이름을 '오류고아라 해수욕장'이라 고쳐 부를 만큼 빼어난 경관을 자랑한다. 게다가 남쪽 인근에 위치한 감포항까지 두루 섭렵할 수 있는 곳이고 보면 하루 일정이 모자랄 수도 있다.

■ 어종과 시즌

대표적인 벵에돔 낚시터이자 유명 무늬오징어 낚시터이기도 하다. 4,5월부터 시작

오류삼거리
오류해수욕장
슈퍼.낚시
신당
동원회식당
정성회식당
바다마을펜션
수심 3~6m
감포항
오류2동회관

〈척사(오류2리)방파제〉

되는 벵에돔 입질은 늦게는 12월까지 이어지는데, 그 중에서도 6~7월과 9~10월이 피크다. 6~7월 초기 시즌일수록 대부분 씨알이 26,7cm일 정도로 잔챙이가 없는 편이다. 8월 한여름엔 아침, 저녁 시간대가 입질 타이밍이다.

가을 시즌을 수놓는 주인공은 무늬오징어다. 빠를 땐 8월 중순부터 나타나 11월까지 이어지는데, 이 무늬오징어가 빠지면서 학공치가 선보이기 시작해 겨울 시즌으로 이어진다. 큰방파제를 포함한 북쪽 갯바위 지역에선 감성돔 입질도 잦고, 오류해수욕장 남단 지점에선 여름철 보리멸·성대·도다리가 반긴다.

■ 포인트 및 참고 사항

큰방파제의 경우 외항 방향 거의 전역(테트라포드가 이빨 빠지듯 비어 있는 끝자락 못 미친 지점까지)에 무늬오징어가 호황을 이루고, 방파제 테트라포드와 연결된 두 곳(초입부와 중간 지점)의 갯바위에 오르면 벵에돔 확률이 높다. 외항 방향 끝자락에서 원투를 하면 보리멸·성대·도다리가 입질을 한다.

큰방파제와 연결된 북쪽 자갈밭 또한 놀며 낚시하기 좋은 곳인데, 특히 콧부리 지역 앞쪽에 위치한 크고 작은 돌섬은 농어와 감성돔 명당이기도 하다. 바지장화를 착용하고 스틱에 의지하면서 조심스레 건너야 하는 곳이다. 또한 이곳 갯바위 지역을 돌아선 오류해수욕장 남단은 성대·보리멸·도다리는 물론, 농어·감성돔·학공치가 철 따라 입질하는 유명 포인트이다. 백사장이 끝나고 갯바위가 시작되는 곳으로, 급경사 수심을 이뤄 처넣기낚시와 찌낚시가 함께 이뤄지는 것이다.

작은방파제 남쪽 150여m 지점의 오류2동회관 앞 돌섬도 유명 포인트인데, 역시 바지장화를 착용하고 스틱의 도움도 받아가며 조심스레 건너야 한다.

인근 낚시점(054)

＊감포낚시 748-1110
감포읍 감포리 628-2
＊대양낚시 771-3383
감포읍 전촌리 685-22
＊경북낚시 775-8027
감포읍 전촌리 688-3

↓ 척사(오류2리) 큰방파제 입구, 소나무 언덕에서 내려다본 모습. 초입부 테트라포드와 연결된 외항 쪽 갯바위도 포인트이다.

감포항방파제

- **소재지** : 경주시 감포읍 감포리 504-45 외
- **길이** : 북방 2700여m, 남방 340여m, 물양장 2000여m
- **위치 참조** : 〈최신 전국낚시지도〉 239p E4

찾아가는 길

수도권과 중부권에선 대구포항 고속도로 포항IC에서 오른쪽 구룡포·감포 방면의 31번국도 (영일만대로)에 오른다. 남포항 IC에 이르러 오른쪽 울산 방면의 동해고속도로를 타고 남하하다가 동경주IC로 나와 어일교차로에서 왼쪽 경주 방면으로 잠시 북상하다가 양북면 소재지에서 감포 방면으로 진행하면 된다.

울산·부산 방면에서도 동해고속도로 동경주IC를 이용하면 된다.

■ 낚시 여건

현지 선적은 물론 각지의 어선들이 출입하는 국가어항이자, 계절 따라 온갖 고기들이 드나드는 어족 대합실이기도 하다. 이에 각지의 꾼들이 모여드는 교통의 길목이기도 하다. 북쪽 포항·구룡포 방면에서 내려오고 남쪽 부산·울산 방면에서 오르기 쉬운 데다, 서쪽 대구·경주 방면에서도 끼어들기 쉬운 전국구 방파제로 일찍이 소문난 곳이다. 뱅에돔·감성돔·무늬오징어·학공치가 대표 어종으로 이들 인기 어종들이 겹치는 가을 시즌 땐 이곳 역시 '방파제가 내려앉는다'는 표현이 나온다. 송대말 갯바위 포인트 또한 순서를 기다려야 할 정도다. 이럴 땐 일몰 시각이 가까워지기 전, 일찌감치 도착해 포인트를 점하고 있어야 한다.

■ 어종과 시즌

4짜급이 흔할 정도로 뱅에돔이 굵게 낚이는 곳이다. 5~6월부터 시작돼 12월까지 시즌을 이어가는데, 가을이 되면 감성돔이 나타나 검은빛과 은빛 비늘이 서로 인기 다툼을 한다. 그 무렵 9월 말경에 이르면 무늬오징어까지 나타나 꾼들 또한 포인트 다툼을 벌이게 된다.

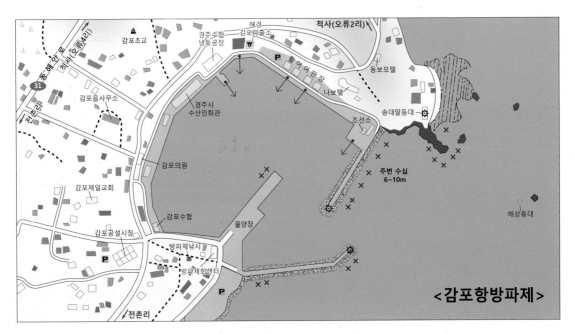

〈감포항방파제〉

11월, 오징어가 차츰 퇴장하면서 그 열기가 식을까 하면 학공치 무리가 들어와 겨울 시즌을 이어간다. 비슷한 시기에 고등어가 들어오지만 굵은 씨알의 학공치 호황에 밀리는 편이고, 내항 쪽에서 던질낚시로 노리는 우럭·숭어·도다리·보리멸·붕장어 등 생활낚시 대상어들은 아무래도 여름~가을에 입질이 잦은 편이다.

■ 포인트 및 참고 사항

빨강등대가 있는 북방파제는 입구에서부터 포인트가 형성된다. 학공치 시즌이 되면 외항 쪽 전역에 꾼들이 포진하고, 초입에서부터 중간 지점 외항 방향으로는 무늬오징어가 유혹을 한다. 또 외·내항 구분할 것 없이 테트라포드가 피복된 구간에서는 우럭 구멍치기가 이뤄지는데, 구멍만 잘 찾으면 굵은 씨알과 마릿수 조황을 누리기도 한다. 외항 방향 원투낚시엔 도다리와 보리멸이 걸려든다.

북방파제 옆 송대말 갯바위는 감포항에서 빼놓을 수 없는 포인트다. 도보 진입이 가능한 곳으로 씨알 굵은 감성돔과 벵에돔·농어·무늬오징어가 철 따라 낚이는 유명 포인트이다. 늦가을 주말이면 진입 순서를 기다려야 할 정도로 붐빈다.

북방파제 입구의 조선소 앞을 비롯한 내항 지역의 어판장·해경파출소·냉동창고 앞에서 던질낚시를 하면 낮에는 도다리와 숭어가, 밤에는 붕장어가 입질을 한다.

남방파제는 북방파제에 비해 북동풍의 영향을 덜 받고 벵에돔 씨알도 굵은 편이다. 외항 쪽 전역에서 고루 입질을 하는데, 흰 등대 쪽 끝자락에서 특히 굵게 낚인다. 초입부 외항 방향은 가을 고등어·전갱이 포인트이다.

물양장 쪽은 포인트로서의 인기는 높지 않지만, 끝자락 내항 방향에서 전갱이 또는 고등어를 노리기 좋고 무늬오징어도 겨냥할 수 있다.

인근 낚시점(054)

*감포낚시 748-1110
  감포읍 감포리 628-2
*바이킹낚시 755-5905
  감포읍 감포리 562-7
*대양낚시 771-3383
  감포읍 전촌리 685-22
*영일만낚시 775-7999
  감포읍 전촌리 685-15
*경북낚시 775-8027
  감포읍 전촌리 688-3

↓ 나보텔 옆 높은 언덕에서 내려다본 감포항 전경. 빨강등대 건너편의 남방파제는 옛날 물막이방파제(일명 뜬방파제)를 개축한 것이며, 오른쪽의 옛날 남방파제는 물양장으로 용도가 변경되었다.

전촌방파제
(장진방파제)

- **소재지** : 경주시 감포읍 전촌리 27-2 외
- **길이** : 큰방파제 400m, 작은방파제 200m
- **위치 참조** : 〈최신 전국낚시지도〉 239p D4

찾아가는 길

수도권과 중부권에선 대구포항
고속도로 포항IC에서 오른쪽 구
룡포·감포 방면의 31번국도
(영일만대로)에 오른다. 남포항
IC에 이르러 오른쪽 울산 방면
의 동해고속도로를 타고 남하하
다가 동경주IC로 나와 어일교차
로에서 왼쪽 경주 방면으로 잠
시 북상하다가 양북면 소재지에
서 감포 방면으로 진행하면 된
다.
울산·부산 방면에서도 동해고
속도로 동경주IC를 이용하면 된
다.

■ 낚시 여건

감포읍 전촌2리 장진마을에 위치해 전촌방파제 또는 장진방파제라 불린다. 어촌·어항법에 따른 '지방어항'치고는 각종 시설과 규모가 큰 편이다. 방파제 길이가 400여m에 달할 뿐만 아니라 내항 지역엔 휴식과 여가활동을 배려한 수변공원이 조성돼 있는가 하면, 드넓은 주차장과 깔끔한 화장실, 즐비한 정자쉼터들이 눈길을 끈다. 솔밭과 백사장이 조화를 이루는 전촌해수욕장이 연결될 뿐만 아니라, 더욱 모래가 곱기로 유명한 나정해수욕장까지 이어져 나들이객들이 많은 때문이다. 낚시터 여건 또한 다양하고도 뛰어난 곳이다. 방파제와 갯바위낚시는 물론 백사장 던질낚시가 잘 되는 곳인 데다, 인근 해상에서의 선상낚시까지 성행해 마음먹기에 따라, 솜씨에 따라 조과의 차이가 크게 벌어질 수 있다.

■ 어종과 시즌

방파제에선 학공치·숭어(11월~이듬해 3월), 벵에돔·감성돔·망상어(3월~11월말)가 낚이고 가을이면 해거리를 하는 편이지만 무늬오징어와 고등어가 찾아들기도 한다. 전촌해수욕장 쪽에서의 던질낚시에는 봄철이면 도다리와 노래미, 초봄부

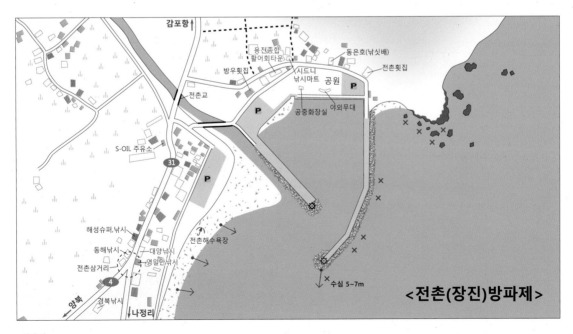

<전촌(장진)방파제>

터 초여름까지는 성대가, 6월~10월 말까지는 보리멸이 곧잘 낚인다.

큰방파제 북쪽 콧부리 지형의 갯바위 주변에선 가을부터 감성돔 입질이 잦고, 가두리양식장 부근의 선상낚시에는 고등어와 학공치가 마릿수 조과를 보이는데, 9월부터 선보이는 고등어의 경우 학공치와 함께 이듬해 3월까지 먹이다툼을 하는 가운데 2월 절정기에는 '시장 고등어' 씨알들이 올라온다.

■ 포인트 및 참고 사항

방파제에서의 낚시는 거의 큰방파제에서만 이루어진다. 외항 전역이 포인트로 지목되지만 특히 첫 번째 꺾인 지점과 두 번째 꺾인 지점 사이가 학공치·벵에돔·망상어 포인트로 꼽힌다. 초봄 망상어의 경우 수심을 깊게 주면 20~30cm급들이 나온다. 감성돔은 방파제 끝자락에서 남쪽으로 찌를 멀리 흘리며 밑밥을 보태야 한다. 큰방파제 초입부 왼쪽 후미진 곳은 놀기 좋은 자갈밭으로 가족들을 앉혀 두고 돌출부 갯바위 쪽으로 향하면 도보 진입이 가능한 돌섬이 많다. 주변 수심이 얕은 곳이지만 계절 따라 농어·무늬오징어·벵에돔·감성돔을 만날 수 있다.

전촌해수욕장은 승용차로 불과 7,8분 거리다. 멀리 갈 거 없이 입구 주차장에 차를 세우고 부근에서 원투낚시를 하면 봄부터 가을까지 도다리·노래미·성대·보리멸이 차례로 낚인다. 20~30cm급 씨알의 맛있는 성대 역시 그냥 보리멸 채비를 사용하면 되는데, 미끼는 청갯지렁이도 좋으나 고등어나 꽁치 살이 잘 먹힐 때도 있다. 선상낚시 포인트는 어항에서 10여분 거리다. 고등어와 학공치를 겨냥한 피크 시즌 때는 현지 횟집 소유의 낚싯배들이 하루 두 탕씩 뛰기도 하는데(1인당 선비 3만원선), 한 뼘 크기의 가을 고등어는 겨울이 되면 '시장 고등어' 씨알로 커진다.

인근 낚시점(054)

*감포낚시 748-1110
감포읍 감포리 628-2
*바이킹낚시 755-5905
감포읍 감포리 562-7
*대양낚시 771-3383
감포읍 전촌리 685-22
*영일만낚시 775-7999
감포읍 전촌리 685-15
*경북낚시 775-8027
감포읍 전촌리 688-3

↓ 남쪽 전촌해수욕장에서 바라본 전촌(장진)방파제 전경. 솔밭과 백사장이 조화를 이루는 이곳 전촌해수욕장 오른쪽(남쪽)으로는 또 기나긴 나정해수욕장이 이어진다.

나정방파제

- **소재지** : 경주시 감포읍 나정리 665-1 외
- **길이** : 큰방 165m, 직방 45m, 도제(뜬방) 165m
- **위치 참조** : 〈최신 전국낚시지도〉 239p D4

찾아가는 길

수도권과 중부권에선 대구포항 고속도로 포항IC에서 오른쪽 구룡포·감포 방면의 31번국도(영일만대로)에 오른다. 남포항 IC에 이르러 오른쪽 울산 방면의 동해고속도로를 타고 남하하다가 동경주IC로 나와 어일교차로에서 왼쪽 경주 방면으로 잠시 북상하다가 양북면 와읍교차로에서 우회전해 감포교차로에 이르면 다시 우회전한다.

울산·부산 방면에서도 동해고속도로 동경주IC를 이용하면 된다.

■ 낚시 여건

부산·울산 방면과 감포·포항 방면을 연결하는 31번국도(동해안로)변에 바로 붙어 있어 우선 접근성이 좋다. 북쪽 나정해수욕장을 기점으로 하는 사질대가 남쪽으로까지 길게 이어지지만 방파제 주변에는 암초대가 발달한 지층으로 고급 찌낚시 어종과 플랫피시 계열의 생활낚시 어종이 고루 낚인다.

큰방파제가 한바다를 향해 직각으로 뻗어 있어 북동풍과 남동풍 모두에 취약할 것 같지만 작은방파제와 도제(島堤=뜬방파제)의 영향으로 바람 방향에 따른 자리 선택이 오히려 유리한 장점도 있다. 작은방파제 끝자락에는 또 갯바위가 연결돼 있어 색다른 분위기를 자아내고, 이곳 갯바위로부터 연결된 뜬방파제 또한 가슴 설레게 하는 '보물섬' 포인트이다.

■ 어종과 시즌

뱅에돔이 대표어종으로 손꼽히는 가운데 감성돔·농어·무늬오징어가 철 따라 붙고 방파제 인근 모래·자갈밭에선 보리멸·성대·도다리가 낚인다.

찌낚시 대상어로 뱅에돔은 빠르면 4월부터 시작돼 11월까지 시즌을 형성하고, 감

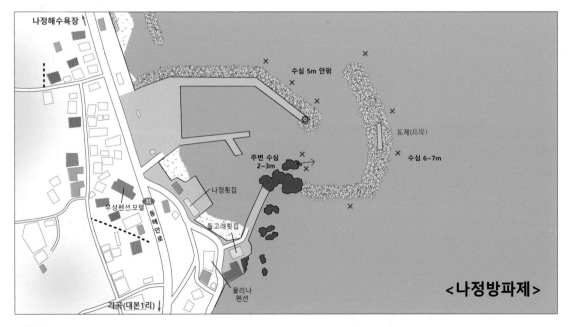

나정해수욕장
수심 5m 안팎
도제(島堤)
수심 6~7m
주변 수심 2~3m
나정횟집
우성펜션,모텔
31 동해안로
돌고래횟집
몰리나펜션
감곡(대본1리)
〈나정방파제〉

성돔은 9월 말부터 입질이 잦아지기 시작해 이듬해 3,4월까지 입질을 이어간다. 루어낚시 대상어로 무늬오징어는 6월부터 시작돼 11월까지 시즌을 형성하는데 9~10월이 가장 안정적이고, 농어는 3월부터 10월까지 입질이 활발한 편이다. 나정해수욕장으로 이어지는 북쪽 백사장 지역의 던질낚시에 선보이는 도다리와 보리멸 · 성대는 4,5월부터 시작돼 가을까지 시즌을 형성한다.

인근 낚시점(054)

*감포낚시 748-1110
 감포읍 감포리 628-2
*경북낚시 775-8027
 감포읍 전촌리 688-3

■ 포인트 및 참고 사항

큰방파제는 외항 쪽이 우선이지만 바람의 방향에 따라선 내항 쪽이 유리할 때도 있다. 남서풍이 세차게 불 때는 외항 쪽 테트라포드 구간이 바람이 덜 닿는 포인트이고, 북동 계열의 샛바람이 심할 땐 내항 쪽으로 자리하면 바람을 피할 수 있다. 그러나 외항 쪽으로 뜬방파제(島堤)가 둥글게 축조되면서부터 나정항 내항 쪽은 그야말로 안방처럼 평온해졌다. 특히 샛바람(동풍)의 영향을 덜 받아 큰방파에 끝쪽에서의 낚시가 한결 편안해져 날씨 따라 포인트를 선택할 수 있다.

작은방파제 자체는 낚시할 여건이 못 되고 끝자락에 붙어 있는 갯바위가 일급 포인트이다. 철따라 무늬오징어 · 농어 · 감성돔이 기대되는 곳으로 캐스팅 방향은 뜬방파제 쪽이다.

작은방파제와 큰방파제 입구에서 빗장을 걸고 있는 형국의 뜬방파제(정식 명칭은 도제 · 島堤 또는 이안제 · 離岸堤)는 봄~가을 벵에돔 소굴이다. 평균 27,8cm 씨알에 33cm급까지 선보이는 곳으로 7~9월 피크 시즌 때는 '40리터짜리 쿨러를 채웠다'는 소문도 나돈다. 북쪽 끝자락이 명당이고, 샛바람이 불면 반대편 남쪽 언저리에 붙으면 된다.

↓ 몰리나펜션 옆에서 바라본 나정방파제. 오른쪽 작은방파제 끝 갯바위로부터 연결된 타원형 '뜬방파제'(島堤 · 도제)가 바람막이 역할을 해 나정항은 항시 평온을 유지한다.

가곡방파제
(집실방파제, 대본1리방파제)

- **소재지** : 경주시 감포읍 대본리 1187-1 외
- **길이** : 큰방파제 292m, 작은방파제 115m
- **위치 참조** : 〈최신 전국낚시지도〉 239p D5

찾아가는 길

수도권과 중부권에선 대구포항고속도로 포항IC에서 오른쪽 구룡포 · 감포 방면의 31번국도(영일만대로)에 오른다. 남포항IC에 이르러 오른쪽 울산 방면의 동해고속도로를 타고 남하하다가 동경주IC로 나와 어일교차로에서 오른쪽 울산 방면으로 남하 후 동해안로(31번국도)를 만나면 잠시 북상하면 된다. 울산 · 부산 방면에서도 동해고속도로 동경주IC를 이용하면 된다.

■ 낚시 여건

대본1리 가곡 마을에 위치한 방파제로 현지에서는 집실방파제라 부르기도 한다. 동해안을 오르내리는 31번국도(동해안로)변에 위치해 찾기 쉬울 뿐만 아니라 방파제 위로까지 곧장 승용차도 진입할 수 있어 편리하다. 외부 방문객 숫자에 비해 주차장 공간 또한 넓은 편이다.

방파제 남쪽 해변, 대본2리 회곡 마을까지 자갈밭이 길게 이어져 방파제낚시와 함께 던질낚시도 즐길 수 있는 곳으로, 벵에돔 · 학공치 · 농어 · 무늬오징어와 함께 보리멸 · 도다리가 잘 낚이는가 하면, 방파제 내항 쪽으로 작은 개울물이 유입되어 숭어도 많이 붙는다. 특히 벵에돔의 경우 20cm 전후부터 30cm 사이의 준수한 씨알들이 잘 낚여 벵에돔 마니아들이 즐겨 찾는다.

■ 어종과 시즌

이곳 가곡방파제를 잘 아는 현지 전문 꾼들 가운데 어떤 이는 '대표적인 학공치 낚시터'로 추천하고, 어떤 이는 '최고의 벵에돔 낚시터'로 추천한다. 두 어종의 시즌을 연결해 보면 봄부터 시작해 여름 · 가을로 이어져 다시 이듬해 봄으로까지 시즌

〈가곡(대본1리)방파제〉

이 계속되는 셈이다. 4,5월부터 입질이 잦아지기 시작하는 뱅에돔이 11월까지 시즌을 형성하면, 때를 기다렸다는 듯이 11월 들어 학공치가 붙기 시작해 이듬해 3,4월까지 시즌을 형성하는 것이다.

학공치에서 앞서 9월부터 손맛을 안겨주는 감성돔 또한 이듬해 3~4월까지 날마리 조황을 전하고, 여름부터 선보이는 무늬오징어는 10월까지가 안정권이다. 이밖에 농어는 3월부터 10월까지, 보리멸은 4월 말부터 9월까지가 시즌이고, 숭어는 한겨울을 제외하고는 연중 낚인다.

■ 포인트 및 참고 사항

큰방파제의 경우 작은방파제와 마찬가지로 승용차 진입이 가능하지만 상판이 좁은 데다 각종 어구가 많아 가급적 입구 주차장을 이용하는 것이 좋다. 초입부를 약간 벗어나 테트라포드에 갯바위가 연결된 지점부터 포인트가 형성되는데, 이곳 작은 갯바위에 올라 붉은색 계열의 미노우를 날리면 농어가 곧잘 반응한다. 중간 지점부터 끝자락까지의 외항 방향은 가을 뱅에돔에 이어 겨울 학공치 조황이 뛰어난 곳으로 12월~2월이 특히 피크 시즌이다.

작은방파제는 기역자(ㄱ)로 꾸부러진 끝자락까지 승용차가 진입할 수 있는 곳으로, 파도가 너무 높아 큰방파제에서의 감성돔낚시가 곤란할 때 훌륭한 대체 포인트 역할을 한다. 작은방파제 오른쪽 자갈밭 또한 던질낚시 포인트로 유망한 곳인데, 초봄 감성돔 씨알이 굵게 낚이는 데다 봄부터 초가을까지 도다리와 보리멸 입질이 꾸준한 곳이기도 하다.

인근 낚시점(054)

*감포낚시 748-1110
 감포읍 감포리 628-2
*경북낚시 775-8027
 감포읍 전촌리 688-3

↓ 남쪽에서 건너다본 가곡(대본1리)방파제 전경. 이곳에서 오른쪽(남쪽) 대본2리 회곡 마을까지 길게 이어지는 자갈밭에선 던질낚시를 즐길 수 있다.

대본방파제
(대본3리방파제)

- **소재지** : 경주시 감포읍 대본리 615-3 외
- **길이** : 큰방파제 148m, 작은방파제 94m
- **위치 참조** : 〈최신 전국낚시지도〉 239p D6

찾아가는 길

수도권과 중부권에선 대구포항 고속도로 포항IC에서 오른쪽 구룡포·감포 방면의 31번국도(영일만대로)에 오른다. 남포항 IC에 이르러 오른쪽 울산 방면의 동해고속도로를 타고 남하하다가 동경주IC로 나와 어일교차로에서 울산 방면으로 우회전해 감은사지교차로와 대본삼거리를 지나면 된다.
울산·부산 방면에서도 동해고속도로 동경주IC를 이용하면 된다.

■ 낚시 여건

신라 문무대왕의 수중릉으로 전해지는 대왕암(大王巖·정식 명칭은 경주문무대왕릉)과 그 관련 사적지로 유명한 감은사지(感恩寺址), 또 이들과 연계된 만파식적(萬波息笛)의 근원지로 불리는 이견대(利見臺) 등등, 대본방파제 주변에는 꼭 둘러보고 눈에 담아 와야 할 곳들이 많다. 이견대는 방파제 현장과 거의 다름없고 감은사지는 서쪽으로 불과 1km 거리다. 역사책에서 읽은 기억이 누구에게나 남아 있을 문무대왕릉은 남쪽 봉길해수욕장 앞에 위치한 돌섬으로, 대본방파제에서 낚시를 하다보면 바로 코앞에 보이는 거리다.

방파제 자체는 낚시터로 크게 각광 받지 못하는 편이지만 주변 관광을 겸한 나들이 코스로는 아주 적합한 곳이다. 큰방파제에서 감성돔·벵에돔·학공치가 섭섭잖은 조황을 보이고, 대종천이 유입되는 사구(砂丘)에서 던질낚시를 하면 보리멸·도다리가 선보인다.

■ 어종과 시즌

감성돔과 학공치가 대표어종으로 벵에돔이 곁들여지는가 하면, 망상어와 숭어가

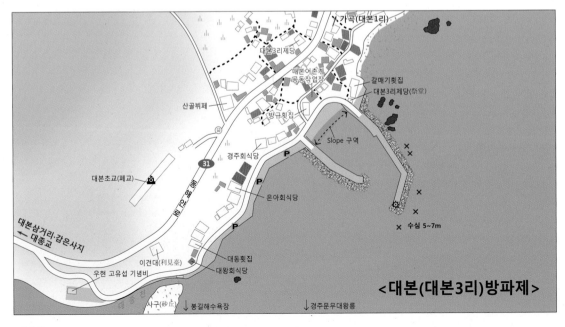

＜대본(대본3리)방파제＞

비치고 봉길해수욕장 쪽에선 보리멸·도다리·성대가 낚인다.

이곳 감성돔의 경우 대개 늦가을에 시작되어 학공치와 함께 이듬해 3월경까지 시즌을 형성하고, 벵에돔은 이와 반대로 3월부터 다문다문 입질을 시작해 11월까지 낱마리 조황을 보인다. 도다리·보리멸·성대 등의 사질대 어종은 여느 곳과 마찬가지로 4,5월부터 9월까지가 시즌이다.

■ 포인트 및 참고 사항

큰방파제는 낚시 발판이 매우 까다롭다. 테트라포드가 매우 높게 쌓여 있을 뿐만 아니라 하나하나의 규모도 커 자칫 주의를 게을리 하면 안전사고의 위험마저 따른다. 다행히 끝자락에 이르면 테트라포드 높이가 낮아지면서 간격도 촘촘해 적합한 포인트 여건을 이룬다. 협소하나마 감성돔 포인트 역시 이곳 끝자락이 대표적이다. 입구에서 보면 방파제 초입부에 연결된 작은 갯바위가 눈길을 끌 수도 있는데, 파도가 자주 휩쓸어 디딜만한 발판이 없다는 점에 유의해야 한다. 따라서 초입부를 제외한 중간 지점에 이르러 안전한 발판을 확보하면 학공치·망상어가 섭섭잖은 조황을 보인다.

이곳 대본방파제에서의 낚시도 예외 없이 일출·일몰 전후가 공들여야 할 시간이므로 입질이 뜸한 한낮 시간을 이용해 잠시 주변을 둘러볼 필요가 있다. 이견대와 감은사지는 물론 문무대왕릉과도 눈도장을 찍어 두자. 여차하면 봉길해수욕장 쪽으로 아예 자리를 옮겨 보는 것도 좋다. 수많은 갈매기들이 수비대의 깃발처럼 날갯짓하는 문무대왕릉도 감상할 겸, 자갈밭이 끝나는 남단 갯바위를 찾으면 감성돔·벵에돔·학공치 조황은 물론 보리멸·성대 기대치도 높일 수 있기 때문이다.

인근 낚시점(054)

*경북낚시 775-8027
감포읍 전촌리 688-3
*감포낚시 748-1110
감포읍 감포리 628-2

↓ 제당(祭堂) 뒤쪽 민가에서 내려다본 일몰 시각의 대본(대본 3리)방파제. 인근 남쪽 해상엔 신라 문무대왕의 수중릉으로 전해지는 대왕암(大王巖)이 있고, 서쪽엔 또 이견대(利見臺)와 감은사지(感恩寺址)가 있다.

죽전방파제

• **소재지** : 경주시 양남면 읍천리 718-1 외
• **길이** : 큰방파제 220m, 작은방파제 70m
• **위치 참조** : 〈최신 전국낚시지도〉 257p F1

찾아가는 길

수도권과 중부권에선 대구포항고속도로 포항IC에서 오른쪽 구룡포·감포 방면의 31번국도(영일만대로)에 오른다. 남포항IC에 이르러 오른쪽 울산 방면의 동해고속도로를 타고 남하하다가 동경주IC로 나와 어일교차로에서 오른쪽 울산 방면으로 진행해 약 12km 지점의 읍천교차로에서 좌회전한다.

부산 방면에선 경부 또는 동해고속도로를 이용해 울산으로 진입하고, 울산 방면에선 곧장 감포 방면의 31번국도를 타고 북상하면 된다.

■ 낚시 여건

경주시 양남면 읍천리에는 두 곳의 방파제가 있다. 남쪽 읍천1리에 있는 읍천항방파제 외에 북쪽의 읍천2리 죽전 마을에도 내방객들의 눈길을 끄는 방파제가 있다. 지난 2011년 11월에 공식 준공을 알린 이곳 죽전방파제는 세 가지 큰 특징이 있다. 우선 공사 시행처가 기업체라는 점이다. 인근의 월성원자력본부가 이곳 해안의 침식 현상을 방지하기 위해 축조한 방파제라는 점이 그 첫째요, 대부분 직선 또는 각을 이루는 여느 방파제들과는 달리 죽전 큰방파제는 완전한 타원형이라는 점이 두 번째 특징인데, 강원도 삼척 궁촌방파제와 함께 완전한 라운드(Round) 형 방파제는 국내에선 아직 보기 드물다. 세 번째 특징은 국제항로표지 설치 규격에 따르는 일반 등대와는 달리 죽전항 등대는 사뭇 그 형식이 다른 '용머리' 조형물이라는 점이다. 경주시의 주요 관광 자원인 대왕암(문무대왕릉)을 형상화한 것으로, 여의주를 입에 문 용(龍)이 승천하는 모습의 이곳 등대는 각 지방자치단체가 항포구 주변 시설물을 친수공간으로서의 관광자원화 하는 사례 중의 하나로 꼽는다.

그래서 이곳 죽전방파제를 일컬어 낚시인들은 '용머리 방파제'라고 부르기도 하고 더욱 익살스럽게는 '용가리 방파제'라 부르기도 한다.

<죽전방파제>

■ 어종과 시즌

뱅에돔 · 감성돔 · 학공치 · 전갱이 · 숭어가 철따라 낚이고 바닥 고기인 우럭 · 노래미 · 붕장어도 많은 곳이다. 늦여름 또는 초가을 뱅에돔낚시를 위해 지속적인 밑밥을 투여하다 보면 숭어 또는 전갱이가 몰려들어 대상어를 바꿔야 하는 상황이 벌어지는가 하면, 학공치 시즌 땐 평일에도 서로 어깨가 부딪칠 만큼 꾼들이 몰려들기도 한다.

■ 포인트 및 참고 사항

자갈밭이 연결돼 있는 작은방파제는 낚시를 할 수 없는 여건이고, 둥근 모양의 큰방파제는 초입부를 제외하곤 5~8m 수심의 포인트가 길게 이어진다. 그 중에서도 월성원자력발전소 방파제가 건너다보이는 끝자락 부근 외항 방향이 우선시 되고, 테트라포드가 두텁게 피복된 중간 지점 좌우도 뱅에돔 포인트로 꼽힌다.

파도가 높아 인근 읍천항에서의 낚시가 곤란할 때 이곳 죽전방파제를 찾는 이들이 많은데, 이곳 외항 쪽에서의 낚시마저 어렵거나 목적한 포인트에 사람들이 붐빌 경우는 용머리등대에서 내항 방향으로 자리를 잡아도 된다. 뱅에돔의 씨알은 잘아도 마릿수는 괜찮기 때문이다.

참고로 이곳 죽전방파제는 외항 쪽 파도막이 옹벽이 보기보다 높아 중간에 테트라포드 위로 오르기가 매우 어렵다. 끝자락에 가서도 난간을 비집거나 어렵사리 타고 넘어야 한다. 초입부 축대 위로 올라 처음부터 테트라포들 타고 진입하는 것이 편하다. 큰방파제 오른쪽 150여m 해상의 돌섬은 보트 여치기 포인트이다.

인근 낚시점(054)

*읍천낚시 774-0670
  양남면 읍천리 104-4
*그린낚시 746-1145
  양남면 하서리 158-2
*수영낚시 774-4978
  양남면 하서리 480-1

↓ 양남성당 옥상에서 내려다본 죽전방파제. 특이한 구조의 라운드(Round) 형태인 데다 노란색 등대에 설치돼 있는 '용머리' 조형물도 눈길을 끈다.

읍천항방파제

- **소재지** : 경주시 양남면 읍천리 195-3 외
- **길이** : 큰방파제 450m, 작은방파제 100m
- **위치 참조** : 〈최신 전국낚시지도〉 257p F1

찾아가는 길

수도권과 중부권에선 대구포항 고속도로 포항IC에서 오른쪽 구룡포·감포 방면의 31번국도(영일만대로)에 오른다. 남포항IC에 이르러 오른쪽 울산 방면의 동해고속도로를 타고 남하하다가 동경주IC로 나와 어일교차로에서 오른쪽 울산 방면으로 계속 동남진하면 된다.

부산 방면에선 경부 또는 동해고속도로를 이용해 울산으로 진입하고, 울산 방면에선 곧장 감포 방면의 31번국도를 타고 북상하면 된다.

■ 낚시 개황

국가어항으로 지정된 곳으로 경주시에서는 감포항 다음 가는 규모의 어항이라 예부터 낚시인들에게는 그 이름이 친숙한 곳이지만 근년 들어 분위기 많이 바뀌었다. 북쪽 읍천2리 죽전방파제의 등장으로 낚시인들의 발길이 분산된 데다, 인근에 소재한 '주상절리군(柱狀節理群-Columnar joints)'으로 인해 여행객들의 발길이 끊이지 않는 해변 관광지로 탈바꿈한 것이다. 그 중에서도 압권으로 꼽히는 '부채꼴 주상절리'가 읍천항 남쪽방파제로부터 불과 4,5백m 거리의 도보 코스로 연결돼 있어 가족과 함께 낚시 겸 여행 겸 한번쯤 찾아볼만한 곳임에 틀림없다. 자연이 빚어낸 최고의 걸작품으로 일컫는 주상절리와 함께 항구 마을 전체의 주택가와 창고 담벼락에 그려진 벽화 또한 '읍천갤러리'라 불릴 정도다.

낚시 대상어 또한 다양하다. 그 중에서도 대표적인 어종으로 감성돔·뱅에돔·학공치·망상어 등이 손꼽히며 간혹 돌돔까지 선보이기도 한다.

■ 참고 사항

대표적 어종으로 감성돔의 경우 9월 초부터 입질이 활발해지기 시작해 늦가을 또

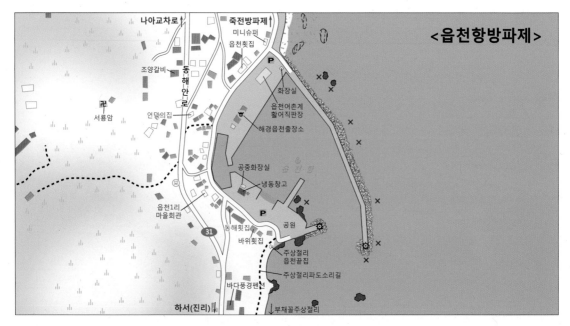

는 겨울까지 이따금 30㎝ 후반의 굵은 씨알을 안겨주기도 한다. 벵에돔은 봄부터 선보이지만 7월부터 11월까지가 본격 시즌이다.

큰방파제의 경우 상판이 높아지는 지점 또는 꺾어지는 지점부터 끝자락까지의 외항 방향으로 포인트가 폭넓게 형성되고, 흰 등대가 있는 작은방파제는 찾는 이들이 많지 않은 대신 왼쪽(내항 쪽)에 위치한 갯바위를 선호하는 이들도 있다.

인근 낚시점(054)

*읍천낚시 774-0670
양남면 읍천리 104-4
*그린낚시 746-1145
양남면 하서리 158-2
*수영낚시 774-4978
양남면 하서리 480-1

← 읍천항 작은방파제에서 연결되는 '주상절리 파도소리길'의 출렁다리(위 사진)와 '부채꼴 주상절리' 모습(아래 사진).

↓ 하늘에서 내려다본 읍천항. '벽화 마을'로 유명한 곳이자 주상절리(柱狀節理)의 압권으로 꼽히는 '부채꼴 주상절리'가 인접한 곳(사진 왼쪽 끝 지점)이기도 하다.

하서방파제
(진리방파제)

- **소재지** : 경주시 양남면 하서리 61-1 인근
- **길이** : 큰방파제 200m, 작은방파제 100m
- **위치 참조** : 〈최신 전국낚시지도〉 257p F1

찾아가는 길

수도권과 중부권에선 대구포항고속도로 포항IC에서 오른쪽 구룡포·감포 방면의 31번국도(영일만대로)에 오른다. 남포항IC에 이르러 오른쪽 울산 방면의 동해고속도로를 타고 남하하다가 동경주IC로 나와 어일교 차로에서 오른쪽 울산 방면으로 계속 동남진하면 된다.
부산 방면에선 경부 또는 동해고속도로를 이용해 울산으로 진입하고, 울산 방면에선 곧장 감포 방면의 31번국도를 타고 북상하면 된다.

■ 낚시 여건

양남면 하서4리 진리(津里) 마을에 소재해 진리방파제로도 불린다. 도보여행코스로 유명한 '경주양남 주상절리 파도소리길'이 시작되는 곳으로, 남쪽 시발점이 되는 이곳 하서항(소규모 어항) 입구에는 드넓은 주차장이 마련돼 있고, 차례차례 들어선 깔끔한 음식점과 펜션, 카페 등이 여행객들의 발길을 붙든다.
늪거나 기울어지고 곧추 선 주상절리(柱狀節理)들이 반복되는 방파제 북쪽 지역은 전형적인 갯바위 지형이지만 하서천이 흘러드는 방파제 남쪽 지역은 모래와 자갈이 섞인 사질대 지층이 길게 이어진다. 그래서 감성돔·뱅에돔은 낱마리이지만 전어·고등어 등의 회유어에 오징어·학공치·숭어까지 보태져 그야말로 생활낚시가 성황을 이룬다. 그 중에서도 주연급은 단연 전어와 학공치다.

■ 어종과 시즌

겨울 감성돔과 학공치가 끝나고 나면 잠시 어한기를 맞다가 여름부터 다시 활기를 띠기 시작한다. 감성돔의 경우는 낱마리이지만 11월부터 이듬해 2,3월까지는 중치급 씨알이 선보이고, 같은 시기에 시즌을 마감하는 학공치는 12월~1월에 마릿수

<하서(진리)방파제>

확률이 가장 높다.

이후 숭어와 농어가 선보이는 가운데 7~8월엔 간혹 갑오징어가 붙는가 하면, 9월에 들어서면 무늬오징어가 들어와 10월 초순경까지 낱마리 조황을 보인다. 반가운 손님은 전어다. 매년 8월 중순이면 나타나 11월까지 깨소금 맛을 전하는 이곳 전어는 특히 10월에 작은방파제 쪽에서 피크를 이룬다. 또 이 무렵 10월부터 나타나는 고등어 또한 잔챙이나마 12월 초겨울까지 쏠쏠한 손맛을 전한다.

■ 포인트 및 참고 사항

'주상절리 파도소리길'로 향하는 여행객들과 꾼들의 발길이 서로 갈리는 큰방파제의 경우, 외항 방향의 옹벽이 아주 높고 난간마저 설치돼 있어 도중에 오르기가 매우 힘들다. 또한 방파제의 방향이 45도 정도로 크게 꺾이는 중간 지점까지는 테트라포드가 아주 폭넓게 깔려 있어 낚시를 하기가 불편하다. 결국 포인트는 첫 번째 크게 꺾이는 지점과 두 번째 살짝 꺾이는 지점 사이다. 테트라포드가 얇게 깔린 구간으로 끝자락에서 진입하기도 좋고, 철따라 벵에돔·감성돔·학공치가 붙는가 하면 오징어 포인트로 주목 받는 곳이기도 하다.

주차장과 연결돼 있는 작은방파제의 경우는 샛바람을 피하는 2군 포인트이지만 가을 전어 시즌 때만큼은 수위 타석으로 변한다. 끝자락에서 남쪽 방향이 곧 전어를 노리는 타구 방향이다.

한편 큰방파제에서 해비치펜션을 지나면 커버 지점 오른쪽에 첫 주상절리가 나타난다. 난간이 뚫려 있어 누구나 진입할 수 있는데, '기울어진 주상절리'라 불리는 곳이다. 이곳을 포함한 건너편 콧부리 쪽도 꼭 찾아봐야 할 갯바위 포인트다.

인근 낚시점(054)

*파도낚시 741-0504
  양남면 하서리 83
*그린낚시 746-1145
  양남면 하서리 158-2
*수영낚시 774-4978
  양남면 하서리 480-1

↓ 해비치펜션 테라스에서 내려다본 진리(하서4리)방파제 전경. '주상절리 파도소리길'이 시작되는 곳으로, 사진 왼쪽으로부터 북쪽 읍천항까지 기기묘묘한 주상절리들이 이어진다.

수렴방파제
(수렴1리방파제)

- **소재지** : 경주시 양남면 수렴리 665-2 외
- **길이** : 큰방파제 260m, 작은방파제 70m
- **위치 참조** : 〈최신 전국낚시지도〉 257p F2

찾아가는 길

수도권과 중부권에선 대구포항 고속도로 포항IC에서 오른쪽 구룡포·감포 방면의 31번국도 (영일만대로)에 오른다. 남포항 IC에 이르러 오른쪽 울산 방면의 동해고속도로를 타고 남하하다가 동경주IC로 나와 어일교 차로에서 오른쪽 울산 방면으로 계속 동남진하면 된다.

부산 방면에선 경부 또는 동해 고속도로를 이용해 울산으로 진입하고, 울산 방면에선 곧장 감포 방면의 31번국도를 타고 북상하면 된다.

■ 낚시 여건

하서해수욕장과 관성해수욕장 사이에 위치한 방파제다. 북쪽 진리에서 뻗어 내린 하서해수욕장의 윤곽이 얼굴선이라면 오목하게 패어 들어간 아래쪽 관성해수욕장 은 목선과 같아 크고 작은 두 개의 수렴방파제는 마치 콧잔등(또는 턱) 밑에 매달 린 수염과 같은 형상이다. 아늑한 분위기에 주변 경치도 좋고, 적당히 발달한 암초 대와 드넓은 사질대 지층으로 인해 생각보다 어종이 다양한 곳이다.

대표 어종은 감성돔과 고등어·학공치. 전문 꾼들의 기대도 충족시키고 생활낚시 를 즐기는 이들을 특히 열광케 한다. 양남 현지 꾼들은 '양남을 대표하는 감성돔 낚시터'로 꼽는데, 늦가을~초겨울 시즌 들어 씨알 굵은 감성돔과 고등어 무리가 겹치게 되면 방파제 주변은 탄성과 환호성이 교차한다. 방파제에선 또 숭어도 잘 낚이고, 인근 하서해수욕장과 관성해수욕장 쪽에선 보리멸·가자미·노래미 입질 도 잦아 다양한 낚시를 즐길 수 있다는 것도 장점이다.

■ 어종과 시즌

수렴방파제에서의 낚시는 가을과 초겨울이 최적기다. 당장 9월부터 입질이 잦아

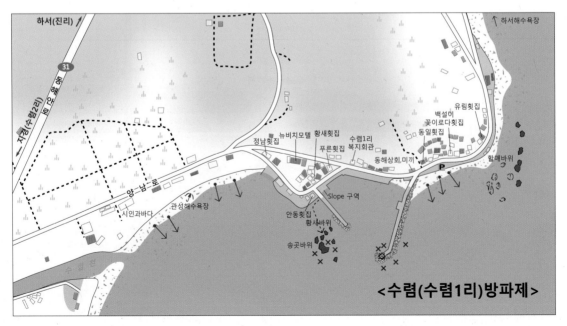

<수렴(수렴1리)방파제>

지는 감성돔은 이듬해 봄 시즌까지 계속되지만 특히 10월부터 이듬해 2월까지가 피크다. 마릿수와 함께 씨알도 굵어 간간이 '5짜' 소문까지 나도는 시기다.

생활낚시를 주도하는 고등어 또한 비슷한 시기다. 9월 들어 나타나는 고등어는 대략 11월까지 선보이지만 어느 해는 10월부터 12월까지 들락거리기도 한다. 이런 추세로 미루어 10~11월의 수렴방파제는 질량(質量)의 선택이 가장 확실한 시기로 꼽힌다. 5월부터 11월까지로 일컫는 숭어낚시의 경우 이곳에선 9~11월이 피크 시즌으로, 훌치기 아닌 찌낚시만으로도 만족할 만한 조과를 누릴 수 있다. 이밖에 보리멸·가자미·노래미 등속은 인근 지역 시즌과 다름이 없다.

■ 포인트 및 참고 사항

초입부에 자갈밭이 연결돼 있는 큰방파제의 경우 중간 지점을 지나야 포인트가 형성된다. 대략 3분의 2 지점부터 끝자락까지의 외항 방향이 감성돔 포인트로 지목되고 고등어의 경우는 그 구간이 확대된다. 외항 테트라포드 구간뿐만 아니라 내항 쪽 석축 자리도 빛을 발할 때가 있다. 북동풍을 피할 수 있는 곳으로, 편편한 석축 발판과 방파제 옹벽에 의지해 릴 찌낚시를 해도 좋고, 간단한 민장대로도 잔챙이 벵에돔과 오붓한 시간을 보낼 수 있다. 그러나 이곳 내항 쪽 석축 지대는 방파제 위에서 곧장 내려설 수가 없어 초입부 난간 옆으로 진입해 들어가야 한다.

큰방파제가 생긴 한참 후 지난 2002년도에 축조된 작은방파제는 주변이 암반 지대라 노래미 이외는 별다른 어종이 없다. 외항 쪽으로 보이는 황새바위·송곳바위 등등의 이름을 가진 돌섬들이 눈길을 끄는데, 파도 잔잔한 날 바지장화 차림으로 작은방파제 초입에서부터 타원형을 그리듯 걸어 들어갈 수 있다.

인근 낚시점(054)

*동해상회, 미끼 774-0126
양남면 수렴리 153-1
*수영낚시 774-4978
양남면 하서리 480-1
*그린낚시 746-1145
양남면 하서리 158-2

↓ 동일횟집 베란다에서 내려다본 수렴1리 큰방파제(위 사진)와 큰방파제 쪽에서 바라본 작은방파제 모습(아래 사진). 작은방파제 끝자락 너머로 황새바위와 송곳바위 등이 보인다.

지경방파제
(수렴2리방파제)

- **소재지** : 경주시 양남면 수렴리 558-3 외
- **길이** : 큰방파제 210m, 작은방파제 67m
- **위치 참조** : 〈최신 전국낚시지도〉 257p F2

찾아가는 길

수도권과 중부권에선 대구포항 고속도로 포항IC에서 오른쪽 구룡포·감포 방면의 31번국도(영일만대로)에 오른다. 남포항IC에 이르러 오른쪽 울산 방면의 동해고속도로를 타고 남하하다가 동경주IC로 나와 어일교차로에서 오른쪽 울산 방면으로 계속 동남진하면 18.2km 지점이 지경교차로이다.

부산 방면에서 경부 또는 동해고속도로를 이용해 울산으로 진입하고, 울산 방면에선 곧장 감포 방면의 31번국도를 타고 북상하면 된다.

■ 낚시 여건

"이보다 더 좋을 순 없다!"

가족을 동반한 나들이 낚시라면 누구나 소리지를법한 찬사다. 지경방파제는 그런 곳이다.

동해안 도보여행길 가운데 '해파랑길 9-10코스'에 해당하는 곳으로, 물 맑고 아늑한 방파제 주변으로 그림 같은 바위들이 떠있는가 하면, 부드러운 자갈밭까지 펼쳐져 쉬며 낚시하고 뛰놀기 좋은 곳으로 그야말로 이만한 곳이 드물 것 같다.

낚이는 어종 또한 학공치·고등어·전어·노래미·보리멸 등 생활낚시를 대표하는 종들이다. 초겨울철에 선보이는 학공치를 제외하면 낚시 시즌도 여름부터 가을철. 가족 동반 나들이에 꼭 들어맞는 계절이다.

지경(地境)이란 마을 이름도 한번쯤 되새겨 볼만하다. '마을과 마을의 경계'라는 뜻 그대로, 경북 경주시 양남면 수렴2리 지경 마을은 곧 울산광역시 북구 신명동과 경계를 이루는 곳이다. 방파제 진입로인 지경교차로가 곧 경계선이어서 울산 낚시인들의 월경(越境)이 잦은 곳이기도 하다.

<지경(수렴2리)방파제>

■ 어종과 시즌

이곳의 학공치는 인근 방파제들과 다름없이 11월경부터 이듬해 2,3월까지가 시즌으로 고등어 · 전어와는 달리 매년 꾸준한 조황을 보인다. 9~10월에 모습을 나타내는 고등어는 20cm 안팎 씨알까지 낚이는데 시즌은 길지 않은 편이다. 이에 비해 달포 또는 보름 정도 일찍 선보이는 전어는 10~15cm 씨알들이 이듬해 1월까지 들락거리기도 하고 12월 들어 슬금슬금 사라지기도 한다. 가족들에게 깨소금 맛을 선사하는 이들 고등어와 전어는 시즌 및 조황이 매년 기복을 보여 예전의 경험에만 의존하기보다 현지 낚시점으로의 조황 확인이 중요하다.

봄~여름 시즌의 보리멸 · 성대는 큰방파제에서 던질낚시를 해도 되고, 인근 자갈밭에서 던질낚시를 해도 된다. 이밖에 벵에돔이 여름철에 낱마리 조황을 보인다.

■ 포인트 및 참고 사항

큰방파제는 3분의 2 지점 이후, 즉 높은 테트라포드 구간이 끝나는 지점부터 끝자락까지의 외항 방향이다. 고등어 · 전어 · 학공치가 철따라 낚이는 곳이며, 파도가 적당히 출렁거릴 땐 테트라포드 구멍 사이에서 볼락과 우럭도 곧잘 낚인다. 내항 쪽은 바닥이 들여다보이는 모래밭 지층으로 낚시가 잘 안 되는 곳이지만 끝자락 가까이는 잡어 놀이터 역할을 한다.

큰방파제 옆 자갈밭은 코오롱하계휴양소로 사용되는 곳이지만 출입에 제한은 없다. 크고 작은 바위들이 모래밭과 간조선, 가까운 바다 위에 그림처럼 척척 배치돼 있는데 그 절묘함이 '분재 공원'을 느끼게 한다. 이곳 자갈밭에서 던질낚시를 하면 보리멸 · 성대가 잘 낚이고, 갯바위에 오르면 망상어와 노래미를 노릴 수 있다.

인근 낚시점(054)

*지경신라낚시 744-0898
양남면 수렴리 562
*수영낚시 774-4978
양남면 하서리 480-1
*그린낚시 746-1145
양남면 하서리 158-2

↓ 남쪽 바다별펜션에서 내려다본 지경방파제 전경. 사진 왼쪽으로 보이는 일부 자갈밭과 갯바위 지대가 코오롱하계휴양소가 있는 수념관(修念館) 앞으로, 아름다운 그 풍광이 분재공원 같은 분위기를 연출한다.

예조원이 만든 장르별 낚시 단행본

100문 1000답 시리즈

붕어낚시 100문 1000답

우리나라 붕어낚시의 기초에서부터 전층(중층) 기법에 이르기까지 붕어낚시 전 분야를 가장 알기 쉽게 풀이한 문답식 가이드 북.

낚시춘추 편집부 | 336쪽 | 13,000원

루어낚시 100문 1000답

스포츠피싱의 총아로 각광받는 루어낚시의 모든 것. 쏘가리 · 배스 · 볼락 · 우럭 · 오징어 등, 국내 대상어는 물론 해외 원정낚시까지.

조홍식 | 올컬러 520쪽 | 20,000원

배스낚시 100문 1000답

배스용 루어 선택과 연출, 계절별 · 상황별 하이 테크닉에 이르기까지, 풍부한 사진과 그림을 곁들여 해설한 배스낚시 전문 이론서.

낚시춘추 편집부 | 올컬러 332쪽 | 17,000원

기타

송귀섭의 붕어 대물낚시

취대비취소(取大非取小)! 30.3cm 월척을 넘어 4짜, 5짜를 위한 특급 프로젝트. FTV 월척 전도사 송귀섭 씨가 밝히는 대물 붕어 공략의 준비에서 완성까지.

송귀섭 | 올컬러 400쪽 | 17,000원

실전! 에깅 & 지깅

'세상에서 가장 맛있고 짜릿한 낚시'라는 부제가 달린 이 책은 '에깅낚시'와 '지깅낚시'의 이론과 실제를 동시에 터득하게 해준다.

낚시춘추 편집부 | 올컬러 316쪽 | 15,000원

실전! 열두 달 루어낚시

우리나라 민물 · 바다 어종별 루어낚시 전문가 13인이 책임 소개한 제철 루어낚시 20가지. "무엇을, 언제, 어디서, 어떻게, 가장 푸짐하게 낚을 수 있을까?"에 대한 궁금증을 풀어준다.

김욱 · 신동만 외 11인 | 올컬러 548쪽 | 20,000원

최신 전국낚시지도

민물 · 바다 · 루어낚시터 총 10만여 개소의 위치를 한 권의 책에 집대성하여 대한민국 낚시터를 한눈에 볼 수 있는 500만 낚시인의 출조 길잡이.

낚시춘추 편집부 | 올컬러 408쪽 | 30,000원

한국의 名방파제 시리즈

한국의 名방파제 100+100선

국내 최초의 항공사진 및 초정밀 포인트 지도로 분석한 입체형 가이드 북. 名방파제 200선과 전국 1,000여개 방파제 색인 수록!

낚시춘추 편집부 | 올컬러 336쪽 | 15,000원

한국의 名방파제 낚시터 – 동해편

'짜릿하고 맛있는' 동해 방파제 190개소와 인근 갯바위 · 백사장 포인트까지 망라하였다. 낚시터마다의 연락처와 지번주소가 수록돼 있어 조황 문의와 길 찾기도 쉽다.

예조원 편집부 | 올컬러 348쪽 | 17,000원

한국의 名방파제 낚시터 – 남해편

울산~여수 지역에 소재한 유명 방파제 낚시터 190개소에 대한 어종과 시즌, 포인트 분석은 물론 방파제 고유의 지번주소를 수록해 내비게이션과 휴대폰 길찾기 검색을 완벽케 하였다.

박경식 | 올컬러 392쪽 | 17,000원

한국의 名방파제 낚시터 – 서해편

서해의 특수성에 맞게 방파제와 함께 선착장 · 방조제 · 갯바위 워킹 포인트를 총 망라하였고, 육로는 물론 여객선으로 떠나는 섬 낚시터까지 포함되었다. 낚시터별 지번 주소도 수록되었다.

예조원 편집부 | 올컬러 286쪽 | 17,000원

Steady seller

낚시 채비 대백과

민물과 바다, 우리나라 낚시대상어 80여종의 생태와 장비 · 채비 · 기법 및 미끼 사용법까지를 일목요연하게 정리한 종합 백과사전.

낚시춘추 편집부 | 올컬러 370쪽 | 18,000원

낚시 채비&묶음법 150

낚시의 기본은 채비! 채비의 기본은 묶음법! 각종 채비 묶음법 150가지로 초보자도 단숨에 고참의 경지에 오를 수 있는 마술의 책!

낚시춘추 편집부 | 276쪽 | 12,000원

우리바다 어류도감

국내 최초! 육상 및 수중에서 촬영한 우리 바다 어류 334종 자연 모습 그대로! 낚시인과 낚시점, 수산업 관계자들의 필독 애장서.

명정구 외 | 올컬러 288쪽 | 30,000원

맛있는 방파제 1

한국의 名방파제 낚시터 – 동해편

1판 3쇄 인쇄 2018년 10월 23일
1판 3쇄 발행 2018년 10월 29일

지은이 예조원 편집부

발행인 김국률
발행처 예조원

출판등록 제301-2010-184호

주소 서울특별시 중구 퇴계로 180-3
전화 (02)2272-7272 팩스 (02)2272-7275

값은 표지에 있습니다.
ISBN 978-89-94129-38-9 (04690)
ISBN 978-89-94129-29-5 (세트)

© 2014, 예조원

이 도서의 국립중앙도서관 출판시도서목록(CIP)은
서지정보유통지원시스템 홈페이지(http://seoji.nl.go.kr)와
국가자료공동목록시스템(http://www.nl.go.kr/kolisnet)에서 이용하실 수 있습니다.
(CIP제어번호: CIP2014016102)